Julius Hackethal

Humanes Leben bis zuletzt

Für ein Selbstbestimmungsrecht des Patienten

Wissenschaftliche Untersuchung, Erfahrungen und Gedanken eines chirurgischen Patientenarztes

BASTEI-LÜBBE-TASCHENBUCH
Band 60406

Für Mutter und Li

© F. A. Herbig Verlagsbuchhandlung GmbH, München
Lizenzausgabe im Gustav Lübbe Verlag GmbH, Bergisch Gladbach
Printed in Germany, August 1995
Einbandgestaltung: Gisela Kullowatz, in Anlehnung
an einen Entwurf des Ateliers für Werbung Wenzel Schmidt, Essen
Titelfoto: Joseph Mick, Köln
Satz: Kremerdruck GmbH, Lindlar-Hartegasse
Druck und Bindung: Clausen & Bosse, Leck
ISBN 3-404-60406-7

Der Preis dieses Bandes versteht sich einschließlich
der gesetzlichen Mehrwertsteuer.

INHALT

GELEITWORT 1990 _____ 9

GELEITWORT 1995 _____ 11

VORWORT _____ 15

WARUM DIESES BUCH? _____ 21

1   MEIN WEG ZUR MITLEIDSTÖTUNG _____ 33
1.1 Dunkle Erinnerungen an meine erste Mitleidstötung (1960?) und *Francos* Intensivquälerei (1975) _ 34
1.2 Flehbrief einer lebensmüden Greisin (1982) _____ 41
1.3 Mutters Vermächtnis (1983) _____ 45
1.4 Krebspatientin *Hermy E.*: Mordanklage der Staatsanwaltschaft (1984) _____ 88
1.5 Arztkollege Dr. med. *IKT*: Zyankali-Wunsch aus Angst vor Kollegen (1984) _____ 112
1.6 Krebspatient Dr. med *CFC*: Verweigerung der Mitleidstötung aus Existenzangst (1985) _____ 128
1.7 Krebspatientin *DIX*: Tötung auf Verlangen des Ehemannes? (1986) _____ 135
1.8 *Daniela*: (Passive) Patientenfolterung unter Polizeischutz bis zum bösen Ende (1987) _____ 140
1.9 Angst- und Klagebriefe von Patienten und Angehörigen (1984–1988) _____ 165
1.10 Böse Pressestimmen (1984–1988) _____ 177

2   STERBEWUNSCHGRÜNDE _____ 191
2.1 Allgemeines über Sterbewunschgründe _____ 192

2.2	Sterbewunschurgrund Hoffnungslosigkeit	193
2.3	Sterbewunschgrund Krankheitsleid	196
2.4	Zu schlechte Lebensqualität als guter Sterbewunschgrund?	199
2.5	Leben nach dem Tode? – Eigene Gedanken dazu	201
3	SICHTÖTUNG	203
3.1	Allgemeines zur Sichtötung	204
3.2	Geschichte der Sichtötung	210
3.3	Zitate berühmter Humanisten zur Sichtötung	215
3.4	Sichtötung aus Krankheitsleid als Anklage ärztlicher Mitleidlosigkeit – mit Ehrentafel	220
3.5	Sichtötung aus »Anderem guten Grund« – mit Ehrentafel	224
3.6	Sichtötung aus »Anderem nichtbösen Grund«	228
3.7	Selbstmord aus »Bösem Grund«	231
4	MITLEIDSTÖTUNG AUS DER SICHT ANDERER	233
4.1	Begriffserklärung	234
4.2	KONTRA-Stimmen gegen Mitleidstötung	236
4.2.1	Das KONTRA der Kirchenfürsten	237
4.2.2	Das KONTRA der Ärzteführer	242
4.2.3	Das KONTRA der Neuzeit-Wirrköpfe	253
4.3	PRO-Stimmen für Mitleidstötung	259
4.3.1	Das PRO christlicher Kirchenlehrer	260
4.3.2	Das PRO barmherziger Ärzte	273
5	NEUERE RECHTSPRECHUNG ZUR MITLEIDSTÖTUNG UND RECHTSGELEHRTENSTREIT DAZU	279
5.1	Stand bei Mitleidstötung von *Hermy E.*: 18.4.1984	280
5.2	Rechtsgelehrtenstreit und juristische Aktivitäten nach der Mitleidstötung von *Hermy E.*	283

5.3	Urteil des *Oberlandesgerichts München* zur Mordanklage wegen *Hermy E.*	305
5.4	Mitleidstötungsanträge für *Daniela* an Bundesverfassungsgericht, Staatsanwaltschaft und Polizei sowie ihr Ergebnis	334
5.5	Berufungsschrift gegen Urteil des VG Karlsruhe vom 29.12.1987	342
5.6	Neuester Stand des Rechtsgelehrtenstreits: Frühjahr 1988	347
6	NOTHILFEN GEGEN DIE VERWEIGERUNG DER MITLEIDSTÖTUNG DURCH ÄRZTE	365
6.1	Patiententestament gegen Folterhoheit der Ärzte	366
6.2	Notgemeinschaften gegen inhumanes Sterben	368
7	MITLEIDSTÖTUNG AUS EIGENER SICHT – EIGENE BEWEISFÜHRUNG FÜR DIE MITLEIDSTÖTUNG ALS PATIENTENRECHT UND ARZTPFLICHT	375
7.1	Vorbemerkung	376
7.2	Ergänzende Begriffserklärung	378
7.3	Der Arzt als Retter und Wiederhersteller, als Töter und Verstümmeler	387
7.4	Rechtsbegriffe und Gesetze aus ärztlicher Sicht	395
7.5	Patient-Arzt-Verhältnis: (Stillschweigender) Bürgerlich-rechtlicher Vertrag mit mangelhaftem Rechtsschutz des Patienten	398
7.6	Mißbrauch der Standesgesetze als Wurzel verweigerter Mitleidstötung	401
7.7	Mißachtung des Grundgesetzes zu Lasten von Patientenwürde und Therapiehoheit	416
7.8	Mißachtung der Patientenschutzstrafgesetze als Wurzel der Folterungs-/Tötungsgrauzone	434
7.9	Todesbescheinigung als Geheimwaffe	441

7.10	Das geduldete Arztrecht auf eine Folterungs-/Tötungsgrauzone	449
7.11	Ausrede: Mißbrauchgefahr der Mitleidstötung	453
7.12	Vorsicht: Sterbehilfegeschäft und Engelmacher!	455
8	**EUBIOS–RICHTLINIEN ZUR MITLEIDSTÖTUNG**	**459**
8.1	Vorbemerkung	460
8.2	EUBIOS-Patientenarztgelöbnis	461
8.3	EUBIOS-Patient-Arzt-Vertrag	462
8.4	EUBIOS-Patientenanwaltverfügung	464
8.5	Die 7 EUBIOS-Mitleidstötungsgebote	469
8.6	Schriftliche Absicherungen gegen Mitleidstötungsmißbrauch	471
8.7	»Operation«: EUBIOS-Mitleidstötung	474
8.8	EUBIOS-Kontrollhilfe zur Mitleidstötung	476
8.9	Nachbemerkung	478
9	**ANHANG**	**481**
9.1	Volksentscheid ARZTPFLICHT MITLEIDSTÖTUNG JA oder NEIN?	482
9.2	UTOPIA: Wunschtötungshospize	484
9.3	Worterklärung	487
9.4	Schrifttumsverzeichnis	490
	NACHWORT	**495**

GELEITWORT 1990

Die Erstausgabe dieses Buches hieß »HUMANES STERBEN« – Mitleidstötung als Patientenrecht und Arztpflicht«. Der Titel wurde geändert, weil er Mißgefühle auslösen kann. Es gibt weithin ein gestörtes Verhältnis zum Sterben, ganz im Gegensatz zu früheren Zeiten. Die Titeländerung soll den Zugang zu dem Buchinhalt erleichtern. Tatsächlich handelt er sehr viel mehr vom Leben als vom Sterben.

Ein HUMANES LEBEN BIS ZULETZT seinem Patienten nach besten Kräften bewahren oder erreichen zu helfen, ist die »verdammte Pflicht und Schuldigkeit« jedes behandelnden Arztes. Mit einem geflügelten Volkswort möchte ich sie an den Anfang stellen: die selbstverständlichste aller Arztpflichten.

Doch was ist »HUMANES LEBEN«? Humanus (lat.) heißt menschlich im positiven Sinne, menschenwürdig, menschenfreundlich, liebevoll, anständig, edel, gebildet, kultiviert, milde, höflich. So steht es in den Wörterbüchern. Es ist also ein vielsagendes positives Wort.

Als humanes, im guten Sinne menschliches und menschenwürdiges Leben empfinden es wohl die meisten nicht mehr, wenn sie das Glück, das Glücklichsein verlassen hat, wenn das Unglücklichsein zum end- und hoffnungslosen Dauerzustand geworden ist. Fast alle finden nur ein glückliches Leben [= (griech.) eu bios] weiterhin als lebenswert, ein Leben, in dem die fünf Kardinalglücksbringer überwiegen: Liebe und Freude, Glaube und Hoffnung sowie (gute) Gesundheit. Sie müssen noch in einem Mindestgrad vorhanden sein, bezogen auf das eigene »Wunschglück«, auf das höchstpersönliche Maß an gewünschten Glücksgefühl. Wenn aber jegliche Freude und der kleinste Funke von Glaube und Hoffnung auf Besserung erloschen sind, wenn sich die Gesundheit auf endlose Leibes- und Seelenqual reduziert hat, hilft den meisten auch die große Liebe der anderen nicht mehr, ihr Leben als human zu empfinden. Humanes Leben heißt lebenswertes Leben aus Selbstsicht. Wir Ärzte müssen stets alle Register unseres Wissens und Könnens ziehe, um den Patienten das bestmögliche Gesundheitshilfeangebot zu machen. Wenn es aber auch aus unserer Sicht hoffnungslos geworden ist, sind wir aus humaner Sicht verpfichtet, ein qualvoll-unwürdiges Leben im Rahmen der gesetzlichen Möglichkeiten abkürzen zu helfen. Hier brauchen wir dringend eine Änderung der ärztlichen Berufsordnung, nachdem das Oberlandesgericht in München bereits die Weichen in diese Richtung gestellt hat, wie dem Kapitel 5.3 zu entnehmen ist.

Möge dieses Taschenbuch verstärkt dazu beitragen, die Diskussion um ein HUMANES LEBEN BIS ZULETZT zu aktivieren und zu einem humanen Ende zu führen.

Gut Spreng, im April 1990 *Julius Hackethal*

Müßte es nicht ein Ungeheuer von Gott sein,
der Weiterleben fordert von den Armen,
in denen der Wille zum Leben erlosch?

Ernst Mann (1924)

GELEITWORT 1995

Inzwischen sind sieben Jahre vergangen, seit die Erstausgabe dieses Buches unter dem Titel »HUMANES STERBEN« –Mitleidstötung als Patientenrecht und Arztpflicht erschienen ist. Warum der Titel geändert wurde, steht im »GELEITWORT 1990«.

In den letzten sieben Jahren hat sich – bezogen auf das Selbstbestimmungsrecht des Patienten über sein Leben und auf das Recht zur Erlösungstodhilfe – für Nichtärzte und Ärzte außerhalb Deutschland manches zum Positiven hin verändert. In den Niederlanden wird die aktive ärztliche Mitleidstötung unter kontrollierbaren und kontrollierten Bedingungen zwar nicht gesetzlich erlaubt, aber geduldet. Dies ist vor allem auch mit auf die humanitären Aktivitäten des Anästhesisten *Admiraal* zurückzuführen, der sich damit große Verdienste erworben hat. Man kann nicht daran zweifeln, daß die ärztliche Sterbehilfe in den Niederlanden mit großer Seriosität praktiziert wird. Das hat aber die Gegner der Mitleidstötung, insbesondere unter der Führung der katholischen Kirche, nicht daran gehindert, Horrormeldungen in die Welt zu setzen. Angeblich muß man sich in Holland vor einer unfreiwilligen Mitleidstötung dadurch schützen, daß man einen entsprechenden Vermerk in seinen Personalausweis trägt. Eine schreckliche Lügenstory!

Auch in der Schweiz gibt es unter Führung der Schweizer Gesellschaft für Humanes Sterben EXIT große Fortschritte. Wie bei uns ist dort die Beihilfe zur Selbsttötung gesetzlich erlaubt. Vor allem war es das Vorstandsmitglied von EXIT, Dr. *Rolf Sigg*, der zum Schrittmacher für eine indirekt-aktive humane Sterbehilfe in der Schweiz wurde. Wenn EXIT-Mitglieder definitiv lebensmüde geworden sind, reisen entsprechend geschulte EXIT-Beauftragte zu dem hoffnungslos Kranken und übergeben ihm ein Schlafmittel, das der Patient selbst nimmt, um rasch in den Tod hineinzuschlafen. Dabei wird er von den EXIT-Beauftragten begleitet und bis zum Tod umsorgt. Dr. *Sigg* hat gemeinsam mit seiner Frau inzwischen definitiv Lebensmüden mehr als hundertmal diesen allerschwersten Liebesdienst für einen Patienten geleistet.

Aber die beiden waren es nicht allein. Weltweites Aufsehen erregt hat die Erlösungstodhilfe für die Schriftstellerin *Sandra Paretti*. Hier wurde die indirekt-aktive Erlösungstodhilfe durch den Arzt und Präsidenten Prof. Dr. *Meinrad Schär* gemeinsam mit seinem Vizepräsidenten Dr. jur. Dr. *Manfred Kuhn* geleistet. Prof. *Schär* verschrieb der Patientin ein Schlafmittel auf einem Rezept mit dem Vermerk »Dosis letalis« (tödliche Dosis). Dies wurde von einer Apotheke anstandslos eingelöst. Nachdem die Lebensmüde den Todestrunk zu sich genommen hatte, hielten der Präsident und Vizepräsident von EXIT im Nebenzimmer »für den Fall des Falles Wache. Humaner und vorbildlicher geht es nicht!

Auch in den USA gibt es inzwischen einen Staat, in dem die ärztliche aktive Erlösungstodhilfe gesetzlich erlaubt wurde, und in Australien soll ein entsprechendes Gesetz in Vorbereitung sein.

Diese Fortschritte hin zu einer humaneren Welt sind an Deutschland spurlos vorübergegangen. Bei uns ist noch immer alles beim Alten. Kirchenfürsten und Ärzteführer verhindern es, daß hoffnungslos schwerstkranken und gequälten Patienten zuverlässig straffrei geholfen werden darf. Zwar hat das Oberlandesgericht München in dem Prozeß gegen mich klargestellt, daß meine indirekt-aktive Sterbehilfe bei der Patientin *Hermy E.* rechtens war, also auch andere Sterbehelfer in etwa gleicher Ausgangssituation weder der »Tötung auf Verlangen« noch der »Unterlassenen Hilfeleistung« angeklagt werden können. Dies gilt aber angeblich nicht für Ärzte, wie das Berufsgericht für die Heilberufe bei einem Prozeß gegen mich auch in zweiter Instanz bekräftigt hat. Dagegen habe ich zwar beim Bundesverfassungsgericht Beschwerde eingelegt, aber bisher wurde darüber noch nicht entschieden.

Einen schweren Rückschlag hat die humane Sterbehilfe dadurch erlitten, daß der ehemalige Präsident der Deutschen Gesellschaft für Humanes Sterben (DGHS) als Zyankali-Händler entlarvt wurde. In der Erstausgabe dieses Buches »HUMANES LEBEN BIS ZULETZT« hatte ich dem Präsidenten bereits böse Geschäftemacherei mit Zyankali bei einer Krebspatientin von mir vorgeworfen. Damals konnte man es durchsetzen, daß ich diese Vorwürfe in der späteren Taschenbuchausgabe nicht wiederholen durfte. Die Gerichte haben dem Zyankali-Händler leider mehr geglaubt als mir. Mich haben die Prozesse gegen ihn, deren alleiniges Ziel es war, solche bösen Sterbehilfepraktiken zu verhindern, weit mehr als hunderttausend Mark gekostet.

Inzwischen hat die DGHS ein neues Präsidium unter der Leitung von Prof. Dr. *Kurt F. Schobert*. Es wurde bereits damit begonnen, die Aktivitäten der DGHS an den vorbildlichen Praktiken von EXIT zu orientieren. Darüber hinaus werden verstärkte Aktivitäten entfaltet, um endlich bessere gesetzliche Regelungen zu erreichen. Dies alles war für mich Grund genug, am 1. Oktober 1994 wieder in die DGHS einzutreten, aus der ich 1985 zu EXIT geflohen war.

In diesem Buch HUMANES LEBEN BIS ZULETZT steckt von allen meinen inzwischen publizierten 11 Büchern – 3 medizinbrave und 8 medizinkritische – abgesehen von meiner kürzlich erschienen Autobiographie die weitaus meiste Arbeit. Leider hat es von Anfang an nicht die Verbreitung gefunden, die es – gemessen an der meinen anderen Bücher – m. E. verdient hätte. Schuld war wohl vor allem ein sehr unglücklicher Vorabdruck in einer Illustrierten, an dem ich leider mitschuldig bin. Dadurch wurde ich zum »Muttermörder« erklärt, was mich in den Augen der meisten zur Persona ingrata gemacht hat. Niemand kann seine Mutter mehr geliebt haben als ich. Unfreiwillig wurde ich zu ihrem Erlösungstodhelfer aus schrecklicher Krankheitsqual. Wenn ich ihr die Todesspritze absichtlich gegeben hätte, so wie ich es ihr ein paar Jahre vorher auf ihren Wunsch hin in die Hand versprochen hatte, dürfte ich auf diese mutige Tat sogar stolz sein. Leider war ich damals dazu zu feige! Das allerdings hat mich vor einer neuerlichen Anklage wegen »Tötung auf Verlangen« gerettet.

Möge die Neuauflage dieses Taschenbuches dazu beitragen, daß sehr bald ein HUMANES LEBEN BIS ZULETZT durch das legalisierte Recht für Ärzte und Nichtärzte auf aktive Erlösungstodhilfe unter kontrollierbaren und kontrollierten Bedingungen möglich wird.

Gut Spreng, im März 1995 *Julius Hackethal*

VORWORT

Dieses Buch wäre so überflüssig wie ein Kropf, wenn die Mächtigen der Völker Humanisten wären.

Denn *große und größte Denker* der Weltgeschichte haben den *Beweis längst geführt*, daß Erlösungstodhilfe ein *selbstverständliches Recht des Menschen* ist, wenn ein Patient aus *end- und hoffnungslosem Krankheitsleid heraus nicht weiterleben will.* Das, was ich hinzufügen kann, ist vor diesem Hintergrund wenig.

So sehe ich dieses Buch, das sich als mein siebtes medizinkritisches Werk in Volkssprache wieder um wissenschaftliche Beweisführung bemüht, als einen *erneuten Appell an die Mächtigen*, sich *mehr* um die *Krankheitsnöte ihrer Völker* aus humanitärer Sicht *zu kümmern.*

Es ist wohl kein Thema geeigneter, die *Inhumanität* der von den Ärzteführern erlassenen und kontrollierten *Arzthilfegesetze* deutlich zu machen als das mit dem *Hippokrates*-Eid verteidigte *Arztrecht auf Patientenfolterung.*

Ich möchte deutlich machen – nicht nur den Mächtigen, sondern vor allem dem *Wahlvolk* –, daß es hier nicht in erster Linie um die *Frage* geht: *Mitleidstötung – JA oder NEIN?* Die Gretchenfrage heißt vielmehr: Ist es im Zeitalter der Menschenrechte weiterhin verantwortbar, das *Arztrecht auf Patientenfolterung* dem *Patientenwunsch auf Mitleidstötung* überzuordnen?

Die Antwort ergibt sich wohl von selbst.

Zur Diskussion stehen also weniger die *Mißbrauchsmöglichkeiten* einer gesetzlich erlaubten *Mitleidstötung* als die *Gefahren* der von der Rechtsprechung geduldeten *Folterungs-/Tötungsgrauzone.* Daß endlose Folter schlimmer ist als Tod, braucht man wohl auch Ärzteführern und Kirchenfürsten nicht zu beweisen!

Der einzige neue Gedanke in diesem Buch ist wohl der, daß ich *als Arzt* die Mitleidstötung nicht nur als Recht, sondern auch als *Arztpflicht* will. Ich weiß, daß dies auch von vielen Humanisten als zu weit gehend gewertet werden kann – jedenfalls auf den ersten Blick. Und ich habe selbst lange gezögert, *mehr* als ein Arzt*recht* zu fordern. Aber das wäre vor dem Hintergrund des ärztlichen Auftrags, *Krankheitsleid zu lindern, inkonsequent.*

Dem steht nicht entgegen, daß eine Schwangerschaftsunterbrechung, eine Keimlingstötung also, nur ein (begrenztes) Arztrecht, aber *nie* eine *Arztpflicht* werden kann, solange kein objektivierbares Krankheitsleid der Mutter als Grund vorliegt. Die soziale Indikation rechne ich also *nicht* dazu, denn nur *Krankheitsleid* kann *Arztpflichten* auslösen!

Es darf in einer humanen Welt nicht in Ordnung sein, den Arzt von der *Pflicht zur Mitleidstötung* zu entbinden. Wer es *grundsätzlich ablehnt,* seinem Patienten auf dessen ausdrücklichen Wunsch hin am Ende aller Bemühungen auch den *Gnadentod zu gehen,* hat seinen *Mitleidsberuf* verfehlt. Medizinıngenieure in Krankenhausfabriken, die sich nur um *leibliche Reparaturen* kümmern, sind für Patienten eine *Riesengefahr,* ebenso wie die Fließbandversorger in den Praxiswerkstätten.

Mitleidstötung ist ein *ehrenwerter Begriff* für eine *gute Tat aus Nächstenliebe.* Nur für die aus end- und hoffnungslosem Krankheitsleid *erlösende Tötung,* als letztem *Liebesdienst* für einen Patienten*freund* auf seinen Wunsch hin und ohne jede Gegenleistung, sollte dieses *Ehrenwort* benützt werden. Näheres dazu Kapitel 4.1.

Die Diskussion um die ärztliche Erlösungstodhilfe muß in *klarer, unmißverständlicher Sprache* und *auch mit Härte* geführt werden. Das erste der 33 EUBIOS-Gesundgebote heißt: »*Gib viel Liebe,* damit Du viel Liebe bekommst, *aber sei hart gegen Böse.*«

Für mich sind es *Böse,* die, vor dem Hintergrund erbrachter *Beweise* großer Humanisten *für ein Patientenrecht auf Mitleidstötung,* weiterhin *dagegen kämpfen.* Für mich ist es ausgeschlossen, daß jemand, der Schwerkranke in genügender Zahl erlebt hat, gegen eine Mitleidstötung sein kann und darf. Alle anderen haben kein Recht, hier mitzureden.

Die für harte Sprache empfindsamen Leser bitte ich um Verständnis. Wer es ablehnt, *Böses mit Härte* zu bekämpfen, muß die *gesamte moderne Medizin* und hier insbesondere die Chirurgie ablehnen. *Chirurgie ist agressive Nächstenliebe.* Wir Chirurgen müssen tief ins Fleisch schneiden, um Krankheitsleid heilen zu helfen.

Auf der Intensivstation des Krankenhauses München-Haar kostete 1981 schon ein Behandlungstag 1200 DM in der *allgemeinen Pflegekasse,* für *Privatpatienten* erheblich mehr. Das schrieb mir die verzweifelte Tochter einer 74jährigen, die nach dem dritten Schlaganfall seit 256 Tagen in hoffnungsloser Bewußtlosigkeit intensivbehandelt wurde. Über 300000 DM hatte die AOK München dafür bereits bezahlen müssen. Noch 60 Tage lebte die großhirntote Mutter für weitere 80000 DM, zu Lasten der »Solidargemeinschaft« gesetzlich Zwangsversicherter, wider ihre Menschenwürde und auch gegen ihren mutmaßlichen Willen.

Die *finanzielle* Verführung zur Weiterfolterei – wer ahnt schon die Alpträume der Schlafenden – ist vielleicht nicht einmal der stärkste Verführungsgrund. Die *Götzin Wissenschaft* besitzt eine noch stärkere Verführungskraft. Nicht zuletzt bricht ihre »Heiligkeit« auch barmherzigen Ärzten oft das *Mitleidsherz.*

Wer weiterhin versucht, unsere *Nazivergangenheit* als *Schützenhilfe* gegen eine *kontrollierte Mitleidstötung* auf

Wunsch eines end- und hoffnungslos leidgeplagten Patienten einzusetzen, sollte die Medienpropaganda des Naziteufels *Goebbels* auch zur Verteufelung aller Medien von heute benutzen. Wie lange er dann wohl noch mitreden dürfte? Nazi-Euthanasie und Mitleidstötung sind sich so ähnlich wie *Adolf Eichmann* und *Albert Schweitzer.*

Damit kein Irrtum entsteht, schreibe ich's lieber am Anfang: Einem Selbstmörder wie Ministerpräsident *Uwe Barschel* sollte *niemand* auf der Welt *ungestraft* Hilfestellung geben dürfen. Das war keine einfache Sichtötung, sondern Sichselbstmord. Denn dieser Politiker hätte sich einer gerechten irdischen Strafe nicht entziehen dürfen.

Und wo war die *consequentio in deo* der Kirchenfürsten? Warum verweigerte man einem wirklichen Sichselbstmörder nicht den kirchlichen Segen?

Gewiß war die *Predigt* des Lübecker Bischofs für den feigen Flüchtling aus der Verantwortung *keine Hymne.* Dennoch wäre der Staatsführer *kein gutes* Wort wert gewesen.

Und das Staatsbegräbnis? Pfui Teufel!

Kein Kirchenfürst – weder ein Kathole noch ein Evangele – war bereit, im Mai 1984 unser EUBIOS–ZENTRUM AM CHIEMSEE einzuweihen. Wir mußten uns auf Schleichwegen einen Pater besorgen, nachdem ich meiner Patientin *Hermy E.* zum Erlösungstod, zur *ehrenvollen Sichtötung,* aber nicht zum feigen Selbstmord, verholfen hatte.

Vor solchem Hintergrund stünde es unseren Staatsführern und Kirchenfürsten gut an, einen *größeren Schritt zu mehr Glaubwürdigkeit* zu tun. Der staatliche Schutz des indirekten Folterrechtes der Ärzte ist aus Volkssicht *inhuman,* ihre angeblichen Gründe sind *unglaubwürdig.* Wer vorgibt, im Namen des Volkes zu handeln, muß den Strafparagraphen »Tötung auf Verlangen« ändern und darf nicht länger auf Kirchenfürsten und Ärzteführer hören. *Patientenfolterei ist weder christlich noch ärztlich.*

In diesem Buch sollten ursprünglich noch viel mehr *andere* zu Wort kommen. Leider mußte das ursprüngliche Manuskript von 710 Seiten erheblich gekürzt werden, um ein griffiges Buchformat zu bekommen. Ich hoffe, daß die »Mitleidstötung aus anderer Sicht« trotzdem nicht zu kurz gekommen ist.

Wie geschrieben, ist es mein *siebtes Buch.* Es gibt auch unbewußte Bezüge auf frühere Bücher, auf eigene Begriffswertungen und Kürzel, die dem Leser fremd sind. Fußnoten möchte ich nicht machen. Deshalb habe ich ein Worterklärungsverzeichnis angehängt, das zum besseren Verständnis beitragen möge.

So bleibt für den Schluß dieses Vorworts noch die Pflicht und das Herzensbedürfnis, denen Dank zu sagen, die mir für dieses Buch mit Kritik, Rat und Tat besonders beigestanden haben:

Die Rechtsanwälte Dr. *Matthias Prinz*, Prof. Dr. *Karl E. Wenzel* als Rechtsbeistand,

Rosemarie Stephan, langjährige Mitarbeiterin von Prof. Dr. theol. *Wilhelm Knevels* als Geschichtsforschungshelferin,

Claudia Hackethal als engangierte Vor-Lektorin,

Erika Assmann-Schmitt und *Norbert Schmitt* als Mit-Lektoren,

Lydia Bucher und *Petra Rudroff* als fleißige Manuskriptschreiberinnen,

Jutta Scholz-Otte, *Anne* und *Li Hackethal*, meine »Spitzenweiber« im EUBIOS–HEILHILFE–ZENTRUM AM CHIEMSEE als Tag- und Nacht-Nothelfer und Mit-Lektoren,

meine sonstigen Mitarbeiter in Praxis und Klinik als Kompensatoren von Patientenbetreuungsmängeln durch mich, die EUBIOS-Patienten der letzten zwölf Wochen als verständnisvolle Freunde eines Möchtegern-Weltverbesserers für Patienten,

Heinz Ziemes, Vorsitzender des Kuratoriums von EUBIOS-Gesundhilfe e.V. als unermüdlicher Mitstreiter,

sowie schlußendlich Dr. *Herbert Fleissner* als Verleger und Buchbetreuer und seinen sonstigen Mitarbeitern, insbesondere meinem Lektor *Hermann Hemminger*.

Ihnen allen danke ich von ganzem Herzen!

Bernau am Chiemsee, Ende Mai 1988   *Julius Hackethal*

WARUM DIESES BUCH?

Die *Angst vor einem bösen Ende* ist eine der *Grundängste* des Menschen, insbesondere des alternden. Diese Angst wurde in den letzten Jahrzehnten allgemein größer und größer. Es gibt drei berechtigte Gründe:

1. Der technische Fortschritt der Medizin steigt und steigt, gleichzeitig führt er *weg vom liebevoll behüteten Sterben* in Würde und ohne Qual. Technik ist Segen und Fluch. Maschinen sind unmenschliche Sterbebegleiter.

2. Die durchschnittliche Lebenserwartung steigt und steigt, weniger durch die technischen Fortschritte der Medizin als durch die Verbesserung der Lebensbedingungen allgemein. Bei den meisten Menschen geht es eines Tages mit der Lebenslust abwärts. Die Minuten des Glücklichseins, die Stunden der Zufriedenheit werden alterskrankheitsbedingt immer seltener. Eines Tages kippt sie um, die Lebensnutzen-Lebenskosten-Bilanz aus persönlicher Sicht. Der Mißmut, das Unglücklichsein durch *Alterskrankheiten und Altersschwäche bewirken eine zunehmende Lebensmüdigkeit bei immer mehr Menschen.*

3. Die Zahl der durch Krankheit Leidenden nimmt immer mehr zu, weil es mehr und mehr *chronische Krankheiten* gibt. Die Schulmedizin züchtet sie. Auch die Zahl der Verstümmelten wächst. Nicht die der durch Weltkriege und Kriege allgemein – die Gott sei Dank weltweit kleiner geworden ist –, sondern die Zahl der Friedensverstümmelungen steigt: auch durch die Verstümmelungsstrategie des schulmedizinischen Totalen Krebskrieges, durch die inzwischen die Ärzte für die Patienten zu einer größeren Gefahr geworden sind als Krebs. All das bewirkt

auch bei vielen Jüngeren Lebensmüdigkeit aus überzeugendem Grund.

Alles in allem: *Die Angst vor einem qualvollen Sterben steckt tief im Volke und nimmt immer mehr zu.* Jeder Erwachsene und viele Kinder haben es in irgendeiner Form erlebt, daß Angehörige, Freunde oder Bekannte elend zugrunde gegangen sind. So ein Erlebnis vergißt niemand.

Kein Wunder, daß die *überwiegende Mehrheit* der Menschen bei uns und wahrscheinlich in allen Kulturstaaten das Arztrecht zur *Mitleidstötung sehnlichst herbeiwünscht.* Nach Meinungsumfragen sind *mehr als zwei Drittel* unseres Volkes dafür. Im Schweizer Kanton Zürich haben sich schon 1977 zwei Drittel der Stimmenden für die Aktive Sterbehilfe am Schwerstkranken ausgesprochen. Es wäre also *im Namen des Volkes*, ärztliche Erlösungstodhilfe vom *Makel der Berufssünde* zu befreien, für Patienten und Ärzte *mehr Rechtssicherheit* für humanes Sterben zu schaffen.

Doch die Mächtigen im Staat tun nichts, sie ignorieren die Volksangst vor inhumanem Sterben. Ihre Ausrede: Die *Mißbrauchsmöglichkeiten* würden zu groß, wenn man Gesetze und Rechtsprechung änderte.

Das ist für mich aus meiner mehr als 40jährigen Erfahrung als Arzt, als Patientenarzt wohlgemerkt, der seit Jahrzehnten täglich vielfach mit Patientennöten konfrontiert wird, *keine glaubhafte Begründung*. Die Zahl der Operationen, die ich selbst ganz oder teilweise, voll- oder teilverantwortlich gemacht habe, dürfte zwischen 30 000 und 40 000 liegen. Etwa dreimal soviel Patientenbehandlungen sind es wahrscheinlich gewesen.

100 000 *selbst versorgte Patienten reichen aus, um mitreden zu dürfen.*

Ich weiß also aus immenser Erfahrung heraus, über was ich schreibe. Mein Gewissen wurde in diesem langen Chirurgenleben durch viele *eigene Unbarmherzigkeitsfehler*, neben sonstigen eigenen Fehlern, belastet. Ich glaube und hoffe jedoch, daß es weniger waren als bei Patientenärzten – insbesondere Krankenhauschirurgen – allgemein. Dies empfinde ich aber nicht als Verdienst, sondern als *Glück* durch die *Gnade* einer *Erziehung zu Mitleid* von einer barmherzigen Mutter und einem barmherzigen Medizin-Grundschullehrer.

Dieses Buch stützt sich auf meine Erfahrung im Umgang mit vielen Menschen in hoffnungsloser quälerischer Krankheitsnot und ihre Begleitung in den Tod. *Quälerische Krankheitsnot* gibt es auch *ohne körperliche Schmerzen*, wie zu viele Sterbehilfegegner nicht zu wissen scheinen. Oder bewußt verschweigen?

Für mich gibt es keinen Zweifel, daß die vielzitierte Mißbrauchsgefahr einer Mitleidstötung durch Ärzte das *weitaus kleinere Übel* ist gegenüber dem *großen Übel* der *Verweigerung des Selbstbestimmungsrechtes für Patienten*, der *Duldung einer fast uneingeschränkten Therapiehoheit der Ärzte* bis zum bitteren Ende – und das fast ohne Kontrolle.

Warum dieses Buch außerdem?

Weil sie keinen Aufschub mehr duldet, die *wichtigste Frage der Arzthilfe*: Dürfen die Ärzteführer den *größten aller ärztlichen Liebesdienste* für einen Patienten – die endgültige Linderung hoffnungsloser Krankheitsqual – *weiterhin verbieten*?

»*Sie war eine meiner besten Operationen, diese Mitleidstötung.*« Dieses Gefühl beherrschte mich, als ich meine Patientin *Hermy E.* am 18.4.1984 um 8 Uhr abends in ihrem Bett liegen sah: erstmals glücklich und zufrieden, seit ich sie kannte. Tief schlafend auf ewig, erlöst aus schrecklicher Krankheitsnot.

Etwas Furchtbares war endlich zu Ende: das qualvolle Leiden einer Patientin, die mir durch ihre Liebenswürdigkeit und Bescheidenheit, ihre Güte und Tapferkeit besonders ans Herz gewachsen war. Vorbei war auch die schweigende *vorwurfsvolle Frage:* Was habt ihr Ärzte aus mir gemacht?! Und die *unausgesprochene Anklage:* Ihr Ärzte seid Folterer, Verstümmler, Mörder!

Nie hätte *Hermy E.* diese Anklage über die Lippen gebracht, nie. Das verbot ihr der Anstand, die gute Erziehung, oder wie man es sonst nennt. Das wagte sie auch gar nicht zu denken. Denn im Kopf steckte das anerzogene Vertrauen zur ärztlichen Kunst. Aber *nichts* an Wissen über ihre Krebskrankheit und über *Beweggründe allgemein für ärztliches Tun und Lassen.*

Warum empfand ich meine Mitleidstötung als eine meiner besten Operationen? Vor allem auch weil mich der Eingriff in den Körper der Patientin – nichts anderes war es – *viel Schweiß, vor allem Angstschweiß* gekostet hat, obwohl er ganz nach Plan, ohne jede Komplikation verlaufen war. Je größer der Angstschweiß im Zusammenhang mit einer Operation, je mehr man angstvoll für einen Freund riskiert, um so größer ist das Glücksgefühl hinterher, wenn alles gutging. Das größte Glücksempfinden als Arzt hatte ich immer nach einem langen Operationstag, vor dem ich besonders schlecht geschlafen hatte und an dem dann nichts Unangenehmes passiert war.

Andere Chirurgen mögen das anders empfinden. Bei mir war es immer so. Und mit etwas Wehmut denke ich an die Zeiten vor meinem 65. Lebensjahr zurück. Als ich noch nicht *nur* »OP-Trainer mit Aktivlizenz auf der Reservebank« war. Nun muß ich mich mit dem guten Nachtschlaf vor einem Operationstag trösten. Es war *nicht* in erster Linie die *Angst vor Bestrafung* oder vor all den *anderen Unannehmlichkeiten* nach meiner Erlösungstodhilfe, die meinen Beschluß zur Mitleidstötung erschwerte. Die gab es fast nicht, weil ich weder das eine noch das andere vorausahnte. Nein, ich fürchte mich – wie auch sonst bei Operationen – vor *unvorhersehbaren Komplikationen:*

War es Zyankali oder Zahnpulver, was mir *A.* geliefert hatte?

Brachte die angeblich zehnfache tödliche Dosis den behaupteten qualfreien Blitztod?

Verschüttete der Überbringer nichts von dem höchstgefährlichen Gift auf dem Weg von meinem Zimmer zum Bett der Patientin?

Goß die Patientin nichts vorbei und vergiftete damit die Anwesenden?

Lief ihr nicht ein Teil des Gifttrunks aus dem kaputtoperierten Mund heraus, den sie nicht schließen konnte?

Oder aus der zerstörten Nase? Spuckte sie nicht den ersten Schluck ins Bett, weil das Ätzgefühl zu stark war?

Oder trank sie von dem Gifttrunk zu wenig, so daß ich dann mit einer Spritze, wie versprochen, nachhelfen mußte?

Auch wenn die ärztliche Sterbehilfe eines – hoffentlich nicht mehr fernen – Tages zu einer *selbstverständlichen* Arztpflicht wird, bleibt die *Mitleidstötung der größte Liebesdienst* eines Arztes. Tötung ist für jeden anständigen Menschen eine sehr schwere Gewissenslast. Sie erfordert geistige Anstrengung, seelische Überwindung und mehr. Gott sei Dank. Es steigert den Wert dieser Liebestat.

Warum duldet die Lossprechung der Erlösungstodhilfe vom Makel der Arztsünde *keinen Aufschub?*

Weil täglich in aller Welt *Hunderttausende* von Patienten ein *unnötiges Martyrium* erdulden müssen. Und weil schon viel zu viel Zeit verstrichen ist, seit das Menschenrecht auf ein Leben in Würde und mit Selbstbestimmung über Gesundheit und Lebensart in der freien Welt laut proklamiert und grundsätzlich anerkannt wurde.

Und weil sich täglich allein in unserer westlichen Welt *Millionen Menschen,* insbesondere ältere, vor einem *inhumanen* Sterben *fürchten.* Es ist eine *vielfache Zahl derer,* die dann wirklich eines Tages qualvoll und würdelos sterben. Denn Gott sei Dank sterben die meisten nicht auf Intensivstationen oder in den Badezimmern von Krankenhausfabriken. Allein die Gewißheit, daß es für den »Fall des Falles« ein Patientenrecht und eine Arztpflicht auf Mitleidstötung gibt, würde eine *Riesenlast von den Herzen sehr vieler denkender Menschen* nehmen.

Warum dieses Buch auch?

Weil die »*Patientenärzte aus Liebe*« – von denen es viele gibt, bei uns und überall – darunter leiden, daß die von der Mehrheit gewählten Ärzteführer sie *stärker mit Strafe bedrohen* als die anderen, nämlich die mit weniger Mitleid und Barmherzigkeit.

Weil nicht einzusehen ist, daß die Staats- und Rechtsführer *nicht bald* mehr tun, um hier für mehr Klarheit und Rechtssicherheit zu sorgen.

Auch weil ich denen *keine Ausrede* mehr lassen möchte. Es *stimmt nicht*, daß die jetzige Gesetzgebung und höchstrichterliche Rechtsprechung das *kleinere Übel* sei und ein kontrolliertes Arztrecht auf Mitleidstötung das größere. Und es ist ferner *nicht in Ordnung*, daß unser Bundesverfassungsgericht es ablehnt, *Straftatvorsorge* zu leisten. Es gab mir kürzlich eine Ohrfeige für eine artige Anfrage als rechtsachtender Staatsbürger. Ich wolle einen »*Freibrief*« zum Töten, qualifizierte man die im einzelnen präzisierte Anfrage meines Rechtsanwalts ab. *Genau das wollte ich nicht!*

Aus meiner Sicht ist der *Richterstand* in einem Rechtsstaat die Berufsgruppe mit der *höchsten Verantwortlichkeit*, weit höher als die von uns Ärzten. Vor Ärzten kann man fliehen – sogar oft als zwangsversicherter Kassenpatient –, vor Richtern nicht.

Leider wird dieser höchsten Verantwortlichkeit *zu wenig Rechnung* getragen: weder im Hinblick auf Rechte noch Pflichten der Richter. Je größer die *Verantwortlich-*

keit, um so mehr *Macht, Ehre und Geld* – den *legitimen Kindern von Wissen und Können* – sollte es für die *Richter* in einem *Rechtsstaat* geben. Natürlich auch um so mehr Strafe bei schuldhaften Fehlern.

Meine Erfahrungen mit der bundesdeutschen Rechtsprechung sind recht unterschiedlich. Als *Prozeßhansl* kann ich mitreden, nach mehr als 50 Prozessen und Gerichtsurteilen in eigener Sache. Bei mehr als hundert sonst war ich hautnah beteiligt, vor allem als Sachverständiger, unter anderem als nebenamtlicher Gerichtsarzt beim Sozialgericht Kassel.

Es gibt *Traum- und Irrsinnsurteile*, ebenso wie Traum- und Irrsinnsoperationen. Die meisten liegen in der Mitte dazwischen, zu viele aber *rechts* davon – wenn ausnahmsweise rechts eingeordnet werden darf, was schlecht ist. Auch das ist wie bei den Operationen, daß zu viele nicht gut genug sind.

Man mag sagen: Als *Chirurg* könne ich das wohl nur für Operationen richtig beurteilen. Einspruch! Das *Urteil der Patienten* über das Ergebnis einer Operation ist wichtiger als das der Operateure, auch im Gericht. Und als juristischer *Dauerpatient*, teils als klagender oder beklagter Privatpatient, teils als angeklagter Zwangs- bzw. (Gerichts-) Kassenpatient, konnte ich schon einige Erfahrungen sammeln!

Mein Urteil als informierter Jurapatient: *Es könnte besser sein!* Aber es gibt auch großartige Richter und Urteile.

Ich weiß, von dem *idealen Rechtsstaat* sind wir überall *weit entfernt*. Ob bei uns weiter als anderswo, weiß ich nicht. Die große Entfernung kann aber *kein Grund sein*, nicht stärker nach einem besseren Rechtsstaat zu streben.

Allgemein ist die *zu weitgehende Unterwerfung* von Richtern unter *Sachverständigengutachten* zu beklagen. Auf mich wirkt das vielfach wie Denkfaulheit und Verantwortungsflucht. Jedenfalls für den Bereich, den ich beurteilen kann, die Medizin. Da es möglich ist, *jeden Patienten* über die *komplizierteste* vorgeschlagene Operation *ausreichend* aufzuklären, so also, daß er das Wesentliche an Erfolgserwartung und Risiko versteht, muß das auch *für einen Richter* gelten. Also erübrigt es sich, dem *Gutachter* die Beurteilung von *Schuld oder Unschuld* zu überlassen. Vielmehr sollte der Richter so lange fragen, bis er *die Schuldfrage selbst* beantworten kann.

Alles Wesentliche der Gesundheitshilfe läßt sich so erklären oder erfragen, daß es *jedem verständlich wird*, der lesen und schreiben kann. Wenn Ärzteführer anderes behaupten, sagen sie die Unwahrheit. Wann endlich werden unsere Richter das zur Grundlage ihrer Rechtsprechung machen?

Gerechtigkeit, ein praktikables Höchstmaß an Rechtssicherheit, wird es für Patienten und Ärzte erst geben, wenn den unausweichlichen *Sonderrechten der Ärzte* auch angemessene *Sonderpflichten* zugeordnet werden. Sonderpflichten wiederum schließen auch höhere Bestrafung bei schuldhafter Pflichtverletzung ein. Zuständig sollten hier allen anderen Gerichten voran die *Berufsgerichte* sein, aber nicht wie heute als parteiische *Standesfemegerichte* der Ärzteführer, sondern als *unparteiische* Gerichte mit *Patienten und Ärzten* im richterlichen Gleichgewicht.

Ein weiterer Appell an unsere staatlich beauftragten Rechtshüter gilt meiner Sorge vor *Unrechtsurteilen* durch »*Rechts-Babylonisch*« und »*Rechts-Labyrinthisch*«, das heißt durch eine für das Volk unverständliche Sprache und unbegreifliche *Begriffsdeutungsakrobatik*.

Dafür ein Beispiel: § 263 des Strafgesetzbuches lautet: »*Betrug*: (1) Wer in der Absicht, sich oder einem Dritten einen *rechtswidrigen Vermögensvorteil* zu verschaffen, das *Vermögen* eines anderen dadurch beschädigt, daß er durch Vorspiegelung falscher oder durch Entstellung oder Unterdrückung wahrer Tatsachen einen Irrtum erregt oder unterhält, wird mit Freiheitsstrafe bis zu fünf Jahren oder mit Geldstrafe bestraft. (2) Der Versuch ist strafbar.«

Dieser Strafparagraph wird von den Juristen so ausgelegt, daß nur das *Betrug* ist, bei dem einem anderen direkt Geld oder Besitz »gestohlen« wird. Wer ein unechtes Gemälde für teures Geld als echt verkauft, ist ein Betrüger. Aber wer andere durch Lügengeschichten in den Bankrott treibt, soll keiner sein. So deuten es unsere Rechtshüter aus ihrem Rechts-Labyrinthisch heraus. Für jeden Nichtjuristen ist klar, daß Betrügereien, die nichts Direktes mit Geld oder Vermögen zu tun haben, sehr oft viel strafwürdiger sind als der Geldbetrug. Und der Gesetzestext wäre kein Hindernis.

Denn *Vermögen* ist auch der Besitz von anderen Werten als Geld, zum Beispiel in Form eines positiven Bekanntheitsgrades als Arzt, Rechtsanwalt, Steuerberater usw. Man rechnet ihn ja als Goodwill in Geldwert um. Wieso wertet die Rechtsprechung es nicht *immer als Betrug*, wenn jemand »durch Vorspiegelung falscher oder durch Entstellung oder Unterdrückung wahrer Tatsachen einen Irrtum erregt oder unterhält und damit jemanden ›beschädigt‹«?

Jeder Betrug schädigt doch das *Vermögen* des Betrogenen direkt oder indirekt. Jede Vorspiegelung falscher Tatsachen, jede Entstellung wahrer Tatsachen und jede Unterdrückung wahrer Tatsachen tut es. Warum wird eine Veröffentlichung mit solchen Betrugsmerkmalen nicht als Betrug strafrechtlich verfolgt?

Nur als »Verleumdung« reicht doch nicht. Geschädigt wurde doch nicht nur der direkt Betrogene, sondern auch der Käufer der Informationsschrift. Bei Krebs kann dieser Betrug tödlich sein!

Der US-Psychiatrieprofessor *Arnold Goldberg* hat angeblich recherchiert: »Wer zweimal am Tag lügt, verhält sich völlig normal.« Seine Schlußfolgerung: »Lügen ist ein Zeichen erwachender Intelligenz... Lügen ist eine der *Fähigkeiten*, die den Menschen von anderen Lebewesen unterscheidet« (BILD, 20.5.1988). Herzlichen Glückwunsch, Frau und Herr *Mensch* zu dieser *Höherentwicklung* über den Menschenaffen hinaus!

Das darf doch nicht wahr sein, daß *Lug und Betrug* als *Gewohnheitsrecht* von der Rechtsprechung akzeptiert werden. Eine auf mehr Humanität ausgerichtete Rechtsprechung muß sich zu allererst darum bemühen, unsere *Betrugsgesellschaft* in Richtung *Anstandsgesellschaft* umzufunktionieren.

Rechtshüter und Ärzte haben Diener des Volkes zu sein, nichts anderes. Eine Arzthilfe ohne Rechtsschutz, ohne Rechtskontrolle und ohne gerichtliche Strafe bei schuldhaftem Tun wird zur Riesengefahr. Wir Ärzte stellen diese zur Zeit dar, weil uns die *Möglichkeit gegeben wird, unkontrolliert zu foltern, zu verstümmeln und zu töten*. Diese drei Dinge muß man in einem Atemzug nennen, wenn es um Erlösungstodhilfe geht. Fast immer bestehen enge Zusammenhänge. Mehr darüber später.

Zum Schluß der Antwort zur Frage nach dem *Warum* für diese vielseitige Veröffentlichung bringe ich jenen Grund, der wegen seiner Wichtigkeit auch am Anfang hätte stehen können:

Das Buch soll mithelfen, den *Untergang eines Arzthilfesystems* zu beschleunigen, deren *Führer* sich weltweit *gottähnliche Allmacht erobert* haben – zum Unglück für alle Patienten und alle Ärzte sonst.

Ja, für alle! Nur wer die Folgen nicht zu Ende denkt, kann daran zweifeln. Denn *Allmacht einzelner*, unkontrolliertes Allesmachendürfen weniger ist immer *zum Schaden* für viele.

Am Anfang allen Patientenübels stand der HIPPOKRA-

TES-Eid, die Verschwörung der Ärzte gegen die Patienten. Vor über 2000 Jahren schlossen sich im alten Griechenland die *Heilpraktiker der Mächtigen*, der »Edlen« zur noch edleren Asklepiaden-Gilde zusammen und nannten sich »*iatros*«. Ursprünglich hieß das Heiler, Helfer, *Retter*, Befreier, Tröster. Es bedeutet auch »*Heiland*« (nach LANGENSCHEIDTS Großwörterbuch)!

Daraus wurde – laut BROCKHAUS – bald »*arch*-iatros« in Griechenland, »*archiater*« bei den Spätrömern und *Arzt* bei den Germanen, mit der Blütezeit um die Jahrhundertwende – im sogenannten Goldenen Zeitalter der Medizin – im Heiligen Reich deutscher Nationen unter Führung der Wiener (Medizin-)Schule.

»*Archein*« (griech.) heißt: »*Vornan oder der Erste sein*«, auch »*den Oberbefehl haben*«, die »*Herrschaft*« als Häuptling, Fürst, König usw.

Ein Wissenschaftler muß zuallererst den Wörtern bis zum Ursprung nachspüren, damit ihm die Schuppen von den Augen fallen.

In letzter Zeit wurde die Frage »Ärztliche Sterbehilfe – JA oder NEIN?« zum *heißdiskutierten Thema*. Nicht nur bei uns, in der ganzen westlichen Welt. In den USA öffnete Ende Februar 1988 ein Blitz den Himmel für lebensmüde, gequälte Patienten: *Nicht* in der *Boulevardpresse* und nicht in irgendeiner Zeitung sonst, nein, in der *Hauszeitschrift der amerikanischen Ärzteschaft* JAMA stand das *Bekenntnis* eines jungen Arztes mit der Überschrift: »*Piece of My Mind: It's Over, Debbie*« (Ein Stückchen nach meinem Herzen: Es ist zu Ende, *Debbie*). »*Mercy killing*«, *Mitleidstötung*, nennen es die Amerikaner. Es ist die *beste Bezeichnung*, die es für eine Tötung aus Barmherzigkeit geben kann.

Euthanasie ist ein verfälschter Begriff. Wörtlich heißt euthanasia: guter, schöner Tod, nichts anderes. In dem

Wort steckt nichts über das *Wie des Vorganges* oder der Tat, die zum Tod führt. Die Naziteufel haben es zum Mordbegriff gemacht, nicht nur für Deutsche und Österreicher. Als deutsches Tätigkeitswort sollte man es nicht mehr benutzen. Im Englischen allerdings ist *Euthanasia* unbelastet und deshalb auch nicht zu beanstanden.

Auch der Begriff »*Sterbehilfe*« ist nicht glücklich, weil mehrdeutig. Zwar versteht das Volk darunter *nur* Mitleidstötung, Erlösungstodhilfe, eine gute Tat zur Befreiung von einem hoffnungslos unglücklichen Leben also. Doch auch hier wurde *der Wortsinn zerredet*, ich fürchte, bewußt verfälscht. Hilfe *im* Sterben und *beim* Sterben sei auch Sterbehilfe, streuen Ärzte- und Kirchenfürsten ins Volk.

Zwei böse Hintergedanken scheinen mir dafür Pate gestanden zu haben:

Erstens: Machterhaltung durch Verpflichtung der Patientenärzte in Praxis und Klinik zu einer »Arzthilfe«, deren *Wertung als gut oder schlecht* letztlich *nur im Ermessen der Ärzteführer* liegt. Wer eine Morphiumspritze anordnet, die das Leben verkürzt, also tötet, hat gut getan, wenn die Ärzteführer die Tat segnen, und schlecht gehandelt, wenn sie sie verdammen. Die *Gutachten* dafür machen sie *selbst* oder ihre Getreuen. Die Gerichte *vollziehen* nur durch Freispruch oder Verurteilung – im Vertrauen und mit der Ausrede: Von Medizin verstehen wir nichts.

Zweitens: Vorspiegelung, daß Barmherzigkeit als Arzttugend gepflegt wird. Sterbehilfe hört sich gut an im Ohr des Volkes. Wer merkt schon, daß die Hilfe *im* Sterben von vielen Ärzten, wahrscheinlich von den meisten, als *Bankrotterklärung* ihrer ärztlichen Kunst empfunden wird, zumindest unterschwellig. Und als Sargdeckel über einen mitumgebrachten Patienten. Da braucht es *keine Barmherzigkeit, nur Resignation*. Aber das darf niemand merken.

1 MEIN WEG ZUR MITLEIDSTÖTUNG

1.1 DUNKLE ERINNERUNGEN AN MEINE ERSTE MITLEIDSTÖTUNG (1960?) UND FRANCOS INTENSIVQUÄLEREI (1975)

Meine erste Mitleidstötung war, wenn ich mich recht erinnere, 1960 auf der frisch eingerichteten Großwachstation der Chirurgischen Universitätsklinik Erlangen-Nürnberg. Damals nannte man noch *Wachstation,* was heute *Intensivstation* heißt.

Als einer der drei Oberärzte der 350-Betten-Klinik hatte ich 1959 im Auftrage des Klinikdirektors die wesentlichen Vorarbeiten dafür leisten müssen. Damals wurde auch bei uns in der Bundesrepublik von den *Chirurgen* das *Zeitalter der Intensivstationen* eingeläutet.

Als erste Wachstation diente ein Krankenzimmer mit sechs Betten ganz nahe der Operationsabteilung. Da ging es recht eng zu. Nächtelang bastelte ich an den Überwachungsformularen. Vorlagen gab es keine.

Dann erfolgte der große Umzug der Stationen ins neue Bettenhochhaus der Klinik. Damit wurde einer der *Riesenpavillons* frei, deren Einweihung Ende des 19. Jahrhunderts als großer Fortschritt im Krankenhausbau gefeiert worden war: eine *Scheune mit Fenstern*, für 30 Krankenbetten – 15 rechts an der Wand und 15 links. Davor war links das Ministationszimmer für Extrapatienten. Dahinter lagen je ein Wasch-, Toiletten- und Verbandraum – ebenfalls im Miniformat.

Vor der Umtaufe der Krankenscheune zur Großwachstation wurden links zwei Glaskabinen für Sonderfälle eingebaut. Die linke Bettenreihe kam in die Mitte, an der Aufnahmekapazität änderte sich nichts: zirka 30 Bettenplätze *mit freier Sicht für alle* – und mit freiem Schall. Mir läuft es noch heute eiskalt den Rücken herunter bei der Erinnerung an den grauenhaften Anblick.

So ähnlich hatte es im Präpariersaal der Anatomie von Berlin 1941 ausgesehen: nackte Menschenkörper in Reih und Glied, freigegeben als Übungsmaterial für werdende Ärzte. Damals wurde mir speiübel, allerdings nur beim erstenmal. *Wer das nicht verkraftet, taugt nicht zum Arzt!*

Zu der Großintensivstation von Erlangen gab es nur einen wesentlichen Unterschied: Das *Übungsmaterial* für Universitätsärzte war *nicht stumm*. Und es gab *Maschinen* statt Messer und Scheren: Infusionsmaschinen, Beatmungsmaschinen, Absaugmaschinen, Herzschockmaschinen – bedient von Maschinisten.

Mein Mitleidsopfer lag in der zweiten Glaskabine links. Es hing an einer Beatmungs- und Infusionsmaschine. Schwerstverletzt nach einem Motorradunfall war der junge Mann eingeliefert worden: bewußtlos mit vielfachen Knochenbrüchen. Ich hatte ihn mit meiner Mannschaft erstversorgt: genagelt, eingegipst, verbunden. Sein Schädelbasisbruch mit Hirnquetschung war inoperabel. Schon in den ersten Tagen wurde klar: Hier gab es *keine Chance* für ein Leben ohne Maschine. Doch es war ein *interessanter Fall*, vor allem für die Anästhesisten. Also liefen die Maschinen weiter. Mit jeder Visite wurde mir die Unsinnigkeit solcher Versorgung aus der Sicht des Patienten und seiner Angehörigen bewußter. Ich sprach öfters mit den Angehörigen und beschloß eines Tages, die Beatmungsmaschine abzustellen.

Das war nicht ganz ohne Risiko für meine Karriere. Also mußte der günstigste Augenblick abgewartet werden. Dieser kam, als eine meiner Schwesternschülerinnen zur Nachtwache für ihn eingeteilt war, eine *mit Herz*. Ich ging in die Kabine und zog den Stecker heraus. Sie nickte erleichtert.

An ähnlich markante Aktionen sonst erinnere ich mich nicht. Natürlich gab es immer schon die Morphiumserie im Vierstundentakt zur Patiententötung: »Schwester, alle vier Stunden 20 mg Morphium!« »Jawohl, Herr Doktor!« Einen Namen hatten wir für diese Tötungsart nicht. Heute nennt man das *Schmerzlinderung mit Todesfolge oder indirekte Sterbehilfe* und unterstellt der Einfachheit halber immer *Arztmitleid als Verordnungsgrund*. Das ist unkontrolliert erlaubt. Auf dem Totenschein darf »*Natürlicher Tod*« angekreuzt werden.

Ein echtes Problembewußtsein in puncto Sterbehilfe oder Mitleidstötung gab es für mich bis 1975 nicht, immerhin 30 Jahre lang nicht.

Erst *Francos* Intensivquälerei alarmierte mich. Wenige Tage vor dem Tode des spanischen Staatschefs *Franco* schickte ich ein Manuskript an ein deutsches Nachrichtenmagazin. *Noch bevor feststand*, wie die Krankheit des Patienten ausging, für dessen Schicksal sich die ganze Welt interessierte, wollte ich meinen *Standpunkt schriftlich fixieren* und nachkontrollierbar niederschreiben. Der Text wurde zunächst nicht veröffentlicht, erst 1977 in meinem zweiten Buch NACHOPERATION unter der Überschrift »Sterbehilfe statt Intensivquälerei«. Es ist nichts weggelassen und nichts hinzugefügt, was die Aussage über den Sinn, besser den *Unsinn der Intensivtherapie* abschwächt oder verstärkt. Mir scheint nützlich, es auch in diesem Buch abzudrucken, was ich 1975, vor 13 Jahren, schrieb.

»Früh um halb vier wollte das schwergeplagte Herz des 82jährigen der Quälerei ein Ende machen. Es hörte auf zu schlagen. Doch die Eliteärzte erlaubten nicht, daß es aufgab. Sie drückten und quetschten den streikenden Kreislaufmotor, bis er wieder ansprang.

Einige Stunden später probierte es der Magen. Er platzte an einer Nahtstelle und goß seine blutvermischte Salzsäure in die eigene Bauchhöhle. Das hätte den seit 24 Tagen Todgeweihten erlösen müssen. Denn die Chirurgen hatten am Vortag besprochen, nun nicht noch einmal zu operieren. Doch die hippokratischen Eidgenossen wurden wortbrüchig. So lag sie nun weiter da, die Ruine *Francos*, von 27 Ärzten bewacht, in der modernsten Klinik

Spaniens, einer der modernsten der Welt. Und er lebte weiter, wie das Gesetz des *Hippokrates* es befiehlt.

Leben nennen die Intensivmediziner den Zustand eines menschlichen Totalwracks so lange, wie noch nicht die allerletzte Zuckung des Gehirns erstorben ist. Und je länger die letzte Welle vor dem geraden Schlußstrich des Hirnstrombildes den Abflug des Geistes überdauert, um so stolzer werden sie, die Medizintechnologen.

Ganz deutlich sehe ich ihn vor mir, den entgeisteten Körper des Intensivgequälten. Wie ans Kreuz geschlagen lag er da. Beide Arme abgespreizt, gefesselt, angehängt an Dauertropfinfusionen. Aus jeder Körperöffnung ragte ein Schlauch. In der Luftröhre steckte eine große Kanüle, durch die eine Beatmungsmaschine das Sauerstoff-Luft-Gemisch einpreßte und den verbrauchten Atem absaugte. Im eisernen Marschtakt, versteht sich. Man hörte das röchelnde Schlürfen der Atemluft, die sich noch in alter Gewohnheit durch den halbgeöffneten Mund schlich. Da war kein Stückchen Haut mehr frei für eine liebevolle Berührung, die niemand dringender braucht als ein Schwerstkranker. Nur zum Stechen war bis zuallerletzt noch Platz.

›Was da mit *Franco* geschieht, halte ich für Irrsinn und unverantwortlich.‹ So hatte ich damals einem Journalisten geantwortet, und so kam es in die Zeitung. Der bewußt drastisch formulierte Vorwurf richtete sich gegen die spanischen Eliteärzte. Insbesondere gegen die Chirurgen, also meine Kollegen.

Selbstverständlich kann ohne Bereitschaft zum Wagnis keine erfolgreiche Chirurgie betrieben werden. Und ebenso selbstverständlich muß man um jedes Patientenleben kämpfen. Aber Chirurgie darf nicht zum Selbstzweck werden. Ihre einzige Aufgabe ist, Patienten bestmöglich zu helfen. Sonst nichts.

Gute Chirurgie heißt: mit Gewissen, Herz und technischer Perfektion. Je mehr von jedem, um so besser.

Für Chirurgen, denen es an Gewissen und Herz fehlt, wird der Patient zum Spielzeug ihrer flinken Finger, zum Schaustück ihrer Wunderkraft. *Goethe* soll ja gesagt haben: ›Der Chirurg betreibt das göttlichste aller Geschäfte: Ohne Wunder heilen, ohne Worte Wunder tun.‹ So etwas von einem so weisen Mann schmeichelt uns Chirurgen sehr. Doch er hätte es vielleicht nicht sagen sollen.

Franco hatte zweifach Pech mit seinen Chirurgen: Zuerst gaben sie ihm den Todesstoß, dann quälten sie den Todgeweihten mit aussichtslosen Operationen und sinnloser Intensivtherapie und betrogen ihn so um einen menschenwürdigen Tod.

Da *Francos* Infarktherz vier schwere Operationen mit all ihren Zugaben an Intensivbelastung des Kreislaufs überstanden hatte, konnte man mit an Sicherheit grenzender Wahrscheinlichkeit folgern: Ohne ärztliche Behandlung hätte *Franco* länger gelebt. Ein Infarktherz, das solche Kraftreserven hat, stirbt nicht am Infarkt.

Die Anzeigestellung zur ersten Operation war falsch, das Risiko viel zu hoch. Ein Herzinfarkt verbietet fast jede Operation, weil das Absterben eines Herzmuskelabschnittes infolge einer Kranzgefäßverstopfung die Herzleistung stark beeinträchtigt. Für einen schweren Herzinfarkt, wie er bei *Franco* am 22.10.1975 diagnostiziert wure, gilt das natürlich besonders. Mit Leistungsreserven, die mehr als eine vita minima, ein Überleben unter maximaler Schonung, bis zu biologischen Reparatur, aufrechterhalten konnten, durfte man nicht rechnen.

Die Einpflanzung eines Herzschrittmachers mit all den damit verbundenen Zusatzmaßnahmen ist eine große Operation. Für einen 82jährigen konnte keine Art vom Herzrhythmusstörung dieses Wagnis rechtfertigen. Geradezu zwangsläufig kam es zum Lungenödem, einer durch Herz-Kreislauf-Versagen verursachten Flüssigkeitsansammlung in den Lungenbläschen mit höchst bedrohlicher Beeinträchtigung der Atmung. Zur Bekämpfung mußten u. a. Nebennierenrindenpräparate in hoher Dosierung gegeben werden. Außerdem erhielt der Patient sogenannte Antikoagulantien, blutgerinnungshemmende Medikamente, ebenfalls in hoher Dosierung. Nichts führt sicherer zu blutenden Magengeschwüren als diese Arzneikombination. Genau 22 Geschwüre sollen es gewesen sein. In solcher Zahl entwickeln sich Magengeschwüre nur auf dem Boden medizinischer ›Therapie‹, niemals von selbst.

Die erste Magenoperation *Francos* am 2. November war genauso sinnlos wie die zweite fünf Tage später. Keine hätte bei dem Infarktpatienten riskiert werden dürfen. Wie man es wagen konnte, bei einem 80 Pfund schweren Patienten in einer vielstündigen Operation mehr als zwei Drittel des Magens herauszuschneiden, muß jedem Chirurgen mit Gewissen und Herz unbegreiflich bleiben. Dafür gibt es überhaupt keine Entschuldigung. Ich habe genügend Magenresektionen gemacht, um mir ein Urteil erlauben zu können. Als man den Schwerstkranken mit einer langen Blutspur zu der Operation in ein anderes Krankenhaus schleppte, soll er gestöhnt haben: ›Mein Gott, wie hart ist das alles.‹ Das Infarktherz überlebte diese Maximaloperation. Triumph moderner Chirurgie? Frankenstein-Chirurgie!

Die Unzahl von 27 Ärzten soll *Franco* behandelt haben. Schon das konnte nicht gutgehen. Ein Haus- oder Leibarzt, ein Internist und ein Chirurg, hier noch zwei Fachärzte mehr, fünf also insgesamt, wären richtig, bei normalen Sterblichen in aller Regel schon zuviel.

Bei einer Fernsehdiskussion sagte damals der Leiter der Intensivstation einer Medizinischen Universitätsklinik, der Verlauf bei *Franco* habe bewiesen, daß alle Eingriffe notwendig und berechtigt waren. Er lebe ja noch. Ohne sie wäre er sicher schon gestorben.

Der Internist hat von seinem Standpunkt aus recht. Nur rechtfertigt doch ein Überleben als gequälter Intensivpatient um Stunden, Tage oder Wochen den Einsatz nicht, wenn danach kein lebenswertes Leben zu erwarten ist. Wenn nicht eine wägbare Wahrscheinlichkeit dafür spricht. Wunderglaube genügt nicht. Die Verhältnismäßigkeit der Mittel zu beachten, ist ein wichtiges Lebensprinzip, das auch für das Lebensende gilt! Es gab wohl kaum einen Arzt, der *Franco* nach der zweiten Magenoperation noch eine Chance für ein lebenswertes Leben gegeben hätte. Warum wurde er dann weiteroperiert – und intensivtherapiert? Weil die Ärzte unter politischem Druck standen? Ich glaube es nicht. Dann hätte die mitgequälte Familie nicht protestieren dürfen. ›Mein Gott, das ist genug‹, soll ja die Enkeltochter gesagt haben. Ähnliches war damals immer wieder zu lesen.

Nein, das war moderne Medizin, was da an *Francos* praktiziert wurde. Das waren die Auswüchse einer Hippokratie des Gesundheitswesens, in der die Ärzte dank *Hippokrates* zu Halbgöttern und Göttern erhoben wurden.

Ähnliches wäre bei uns in der Bundesrepublik an fast jeder Universitätsklinik möglich. Nicht unter Beteiligung einer Ordinariuszahl von der Stärke zweier Fußballmannschaften. Nein, bei uns wären wohl nur ein, zwei oder drei Professoren beteiligt gewesen, die Behandlung aber, so fürchte ich, nach denselben Prinzipien praktiziert worden.

Diese waren: Moderne Medizin kämpft in erster Linie gegen die Natur, nicht mit ihr. Je künstlicher, komplizierter und eingreifender eine Behandlung, um so ärztlicher. Wichtigster Wertmaßstab ärztlichen Tuns ist das Sofortergebnis, nicht aber das End-

oder Dauerresultat. Eine Operation, die der Patient um ein paar Stunden oder Tage überlebt, ist ›erfolgreich‹. Auch qualvolles Leben oder ein Rest primitivster Lebensäußerungen sind wertvolles Leben, das man mit allen Mitteln zu verlängern versuchen muß. Die kleinste Hoffnung rechtfertigt größtes Risiko und schlimmste Qual. Der Tod ist für jeden Menschen das schrecklichste Ereignis, eine Verzögerung der allerletzten Hirnaktionswelle um Minuten eine respektable Leistung moderner Medizin, auch wenn die Hirnaktionswellen die einzige Lebensäußerung gewesen sind. Die Möglichkeiten der Intensivmedizin dürfen nicht um den Preis eines friedlichen, menschenwürdigen Sterbens eingeengt werden.

Soweit mein Aufsatz vor *Francos* Tod. Möge er mithelfen, Maximen für medizinisches Tun zu formulieren, die leider noch in keinem Lehrbuch stehen. Es ist an der Zeit, daß sie hineinkommen.«

1.2 FLEHBRIEF EINER LEBENSMÜDEN GREISIN (1982)

Mitte September 1982 erhielt ich einen Brief aus Niedersachsen, handgeschrieben mit klaren großen Buchstaben. Angehängt waren zwei Zeitungsausschnitte, auf die sich die *86 Jahre alte Dame* bezog: Leserbriefe zur Veröffentlichung des englischen Arztes Dr. *Goudry* über eine »*Todespille für Greise*«.

Ehrentraut Müller schrieb am 19.5.1982 zum Thema: »Freiheit zum Tode – Heftiger Protest gegen die Selbstmordpille«:

»Diesem Protest kann ich nicht zustimmen. Diese Pille finde ich segensreich und absolut moralisch. Da ich über 70 bin, sehe ich nicht ein, daß ich als altersschwache Idiotin dem Leben – das keines mehr ist – erhalten werden, zumal in einem solchen Zustand eine Auseinandersetzung mit mir selbst und insbesondere mit meiner Umwelt ausgeschlossen ist. Statt eines Erhaltens des Lebens um jeden Preis in einer ausweglosen Situation, auch bei einer aussichtslosen Genesung, empfinde ich es als human, sterben zu dürfen. Den geistig gesunden Menschen müßte es überlassen sein, diese Pille zu nehmen bzw. abzulehnen, auch wenn sie auf die Dauer ihres Lebens an das Bett gefesselt bleiben. Die Ärzte sind an ihren Eid gebunden, Leben zu erhalten. Natürlich darf unter keinen Umständen aufgegeben werden, wo ein echter Heilungsprozeß zu erwarten ist. Es müßte einem Gremium von Ärzten überlassen bleiben, festzustellen, welche Erwartungen an einen Patienten gestellt werden können. Für mich persönlich hoffe ich, daß nach diesem Maßstab gehandelt wird, da mich ein solcher Tod mit hoher Ethik und Dankbarkeit erfüllt.«

Sophie Hasselbach schrieb in dem zweiten mitgeschickten Leserbrief zum Thema »Freie Entscheidung – Britischer Arzt: Todespille für Greise« am 8.8.1982:

»Es sollte eine Umfrage unter alten Menschen stattfinden, wie diese zur Todespille des englischen Arztes Dr. *Goudry* stehen. Ich könnte mir vorstellen, daß die Pille bei vielen alten Menschen ein positives Echo findet. Wenn ein Mensch fühlt, daß das Leben unweigerlich zu Ende ist, das heißt die physischen und psychischen Kräfte völlig versagen, wäre es gut, wenn er die Todespille auf eigenen Wunsch nehmen und einen würdigen Tod sterben könnte; wie unwürdig hingegen kann die Heilkunde sein *(Franco)*. Dem Arzt Dr. *Goudry* muß ich zustimmen, wenn er sagt, wir leben in einer harten Welt, und es heißt, dies zu erkennen. Ist unser Leben nicht schon in allem vorprogrammiert? Und wird es nicht eines Tages auch der Tod sein? Der Ärztin Dr. *Mary Belton* muß ich widersprechen, wenn sie an NS-Deutschland unter *Hitler* erinnert und ansonsten von Liebe und Erbarmen spricht. Sind die unzähligen Altersheime Orte der Liebe – des Erbarmens? Ich glaube kaum. Nirgendwo gibt es soviel seelische Einsamkeit, Leid und Not wie gerade dort.«

Das mußte ich vorausstellen, um den folgenden Brieftext der lebensmüden Greisin vom 15.9.1982 voll verständlich zu machen:

»Sehr geehrter Herr Professor *Hackethal!*
  Wir kennen uns nur vom Sehen im *Diana*; habe Ihre Patienten beneidet; dieselben waren des Lobes voll, ob ihrer Persönlichkeit wie Menschlichkeit! Meine Tochter und ich sind zurückgeblieben vom Altenheim. Sie durch Impfen, Muskelschwund, mit 50 in den Rollstuhl. Bei einem Besuch in der Schweiz erlitt sie einen Unfall, liegt z. Zt. im Hamburger Krankenhaus hier, Hüftgelenk gebrochen. Man kann nur die Hände falten. – Es bricht alles über uns zusammen. Das Leben hat mich abgestempelt: ›Frau *Sorge*‹. Bin selbst ein Wrack, gekrümmt, Halsversteifung, nur mit dem Dreirad stehen und gehen. Mit endlosem Klagen will ich Sie nicht belästigen. Sie selbst kennen solche traurigen Zustände. Ich möchte nur nicht zu einem Pflegefall werden, das sind meine Ängste! Das wäre grausam!!! Daher, lieber Herr Dr. *Hackethal*: Wo bekomme ich die Droge, um, wenn es zum Äußersten kommt, friedlich, still einschlafen zu können? Könnten Sie da behilflich sein im Namen der Nächstenliebe? Ein Tier bekommt durch Gnade Erlösung vom Schmerz. Wo bleibt das Erbarmen für

den alten Menschen, den die Strapazen ausgezehrt, den Lebenswillen gebrochen haben? In meiner Verzweiflung weiß ich keinen Ausweg? Sollte ich Hoffnung haben, es wäre ein Gottesgeschenk! Verübeln Sie mir bitte mein Anliegen nicht. Bin 86 geworden am 2.9. Der Unfall, das Geschenk! Hoffentlich war es der allerletzte Geburtstag. Höre ich von Ihnen, bitte zugleich Auslagen mitteilen. Möchte um Entschuldigung bitten ob meiner Dreistigkeit. Vertrauen zu Ihnen verleitete mich. Gleich, was geschieht, Ihnen die herzlichsten Grüße aus dem *Diana*, Ihre *Thea L.*«

Ich zögerte mit der Antwort, weil ich rechtsunsicher war. Machte ich mich strafbar, wenn ich hier Ratschläge gab? Ich hatte keine Ahnung, war aber entschlossen, mich rechtskundig zu machen.

Dazu bot sich bald Gelegenheit. Ich hatte eine Einladung zu einer Podiumsdiskussion über Sterbehilfe in der Alten Oper zu Frankfurt am Main. Geladen hatte der Präsident der DGHS, von der ich fast nichts wußte. Er hatte vielleicht meinen *Franco*-Artikel und daraus gelesen, daß ich gegen Intensivquälerei von Patienten engagiert war.

Neben mir auf dem Podium saß unter anderem der Sterbehilfe-Rechtspapst der Bundesrepublik: Prof. Dr. *Albin Eser*. Er gab eine Rechtserklärung, die ich nie für möglich gehalten hätte: *Beihilfe zum Freitod sei nicht strafbar.* Nun wollte ich es ganz genau wissen und las aus dem Brief der 86jährigen vor. Ob ich ihr ein tödliches Mittel schicken dürfe, fragte ich ihn. Seine Antwort: »Ja, das ist nicht strafbar!«

Es drehte sich mir im Kopf: Für Tötung auf Verlangen gibt's Gefängnis, und das Hinstellen eines Tötungsgiftes ist straffrei?! Das darf doch nicht wahr sein – solches Staatsrecht! Am 15.11.1982 schrieb ich der Lebensverzweifelten folgenden Brief:

»Bitte entschuldigen Sie vielmals, daß ich Ihren Brief vom 15. September erst heute beantworte. Aber ich war mir über die rechtliche Situation nicht klar. Inzwischen habe ich an einem Podiumsgespräch über Sterbehilfe in Frankfurt am Main teilgenommen. Dabei stellte ich Ihre Bitte ohne Namensnennung zur Diskussion. Ein teilnehmender, sehr prominenter Jurist vertrat die Auffassung, daß es erlaubt sei, eine entsprechende Pille oder dergleichen zur Verfügung zu stellen. Das hat mich selbst überrascht, angenehm überrascht.

Sehr verehrte Frau *L*.! Aus Ihrem Brief entnehme ich, daß Ihre Bitte zur Zeit noch nicht aktuell ist. Ich wünsche mir auch, Sie fänden soviel Lebensmut und -freude wieder, daß Ihr Wunsch um Sterbehilfe in nächster Zeit nicht besteht. Andererseits bin ich aber bereit, nach besten Kräften zu helfen, wenn Sie dies eines Tages wünschen. Bitte schreiben Sie mir dann! Abschließend habe ich noch die Bitte, daß Sie unsere Korrespondenz vertraulich behandeln. Mit freundlichen Grüßen und allen guten Wünschen bin ich Ihr *Julius Hackethal*.«

Ich bekam bis heute keine Antwort.

1.3 MUTTERS VERMÄCHTNIS (1983)

»Junge, versprich mir, daß du mich *mit einer Spritze erlöst*, wenn ich mich nur noch herumquälen muß.« *Ich versprach es* Mutter in die Hand. Es war am 10.6.1978, knapp fünf Jahre vor ihrem quälerischen Sterben.

Am gleichen Tag hatte Gevatter Tod zum dritten Mal kräftig bei ihr angeklopft.

Das *erstemal* war es, als ich elf war. Durchgebrochener Blinddarm. Eine Woche lang bin ich vor Angst fast selbst gestorben. Der Chirurg unseres Heimatkrankenhauses konnte sie retten.

Beim *zweitenmal* hätte sie ein Internist beinahe umgebracht: mit dem Herzmittel Digitalis, 1974. Danach hab' ich ihr fast alle Medikamente »verboten«. Deshalb wurde sie 84.

Der *dritte Todesengel* war wieder das Herz. Am Morgen des 10. Juni schlug es wie wild und verursachte ihr Atemnot. Der Hausarzt schrieb eine Noteinweisung ins Krankenhaus. Man transportierte sie in meine Praxisklinik nach Lauenburg. Ich dachte im ersten Moment: Sie stirbt. Doch ihre Stunde war noch nicht gekommen.

Bei der Ankunft konnte Mutter vor Erstickungsnot nicht sprechen, doch gleich, als es nach der ersten Behandlung besser ging, wollte sie *mein Erlösungsversprechen* für den Fall des Falles.

An dieses Versprechen erinnerte mich Mutter später von Zeit zu Zeit. Sie war keine eifrige Kirchengängerin, aber eine gottesfürchtige Katholikin, tief gläubig. Daß jedoch die Todesspritze aus Barmherzigkeit eine *Todsünde* sein könnte, das konnte und wollte sie *nicht glauben*.

Mutter wurde damals gesund, trotz ihres hühnereigroßen Lungenwurzelkrebses rechts mit sehr großem Rippenfellerguß. Sie entwickelte sich zwar nicht zu einem Kraftpaket wie früher, das vor Gesundheit strotzte, aber sie fühlte sich altersentsprechend gesund, mit kleinen Abstrichen.

Das bestätigte auch ein Journalist, der sie im Dezember 1979 für eine Illustrierte interviewte. Sie wollte erst nicht, doch ich redete ihr zu, um mit ihr eine Zeugin dafür zu haben, daß eine Krebsbehandlung *auch ohne Verstümmelungsstrategie* anschlägt. Der Journalist *Wolfgang Niemann* schrieb: »Wie 80 sieht sie weiß Gott nicht aus, diese resolute Dame, viel eher wie eine vitale Endsechzigerin. Und krank? Nein, krank wirkt sie erst recht nicht.«

Später zitierte er Mutter wie folgt weiter: »Ich habe keine Angst vorm Sterben. Es ist ein schönes Leben, das hinter mir liegt...« Aber dann habe sie betont: »*Nur eines möchte ich nicht: leiden, wenn es mit mir zu Ende geht. Deshalb bin ich Julius dankbar, daß er aktive Sterbehilfe leisten will.*«

Das war im Dezember 1979. Alle ist richtig wiedergegeben, wie Mutter bestätigte.

Ernst wurde es nach unserer *Sterbehilfeverschwörung* noch lange nicht. Im Mai 1980 bezog Mutter ihre Traumwohnung auf dem Bauernhof ihres zweitgeborenen Sohnes *Hansi*. Ein paar Monate später schwärmte sie in einem Brief an mich: »Ich schreibe in der neuen Wohnung. Ich habe herrlich geschlafen und erhole mich von dem vielen Umräumen. *Hansi und Ursel*« – Sohn und Schwiegertochter »haben ihr Bestes getan. Es ist wunderschön hier: Aussicht nach allen Seiten und die Luft von dem schönen, jetzt bunten Wald.«

Ein gutes Jahr währte das Glück in der neuen Wohnung. Dann ebbte es ab. Früher, als sie noch im Haupthaus des Bauernhofes mitwohnte, also mitten im Geschehen war, wurde sie *dauernd gebraucht*. Zum Einkaufen, zum Kochen, zum Tischdecken, zum Flicken; als Telefondienst, als Kindermädchen für die Enkel und und. In der neuen Wohnung wollte man sie *schonen*.

Ab Ende 1980 schon wurde es Mutter *langweilig*. In dem 200-Seelen-Nest gab es niemanden, mit dem sie sich anfreunden wollte. Immer nur lesen – sie war zeitlebens eine Leseratte – und fernsehen mochte sie nicht. Auch ihr reger Briefwechsel vertrieb die Langeweile nicht, obwohl er mehr als rege war. *Keine Mutter der Welt* hat ihren Kindern so *viele Briefe* geschrieben. Um Briefpapier war sie nie verlegen. Was ihr an Papier vor die Finger kam, wurde zum Liebesboten: Kalenderblätter, Notizzettel, herausgerissene Heftseiten, leere Zeitungsränder ebenso wie Briefbögen in allen Größen.

Das Landleben wurde Mutter zu einsam. Sie wollte mehr Leben um sich herum. Also drängte es sie ins *Altenheim*. Nicht in irgendein Altersheim, sondern ins *Hollenbach*-Stift ihrer Geburts-, Kindheits-, Schul- und Jungfraustadt. Dorthin, von wo Vater sie geholt hatte, im Januar 1921, nach Duderstadt am Vorfuße des Harzes.

Diese romantische Stadt ist immer auch ihr »Zuhause« geblieben. Oft fuhr sie mit uns Kindern hin zu Großvater *Julius* und Großmutter *Johanna*. Später zu den Verwandten und Freundinnen, deren es reichlich gab. Schließlich unterhielt sie dort auch einmal für längere Zeit eine Wohnung, nachdem die Land- und Gastwirtschaft ihres *Hansi* aus dem Gröbsten heraus war. Vater gab es ja schon lange vorher nicht mehr. Den hatten 1945 die Russen zum Verhungern abgeholt.

In dieses Duderstädter Altenheim wollte sie, als man sie zur Mithilfe auf dem Bauernhof nicht mehr brauchte. Damals begannen auch die ersten *Verwirrtheitsepisoden*, die sie wenig später selbst so schilderte: »Ich bin ja eine alte Frau geworden, mit wenig Sinn und Verstand, und damit müßt ihr Euch abfinden. Ich vergesse viel und rede oft Blödsinn!«

Altersparanoia nennen es die Seelenärzte. Weiße Mäuse huschen im Hirn herum und trüben den Verstand. Man wird vergeßlich, erinnert sich nicht, wohin ein Schlüssel gelegt wurde oder die Uhr. Man vergißt, daß man ja das Kleid verschenkt hat, welches man gerade sucht. Und dann kommt das große Mißtrauen: *Unschuldige* werden als Missetäter verdächtigt.

Die *unschuldigen Verdächtigten* leiden fast noch mehr darunter als die mit dem *Altersspuk im Kopf*. Denn das Vertrauensverhältnis *zerbricht* mit zunehmender Häufigkeit der Verwirrtheit, die nicht dauernd währt, sondern herbei- und fortfliegt wie eine Fledermaus, oft für viele Tage und Wochen. Leider mündet sie bei nicht wenigen alten Leuten in eine *seelische Quälerei*, die fast nichts an Lebensfreude übrigläßt. Bei Mutter begann es mit 81 ganz leicht, mit wochenlangen Pausen.

Im August 1981 zog Mutter ins *Hollenbach*-Stift. Sie *lebte regelrecht auf* in Gesellschaft alter Freundinnen und Freunde und unter der Obhut liebevoller Betreuer. Wenn ich mit ihr telefonierte, schwärmte sie meistens von den Ausflügen ihres KNEIPP-Vereins und anderen schönen Erlebnissen. Fast jede Woche wurde irgend etwas gefeiert, besonders die Geburtstage der Freundinnen und Freunde. Da war sie meistens die »Betriebsnudel«. Der *Schalk* saß ihr seit der Kindheit ständig im Nacken. In ihrem Nachlaß habe ich über ein Dutzend seitenlanger *Ulkgedichte* gefunden, die sie für Geburtstagskinder fabriziert hatte. *Keine Spur von Geistesgestörtheit*, im Gegenteil!

Im August 1982 haben wir sie in Duderstadt besucht, meine Frau, unser Kind und Halbkind *Nicole* und ich. Da war Mutter noch mopsfidel, bewirtete uns wie in alten Zeiten und führte uns nicht nur in ihrer Stadt herum, sondern auch zu einem Ausflug auf die Rote Warte.

Sie sprühte vor Humor, war voller Späße. Bei der Begrüßung sagte ich, wie bei jedem Telefongespräch: »Du nimmst doch wohl keine Medikamente, *Clärchen*?!« Da zog sie mich an der Hand zum Fenster ihrer Alterswohnung im ersten Stock und zeigte: »Da unten, wo kein Gras wächst, liegen sie!«

Doch bald danach ging es bergab. Im Oktober 1982 schon klangen ihre Liebesbriefe nicht mehr so zuversichtlich. Was sie bereits im November 1981 in einer kurzen Phase von Lebensmüdigkeit geschrieben hatte und dann aber lange nicht mehr, wiederholte sie wörtlich oder sinngemäß immer öfter: »Es wird Zeit, daß mich der liebe Gott abberuft.«

Ende 1982 starb ihr Altersfreund, jener »liebe Freund, der mich aufmuntert, wenn ich traurig bin«. Damit zerbrach der Rest an Lebensfreude, der den Unglücksarm ihrer Lebensglückwaage hoch in die leeren Lüfte und den Glücksarm zu Boden sinken ließ. Kurz vor Jahresende 1982 rief mich Mutter an und sagte gleich am Anfang kurz und knapp: »Junge, ich habe keine Lust mehr. Ich will nicht mehr, es ist genug. *Ich will sterben!*«

Und im nächsten Satz kam jene Begründung, die für ihre Lebenseinstellung typisch war: »*Nur noch Danke sagen können, ist für mich kein Leben.*« Zwar klagte sie auch über einige Wehwehchen, über Schmerzen im Kreuz und im geschwollenen rechten Bein, aber das schien mehr nebensächlich.

Ich wußte: Jetzt wird es ernst. Es fehlte nur noch Mutters drohender Zeigefinger und der Befehl: Keine Widerrede! Jenes vielgehörte Mahnwort meiner Kindheit und Jugendzeit.

Kein Zweifel, eine Widerrede war jetzt zwecklos. Ich kannte meine Mutter, bis tief ins Herz hinein, fast so gut wie sie mich.

Das war nicht dahergeredet, sondern die Verkündigung des Beschlusses: »Ich will nun so schnell wie möglich sterben!«

In dieser Bestimmtheit kam es unerwartet. Ich erschrak. Nicht, weil ich mich jetzt im Zugzwang fühlte. An mein Mitleidstötungsversprechen erinnerte ich mich in diesem Moment gar nicht. Dieses *versteckte* sich in meinem Gedächtnis, übrigens fast bis zum Todestage, zehn Wochen später. Und Mutter erinnerte mich auch nicht daran, mit keinem Wort.

Nein, ein *Erschrecken aus Feigheit* war es nicht. Meine Beklemmung entsprang einem *schlechten Gewissen*, dem unguten Gefühl, mich nicht genug um meine Mutter gekümmert zu haben. Dieses schlechte Gewissen versuchte ich dann reinzureden. Zunächst in unserer gewohnten Umgangssprache:

»Du spinnst wohl, *Clärchen!* Jetzt die Flinte ins Korn werfen, das gibt es nicht. Ich komme ja in paar Tagen zu deinem 84. Geburtstag. Dann werde ich dir deine Lebensmüdigkeit schon austreiben.«

So sprangen wir immer miteinander um. Das war *Mutters Umgangssprache* mit mir und uns, mit allen, die sie mochte: geradeheraus, mit lockerem Unterton und spaßigen Sprüchen. Geradeaus bis zum Stoß vor den Kopf, aber stets mit dem Schalk im Nacken und im Ton. Total ernst redete Mutter fast nie. Das ließ ihr *Schamgefühl* nicht zu: die Scham, so zu tun, als ob sie sich für wichtig hielte. Wer sich vor ihr wichtig tat, hatte sofort verspielt. Wenn jemand geschwollen mit Fremdwörtern daherredete, fragte sie frech: »Wie schreiben Sie denn das?«

Ich redete am Telefon weiter auf Mutter ein: »Komm doch zu uns an den Chiemsee. Wir werden dich hegen und pflegen. Zunächst lege ich dich in die Klinik und verjage deine Wehwehchen. Dann wohnst du bei uns zu Haus. Es gefällt dir bestimmt. *Li* wird sich rührend um dich kümmern, und alle anderen werden es auch tun. Den ganzen Tag ist eine Haushaltshilfe da. Auch ich werde mir mehr Zeit für dich nehmen, das verspreche ich.« Dieses Versprechen habe ich ihr allerdings schon oft guten Willens gegeben und dann doch nicht gehalten.

Ich nötigte sie weiter: »Nun sind *wir* dran. Du warst lange bei *Hansi* und auch längere Zeit bei *Doris* in Kanada« – meiner Schwester –, »aber nie bei mir.«

Das stimmte zwar nicht ganz. Einige Monate hatte sie auch mal bei uns in Lauenburg ausgehalten. Anfang der achtziger Jahre. Doch da gab es zu wenig Arbeit für sie, fühlte sie sich zu wenig gebraucht. Schon bald bekam sie *Heimweh nach Duderstadt* und dem Bauernhof ihres *Hansi*, nur wenige Kilometer davon entfernt. Da hatte sie ihre alten Freunde, und von dort aus konnte sie auch oft nach Etzenborn fahren und mithelfen. Sehr lange hat sie es deshalb bei uns in Lauenburg nicht ausgehalten.

Es wurde ein langes Telefongespräch Ende 1982. Es schien, daß Mutter nicht mehr umzustimmen war. Sie wollte nirgendwo mehr hin. *Der Sinn stand ihr nur noch nach dem Himmel.* Damit rechnete sie natürlich fest, daß sie der liebe Gott sofort im Himmel aufnehmen würde. Und daran zweifelte auch ich keinen Moment, falls es einen Himmel gibt, *was ich hoffe.*

Mutter wollte *da* sterben, *wo sie jetzt war* und wo sie sich am Schluß ihres Lebens besonders wohl gefühlt hatte: in ihrem geliebten *Hollenbach*-Stift. Das sagte sie zum Schluß noch. Aber an mein Erlösungstodversprechen erinnerte sie mit keinem Wort. Leider!

Wir verblieben so, daß ich in gut einer Woche zu ihrem 84. Geburtstag nach Duderstadt käme und dann würden wir weitersehen.

Am 6.1.1983 reiste ich im D-Zug nach Duderstadt. Damals war meine Praxis noch in Aschau. Dazu gehörte eine 29-Betten-Privatklinik am Südpol des Chiemsees, nur einen großen Steinwurf vom Bayerischen Meer entfernt. Arbeit gab es in Hülle und Fülle. *Alle Patienten* konnte ich in der Kleinklinik *direkt als Leibarzt* betreuen. Das machte die Arbeit *noch schöner* als heute in der 100-Betten-EU-BIOS-Klinik, wo ich als Regiearzt, als Berater, OP-Trainer mit Aktivlizenz auf der Reservebank, EUBIOS-Strategieplaner und Kontrolleur zu den Patienten *kein* Leibarztverhältnis mehr habe. Das *größte Glück als Arzt* findet man in der *alleinigen Verantwortlichkeit* für die einzelnen Patienten.

Die Reise von Prien nach Göttingen dauerte viele Stunden. Da gab es viel Zeit zum Nachdenken. Ich war sehr gespannt darauf, in welchem Gesundheitszustand ich Mutter vorfinden würde. Die Hoffnung überwog, daß alles reparabel war, auch der Seelenschmerz.

Als wichtigstes Geburtstagsgeschenk wollte ich Mutter einen *langen Brief* mitbringen. Also nahm ich den Block mit kariertem Papier, hängte mir das Band mit dem Radiergummi um den Hals und zückte den Bleistift. Den drei Seiten langen Brief *fand ich* dann *nach* ihrem Tod in ihrer Briefsammlung. Ich hatte ihn längst vergessen.

Da manches in diesem Zusammenhang wichtig sein mag, zitiere ich aus dem Brief, an dessen Kopf steht: »Im D-Zug nach Duderstadt am 6.1.1983«:

»Meine liebe, gute Mutter! Ewig junges, altes Mädchen! Allerliebster Schatz! 84 wirst Du heute. Mit 22 hast Du mich geboren. Mehr als 61 Jahre unermüdlicher Liebe, Sorge und Treue für mich. Unermüdlich! Du bist das Ideal einer Mutter. Besser und liebevoller geht es nicht. Welch ein Glück für mich und alle Deine Kinder, für alle, denn Du warst immer gerecht, hast niemanden bevorzugt oder benachteiligt.«

Es folgt noch mehr an aus dem Herzen geschriebenen Lob. Doch das interessiert hier nicht so sehr. Wichtiger ist mein Schuldbekenntnis:

»Kinder sind immer undankbar, gemessen an dem, was Mütter für sie tun, jedenfalls Mütter wie Du. Ich habe ein ganz besonders schlechtes Gewissen. Wie wenig habe ich mich im ganzen um Dich gekümmert. Es ist eine Schande.

Trotzdem hat sich an Deiner Liebe und Treue zu mir nichts geändert. Nie. Ich danke Dir von ganzem Herzen.
Möge Gott – den es hoffentlich gibt – Dich noch ein paar Jahre hier auf dieser Welt lassen. Natürlich nur so lange, wie Du es willst. Was kann ich nur tun, um Dir Deine Einsamkeit zu mildern? Du bist schwach und müde, willst nicht mehr fort aus Deinem Heim. Gott sei Dank, daß Du Dich dort wenigstens im allgemeinen wohl fühlst, daß Du gut betreut wirst.
Das allein aber reicht nicht. Du brauchst mehr Abwechslung und Unterhaltung, mehr Liebe mit Anfassen. Wir müssen uns was einfallen lassen. Ich muß! Das werde ich tun. Das verspreche ich Dir zum 84sten.«
Und jetzt kommt etwas, was vor dem Hintergrund dessen, was ich dann bei ihr fand, *wie Hohn klingt*:
»Versprich mir, daß Du keine Tabletten nimmst, die ich nicht ausdrücklich empfehle. Die teuersten Medikamente würde ich Dir holen, wenn sie helfen könnten, Dich frischer und lebensfroher zu machen. Leider gibt es sie nicht. Nur dumme Leute glauben, daß Pillen immer gut sind. Die weitaus meisten schaden mehr, als sie helfen.«
Ich versuchte, sie auch anderweitig zu beruhigen: »Mach Dir auf keinen Fall irgendwelche Sorgen finanzieller Art. Ich werde immer dafür sorgen, daß Du alles hast, was Du willst. Immer!
Vielleicht hast Du Lust, wieder mehr zu lesen. Du warst doch immer eine Leseratte. Deshalb habe ich Dir drei Bücher von meinem Freund *Konsalik* mitgebracht. Er hat sie mir geschenkt. Ich schenke sie Dir, weil Du sie nötiger brauchst. Nun lies sie aber auch!«
Dann erzählte ich noch etwas von unserem häuslichen Glück mit meiner *Li* – damals noch ohne Trauschein – und von meinen Plänen.
Und der Schlußsatz lautete: »Ich möchte, daß auch Du wieder in Schwung kommst, ewig junges, altes Mädchen!

In herzlicher Liebe, Dankbarkeit und Treue
Dein *Julius* mit *Li*.«

Von Göttingen fuhr ich mit dem Taxi nach Duderstadt. Dort erwartete mich Mutter bereits sehnsüchtig. Sie saß im Sessel wie ein kleines Häufchen Elend. Selbst das Begrüßungslächeln schien sie anzustrengen. »Mein Gott«, dachte ich, »was ist aus ihr geworden in den letzten Wochen?!«

Ich umarmte sie lange, gab ihr den Geburtstagsbrief und all das, was ich mitgebracht hatte. Meine Schwester *Doris* war auch da, aus Kanada angereist, um ihr zwei Wochen lang Gesellschaft zu leisten. Das Mutter-Tochter-Verhältnis stimmte, konnte nicht besser sein. Erst im Sommer war Mutter einige Wochen in Kanada gewesen. Eigentlich wollte sie dort den Rest ihres Lebens verbringen. Doch die Zugkraft des Untereichsfeldes hatten wohl alle unterschätzt.

Mir war *rätselhaft, warum* es mit Mutter so stark *abwärts gegangen* war. Doch dann löste sich das Rätsel auf einen Blick. Auf dem Tisch stand ein mehr oder weniger abgegessenes Frühstückstablett. Die Kaffeetasse war fast leergetrunken, des *Rätsels Lösung* lag daneben: die *Frühstücksportion an Medikamenten*. Viele bunte Pillen! Ich zählte: acht Stück. Drei weiße Tabletten, vier Dragees, ein dunkelbraunes, ein hellbraunes, zwei cremefarbene und außerdem eine blaue Kapsel. Das alles sollte sie zum Frühstück einnehmen.

»Um Gottes willen, Mutter, wie lange nimmst du denn das alles schon? Warum hast du mir nichts davon erzählt?«

»Junge, was soll es denn? Die nehme ich schon einige Wochen. Dr. *X*. hat sie mir verschrieben. Es ist doch sowieso alles egal. Laß sie mich nur weiternehmen.«

Was ihr sonst auf der Zunge lag, verschwieg sie rücksichtsvoll: »Ich will doch sterben. Du hast immer gesagt, man stirbt schneller, wenn man viele Medikamente nimmt.« Sie sagte es vielleicht deshalb nicht, weil sie mich nicht an mein Versprechen erinnern wollte. Sie ahnte natürlich, was mir passierte, wenn es raus kam.

Dann interessierte ich mich näher für die von ihrem Internisten verordnete Arzneitagesration (s. Tab. I). *Diese Arzneitagesration mußte, über Monate genommen, zum Tode führen.* Nicht selten werden alten Menschen diese oder andere gefährliche Medikamente in gleichen und sogar größeren Tagesportionen verordnet. Deshalb möchte ich die *Gefahren* der rezeptierten Präparate im einzelnen erläutern.

Dabei stütze ich mich auf die Angaben der Hersteller in dem 60 Millimeter dicken Arzneiwälzer ROTE LISTE 1987 – dem »Verzeichnis von Fertigarzneimitteln der Mitglieder des Bundesverbandes der Pharmazeutischen Industrie e.V.« Die darin angegebenen *Warnhinweise* unterscheiden:

1. Gegenanzeigen = möglichst nicht verordnen, da sehr gefährlich.

2. Nebenwirkungen = unerwünschte (Neben-)Wirkungen, die gefährlich werden können.

Tab. 1: Mutters Arzneitagesration

1.	VOLTAREN 50	3 x 1 Tablette
2.	EUPHYLLIN retard	2 x 1 Tablette
3.	TRIDIN	2 x 1 Tablette
4.	LANITOP	3 x 1 Tablette
5.	SPIRONOLACTON ratio	1 x 1 Tablette
6.	DEHYDROSANOL TRI	1 x 1 Tablette
7.	HEPATICUM MEDICE	1 x 1 Tablette
8.	DCCK retard	2 x 1 Tablette
9.	OZOTHIN-SIRUP	3 x 1 Tablette
10.	SPASMOCIBALGIN comp.	bei Bedarf 1 Zäpfchen
Abends		
11.	ADUMBRAN	1 Tablette
12.	PERSUMBRAN	1 Tablette
Zusammen: 22–24 Einzelportionen an Giftchemikalien pro Tag!		

3. Wechselwirkungen = unerwünschte Wirkungen in Verbindung mit anderen Medikamenten, auch im Sinne einer Wirkungssteigerung oder -minderung.

VOLTAREN 50 ist ein stark entzündungs- und schmerzhemmendes Medikament. Allein damit kann man Menschen umbringen, insbesondere weil es die Heilentzündung unterdrückt, ohne die nichts heilt. Gegenanzeigen: »Hämorrhagische Diathese« (= krankhafte Blutungsneigung) und »Störungen der Hämatopoese« (= Störungen der Blutbildung). Mutter war voller blauer Flecke, an beiden Armen vor allem, aber auch an den Beinen und unter der Körperhaut allgemein. Zudem war sie ausgesprochen bleich im Gesicht. VOLTAREN hatte sie blutarm gemacht.

Weiter steht da: »Hinweis: Vorsicht bei kardialer, renaler und hepatischer Insuffizienz« (= bei stärkerer Herz-, Nieren- und Leberschwäche). All das traf bei Mutter zu, am stärksten die Herzschwäche, aber auch Nieren und Leber waren nicht weniger betroffen.

Als *Nebenwirkungen* von VOLTAREN und verwandten Medikamenten gegen Rheuma und Schmerz werden nochmals angegeben: »Störungen der Hämatopoese« (= der Blutbildung). Also: Wer sie noch nicht hat, wie Mutter, bekommt sie. Weiter gibt es gratis dazu: »zentralnervöse Störungen«. Bei Mutter gab es sie inzwischen in erheblichem Umfange. Begonnen hatten sie ja bereits 1981, als sie noch keine Medikamente nahm, ihre *Verdächtigungsspinnereien*. Ich erzählte es schon. Psychiater nennen es Altersdemenz, -paranoia oder sogar -schizophrenie. Das klingt so bös nach *irrenhausreifer* Geisteskrankheit, was aber *nicht* im entferntesten *zutrifft*, da das Urteilsvermögen insgesamt stimmt und nur das *Kurzzeitgedächtnis* sich verschlechtert. Die Persönlichkeitsstruktur, das Gesamtverhalten und die zugrundeliegende Denkfähigkeit haben sich nicht geändert. Alte Leute vergessen, was kurz vorher passierte, wollen aber diese »Altersschwäche« nicht wahrhaben. Also suchen sie nach einem Schuldigen, wenn sie etwas vermissen, das sie selbst verlegt, weggeworfen oder verschenkt haben, und werden mißtrauisch.

Kein Wunder, daß bei drei VOLTAREN 50 am Tag die Diebsuchspinnerei wieder *aufflammte*. Ausgerechnet von einem ihrer eifrigsten Betreuer fühlte sie sich ständig bestohlen. Auch die früheren Verdächtigungen gegenüber ihrer Schwiegertochter und auch ihrem *Hansi* flammten wieder auf.

Weitere Nebenwirkungen des VOLTAREN sind »Seh- und Hörstörungen«. Mutter litt schon länger unter Altersschwerhörigkeit sowie unter Sehstörungen. Beides hatte sich in den letzten Wochen erheblich verschlimmert.

Doch das war noch nicht alles. An sonstigen Nebenwirkungen stehen in der ROTEN LISTE: »Somnolenz« (= Schläfrigkeit), »Leberschäden«, »Nierenschäden« und »Natrium- und Wasserretention« (= Zurückhaltung von Kochsalz und Wasser im Gewebe). Schon seit langer Zeit bestand bei Mutter eine Schwellungsneigung, nicht nur der Beine, sondern auch um die Augen herum und an der Bauchhaut.

Hinzu kommen als Wechselwirkungen von VOLTAREN eine solche mit »Digoxin«, einem digitalishaltigen Medikament. Mutter bekam LANITOP (dreimal eine Tablette). Durch VOLTAREN wird die Digitaliswirkung verstärkt. Dreimal eine Tablette ist eine hohe Dosierung, auch ohne VOLTAREN. Normalerweise verordnet man zweimal eine täglich oder einmal eine.

Wechselwirkungen gibt es auch mit »Kaliumsparenden Diuretika« = bestimmten Ausschwemmungsmedikamenten wie zum Beispiel SPIRONOLACTION ratio, von dem Mutter einmal täglich eine Tablette nehmen sollte. Die Gefahr ist eine »Hyperkaliämie« (= zu hoher Kaliumblutspiegel), die schnell lebensgefährlich werden kann.

Weiter gehörte zur Tagesration von Mutter EUPHYLLIN

retard. Es wirkt krampflösend und gefäßerweiternd in Herz und Hirn. Zweimal ein Filmdragee ist die normale Erwachsenendosierung, nicht aber die für Greise.

Gegenanzeigen von EUPHYLLIN: »Herzrhythmusstörungen«. Schlimmer als Mutter sie hatte, geht es fast nicht. Als Nebenwirkungen sind auch hier aufgeführt: »zentralnervöse Beschwerden (z. B. Unruhe, Schlafstörungen, Übelkeit, Kopfschmerzen)«. Fast alles war bei Mutter bereits durch VOLTAREN verstärkt.

Das dritte Gift auf der Tagesverordnungsliste war TRIDIN. Davon sollte sie zweimal täglich eine Tablette nehmen. Diese Kautabletten enthalten Fluor und Calcium. Der Hauptwirkstoff ist Natriumfluorphosphat. Nicht weniger als 38 Milligramm stecken in jeder Kautablette. Nur ein bis zwei Milligramm Fluor pro Tag gelten als unschädlich, sind es aber bei Langzeitzufuhr auch nicht.

TRIDIN gilt als schulmedizinisches »Mittel der Wahl« gegen *Osteoporose*. So nennen wir Mediziner das Poröswerden des inneren Knochengerüstes, jenes wabigen Gitterwerkes, aus dem fast alle Knochen in der Hauptsache bestehen, insbesondere die der Wirbelsäule, der Rippen und des Beckens, aber auch alle Gelenkstücke der rindenstarken Röhrenknochen. In den Knochenwaben liegt das blutbildende Knochenmark. Einen deutlicheren Hinweis auf allerengste Zusammenhänge zwischen Innenknochen und Blutbildung kann es wohl nicht geben. Wer von den Ärzten denkt schon daran?

Fluor ist ein Element wie Calcium. Man hat festgestellt, daß es als Ersatz für Calcium in die Knochenbälkchen eingebaut wird. Der *große Irrtum der Schulmedizin:* Osteoporose ist keine *ursächliche* Kalkmangelkrankheit, sondern ein Raubbau am Knochengerüst. Dieser Raubbau führt sogar zu einer Erhöhung des Blutkalkspiegels mit verstärkter Neigung zu Nierensteinbildung und wahrscheinlich auch zu Aderverkalkung. *Trotzdem* füttern die

Schulmediziner die Osteoporosepatienten mit Calciumpräparaten!

Die Osteoporose hat zwei Ursachen: Einerseits werden die wabigen Wände der Innenknochen dünner. Die Löcher im »Schweizer Käse« nehmen an Größe zu, was die Knochenfestigkeit schwächt. Andererseits hält sich der Kalk in den verdünnten wabigen Wänden weniger gut, was den Knochen weicher macht.

Sicherlich stärkt Flour den nicht nur dünn, sondern durch *Calciumekel* auch weich gewordenen Knochen. Die Knochenzellen akzeptieren es als Calciumersatz. Das stärkt ihre Festigkeit. Doch es ist keine *ursächliche* Behandlung, weil weder der Knochenaufbau gefördert wird noch der Einbau von Kalk, den die Natur nun einmal nur als Stützbeton vorgesehen hat, und nichts anderes. Fluor stärkt die verdünnten Knochenbälkchen für einen *sehr hohen Preis*: Es fördert die Giftwirkung des Fluors durch den unmittelbaren Kontakt mit dem blutbildenden Knochenmark. Fluoride = chemische Verbindungen, die Flußsäure enthalten, *hemmen* auch »in großen Verdünnungen eine Reihe von wichtigen Fermenten« (»KURZES LEHRBUCH DER PHARMAKOLOGIE UND TOXIKOLOGIE« von *G. Kuschinsky* und *H. Lüllmann* – Thieme-Verlag, Stuttgart 1987). Außerdem *stören* sie den für den Organismus so wichtigen *Calciumstoffwechsel*, bis hin zu Auslösung von Krampfanfällen. »Bei chronischer Vergiftung mit Fluoriden kommt es zu Gewichtsverlust, Brüchigkeit der Knochen, Anämien (= Blutarmut)(!), allgemeiner Schwäche, Steifheit der Gelenke und fleckiger Verfärbung der Zähne.«

Trotz fleckiger Verfärbung vermindert sich die Kariesneigung der Zähne, wie man zufällig entdeckte, und diese Erkenntnis führte zu der schulmedizinischen Empfehlung, dem Trinkwasser Fluor zuzusetzen, und zwar etwa ein Milligramm Fluor pro Liter.

Bei solchen schulmedizinischen Empfehlungen gegen

Zahnkaries, *bar jeder Ganzheitssicht*, kann man sich nur an den Kopf fassen. Nun, viele Stadtväter haben diesen Unsinn geglaubt und vergiften seither systematisch ihre Bevölkerung. Ihre Ausrede: Die Ärzteführer deklarieren es ja als »wissenschaftlich allgemein anerkannt«. Eine *schlechtere Ausrede* kann es im *Zeitalter* täglich neuer Enthüllungen über *Betrügereien in Wissenschaft und Technik* mit dem *Spitzenreiter Medizin* nicht geben.

Nummer vier von Mutters Medikamenten mit tödlichen Gefahren war LANITOP, ein »Metildigoxin«, also eine Fingerhutchemikalie. Die Herstellerfirma empfiehlt als Erhaltungsdosis eine halbe bis eine Tablette LANITOP täglich, nur bei höherem Glykosidbedarf – der vorher nachzuweisen ist – täglich zwei bis drei Tabletten.

Als *Gegenanzeigen* gelten: »Hyperkalzämie« (= ein erhöhter Blutkalkspiegel), wie sie bei Mutters Osteoporose sehr wahrscheinlich war, und »Ventrikuläre Tachykardie« (= zu schneller Herzschlag durch eine Störung im Herzkammerbereich). Mutter hatte einen sehr unregelmäßigen, schnellen Herzschlag. Ein EKG (= Messung der Herzstromkurve) – mit dem allein man zwischen ventrikulären (= durch Störreize aus den Herzkammerwänden) und andersartigen Gründen fürs Herzjagen unterscheiden kann – war lange nicht gemacht worden. Als Begründung zur Verkleinerung der LANITOP-Dosis hatte man es auch nicht gebraucht.

Als *Nebenwirkungen* von LANITOP sind »vorwiegend bei Überdosierung« angegeben: »Herzrhythmusstörungen«, wie sie Mutter hatte, sowie »Halluzinationen« (= Sinnestäuschungen im Wachzustand, mit der Folge, Unsinn zu reden). Das Problem der Halluzination ist der Erkenntnismangel, daß das Wahrgenommene unwirklich ist.

Ja, Mutter litt an ihrem 84. Geburtstag bereits an einer Altershalluzination, wie geschildert. Nicht nur!

Nummer fünf der Frühstücksportion war SPIRONOLAC-TON ratio, ein Hammer, fast eine chemische Keule. Es wird als Medikament gegen »schwere Hypertonien« (= schwere Bluthochdruckkrankheit) empfohlen, aber nur, wenn andere leichtere Medikamente versagen. In der ROTEN LISTE steht: »SPIRONOLACTON-ratiopharm kann bei bestimmten Herz- und Lebererkrankungen (Leberzirrhose mit Aszites = Leberschrumpfkrankheit mit Bauchwasser) und Ödembildung (= Überwässerung des Gewebes) angewendet werden.« Nebenwirkungen sind »Elektrolytstörungen bei Langzeittherapie« – also Störungen des Mineralhaushaltes, eine mögliche Auch-Ursache für Verwirrtheitszustände.

Nummer sechs = DEHYDROSANOL-TRI-Dragees. Diese wirken gegen schmerzhafte Stauungsbeschwerden in den Beinen und statische Ödeme (= durch Schwerkraft verursachte Gewebsschwellungen). Sie können Hyperkaliämie machen, insbesondere im Zusammenwirken mit LANITOP. Weitere bekannte Nebenwirkungen sind Elektrolytstörungen.

Nummer sieben der Frühstücksportion war das harmloseste der zwölf Medikamente: HEPATICUM MEDICE. Es soll gegen Leberstörungen wirken. Ganz harmlos ist es auch nicht. Es kann angeblich Elektrolytstörungen verursachen.

DCCK, das achte der verordneten Präparate, paßt sich an die Gefährlichkeit der fünf erstgenannten Medikamente voll an. Das Kürzel steht für Medizinbabylonisch in Hochpotenz: vier lateinische Zungenbrecher mit insgesamt 123 Buchstaben. Es soll wirken gegen Altershochdruck, zerebrovaskuläre Insuffizienz (= Hirndurchblutungsnot), gegen Aderverengung allgemein und gegen Kreislaufschock. Als Gegenanzeige gelten »Psychosen« = Geisteskrankheiten allgemein, natürlich auch Halluzinosen! Nebenwirkungen sind unter anderem: Schlafstörungen und auch

Verstärkung von Herzaderenge, wie sie bei Mutter altersbedingt mit Sicherheit auch vorhanden war.

Außer den acht Medikamenten, die auf dem Frühstückstablett lagen, sollte Mutter täglich noch vier andere einnehmen.

Dazu gehörten drei Eßlöffel OZOTHIN-Sirup. Dieser wirkt schleimlösend und wird gegen chronische Bronchitis verordnet. Wichtigste Nebenwirkung ist eine Störung des »Reaktionsvermögens«. Warnhinweise müssen vor allen Dingen denen gegeben werden, die aktiv am Straßenverkehr teilnehmen oder Maschinen bedienen. Da können schlimme Fehler passieren. Natürlich gilt das auch für das Reaktionsvermögen zu Hause. Wer drei Eßlöffel OZOTHIN-Sirup nimmt und Alkoholmuffel ist wie Mutter, hat den ganzen Tag über einen Schwips. Es gibt viele schleimlösende Medikamente ohne Beeinträchtigung des Reaktionsvermögens. Warum dann OZOTHIN-Sirup?

An neunter Stelle der Verordnungsliste stand eines der gefährlichsten *dieser* Medikamente: SPASMOCIBALGIN comp. als Zäpfchen. Die Anwendungsempfehlung des Herstellers in der ROTEN LISTE lautet: »Schwere Krampf- und Schmerzzustände im Bereich der Gallenwege, des Magen-Darm-Trakts sowie des Urogenitalsystems« (= Harn- und Geschlechtssystems); »spastische (= krampfhafte) Schmerzen nach Operationen und in der Gynäkologie« (= Frauenheilkunde). *Schwere* Krampf- und Schmerzzustände!

Als *Gegenanzeige* wird angegeben: Tachyarrhythemie (= schneller, unregelmäßiger Herzschlag), wie es Mutter hatte. Eine Nebenwirkung ist chronische Verstopfung, unter der Mutter ebenfalls litt. Außerdem können Überempfindlichkeitsreaktionen bis zum Schockzustand auftreten. Dazu kommen die typischen Nebenwirkungen aller stark schmerzhemmenden Medikamente: Minderung der Reaktionsfähigkeit, Schwindel, Harnentleerungsstörungen, Atemteillähmung, Blutdruckabfall, Bronchialkrämpfe. Die

Nebenwirkungen werden durch Alkohol (wie im OZO-THON-Sirup) und Schlafmittel verstärkt.

Als Dosierung empfiehlt der Hersteller ein Zäpfchen zwei- bis dreimal täglich, aber »nicht kontinuierlich über einen längeren Zeitraum«. Mutter sollte *bei Bedarf* ein Zäpfchen nehmen. Sie nahm aus Bedarf gegen ihre Schmerzen öfters drei am Tage und ein bis zwei in der Nacht. Zum Schlafen hatte der Hausarzt für jede Nacht gleich zwei Medikamente verordnet: ADUMBRAN und PERSUMBRAN.

Beide enthalten als Hauptwirkstoff OXAZEPAM und zwar je zehn Milligramm. OXAZEPAM ist ein *Psychopharmakon*, ein Seelenbetäuber, ein *Seele-Kaputtmacher schlimmster Sorte*. 20 mg bewirken halbe Holzhammernarkose. Der Hersteller gibt den Hinweis: »Vorsichtig dosieren bei älteren Patienten (verminderte Ausscheidung, verminderte Toleranz, insbesondere bei kardiorespiratorischer Insuffizienz).« *Insuffizienz* ist ein Lieblingswort der Medizinbabylonier, bedeutet Not, hier herzbedingte Atemnot. *Nebenwirkungen* sind Schwindel, »unerwünschte anterograde Amnesie« (= Erinnerungsausfall für Ereignisse nach dem Einnehmen). Wirkungsverstärkung entsteht durch Alkohol. Ausdrücklich empfiehlt der Hersteller: »Bei Patienten mit hirnorganischen Veränderungen eventuell Einzeldosis herabsetzen.« Als *Gegenanzeigen* gelten auch schwere Herzmuskelschäden sowie schwere Nieren- und Leberfunktionsstörungen. Bei älteren Patienten wird zu besonderer Vorsicht geraten. Als Nebenwirkungen können auch »paradoxe Reaktionen« auftreten, also eine Umkehrung der sinnesbetäubenden Wirkung in Erregungszustände.

Eine Tablette ADUMBRAN plus ein Dragee PERSUMBRAN wirken tief in den nächsten Tag hinein. Bei mir würde dieses Dosis genügen, um mich für den ganzen nächsten Tag hirnschwach zu machen.

Für alle Mutter verordneten Medikamente gibt es den Waschzettel-Warnhinweis: Nicht in den drei ersten Schwangerschaftsmonaten nehmen!

Nach meiner Überzeugung ist es – von wenigen Ausnahmen abgesehen – ein *schwerer Fehler*, Medikamente, die embryonale Zellen schädigen können, als *Dauermedikament* auch nur für wenige Wochen zu verordnen, *ohne* die weitere Indikation *immer wieder* sorgfältig zu kontrollieren. Denn was embryonale Zellen schädigt, *schädigt* die lebenswichtigen *Nachwuchszellen zur Zellerneuerung* ebenso. Und genau das geschah hier durch elf rezeptpflichtige Medikamente – mit Ausnahme des HEPATICUM MEDICE.

Wenn man eine *Krankheitsheilung verzögern* oder durch die Abwehr im Zaum gehaltene *Krankheitsherde mobil machen* wollte – was natürlich verrückt wäre –, brauchte man nur das Nervensystem – so wie bei Mutter gesehen – in halber Dauernarkose zu halten. Dann versinken alle Gesundheitswächter und die vielen Heilhilfe-Heinzelmännchen in *Dauerschlaf,* auch die emsigen Nachtarbeiter.

Das Frühstückstablett habe ich in Farbe fotografiert. Man sollte das Buntfoto zur Warnung in allen Altersheimen aufhängen. Mit der Aufschrift: »*Vorsicht Arzt!*« Und mit dem Hinweis: »*Medikamente sind die größte Gefahr für das Lebensglück alternder Menschen.*«

Ich habe dem behandelnden Hausarzt mit internistischem Facharzttitel keinen Schuldvorwurf gemacht. Das geschah schon Mutter zuliebe nicht, denn sie hatte ihn als fürsorglichen und hilfsbereiten Arzt gelobt. Im übrigen muß man ihm zugute halten, daß solche Arzneiverordnungen bei alten Leuten zur *schulmedizinischen Routine* gehören. Warum sollte ich sie ausgerechnet bei dem kritisieren, der sich für meine Mutter anstrengte?

Er tat ja im Grunde *mehr*, als für einen *Kassenarzt Vorschrift ist*. Im *Pflichtenkatalog* der Berufsordnung für Ärzte und im Kassenarztvertrag steht, daß die Behandlung »*notwendig, zweckmäßig, ausreichend und wirtschaftlich*« sein muß, nicht mehr und nicht weniger. Von einer Empfehlung, einem Wunsch oder gar einem Ersuchen zu *freundschaftlicher Betreuung* – ohne die jedes Arzt-Patienten-Verhältnis gefährlich wird – steht *nichts geschrieben*. Man darf sogar zweifeln, daß sie aus Kassenärztesicht wünschenswert wäre. Aus vielerlei Gründen!

Beim Anblick der Arzneitagesportion auf dem Tablett wurde mir alles klar. Mutter hatte aufgegeben. Die *von mir* verordnete Arznei stand nur noch zur *Zierde* auf einem kleinen Tisch in der Ecke: ein Korb mit mehreren Pampelmusen, Apfelsinen und Zitronen, daneben eine große Schale mit anderen Früchten und dazwischen eine elektrische Fruchtpresse. Einen ganzen Waggon hatte sie davon in den letzten fünf Jahren gegen ihren Krebs verspeist, hatten Mutter und ich früher einmal errechnet.

Wenn es noch eines *Beweises* für den festen Sterbewunsch von Mutter bedurft hätte, so war er nun erbracht. Sie *wünschte* sich nicht nur den raschen Tod, sondern sie *tat etwas* zu seiner Beschleunigung. Für sie als kluge Frau war glasklar: So viele rezeptpflichtige Medikamente *mußten ihr Leben verkürzen*, denn sie glaubte schon aus Mutterstolz an die Tüchtigkeit ihres Arztsohnes und seine ständigen Warnungen vor Arzneichemikalien.

Nun brauchte ich mich nicht mehr zu wundern, daß es Mutter allmählich immer schlechter gegangen war. Sie hatte mich also in den letzten Wochen beschwindelt, wenn ich sie nach den Medikamenten gefragt hatte. Wie lange sie diese *Riesenportion an Giften* bereits geschluckt hatte, konnte ich nicht genau herausfinden, wahrscheinlich aber schon seit Ende Oktober.

Ich untersuchte Mutter gründlich. Das Herz schlug unregelmäßig. Es stolperte nicht mehr als früher und schlug schneller als sonst. Die Lippen waren leicht bläulich verfärbt, da die Herzkraft nicht ausreichte, um für sauerstoffreiches Blut in den Schleimhäuten zu sorgen. Über den Lungen hörte man trockene Rasselgeräusche wie bei Stauungsbronchitis. Auch die ehemals krebskranke rechte Lunge war überall beatmet. Vielleicht bestand ein kleiner Rippenfellerguß rechts unten. Hier schien der Klopfhall etwas kürzer als links. Möglicherweise war der Lungenwurzelkrebs wieder aktiv geworden. Einen sicheren Hinweis gab es aber dafür nicht.

Zwischen den Schulterblättern bestand ein *Buckel*, eine starke Verkrümmung der Brustwirbelsäule. Etwas Altersrundrücken hatte Mutter schon lange und kleiner war sie auch geworden. Von der Altersosteoporose, der *Altweiberrachitis*, war sie nicht verschont geblieben. Das wußten wir. Deshalb hatte ich sie immer wieder in die Sonne gejagt und ihr geraten, viel Fisch zu essen. Wegen des Lebertrans, von dem es im Fischblut und dadurch auch im Fischfleisch besonders viel gibt. Die Osteoporose der älteren Damen, die von dieser Knochenweiche ungleich stärker betroffen sind als die Herren, ist fast immer eine *Sonnenmuffelkrankheit*, ebenso wie die Rachitis der Kellerkinder. Man geniert sich von Jahr zu Jahr mehr, sich nackt zu zeigen, weil man sich der mitgealterten Haut schämt. Und dann folgt die Quittung: Osteoporose.

In den letzten Jahren hatte ich Mutter trotz Zuredens nur noch wenig in die Sonne gebracht. Schon damals war sie fünf Zentimeter kleiner geworden. Jetzt aber war sie noch kleiner, vor allem, weil aus dem Rundrücken ein richtiger Buckel geworden war. Beim Beklopfen tat es weh. Hier zwischen den Schulterblättern war auch der Hauptsitz der Rückenschmerzen. Es waren ein paar Wirbel zusammengebrochen.

Weiter ergab die Untersuchung: *Schwellungen* beider Füße und Fußknöchel und des *rechten Beines* im ganzen. Wahrscheinlich hatte sich schon vor längerer Zeit eine

Thrombose in der Oberschenkelblutader rechts entwickelt, ein Blutgerinnsel, das die Vene verstopfte und dadurch zu einem Venengerinnsel mit Venen- und Lymphstau geführt hatte. Solche Thrombosen entwickeln sich oft schleichend und sind nicht selten die Ursache für einen plötzlichen Tod, weil sich ein Gerinnsel losreißt und in eine Lungenschlagader verschleppt wird. Man nennt das Lungenembolie. Bei größeren Gerinnseln ist eine Lungenembolie oft fast blitzartig tödlich.

Meine Diagnosen stehen in Tab. 2.

Der *erste Gedanke* am Schluß der Untersuchung war: keine Ruhe zu geben, bis Mutter mit in meine EUBIOS-Klinik fahren würde. Die einzige Möglichkeit, ihr Leben über Monate, vielleicht sogar Jahre zu verlängern, wäre eine *sofortige vielwöchige stationäre* Behandlung gewesen. Wahrscheinlich hätte wieder ein Zustand erreicht werden können, wie er im August 1982 bei unserem letzten Besuch in Duderstadt gegeben war – jedenfalls die körperliche Leistungsfähigkeit betreffend.

Ich sagte nichts von meinen Diagnosen, auch nicht zu meiner Schwester *Doris*. Meine Besorgnis spielte ich herunter, tat so, als ob alles nicht so schlimm wäre. Ich *brauchte Zeit zum Überlegen*. Die Geburtstagsplauderei

Tab. 2: Mutters Krankheiten am 84. Geburtstag

A. *Signaldiagnose*:
1. Schwere Herz- und Atemnot
2. Schwere Osteoporose mit Wirbeleinbrüchen
3. Mittelschwerer Venen- und Lymphstau rechtes Bein
4. Mittelschwere Blutarmut mit Blutungsneigung
5. Fragliche Aktivierung vom Lungenwurzelkrebs (id) rechts mit kleinem Rippenfellerguß
6. Verwirrtheitszustand wechselnden Grades

B. *Ursachendiagnose*:
1. Schwere chemische Arzneimittelvergiftung
2. Leichte allgemeine Altersorganschwäche

brachte sie mir. Es gab viel zu erzählen, vor allem auch von meiner Schwester, die ich lange nicht gesehen hatte. Der Tag entwickelte sich von einem Krankenbesuch weg zu einem Familientreffen. Mutter lebte vorübergehend auf, ließ einige ihrer trockenen Späße los: »Wenn ich euch beide bei mir habe, fehlt mir gar nichts mehr«, und machte ihrem Glücksgefühl Luft.

Auch ihre »Frau *Senge*« – ihre Freundin – kam zum Geburtstagskaffee. Sie war eine der Treuesten der Treuen.

Frau *Senge* hatte sich in den letzten Jahren rührend um Mutter gekümmert, insbesondere auch in den letzten Lebensmonaten. Am 84. Geburtstag durfte sie natürlich nicht fehlen. Viele lustige Geschichten aus alter Zeit wurden aufgefrischt. Ich hörte jedoch nur zu, soweit es der Anstand erforderte. Meine Gedanken waren mit der Frage beschäftigt: Was soll ich tun?

Ergebnis: Am besten nichts!

Ich fuhr an den Chiemsee zurück, *ohne* eine *ernsthafte Anstrengung zur Lebensrettung meiner Mutter gemacht zu haben*. Je länger wir am Geburtstagsnachmittag zusammensaßen, um so sicherer wurde ich, daß ein *ausreichend glückliches, ein lebenswertes Leben* für Mutter *nicht mehr erreichbar* war.

Ich wagte es nicht einmal, Mutter das Einnehmen der Medikamente oder doch wenigstens von zwei Dritteln davon auszureden. Wahrscheinlich hätte sie ohnehin nicht auf mich gehört. Erst recht drängte ich sie nicht, in meine Klinik zu kommen.

Das war *Lebensverkürzung durch Unterlassen, Tötung der eigenen Mutter*. Näheres dazu in Kapitel 7.2. Diese Arzneitagesportion war die Wurzel allen Übels, insbesondere ihres dringenden Sterbeverlangens wegen hoffnungsloser Krankheitsnot. Alles, was sie quälte und behinderte, hatte darin ihre Ursache, ganz oder teilweise.

In Tab. 2 ist die *Diagnoseübersicht* zum Zeitpunkt des

84. Geburtstags zu finden, aufgezählt in der Reihenfolge ihrer Wichtigkeit für das Befinden. Unterschieden werden *Signal- und Ursachendiagnose*. In der *schulmedizinischen* Diagnostik geht es allgemein *wild durcheinander*. Es gibt auch *Ursachen*diagnosen, aber auf die Gesamtheit bezogen nur bei wenigen Krankheiten, wie zum Beispiel Unfall-, Infektions- und (einigen) Vergiftungskrankheiten: Innenmeniskusriß, Syphilis, Bleivergiftung.

Die weitaus meisten Schulmedizinkrankheitsbezeichnungen sind *Signal*diagnosen, genau gesagt *Abnormsignal*diagnosen. Dabei wird *nicht* zwischen *Unheil-* und *Heilsignalen* unterschieden. Das ist eine der *Hauptursachen* für die *Heilhilfemisere der Schulmedizin* heute bei den *chronischen Volkskrankheiten*. Und auch für den *Diagnosebetrug*: Abnormsignal = Krankheitsbeweis, frei nach dem Slogan: schulmedizingesund – schlecht untersucht.

Mutter war *von Kopf bis Fuß krank*. Das ist man immer nach einer solchen *Arzneichemikalienvergiftung* über mehrere Wochen hin, wenn das Zentralnervensystem der Hauptangriffspunkt der Gifte ist. Da wird man verwirrt und körperbehindert zugleich, seelisch, geistig und körperlich krank und zwar überall, wenn auch organ- und teilorganbezogen in unterschiedlicher Stärke.

Apropos *Vergiftung*: Es gibt den Paragraphen 229 unseres Strafgesetzbuches mit der Überschrift *Vergiftung*:

»(1) Wer einem anderen, um dessen Gesundheit zu beschädigen, Gift oder andere Stoffe beibringt, welche die Gesundheit zu zerstören geeignet sind, wird mit Freiheitsstrafe von einem Jahr bis zu zehn Jahren bestraft. (2) Ist durch die Handlung eine schwere Körperverletzung (§ 224) verursacht worden, so ist auf Freiheitsstrafe nicht unter fünf Jahren und, wenn durch die Handlung der Tod verursacht worden ist, auf lebenslange Freiheitsstrafe oder auf Freiheitsstrafe nicht unter zehn Jahren zu erkennen.«

Strafbar soll *nur sein*, wer die Gesundheit eines anderen

beschädigen *will*. Hier steckt eine große Schwierigkeit, auf die ich in einem späteren Kapitel noch näher eingehen muß. Die Problematik der Willens- bzw. Absichtseinschätzung für die Urteilsfindung ist den Rechtshütern seit ewig bekannt. Um es den Rechtsbrechern nicht zu leicht zu machen, gibt es im Strafrecht den Begriff des *dolcus eventualis*, des *bedingten Vorsatzes*. Er wird unterstellt, wenn der Täter den schädlichen Erfolg *nicht erstrebte*, aber *als mögliche Folge* seines Tuns *voraussah* und ihn trotzdem in Kauf nahm. Ein solcher *bedingter Vorsatz* wird von den Richtern auch als Vorsatz gewertet. Das Bewußtsein der Rechtswidrigkeit der Tat gehört nach herrschender Lehre und Rechtsprechung nicht zum Vorsatz. Doch schließt sein Mangel, wenn er unvermeidbar war, die Schuld als Irrtumsfolge aus.

Merkwürdigerweise bezieht sich der Vergiftungsparagraph des Strafgesetzbuches nur auf eine *vorsätzliche Handlung*, nicht aber *auf Fahrlässigkeit*. Im Strafrecht sonst spielt der *Fahrlässigkeitsbegriff* eine *wichtige Rolle*: »Fahrlässig handelt, wer die objektiv erforderliche und auch ihm persönlich mögliche und zumutbare Sorgfalt außer acht läßt und deshalb entweder pflichtwidrig nicht voraussieht, daß er das in einem strafrechtlichen Tatbestand geschützte Rechtsgut verletzen könnte (*unbewußte Fahrlässigkeit*) oder, obwohl er dies voraussieht, pflichtwidrig darauf vertraut, daß der tatbestandsmäßige Erfolg nicht eintreten werde (*bewußte Fahrlässigkeit*).«

Unbewußte und bewußte Fahrlässigkeit unterliegen grundsätzlich derselben *Strafdrohung*. Nur *ausnahmsweise*, zum Beispiel bei falscher Anschuldigung wird neben der Vorsatztat allein die *Leichtfertigkeit*, das heißt die große Fahrlässigkeit *bestraft*. Für die Abgrenzung zwischen bewußter Fahrlässigkeit und bedingtem Vorsatz kann man m. E. oft auch eine *Münze werfen*.

Nach unserem Gesetzbuch ist fahrlässiges Handeln *nur*

dann strafbar, wenn das für eine Straftat ausdrücklich *im Gesetzesparagraphen* steht. Für *Vergiftung* steht es *nicht* dabei. Hier kommt man als Rechtsdenker ins Schleudern, denn bei *Körperverletzung sonst* – letztlich ist ja Vergiftung auch eine Körperverletzung – gibt es den § 230:

»Fahrlässige Körperverletzung. Wer durch Fahrlässigkeit die Körperverletzung eines anderen verursacht, wird mit Freiheitsstrafe bis zu drei Jahren oder mit Geldstrafe bestraft.«

Bei Betrachtung mit – von den *Kompliziertdenkern aus Prinzip verachteten* – gesundem Menschenverstand gibt es keinen vernünftigen Grund für eine *unterschiedliche Bewertung* von bedingtem Vorsatz und Fahrlässigkeit. Deshalb spinne ich meine Gedanken über das *Arzthilfe-Delikt Vergiftung* weiter: »Arzthilfe« ist meistens mit Körperverletzung oder Giftbeibringung verbunden. Wenn das immer strafbar wäre, gäbe es keine Schulmediziner, *nur Priesterärzte*. Deshalb hat der Gesetzgeber im § 232 festgelegt:

»(I) Die vorsätzliche Körperverletzung nach FD 223 und die fahrlässige Körperverletzung nach § 230 werden *nur auf Antrag verfolgt*, es sei denn, daß die Strafverfolgungsbehörde wegen des *besonderen öffentlichen Interesses* an der Strafverfolgung ein Einschreiten von Amts wegen für geboten hält. Stirbt der Verletzte, so geht bei vorsätzlicher Körperverletzung das Antragsrecht nach § 77 Abs. 2 auf die Angehörigen über.«

Wer immer noch glaubt, daß es für eine durch Ärzte verursachte Patientenvergiftung *keine gesetzliche Möglichkeit zur Bestrafung* gibt, lese den Paragraphen 223 b:

»*Mißhandlung von Schutzbefohlenen:* (1) Wer Personen unter 18 Jahren oder wegen *Gebrechlichkeit oder Krankheit Wehrlose*, die seiner *Fürsorge oder Obhut unterstehen* oder seinem Hausstand angehören oder die von dem Fürsorgepflichtigen seiner Gewalt überlassen worden oder durch ein Dienst- oder Arbeitsverhältnis von ihm abhängig sind, *quält oder roh mißhandelt*, oder wer durch böswillige Vernachlässigkeit seiner Pflicht, für sie zu sorgen, sie an der Gesundheit schädigt, wird mit Freiheitsstrafe von drei Monaten bis zu fünf Jahren bestraft.

(2) In besonders schweren Fällen ist die Strafe Freiheitsstrafe von einem Jahr bis zu fünf Jahren, in minder schweren Fällen Freiheitsstrafe bis zu drei Jahren oder Geldstrafe.

Ich präzisiere: »Wer... wegen Gebrechlichkeit oder Krankheit Wehrlose, die seiner Fürsorge oder Obhut unterstehen... durch böswillige Vernachlässigung seiner Pflicht, für sie zu sorgen... an der Gesundheit schädigt, wird... bestraft.« Wer sie »*quält oder roh mißhandelt*« auch!

Man kann es drehen oder wenden wie man will: Unsere Rechtshüter hätten schon die *Möglichkeit*, uns *Ärzte an der Kandare* zu halten, unser Pflichtbewußtsein drastisch zu stärken und unsere Sorgfalt zu aktivieren. Warum geschieht es nicht? Gibt es eine heilige Allianz unter Akademikern im allgemeinen und unter Juristen und Medizinern im besonderen? Gehört das Stillhalteabkommen zwischen Juristen und Ärzten vielleicht zu den ungeschriebenen Gesetzen, zu den angeblichen *Anstandsregeln der feinen Gesellschaft*, die stärker sein sollen als alle geschriebenen Gesetze?

Oder fällt das unter die Irrtumsparagraphen 16 und 17 des Strafgesetzbuches? Ist es ein entschuldbarer Irrtum, den § 223 b nicht auf Ärzte anzuwenden?

Langsam komme ich in Teufels Küche. Manche werden schon die Ohren spitzen, ob sie meine Gedankenspiele nicht in einen Strafparagraphen einordnen können. *Deshalb betone ich: Mein Ziel ist eine Verbesserung der Arzthilfe für die Patienten und der Versuch, die Rechtshüter unter Zugzwang zu setzen, dieses Rechtsgut zuverlässiger zu sichern.*

Ich bekenne: JA, ich habe durch mein Verhalten bei meiner *vom Vergiftungstod bedrohten Mutter* mich mindestens der *Beihilfe zur Tötung auf Verlangen,* vielleicht sogar der Beihilfe zum Totschlag schuldig gemacht.

§ 212 *Totschlag.* (I) Wer einen Menschen tötet, ohne Mörder zu sein, wird als Totschläger mit Freiheitsstrafe nicht unter fünf Jahren bestraft.«

§ 216 *Tötung auf Verlangen.* (1) Ist jemand durch das ausdrückliche und ernstliche Verlangen des Getöteten zur Tötung bestimmt worden, so ist auf Freiheitsstrafe von sechs Monaten bis zu fünf Jahren zu erkennen. (2) Der Versuch ist strafbar.«

Der Hausarzt hat *Medikamente in tödlicher Dosis* verordnet, und ich habe nichts getan, um den Vergiftungstod zu verhindern.

Oder war es nach § 226 nur *Körperverletzung mit Todesfolge?*: »(1) Ist durch die Körperverletzung der Tod des Verletzten verursacht worden, so ist auf Freiheitsstrafe nicht unter drei Jahren zu erkennen. (2) In minder schweren Fällen ist die Freiheitsstrafe von drei Monaten bis zu fünf Jahren.«

Muß ich nicht darüber hinaus auch wegen *Mißhandlung von Schutzbefohlenen* bestraft werden? Habe ich nicht meine Patientin *Clara H.* durch Unterlassen *gequält oder roh mißhandelt,* meine Pflicht für sie zu sorgen, böswillig vernachlässigt und sie damit an der Gesundheit geschädigt?

§ 13 StGB stellt *Begehen durch Unterlassen* unter Strafe: »(1) Wer es unterläßt, einen Erfolg abzuwenden, der zum Tatbestand eines Strafgesetzes gehört, ist nach diesem Gesetz nur dann strafbar, wenn er rechtlich dafür einzustehen hat, daß der Erfolg nicht eintritt, und wenn das Unterlassen der Verwirklichung des gesetzlichen Tatbestandes durch ein Tun entspricht.«

Natürlich hatte ich rechtlich dafür einzustehen, daß es

zu *Quälerei und roher Mißhandlung meiner Patientin*, die noch dazu meine Mutter war – *doppelte Garantenpflicht!* – nicht kam.

Mehr für *Beihilfe zum Totschlag* als zur Tötung *ohne Einwilligung* spricht, daß Mutter spätestens von ihrem 84. Geburtstag an zeitweise verwirrt war.

Meine Ausreden zur Rettung vor Strafe: So genau habe ich *damals nicht* darüber *nachgedacht*, daß ich auch dann ein Totschläger bin, wenn ich es nur *unterlasse*, gegen tödliche Vergiftungsverordnungen meines internistischen Kollegen etwas zu unternehmen. Auch müßte mir zugute gehalten werden, daß ich nach der Berufsverordnung für Ärzte zur *Kollegialität verpflicht* bin, daß ich die Verordnungen eines Kollegen nicht einfach für falsch erklären darf.

Noch etwas zu meiner Entschuldigung: Warum sollte *ausgerechnet ich* mich eines Tötungsdelikts schuldig machen, wo ich *schon vor 25 Jahren* versucht habe, die Rechtsprechung zugunsten der Patientensicherheit *zu ändern*, indem ich damals den Chef meiner chirurgischen Universitätsklinik wegen vielfacher Kunstfehler mit Todesfolge *anzeigte* und damit *meine Universitätskarriere beendete?* Auch in meinem dritten Buch SPRECHSTUNDE (Molden-Verlag 1978) habe ich gleich am Anfang *einige Strafparagraphen* zitiert, um die Rechtshüter für eine bessere Arzthilfe in Marsch zu setzen. *Nichts ist passiert*, außer daß ich meinem Ruf in der feinen Gesellschaft geschadet habe.

Um die Schlußfolgerungen aus meinem Verhalten auf den Punkt zu bringen: Ich fühle mich zwar *nicht nach den Maßstäben unserer Rechtsprechung*, aber *aus moralischen Gründen* um so mehr wegen des zehnwöchigen qualvollen Sterbens meiner Mutter – vom 6.1. bis zum 18.3.1983 – *schuldig*.

Das habe ich übrigens den »Verehrten Damen und Herren *Richtern des Bundesverfassungsgerichts*« am 15.7.1987 mitgeteilt. Wörtlich steht in dem Schreiben, in dem ich unsere Höchstrichter um Stellungnahme zur Erlösungstodhilfe für *Daniela* gebeten habe:

»Diese meine Mutter hat Ende 1982 erklärt: ›Ich will nicht mehr, es ist genug!‹ Es war wenige Wochen vor ihrem 84. Geburtstag. Was tat sie als lebenskluge Frau? Sie nahm alle von ihrem Hausarzt verordneten Medikamente brav und pünktlich. Sie wußte, daß das tödlich war, denn ich hatte ihr mindestens 30 Jahre lang ›verboten‹, irgendein chemiefabriziertes Medikament zu nehmen. Meine Begründung: Ich will eine gesunde Mutter, die uralt wird.

Dann habe ich mitangesehen, wie sich meine Mutter in den nächsten drei Monaten umbrachte. Ich wußte, daß die in gutem Glauben vom Hausarzt verordnete tägliche Arzneidosis in wenigen Wochen bis Monaten tödlich sein mußte. Einzelheiten teile ich Ihnen gern nachträglich mit, wenn Sie sie wissen möchten.

Es war ein qualvolles Vierteljahr in dem Altersheim ihrer Geburtsstadt, wo sie gern lebte, lieber als bei uns in Bernau. Ich hatte ihr lange Zeit vorher versprochen, ihr eine tödliche Spritze zu geben, wenn sie eines Tages sagen würde: ›Ich will nicht mehr.‹ Auch wenn ich ihr das nicht ausreden konnte oder wollte. Trotzdem habe ich sie dann so lange leiden lassen, und dieses Schuldgefühl werde ich nie los!«

Dem Schreiben an das BVG habe ich ein Foto von »Mutters Pillenmahlzeit und eine Fotokopie der Aufstellung über »Mutters Arzneitagesration« beigefügt.

Auch diese *Selbstanklage bewirkte fast nichts*, außer daß man in dem *Daniela*-Urteil ausdrücklich *offen ließ*, ob bei *Daniela* vielleicht nicht nur eine Beihilfe zur Sichtötung, sondern sogar eine Tötung auf Verlangen strafbar wäre oder nicht. Eigentlich eine zukunftsträchtige Entscheidung! Für *Daniela* und mich hat es jedoch nichts gebracht. Im Gegenteil, ich bekam sogar eine Ohrfeige: Das sei ja wohl der Gipfel der Frechheit, einen Freispruch im Vorwege zu beantragen. Ein Bundesverfassungsgericht habe schließlich keine Vorsorgepflicht. Erst wenn das Kind in den Brunnen geworfen worden sei, dürfe es handeln. So steht es zwar nicht wörtlich in der Urteilsbegründung, aber so muß und darf man es wohl verstehen!

Mutter wünschte sich den Tod schon seit mehreren Jahren. Sie hätte mich *vom Himmel aus gesegnet*, wenn ich ihr *sogar, ohne daß sie es wußte,* eine tödliche Spritze gegeben hätte. Ich habe meine Mutter geliebt, wie es stärker nicht möglich ist und zwar lückenlos und extrem bis zu ihrem Tode. Ich wäre für Mutter *eher gestorben*, als ihrem *Lebensglück absichtlich zu schaden*.

Vor diesem Hintergrund ist jegliche Unterstellung absurd, ich hätte je etwas anderes gewollt, als das Lebensglück meiner Mutter zu fördern.

Aus dieser Sicht wehre ich mich gegen eine Rechtsprechung, die das Selbstbestimmungsrecht durch *Überstrapazierung der Zurechnungsfähigkeitsbewertung* einzuengen versucht. Mutter war spätestens von ihrem 84. Geburtstag an zum Abschluß *wichtiger Rechtsgeschäfte* nicht mehr fähig. Deshalb kann man aber *nicht* die *Rechtmäßigkeit* ihres – zwar unausgesprochenen, aber unzweifelhaften – *Erlösungstodhilfeverlangens* bestreiten. Wieso hat ein hoffnungslos krebskrankes Kind unter 18 Jahren nicht ein Recht auf Mitleidstötung? Warum gilt das nicht auch für alle alten Menschen mit hoffnungsloser Alterskrankheit, selbst wenn sie nicht mehr bei klarem Verstand sind?

Mutter hatte ja schon vor vielen Jahren erklärt, wenn sie aus irgendwelchen Gründen eines Tages den *Verstand verlöre*, wollte sie *nicht weiterleben*. Im Grunde ist das nichts Besonderes. Das ist die Einstellung sehr vieler Menschen – übrigens auch meine –, die Todesspritze einem Weiterleben in geistiger Umnachtung vorzuziehen und dies in einer Willenserklärung festzulegen.

Den Mitleidstötungsgegnern werden jetzt spitzbübisch die Augen leuchten. Eine solche Einstellung sei der Anfang der *Legalisierung der Tötung unwerten Lebens*. Solche

Sprüche habe ich in den letzten Jahren oft anhören müssen. Nur Herrschsüchtige, Intolerante oder Dummköpfe können sie klopfen. Es geht hier nur um die *Erfüllung eines erklärten Willens* und um nichts anderes. Aber man darf den Willen eines Geistesgestörten nicht einfach *ignorieren*, wenn man sieht, daß er sich nur noch *furchtbar quält*. Auch sonst sieht man das ja nicht so eng.

Was würden diese *Sprüchemacher* wohl sagen, wenn sie selbst von einem geistig gestörten Vater als leibliches Kind zum Alleinerben eingesetzt würden, obwohl der Vater das eigentlich einer treusorgenden Lebensgefährtin schuldete?

Oder was würde ein *Moraltheologe* tun, wenn seine greise Mutter sich in fürchterlichen Schmerzen quälte? Er würde *ja sagen* zur schmerzstillenden Morphiumspritze, auch wenn er wüßte, daß sie das Leben der Mutter verkürzt, daß es also eine Todesspritze ist.

Wir müssen endlich mit den *Tötungsbegriffen ins reine kommen* (s. Kapitel 7). *Jede Lebensverkürzung* ist Tötung. Die *Zeit der Verkürzung* spielt keine Rolle. Auch wenn das Leben nur um *Minuten* verkürzt wird, ist der Vorgang zur Lebensverkürzung eine Tötung und der *Lebensverkürzer ein Töter.* Mit Drumherumreden kommen wir nicht weiter. Es hilft nur denen, die im trüben fischen wollen.

Jede Morphiumspritze, die ein *Schwerkranker* bekommt, ist *Tötung*, wenn sie *den Tropfen* enthält, der das *Todesfaß zum Überlaufen* bringt und wenn dadurch das Leben auch nur um wenige Stunden, ja Minuten verkürzt wird. Und fast jede Morphiumspritze verkürzt bei vielen Schwerkranken das Leben.

Auch das Unterlassen der Sauerstoffbeatmung eines hoffnungslos Krebskranken und das Abstellen einer lebenserhaltenden Infusion ist Tötung. Wer es passive Sterbehilfe, passive Hilfe zum Sterben nennt, verdreht Rechtsprechung und Rechtsdenken. *Unterlassen* ist – sogar nach den Strafrechtsnormen – *wie Tun* zu werten.

Mutters quälerisches Sterben eignet sich besonders gut zur *Diskussion*, ob Mitleidstötung *Arztrecht und (moralische) Arztpflicht* sind, vor allem bei *alten Menschen*, die sterben wollen. Hier liegt in unserer Gesellschaft sehr vieles im argen. Für mich ist es *scheinheiliges Gerede,* wenn der wiederholte und immer wieder geäußerte Sterbewunsch eines kranken alten Menschen mit der Begründung mißachtet wird: Die Mißbrauchsmöglichkeit sei bei einer Änderung der gesetzlichen Regelung zu groß. Wer das *Selbstbestimmungsrecht* eines Menschen über seine Gesundheit und sein Leben zu achten bereit ist, kann nicht das *Erlösungstodrecht* ausnahmslos verweigern.

Über *Mitleidstötung* kann man nicht diskutieren, ohne gleichzeitig über *Folterung* zu reden. Die Folter, das Quälen eines Menschen mit *Folterwerkzeugen*, aus welchen Gründen auch immer, ist aus humaner Sicht das *schlimmste aller Verbrechen*, schlimmer als Mord. Nach *römischem Recht* war die Anwendung körperlicher Qualen zum Erzwingen von Geständnissen, insbesondere gegenüber Sklaven, *kein Unrecht*.

Auch die Kirche hat sich bei ihren Inquisitionsprozessen der *Folterbank* unter *Berufung auf Gottes Willen* bedient. *Folterwerkzeuge* waren Daumen- und Beinschrauben zum Zusammenpressen der Daumen und Waden, Folterleitern zum Zerren der Glieder, der Spanische Bock, der Schwitzkasten, das Rad, worauf der Beschuldigte »geflochten« wurde, die Eiserne Jungfrau, die Lederpeitsche mit angehängten, zackigen Metallstücken. Ich rufe das in Erinnerung, um *denen das Gedächtnis zu stärken*, die mit Bezugnahme auf *altes* Recht oder *religiöse* Vorschriften *gegen* humane Erlösungstodhilfe sind. *Traditionen* sind oft die *schlechtesten Zeugen* für angeblich *humanitäres Denken und Wollen.*

Religionsfreiheit ist Gott sei Dank ein *Menschenrecht*. Zu viele Religionsverkünder *verwechseln* aber religiöse Intoleranz, *Bekehrungsfanatismus* mit ihrem *Recht zu friedlicher Religionsverkündung* ohne Nötigung und unter *Vermeidung* jeglichen Zwanges.

Ich wiederhole: Mutter war ein Leben lang *Katholikin*. Sie hieß zwar manches nicht gut, was Kirchenführer predigten und taten, aber das beirrte sie nicht in ihrem katholischen Glauben. Sie war sehr auf unsere gute katholische Erziehung bedacht, mit ein Grund, warum wir ins *Bischöfliche Knabenseminar* nach Heiligenstadt gegeben wurden, mein Bruder *Hansi* und ich. Und Mutter war gar nicht damit einverstanden, daß ich 1974 aus der Kirche austrat. Sie *betete* viel mit uns Kindern, und es dürfte nur *wenige* Tage in ihrem Leben gegeben haben, an denen sie *kein Dank- oder Bittgebet* still vor sich hindachte oder sprach. Eine ältere Schwester von Mutter war *Ordensschwester* bei den *Ursulinen* in Königstein, und auch Mutters Eltern waren streng religiös, Großvater *Julius Pfarrgutspächter* in Duderstadt.

Bis kurz vor ihrem Tode hatte Mutter immer wieder für ein ihr wichtiges Anliegen *Geld geopfert*, um in der Kirche Messen lesen und geweihte Kerzen abbrennen zu lassen. Mangel an Religiösität oder Gottesfürchtigkeit kann man Mutter also zuallerletzt vorwerfen. *Trotzdem* hatte sie mir das Versprechen einer Erlösungstodspritze abgenommen, und es gab eine Unzahl von Gesprächen vorher und hinterher, in denen Mutter eine Mitleidstötung vorbehaltlos bejahte.

Wie erwähnt, müssen Mitleidstötung und Folterverhinderung *in einem Atemzug* besprochen werden. Mittelalterliche Folterei gibt es in Rechtsstaaten nicht mehr. Folterung ist aber *nicht nur das*, wozu *Folterbänke* gebraucht werden. *Jede quälerische Krankheit* ist *auch Folterung*, und jeder, der *nichts gegen* eine quälerische Krankheit tut, ist *ein Folterer*, es sei denn, der Patient verbietet es ausdrücklich, was es wohl nur in Ausnahmefällen gibt.

Nur ein Beispiel: Während ich diesen Buchtext niederschreibe, liegt in meiner Klinik eine Patientin, Mitte 40, voller Krebsmetastasen nach einem Brustkrebs. Sie hat auch Lungen- und Lungenfellmetastasen und leidet dadurch unter Atemnot. Daneben hat sie Knochenschmerzen, aber unter der Atemnot leidet sie am meisten. Die Patientin *will leben* trotz Krankheitsqualen. Sie kämpft seit gut einer Woche um ihr Leben. Auch mit einer Morphiumspritze oder vielleicht sogar mit 10 mg Valium würde ich sie umbringen. Weil das Atemzentrum bereits in Mitleidenschaft gezogen ist und die kleinste Betäubungsspritze genügen würde, einen Atemstillstand zu erzeugen. Also darf ich sie nicht geben!

Das *Verlängern* eines quälerischen hoffnungslosen Lebens gegen den Willen eines Patienten ist *Folterung*. Das *Nichtabstellen* eines Beatmungsgerätes entgegen dem erklärten und mutmaßlichen Willen eines sich quälenden Menschen erfüllt den Tatbestand der *Folterei*. Auch *Seelennot* kann zur *Folter* werden, zu schlimmerer Folter als leiblicher Schmerz. Das weiß *jeder* aus eigenem Erleben, mehr oder weniger. Aber die Gegner der Mitleidstötung beachten das nicht. Für sie gibt es nur den *leiblichen Schmerz* als Unglücksbringer. Und sie behaupten, man könne jeden leiblichen Schmerz so weit beseitigen, daß er nichts für einen Erlösungstodwunsch übriglasse.

Natürlich kann man jeden körperlichen Schmerz für kurze Zeit abstellen, notfalls durch Narkose. Aber auch Dauerschmerzen und Dauerqual – durch Atemnot, schweren Hunger oder Durst, Schüttelfröste und andere Qualen, die man nicht Schmerzen nennt – können zu schwerer Folterei werden. Wer behauptet, daß er solche Qualen *zuverlässig* für einen längeren Zeitraum abstellen kann, hat *keine Erfahrung* mit schwer Leidenden oder sagt die Unwahrheit.

Wer sich damit herauszureden versucht, daß die Folterhilfe gegen quälerisches Sterben bei den Ärzten allgemein in guten Händen liege, weiß nichts von dem, wie es in unseren Krankenhäusern zugeht. Oder er will nichts davon wissen.

Selbstverständlich *gab es immer* und *gibt es auch heute* Ärzte, die humane Erlösungstodhilfe leisten, ohne daß sie gesetzlich geschützt ist. *Jeder Arzt gibt in ständiger Wiederholung Todesspritzen*. Viele tun es, ohne daß es einen gesetzlichen oder moralischen Grund zur Beanstandung gibt.

Darf man sich aber darauf verlassen? Ist die Mißbrauchsgefahr der Folterung und des Totschlags, sogar des Mordes, nicht *viel größer*, als es die Mißbrauchsmöglichkeiten einer kontrollierbaren und kontrollierten Erlösungstodhilfe sind?

Diese Frage beantwortet sich von selbst. Wer sich hinter der Mißbrauchsmöglichkeit als Grund gegen die gesetzliche Regelung des Mitleidstötungsrechts für Patienten und Ärzte versteckt, beachtet den *Verhältnismäßigkeitsgrundsatz* nicht. Verzögerung der gesetzlichen Regelung ist das *weitaus größere Übel*.

Nach diesen Abschweifungen zurück zu Mutters Geburtstag. Ich drängte Mutter nicht, auf die Arzneitagesportion zu verzichten. Wahrscheinlich hätte sie es sowieso nicht getan. Vielleicht deshalb nicht, weil der Verstand ausreichte, um später die *Todesbeschleunigung* durch die Medikamente zu erkennen und weiterhin zu wollen. Vielleicht aber auch nur deshalb nicht, weil sie nicht mehr richtig *denken konnte* und wollte und sich in ihr Schicksal ergeben hatte. Sie wollte auch niemanden kränken, vor allem nicht ihren behandelnden Arzt. Die Schwestern würden es ihm melden, wenn sie nicht alle Tabletten nähme, und zum unbemerkten Verschwindenlassen der Pillen war sie bereits zu schwach.

Mit stark gemischten Gefühlen verabschiedete ich mich

und fuhr nach Hause zurück. Dann telefonierten wir fast täglich. Meine Schwester blieb zwei Wochen. Als sie abreiste, gab es viele Tränen. Danach bemühten sich die Betreuer im Altenheim noch mehr um Mutter. Die treue Freundin Frau *Senge* kümmerte sich tagtäglich mit großer Liebe um sie. Auch der Hausarzt besuchte sie fast jeden Tag.

Erst ab Anfang März lag Mutter *tagsüber mehr im Bett*, als sie auf war. Trotzdem jammerte sie wenig am Telefon. Dafür enthielt jedes Telefongespräch den Wunsch: »Wenn mich der liebe Gott doch sterben ließe!«

Dann verschlechterte sich plötzlich ihr Zustand. *Etwa zehn Tage vor* ihrem Tod kam ein *Hilferuf* aus dem Altenheim. Ich fuhr sofort hin. Mutter lag im Bett. Als ich ankam, ging es ihr schon wieder etwas besser. Ihr Arzt hatte ihr eine Spritze gegeben, mit gutem Erfolg.

Das Häufchen Unglück war noch bemitleidenswerter geworden. Wir konnten beide die Tränen nicht zurückhalten. Wir wollten es auch nicht.

Ich drückte und streichelte sie immer wieder und hielt ihre Hand. Sie klagte wenig, verzog aber das Gesicht, wenn sie ihre Lage änderte. Ich erzählte ihr von zu Hause, von der Klinik. Sie hörte aufmerksam zu, redete dazwischen und fragte. Todsterbenskrank wirkte sie noch nicht, nicht mehr. Nach Auskunft des Internisten, mit dem ich dann telefonierte, war es eine Herzattacke, die er durch seine Behandlung beheben konnte.

Ich schaffte es, redete Mutter zu, daß sie aufstand, wenigstens für eine halbe Stunde. Es ging aber nur mit starker Hilfestellung. Ich wollte sie vor allem auf andere Gedanken bringen. Wir tranken zusammen Kaffee, sie nippte aber nur an ihrer Tasse. Nun sah sie wirklich aus wie eine 84jährige. So dünn war sie noch nie, nur Haut und Knochen. Nach ein paar Stunden fuhr ich wieder, nicht ohne vorher zu versprechen, bald wiederzukommen.

Mitte März fuhr ich mit meiner Frau *Li* wieder nach Duderstadt. Der Zustand von Mutter hatte sich inzwischen *erheblich verschlechtert*. Sie stöhnte laut. Es gab aufgelegene Stellen, Druckgeschwüre an den Fersen und an den Ellenbogen. Aus dem Bett konnte sie überhaupt nicht mehr.

Es wurde beschlossen, daß *Li* vorläufig bei ihr blieb. Mit *Anne* wechselte sie sich in der Dauerwache ab. Ich mußte nach ein paar Stunden wieder zurück in die Klinik. Mutter war gut umsorgt. Die beiden Frauen konnten das viel besser als ich.

Ein paar Tage später, *am 18.3.*, war ich wieder da. Es ging ihr schlechter, trotz der intensiven liebevollen Betreuung durch ihre Schwiegertochter in spe und ihre Lieblingsenkelin. *Li* hatte ihr weiter täglich STROPHANTIN intravenös gespritzt, um das sehr schwache Herz zu stützen. Aber die vor allem durch die Herzschwäche bedingte Kurzatmigkeit war eher stärker.

Li erzählte, daß es am Morgen einen Schwächeanfall mit kurzer Besinnungslosigkeit gab, an dem Mutter fast gestorben wäre.

Mutter stöhnte fast ununterbrochen, obwohl sie weiter VOLTAREN-Tabletten und SPASMOCIBALGIN-Zäpfchen bekommen hatte. Jede kleine Bewegung schmerzte. Sie konnte zur Begrüßung *nicht mehr lächeln*, was ich noch nie erlebt hatte. Die Mundpartie war eingefallen, weil die Zahnprothese nicht eingesetzt war. Auch das hatte ich noch nicht bei ihr erlebt. Aber Eitelkeit und Stolz waren wohl schon im Himmel. Sehr alt sah sie aus, unsere bislang immer jung gebliebene Mutter.

Das Herz schlug schnell und unregelmäßig, wie immer. Die Haut war vom Fieber überwarm. Die Druckgeschwüre an den Fersen waren eher etwas kleiner geworden, aber beide Unterschenkel und Füße stark geschwollen.

Li war allein da, als ich ankam. Ich setzte mich an den Bettrand, hielt und streichelte Mutters rechte Hand. Sie schaute mich an und sagte: »Wenn ich doch nur sterben könnte.«

Tun konnte ich nichts, was Erleichterung versprach. 1/4 KOMBETIN (= STROPHANTIN) hatte *Li* gespritzt. Vor einer Viertelstunde war ein SPASMOCIBALGIN–Zäpfchen eingeführt worden. Das mußte wohl gleich wirken. Frische Luft kam reichlich durchs offene Fenster ins Krankenzimmer. Also blieb nur Händchenhalten und Streicheln.

Mutter wurde ruhiger und schlief dann ein. Ich hatte DOLANTIN mitgebracht, eines meiner bevorzugten morphiumartigen Schmerzmittel. Doch ich brauchte es noch nicht zu spritzen.

Später kam *Anne*. *Li* und ich gingen ein Stück spazieren, auch um eine Kleinigkeit zu essen. Dabei erzählte sie mir, daß Mutter in den letzten Tagen immer wieder gefleht habe: »Laßt mich doch sterben!« Nachdem *Li* ihr dann aber gesagt hatte: »Du darfst doch nicht sterben, wenn *Julius* nicht da ist«, hätte Mutter sie groß angeguckt und dann gesagt: *»Na gut, dann warte ich solange!«*

Als wir zurückkamen, war Mutter schwach. Sie stöhnte wieder, fast ununterbrochen. Schon seit einer halben Stunde, wie *Anne* sagte.

Nun konnte ich es nicht mehr ansehen. Mutter brauchte ein stärkeres Schmerzmittel. Ich nahm eine DOLANTIN-Ampulle mit 50 mg PETHIDIN-HCL und zog den Inhalt in eine Zwei-Milliliter-Spritze.

Dann stach ich die Kanüle in eine Vene und spritzte das DOLANTIN *ganz langsam* ein, Tropfen für Tropfen, *Teilstrich für Teilstrich*, wie man die Meßstreifen nennt, die jedes Zehntel des Spritzenzylindervolumens markieren. Zwischendurch saugte ich immer wieder Blut an, um die Arznei zu verdünnen und auch um sicher zu sein, daß die Nadelspitze noch in der Ader lag.

Nach einer halben Minute etwa wurde Mutter ruhiger. Das Stöhnen hörte auf. Dann schloß sie die Augen. Nach gut einer Minute schlief sie ein, öffnete aber die Augenlider, als ich sie mit »Mutter« anredete.

In der Spritze waren noch etwa drei Teilstriche. Diesen Rest spritzte ich ebenso langsam weiter. Dann zog ich die Nadel heraus. Auf die Einstichstelle kam ein Pflaster.

Ich blieb auf dem Bettrand sitzen und hielt Mutters Hand. *Anne* saß oben und stützte Mutters Rücken etwas mit dem Arm ab. *Li* hatte sich neben mich aufs Bett gesetzt.

Nach ein paar Minuten wurde Mutters Atmung oberflächlicher und langsamer, schließlich stockend. Das Herz schlug noch etwas schneller und unregelmäßiger. Etwa fünf Minuten später – zehn Minuten nach der Einspritzung – wurde der Puls schwächer und schwächer. Dann fühlte ich ihn nicht mehr. Es folgten ein paar tiefe seufzende Atemzüge. »Mutter, hörst du mich?« fragte ich. Sie gab keine Antwort mehr. Ich horchte das Herz ab: Es hatte aufgehört zu schlagen.

»Ihr Herz schlägt nicht mehr«, sagte ich.

Wir schauten uns lange an. Dann umarmten wir Mutter zum letzten Mal. Und die Tränen flossen in Strömen.

Was war passiert?

Ich gab die Spritze, *um Mutters Qualen besser zu lindern*. Sie wurde zur *erlösenden Todesspritze*.

Das hatte ich so nicht erwartet. Denn an zehn Teilstrichen DOLANTIN, innerhalb von fast 120 Sekunden gespritzt, stirbt eigentlich niemand. Unzählige Male hatte ich seit 40 Jahren PANTOPON, DOLANTIN und SCOPHEDAL – meine lange Zeit bevorzugten Starkschmerzmittel – in gleicher Weise in die Vene gespritzt, wenn die Schmerzen meiner Patientin allzu heftig geworden waren. Direkt daran gestorben war niemand – soweit ich mich erinnerte.

Nun war es passiert. Und wir drei waren alle gleichfroh, daß Mutter erlöst war.

Doch wie werden es die Rechtshüter sehen: der Staatsanwalt und – falls er anklagt – die Richter?

Wie würden sie es werten? *Als indirekte aktive Sterbehilfe*, die ja erlaubt sein soll? Als *Tötung auf Verlangen* durch *gezielte* Todesspritze? Oder vielleicht sogar auf *Totschlag*, weil »kein *rechtswirksames* Einverständnis« vorgelegen habe?

Diese Fragen blieben zunächst offen, weil der herbeigerufene Hausarzt auf der *Todesbescheinigung* die Rubrik »*Natürlicher Tod*« ankreuzte. Aber ich war schon damals entschlossen, sie eines Tages zur Diskussion zu stellen.

Mehr als fünf Jahre sind vergangen. Die Zeit ist reif, das böse Schicksal meiner Mutter in ihrem letzten Lebensvierteljahr niederzuschreiben und meine Rechtsfragen zur Erlösungsspritze zu stellen.

Vorweg nochmal: *JA, es war Mitleidstötung! Bedingtvorsätzliche: Nicht so direkt gewollt, aber doch so geschehen,* womit ich rechnen mußte!

Und nun *meine Fragen an den Staatsanwalt*, der ja »von Amts wegen« ermitteln muß:

Zweifeln Sie daran, Herr Staatsanwalt, daß es eine *Spritze aus Liebe* war? Allein entsprungen aus der Liebe eines Sohnes zu seiner Mutter, genauer gesagt: des *Arztes »Sohn« zu seiner* Patientin »Mutter«?

Und wenn Sie *nicht* daran zweifeln: Ist es dann so furchtbar wichtig, was ich mir dabei gedacht habe, als ich die DOLANTIN-Ampulle aufzog und dann spritzte?

Hätte ich nicht vielleicht auch *denken dürfen*: Ich muß und will sie jetzt töten, um ihre end- und hoffnungslose Qual für immer zu beenden?

Wäre das vielleicht sogar aus *humaner Anstandssicht* – das Wort Ethik und Moral benutze ich nicht mehr gern –, aus der Sicht anständiger und humaner Menschen also, der *bessere Gedanke* gewesen, das *edlere Motiv*? Im Vergleich zu dem, nur vorübergehend, nur für relativ kurze Zeit die Krankheitsfolter zu lindern?

Nach meiner bösen Erlebnissen mit dem Oberstaatsanwalt in Traunstein, der ja seine Anklage sogar für *Mord* begründete, liegt es mir auf der Zunge, *aggressiv zu fragen*, um die *Problematik* noch *deutlicher* zu machen:

Wie hätten Sie es denn gern, Herr Staatsanwalt? Hilft es Ihrem Rechtsbemühen, wenn ich sage: Ja, ich wollte sie töten? Oder: Nein, ich wollte sie nicht töten? Möchten Sie mich *lieber anklagen* oder *laufen lassen?*

Fragen Sie mich doch mal! Natürlich möchten Sie die Wahrheit wissen. Doch was ist die Wahrheit? War es eine Spritze gegen Folterqual oder für den Erlösungstod?

Mal ehrlich: Ist diese Frage wirklich wichtig? Wenn ja: Für wen? Für meine Mutter doch wohl nicht mehr? Für wen sonst? Für den Rechtsschutz des Volkes, in dessen Namen Sie ja Staatsanwalt sind? *Fragen Sie doch mal das Volk!*

1.4 KREBSPATIENTIN *HERMY E.*: MORDANKLAGE DER STAATSANWALTSCHAFT (1984)

»Wenn ich es gar nicht mehr aushalten kann, dann helfen Sie mir doch, Herr Professor?!« So sagte sie mit näselnder, schwer verständlicher Stimme und faßte meine beiden Hände.

»Ja, das tue ich«, antwortete ich.

»Versprechen Sie mir das?«

»Ich verspreche es!«

Es war am 28.2.1984 bei der letzten Visite vor der Entlassung aus der vierwöchigen stationären Behandlung.

Am 4.2. war die Patientin in meine 29-Betten-Klinik am Südpol des Chiemsees aufgenommen worden. Wir wollten mit unserem EUBIOS-Antikrebs(id)-Programm versuchen, die Krebskrankheit zu stoppen.

Entsetzlich verstümmelt durch den Totalen Krebskrieg der Schulmedizin, mit 13 Operationen und zusätzlichen Strahlenkanonaden innerhalb von sechs Jahren, war die 69 Jahre alte ehemalige Postangestellte am 8.9.1983 erstmals in meine Praxis gekommen.

Sie klagte über rasende Schmerzen in der rechten Gesichtshälfte und im linken Auge, obwohl sie kurz vorher 20 VALORON-Tropfen eingenommen hatte – einen hochkarätigen Schmerzkiller. Ich bin einiges gewohnt an medizinzerschundenen Gruselgesichtern. Doch dieser Anblick jagte mir einen Schauer übr den Rücken:

Der Mund stand narbig verzerrt offen. Über die geschwollene Unterlippe floß schaumiger Speichel, den sie mit einem Taschentuch ständig abwischte. Das rechte Auge war zugeschwollen, die Lidspalte des linken nur halb geöffnet. Mächtige Tränensäcke hingen über die Backenknochen. Und die Nase? So häßlich gelingt sie nur plastischen Chirurgen, monströs, mit Buckeln und Furchen und mit unförmigen Nasenlöchern. Narben über Narben, weiße, graue, rote und rosafarbene, rechts und links. Das war kein Gesicht mehr, sondern eine schreiende Anklage der schulmedizinischen Verstümmelungsstrategie bei Krebs.

Es gibt Fotos kurz vor der ersten Operation im März 1978: ein wohlgeformtes ansprechendes Gesicht mit wachen offenen Augen, schlanker Nase und schmallippigem Mund, leicht verschmitzt lächelnd.

Mit einem stecknadelkopfgroßen Knötchen in der linken Nasen-Lippen-Falte war die sportliche 63jährige zum Hausarzt gegangen. Basaliom lautete die Erstdiagnose. Es ist das harmloseste jener Hautgewächse, die im Mikroskop wie Krebs aussehen. Die schlimmste Unart der Krebswucherungen sonst haben sie ihrer Natur nach nicht: sich vom Mutterherd zu trennen, überall hin verschleppen zu lassen und zu neuen Zerstörungsherden auszuwachsen.

Sie sind friedliche Haustiere und bleiben es fast immer, wenn sie nicht Rabiatonkologen in die Hände oder vor die Strahlenkanonen geraten. Das Schlimmste, was man ihnen antun kann, ist: hineinschneiden oder sie anderweitig mißhandeln – das also, was in den Praxen der Hautärzte häufig geschieht.

Ich habe mehrere hundert Basaliome im Laufe meiner über 40 Chirurgenjahre behandelt: meistens mit Vereisung, wenn mit dem Messer, dann ohne Berührung der Wucherung. Viele davon saßen im Gesicht. Nie gab es Probleme, was für andere Hautkrebsarten nicht in gleichem Maße gilt.

Am schlechten Renommee der in Anspruch genommenen Ärzte und Kliniken lag es nicht, daß *Hermy E.* Schritt für Schritt kaputtbehandelt wurde. Es waren fast nur Universitätskliniken beteiligt. Und die Postbetriebskrankenkasse hat alles anstandslos bezahlt. Erst als die Patientin zu mir wollte, verweigerte sie sich.

Bereits im September 1983 hatte ich dringend zu einer drei- bis vierwöchigen stationären Behandlung geraten. Nach unserem Kostenvoranschlag waren trotz Unterbringung als Privatpatientin in einem Zweibettpatientenappartement keine höheren Kosten zu erwarten als im Universitätsklinikum München. Die Krankenkasse lehnte ab, weil unsere Klinik kein »Vertragskrankenhaus« der Gesetzlichen Krankenversicherung sei.

Erst im Februar 1984, nachdem fünf kostbare Monate verstrichen waren, kam die Patientin. Inzwischen war im Mund ein großes Krebsgeschwür entstanden. Das Gesicht war noch unförmiger, das linke Auge jetzt bis auf einen kleinen Spalt zugeschwollen. Die Sehkraft hatte sich so verschlechtert, daß sie auch mit Brille fast nicht mehr lesen konnte. »Es ist, als ob mir jemand dauernd kochendes Wasser über den Kopf schüttet«, schilderte die Patientin ihren Trigeminus-Nervenschmerz. Zahnschmerzen hoch zehn könnte man es auch nennen.

Es gab nichts an Schmerzmitteln, was die Patientin nicht ausprobiert hätte: Von GELONIDA, über DOLVIRAN, alle möglichen hochpotenten Rheumaschmerzkiller bis zu Opiaten, 50 verschiedene sollen es gewesen sein. Am besten halfen ihr VALORON-Tropfen im Wechsel mit TEMGESIC. Doch es blieb ein ständiger Brennschmerz, TRIGEMINUS-Nervenknotenverödungen waren ohne Erfolg, hatten die Schmerzen noch verstärkt.

In der zweiten Woche der Klinikbehandlung schien es, daß unser Programm eine Besserung brachte. Doch der Schein trog, das Raubtier war nicht mehr zu bändigen. Das CTG (Computertomogramm) des Kopfes vor der Entlassung bestätigte meine Vermutung: Auch die rechte Oberkieferhöhle saß voller Krebs, und dieser hatte sich nicht nur in die Augenhöhle, sondern in die Schädelbasis eingefressen.

Doch trotz des großen Zerstörungsprozesses im Gesicht war der Allgemeinzustand relativ gut. Metastasen in anderen Organen waren nicht feststellbar, die Blutwerte mit Ausnahme einer hohen Blutsenkungsreaktion und leichter Blutarmut normal. Auch der CEA-Wert, also jener Krebstest, dessen Blutspiegel bei weit fortgeschrittenen Krebsen meistens stark erhöht ist, lag im Normbereich.

Die Patientin konnte noch selbst herumgehen. Das tat sie auch, obwohl sie sich vor jedem, der ihr begegnete, entsetzlich schämte. Meine Frau, die sie oft begleitete, erzählte, daß sie immer warten wollte, bis es dunkel war, und sich dann mit dem Gesicht eng an sie drückte, damit sie niemand erkannte.

Am 2.3.1984 wurde *Hermy E.* aus der Klinik entlassen. Das Ergebnis des am gleichen Tage angefertigten CTG des Kopfes ließ keinen Zweifel an dem weiteren Schicksal. Doch wie lange würde es noch dauern?

Etwa zwei Wochen nach der Entlassung erzählte mir Dr. *Marie R.*, jene Ärztin, die Ende Februar bei der Visite dabeigewesen war, als ich der Patientin das Sterbehilfeversprechen gab: *Hermy E.* rufe fast jeden Tag an. Sie sei ganz verzweifelt. Die Schmerzen wären entsetzlich, sie könne das Leben nicht mehr ertragen.

Dann mahnte mich *Marie P.*, die ich als besonders liebevolle ärztliche Mitarbeiterin seit mehreren Jahren kennen und schätzen gelernt hatte: »Wann helfen Sie ihr denn, Herr *Hackethal*? Sie haben es ihr doch versprochen!«

Ich druckste herum, hatte andere Sorgen. In ein paar Wochen sollten die beiden ersten Stationen des Erweiterungsbaues der Privatklinik CHIEMSEEWINKEL zum EUBIOS-ZENTRUM AM CHIEMSEE eröffnet werden. Der 1.4.1984 war dafür vorgesehen. Die Praxis mußte von Aschau nach Bernau umziehen. Da lösten solche Erinnerungen an ein schwerwiegendes Versprechen nicht gerade Begeisterung aus.

Ob die Patientin denn die richten Schmerzmittel bekäme, fragte ich überflüssigerweise nach, um Zeit zu gewinnen. Natürlich wußte ich, daß alles durchprobiert war. Die Ärztin schaute mich mit großen Augen an, sagte nichts.

Anfang April kam der erste Anruf der Patientin zu uns nach Hause. Ich hatte ihr ja gesagt, daß sie mich auch nach Dienstschluß zu Hause anrufen dürfte. Nach ein paar Wochen konnte sie es nicht mehr aushalten, mußte sie mich an mein Versprechen selbst erinnern.

Das tat sie nicht direkt, sondern fragte zunächst nach einem anderen Schmerzmittel. Ich konnte sie kaum verstehen. Es war ein mühsames näselndes Gestammel, mehr Jammern als Berichten. Ich versuchte, sie zu trösten, redete von möglichen positiven Nachwirkungen unserer Antikrebsbehandlung, die sich manchmal erst nach ein paar Wochen zeigen. Glauben tat ich selbst nicht daran. Es war mehr ein hinhaltender Wunschtraum. Dann gab ich den Hörer meiner Frau, die lange mit ihr weitertelefonierte.

Die Anrufe wiederholten sich, immer mit dem gleichen Ergebnis: Sie drängte, ich versuchte Zeit zu gewinnen. Mir war zwar klar, daß ich die Einlösung des Versprechens nicht mehr lange verschieben konnte. Aber zum damaligen Zeitpunkt war das Ganze recht problematisch. Durch Umzug und Neubeginn in größerem Rahmen gab es keine freie Minute. Und die Beihilfe zur Mitleidstötung mußte gut geplant und vorbereitet werden. Das kostete Zeit.

Merkwürdigerweise habe ich mit irgendwelchen Komplikationen und Problemen durch meine Erlösungstodhilfe damals überhaupt nicht gerechnet. Die Angst davor war kein Hinhaltegrund. Daß die Aktion bekannt würde und daß unser »Gastliches Krankenhaus ohne Angst« zu einem eu bios, zu einem glücklichen Leben, dann zu einer Sterbeklinik abgestempelt werden könnte, daran dachte ich keinen Moment.

Doch lange sollte ich meinem Schicksal nicht mehr entfliehen, denn nur wenige Abende später kam der nächste Anruf.

Meine Frau nahm den Hörer ab. Ich hörte, daß es *Hermy E.* war, hatte kein gutes Gefühl. Schon wieder! Lange redete meine Frau auf die Patientin ein. Man konnte spüren, daß sie sich vor dem fürchtete, was auf uns zukommen könnte. Da war sie realistischer als ich.

Schließlich übergab sie mir den Hörer. Es gab nichts Neues, das Alte war entsetzlich genug. Dann sagte *Hermy E.* etwas, das ich ein Leben lang nicht vergessen werde: *»Ich bezahle es Ihnen natürlich, Herr Professor!«* Das saß: *Hermy E.* hielt es für möglich, daß ich mich verweigerte, weil der *Preis* für meine Sterbehilfe noch nicht *ausgehandelt* war. Entsetzlich, was sie mir zutraute!

Ich wehrte mich heftig: »Sie sind wohl verrückt geworden?« rief ich ins Telefon. »Montag nehmen wir Sie auf! Tschüß, bis Montag!«

Der Anruf war Donnerstag abend.

Nun drehte sich das Räderwerk in meinem Kopf. Beihilfe zum Suizid war erlaubt. Aber wie sollte ich es tun? Ich dachte an eine Überdosis Schlafmittel, *wußte nichts* von *Garantenpflicht* und der *Anklagemöglichkeit »Unterlassene Hilfeleistung«*. Auf die Idee kam ich gar nicht, daß die Beihilfe eines Arztes zum Suizid von der höchstrichterlichen Rechtsprechung anders gewertet werden könnte als die Beihilfe sonst.

Aber absichern wollte ich mich schon. Da war es naheliegend, bei *dem* anzurufen, der als Jurist in der Bundesrepublik wahrscheinlich am besten Bescheid wußte, der sogar ein Buch zu diesem Thema geschrieben hatte: Prof. Dr. jur. *Albin Eser*, Direktor am *Max-Planck*-Institut in Freiburg.

Ich rief ihn an, erinnerte zunächst an die Podiumsdiskussion in der Alten Oper in Frankfurt 1982. Das wäre nicht nötig gewesen. Er wußte sofort Bescheid. Dann erzählte ich ihm die Geschichte der Patientin und ihren Sterbewunsch. Wir telefonierten lange. Am Schluß bat ich ihn: »Bitte kommen Sie Anfang der Woche in meine Klinik. Ich brauche Sie als unzweifelhaften Zeugen für Sterbewunsch und Zurechnungsfähigkeit der Patientin. Selbstverständlich will ich das nicht umsonst.«

Vorher hatte mir der prominente Strafrechtler nochmals bestätigt, daß die Beihilfe zur Sichtötung nicht strafbar sei. *Kein Wort* sagte er von *Garantenpflichten* eines Arztes und von einer *Hilfeleistungspflicht* auch gegen den Willen des lebensmüden Patienten.

Ich bekam eine Absage.

Anschließend rief ich Rechtsanwalt Dr. *Rolf Bossi* an, den Staranwalt von München. Auch von ihm wollte ich sicherheitshalber wissen, ob eine Beihilfe zum Erlösungstod unter den gegebenen Umständen wirklich straffrei sei. Er bejahte dies ohne Wenn und Aber. Es konnte also nichts schiefgehen.

Da fiel mir ein, daß es ja eine Deutsche Gesellschaft für Humanes Sterben gab. Deren Präsident kannte sich in Sterbehilfefragen gut aus, erinnerte ich mich. Ihn sollte ich auch noch mal fragen, dachte ich. Genau das hätte ich *nicht tun sollen*, wie mir aber erst ein Jahr später *erschreckend* klar wurde.

Ich rief den Präsidenten und *Geschäftsführer* der Gesellschaft mit dem ehrenwerten Anliegen an und erzählte ihm von der Patientin und meinem Versprechen. Er sagte sofort zu, mit Rat und Tat zur Seite zu stehen. Ob ich schon wüßte, wie ich es machen wolle, wollte er wissen. Ich wußte es noch nicht.

Da bot er an, mir die zwei aus seiner Sicht bewährtesten Sterbehilfsmittel zur Verfügung zu stellen. Die Patientin müsse aber Mitglied der DGHS werden. Dann würde er kommen und beides mitbringen. Wir verabredeten sein

Kommen für Dienstag, den 17.4. Ich war erleichtert, nun einen *Spezialisten für Sterbehilfe* an meiner Seite zu haben.

Hermy E. kam am Monatg, den 16.4.1984 in die Klinik. Sie wurde in ein Einbettappartement im ersten Stock des Altbaus nahe der Treppe aufgenommen. Begleitet war sie von ihrer Ziehtochter, dem Kind ihrer besten Freundin, das sie mit großgezogen hatte. Es gab noch einen Bruder, zu dem wenig Verbindung war, und auch andere Freundinnen. Aber ihrem Herzen am nächsten war ihre Ziehtochter.

Die Aufnahmeuntersuchung machte Frau Dr. *B.*, ihre Leibärztin. In der *Krankenakte* hat sie *folgende Klagen* schriftlich festgehalten:

»1. Die Patientin hat ständig Schmerzen, und es ist ihr unmöglich gewesen, aus dem Haus zu gehen und sich unter andere Menschen zu begeben.

2. Im ganzen Gesichtsbereich sehr starke unerträgliche Schmerzen. Deshalb ständig Schmerzmittel: bis zu 20 GELONIDA-Tabletten und drei TEMGESIC sublingual am Tag.

3. Ständige Augen- und Kopfschmerzen.

4. Patientin kann nur mit großen Schwierigkeiten noch sehen und hat die meisten Schmerzen an dem linken Auge, das auch dauernd »schmierig« tränt.

5. Seit zwei bis drei Wochen ziehen die Schmerzen am Hals entlang.

6. Patientin kann mit jedem Tag schlechter reden und hat zunehmende Schwierigkeiten mit dem Essen und Trinken. Während des Trinkens ist es ihr nur möglich, einen Bruchteil der Flüssigkeit zu schlucken. Die übrige Flüssigkeit läuft am Mundwinkel hinunter.

7. Patientin kann nicht mehr. ›Ich lebe gern, aber nicht so; ich überlege es mir schon lange, aber nicht jeder hat die Möglichkeiten; ich kann so nicht weiterleben. Ich habe es lange und sehr gut überlegt und habe innerlich abgeschlossen. Jeder zweite Tag ist für mich eine Qual.‹«

Obwohl es fast nicht ging: Das zerstörte Gesicht der Patientin war noch mitleiderregender geworden. Die sichtbaren Krebsgeschwüre hatten sich weiter vergrößert. Trotzdem: Die Patientin war voll da. Trotz hohen Schmerzmittelblutspiegels konnte man keine Bewußtseinstrübung feststellen. Die Gehfähigkeit hatte sich nicht verschlechtert. *Hermy E.* konnte sich weitgehend selbst versorgen, brauchte kaum pflegerische Hilfe.

Der DGHS-Präsident hatte mir am Telefon dringend zu einer *Filmdokumentation* geraten. Er kannte sich aus, wußte von juristischen Fallstricken. Man würde behaupten, die Patientin sei *nicht zurechnungsfähig* gewesen. Dies könnte ich am besten mit einem Film widerlegen.

Das leuchtete mir ein. Wir hatten einen Filmapparat zur Herstellung von TV-Kassetten. Unter den Ärzten des EUBIOS-ZENTRUMS war einer, der filmen konnte. Ich holte mir das Einverständnis der Patientin, und wir drehten ein Arzt-Patient-Gespräch von fast halbstündiger Dauer. Danach konnte es an der Zurechnungsfähigkeit der Patientin nicht den geringsten Zweifel mehr geben, auch nicht an ihrem unumstößlichen Willen, so rasch wie möglich zu sterben.

Doch alle Mühe war umsonst gewesen. Der Amateurfilmemacher hatte vergessen, einen bestimmten Knopf zu drücken. Es war nichts auf der Kassette.

Was tun? Nun mußte ein Profiteam her. Da gab es keine Frage. Alles wurde arrangiert für Mittwoch, den 18.4., mittags.

Am 17.4. kam der DGHS-Präsident mit seinem Vize Dr. med. *Wilhelm Rasche*. Er hatte die Sterbehilfemittel migebracht: 50 Tabletten VESPARAX und eine große Portion Zyankali. So viel von dem Gift der Gifte, daß man mindestens 100 Personen damit hätte umbringen können.

Die Patientin entschied sich für Zyankali. Als ich ihr beides zur Auswahl anbot, fragte sie: »Was wirkt am schnellsten und sichersten?« Da gab es nur eine Antwort: »Zyankali.« »Dann will ich Zyankali«, näselte sie.

Hermy E. wußte, daß ich *keinerlei Erfahrung* mit Zyankali besaß, mich auf das verlassen mußte, was mir der Spezialist aus Augsburg darüber erzählt hatte. Wir hofften beide auf den vorausgesagten blitzartigen Tod.

Nach einem kurzen Vorgespräch ließ ich den Präsidenten *A.* zu der Patientin bringen. Seinen Vize wollte er nicht dabeihaben, das Gespräch mit ihr *nur unter vier Augen* führen. Es dauerte länger. Was im einzelnen besprochen und sonst ausgehandelt wurde, weiß ich nicht.

Ich bekam anschließend das von ihr unterschriebene Patiententestament. Im Grunde war es bei dem geplanten Zyankalitod überflüssig, weil danach ohnehin eine Anklage wegen unterlassener Hilfeleistung ausschied. Aber das wußte ich damals gar nicht.

Der Präsident übergab mir einen Plastikbeutel mit Zyankali. Etwa 50 Gramm sollten darin sein. Die Übergabe geschah in Gegenwart des Vizepräsidenten. Ich verwahrte das weiße Pulver in meinem Schreibtisch, gut verschlossen. Vorher hatte ich den Deckel abgeschraubt, war neugierig, wie das Höllenpulver aussah: wie Zahnpulver, weiß und harmlos.

Später hat *A.* die Lieferung des Zyankalis lange Zeit bestritten, obwohl es einen Zeugen gab. Man bedenke: Sein Vize war dabei. Trotzdem leugnete der Geschäftsführer, der Lieferant gewesen zu sein. Was wohl würde er sonst bestreiten, wo es keinen Dritten als Zeugen gab?

Nachdem gemeinsam mit der Juniorleibärztin abgeklärt war, daß es für die Patientin keine Chance für ein lebenswertes Leben mehr gab, versammelte ich die Ärzte des EUBIOS-ZENTRUM AM CHIEMSEE in meinem Sprechzimmer. Es waren damals außer mir fünf Ärzte für zirka 60 Patienten. Fünf der geplanten neun Kleinstationen zu je zwölf Betten standen damals erst zur Verfügung. Die restlichen vier Stationen sollten erst Ende Mai dazukommen.

Ich werde das Bild nie vergessen: Um meinen Schreibtisch herum saßen sie: drei blutjunge Ärzte frisch nach dem Examen, voll von begeistertem Tatendrang, zwei junge Frauen und ein gleichaltriger Mann sowie zwei »mittelalterliche«, kurz vor 40: ein Chirurg und *Marie P.*

Marie saß ganz rechts. Ich erzählte von meinem Plan zur Erlösungstodhilfe, hätte sie aber zusammengerufen, um von allen vorher zu wissen, ob sie zu einer solchen Mitleidstötung ja oder nein sagten.

Ich fragte ab von links nach rechts. Ohne Zögern erklärten sich die vier ersten Ärzte dafür: JA; JA; JA; JA.

Dann war *Marie* an der Reihe. *Sie* hatte mich *dazu* gedrängt, es zu tun. Nicht nur einmal, immer wieder. Alle wußten das. Niemand zweifelte, daß sie für die Erlösungstodhilfe bei *Hermy E.* war. Eigentlich hätte ich sie nicht mehr fragen müssen.

Doch ich fragte. Und *sie sagte* als einziger der anwesenden Ärzte *nicht JA.*

Sie antwortete auch nicht kurz und knapp mit NEIN, sondern fing an, sich aus der Verantwortung herauszuschleichen: Es sei ja eigentlich nicht einzusehen, daß ein Arzt es tun solle, daß die Patientin es nicht allein täte.

Ach so, dachte ich, plötzlich erinnert sie sich an den Scheiß-*Hippokrates*-Eid und bekommt Schiß, weil sie ihn geschworen hat. Jetzt auf einmal, wo sie sich erklären soll vor allen? Wo sie vielleicht später zugeben muß, JA gesagt zu haben?

Alle waren betroffen. Mir verschlug es fast die Sprache. Eigentlich war mir danach, die Sitzung sofort zu beenden. Dann aber sagte ich doch etwas:

»Aber *Marie*, ist das Ihr Ernst? Haben Sie alles vergessen, was die Patientin erzählt hat? Daß sie es längst selbst getan hätte, nur aus Angst vor Intensivstation und Irrenhaus noch nicht?«

Hermy E. hatte alles Mögliche überlegt, um ihre Qual zu beenden: aus dem Fenster eines Hochhauses springen, mit dem Fön in die Badewanne gehen, sich vor die S-Bahn werfen, sich aufhängen? Schlaftabletten hatte sie schon lange gesammelt, Schlaf- und Schmerztabletten. Die hätten sicher ausgereicht. Ja sicher. Aber nur wenn sie nicht halbtot gefunden würde. Das war ihre große Angst; daß man sie halbtot, neunzehnteltot oder vielleicht »klinisch« ganz tot fand und »rettete«. Und daß sie dann im Irrenhaus überhaupt keine Möglichkeit mehr hatte.

Ich fuhr fort: »Müssen wir Ärzte nicht gerade denen helfen, die zu schwach sind, sich selbst zu helfen? Die keine Kraft haben oder Angst? Sind wir nicht vor allem Arzt geworden, um Leiden zu lindern? Gehört dieser letzte Liebesdienst nicht dazu, wenn der Patient sich nur noch quält und sterben will?«

So etwa habe ich es gesagt. Gefragt habe ich nicht noch einmal. Ich weiß aber, daß *Marie* am Abend der Tat in der Klinik saß, voller Bangen, ob alles gutging, und miterlöst, nachdem alles vorbei war.

Am Todestage wurde gegen Mittag der Dokumentationsfilm gedreht. Das Aufnahmeteam hatte ich schriftlich *auf Geheimhaltung verpflichtet*. Nur für den Fall des Falles wollte ich das Dokument zum Vorzeigen habe. Die Patientin hatte ihr Einverständnis auch schriftlich gegeben. Es war auch in ihrem Sinne, ihr böses Beispiel zum Nutzen anderer zu verwenden. *Ja, das wollte sie unbedingt: mithelfen, daß anderen ihr böses Schicksal erspart bliebe.*

Die Filmaufnahme klappte. Sie sollte bald weltweit Schlagzeilen machen. Der Inhalt unseres Gesprächs wurde weithin bekannt. Der Film hat mich vor dem Gefängnis gerettet. Wahrscheinlich *nur der Film!*

Für die »Operation Mitleidstötung *Hermy E.*« gab es einen Zeitplan. Um 7 Uhr abends wollten wir uns mit der Ziehtochter und der Patientin im Krankenzimmer treffen, meine Frau und ich. Dann sollte die letzte Besprechung stattfinden. Auch wollte ich mit der Patientin das Trinken des »Schierlingsbechers« üben. Das schien mir notwendig, um das Hinunterschlucken zu sichern, das Herausfließen größerer Mengen aus dem nicht voll verschließbaren Mund zu verhindern.

Nur die Ziehtochter sollte dabei sein. Sie sollte das Zyankalipulver mit Wasser auflösen, den Giftbecher übergeben und die Patientin in den Tod begleiten, bei Komplikationen Alarm schlagen.

Die Mitleidstötung war für eine Zeit geplant, als nur die Nachtschwester und der Nachtdienstarzt im Haus waren. Alles sollte vor den anderen geheimbleiben, zumindest bis die verstorbene Patientin aus dem Haus war, abgeholt vom Bestattungsunternehmen in das Leichenhaus von Bernau.

Die Nachtschwester brauchte gar nicht zu erfahren, was geschehen war. Sie sollte anschließend das Bestattungsinstitut benachrichtigen. Gegen 23 Uhr wäre die Verstorbene dann abgeholt worden, nachdem es ganz dunkel geworden war und die Patienten schliefen. So hielten wir es auch sonst bei einem Todesfall, und es hatte nie Probleme gegeben. Die Todesbescheinigung wurde erst am nächsten Tag nachgeliefert.

Ganz nach Zeitplan lief es dann nicht. Ich verspätete mich, kam erst um 19.40 Uhr von zu Hause in die Klinik zurück. Dann füllte ich in meinem Zimmer mit einem Teelöffel aus dem Plastikbeutel zirka vier Gramm Zyankali in einen Plastikbecher um und verschloß ihn mit einem Klebepapier. Das tödliche Giftpulver schloß ich in den Schreibtisch.

Jetzt kam meine Frau. Wir gingen zusammen die 106 Schritte zum Krankenzimmer. Dort waren außer der Patientin die Ziehtochter und ihr Mann. Den wollte ich an sich nicht dabeihaben, weil ich ihn nicht kannte. Doch die Ziehtochter bat, daß er dabeisein durfte.

Ich ging mit der Patientin in ihr Badezimmer zum Schlucküben. Gut, daß wir es taten. Denn den ersten

Schluck nahm sie zu groß. Er lief zur Hälfte aus dem Mund heraus, über das Kinn auf den Bademantel. Schließlich klappte es. Bei den letzten Schluckversuchen floß fast nichts mehr daneben.

Dann gingen wir ins Wohn-Schlafzimmer zurück. Auf dem Tisch stand eine große blaugraue Keramikschale, gefüllt mit Wasser und großen Kieselsteinen, und als Krönung schwammen darin herrliche Orchideen. *Hermy E.* faßte meine Frau bei der Hand und zog sie zu der Schale. »Die ist für Sie, Frau *Hackethal*, für Ihre Liebe!«

Ich stand dahinter, auf alles gefaßt. Auch darauf, daß die Patientin nun, wo es soweit war, von ihrem Entschluß zurücktreten würde. Fast wünschte ich es mir. Und sie hätte mir keinen größeren Gefallen tun können.

Dann sagte *Hermy E.*: »Es gibt ja vielleicht welche, die so weiterleben können. Leider hat mir der liebe Gott die Kraft dazu nicht gegeben.«

Meine Frau umarmte die Patientin zum Abschied und schluchzte laut. Auch ich nahm sie in die Arme, drückte mein Gesicht an ihre linke Wange. Sie sollte spüren, daß ich mich nicht vor ihr ekelte. Dann konnte auch ich die Tränen nicht länger zurückhalten.

Die Patientin stand aufrecht im Zimmer. Sie hörte uns wohl mehr, als sie uns mit ihrem einzigen, auch schon fast blinden linken Auge sehen konnte. Dann sagte sie: »Aber Sie brauchen doch nicht zu weinen. Mir kann es da drüben doch nur besser geh'n!«

Wir verließen das Patientenappartement. Ich ging in mein Sprechzimmer, in Begleitung des Mannes der Ziehtochter. Dort gab ich ihm den Plastikbecher. Er war sehr aufgeregt. Seine Hände zitterten leicht. Deshalb begleitete ich ihn bis zur Treppe vor dem Krankenzimmer.

Es war 20.35 Uhr, als ich wieder an meinem Schreibtisch saß. Nun begannen die längsten 20 Minuten meines Lebens. Ich ersten Kapitel »Warum dieses Buch?« steht bereits, welche Ängste mich beschlichen. Ich schwitzte Blut und Wasser. Jeden Moment konnte das Telefon klingen, das mich zu Hilfe rief und was dann?

Fünf Minuten vor neun Uhr kam der erlösende Anruf. Die Patientin sei tot. Ich raste zum Krankenzimmer. Der Anblick der Patientin verscheuchte alle Ängste und Sorgen: Erlöst von jeglicher Qual lag sie in ihrem Bett. Es war für mich ein beglückendes Gefühl, bei dieser Erlösung mitgewirkt zu haben.

Die Ziehtochter beschwindelte mich: Es sei alles sehr schnell und nach Plan gegangen. Nach dem letzten Schluck habe sich die Patientin in den Arm ihrer Tochter zurückgelegt. Eine Minute später sei sie bewußtlos und nach weiteren zwei Minuten tot gewesen.

Das beruhigte mich noch mehr. Erst eineinhalb Jahre später erfuhr ich, daß das gelogen war, um mir das Herz nicht schwer zu machen. Seitdem warne ich vor Zyankali.

Anschließend informierte ich die Nachtschwester, daß die Patientin verstorben sei. Sie möge sie zurechtmachen, sobald die Angehörigen sich verabschiedet hätten und dann das Bestattungsinstitut anrufen. Die Schwester tat nicht überrascht. Ich ging in mein Zimmer zurück.

Eigentlich wollten wir gleich nach Hause fahren. Es war ja alles geregelt. Dann schoß es mir plötzlich durch den Kopf: Muß ich die Schwester nicht warnen und auch dem Bestattungsinstitut Bescheid sagen, damit beim Zurechtmachen und beim Transport nichts passiert: Durch Herausfließen von Zyankali aus dem Mund? Um Gottes willen, das hätte bei dem hochgiftigen Zeug doch sein können. Die zehnfache tödliche Dosis hatte sie geschluckt. Was war, wenn nur einige Tropfen zurückflossen, verdunsteten und jemanden in die Nase kamen?

Ich rief die Nachtschwester an, informierte und bat sie, vorsichtig zu sein. Sie sagte, es gehe alles in Ordnung, man käme gegen 23 Uhr zum Abholen der Patientin. »Bitte warnen Sie auch das Bestattungsinstitut wegen des Zyankalis«, sagte ich zum Schuß.

Ein paar Minuten später rief die Nachtschwester an. Unter diesen Umständen könne die Patientin nicht abgeholt werden. Ich müsse die Polizei verständigen. Das sei Vorschrift bei unnatürlichem Tod.

Ich ließ mich mit der Polizeistation Prien verbinden. Es meldete sich ein Polizeikommissar. Ich sagte, eine Patientin habe sich selbst getötet. Das Bestattungsinstitut wolle die Patientin erst abholen, wenn die Polizei die Leiche freigegeben habe. Ja, es käme sofort jemand.

Eine gute halbe Stunde verging. Dann erschienen zwei Polizisten. Beim Eintritt in mein Zimmer fragte der Kommissar: »Mit was hat sich denn die Patientin umgebracht?« Ich sagte: »Mit Zyankali.« Er wollte wissen, wie das passiert sei. Ich antwortete: »Ich habe es der Patientin besorgt.«

Das Gesicht des Polizisten versteinerte sich zur strengen Amtsmiene. Ich sagte nur: »Gehen Sie rauf zu der Patientin und schauen Sie sie an. Dann wissen Sie, warum ich das tat.«

Meine Frau begleitete den Polizisten in das Zimmer der Patientin. Dann begannen Tatortbesichtigungen und Spurensicherung. Meine Frau erzählte später Einzelheiten. Es hatte sie sehr erschreckt, wie pietätlos es zuging. Doch das muß wohl so sein.

Als die Polizisten später in mein Zimmer kamen, war die strenge Amtsmiene menschlichem Verständnis gewichen. Dafür hatten sie volles Verständnis, konnte man spüren. Hier war kein Platz mehr für irgendwelche Vorwürfe.

Man begann sofort mit den ersten Verhören. Es war lange nach Mitternacht, als meine Frau und ich ins Bett kamen. Ein aufregender Tag lag hinter uns, einer der ereignisreichsten in unserem Leben. Wir dachten, das

Schlimmste sei überstanden. Doch das war ein großer Irrtum.

Auf der Todesbescheinigung hatte ich »Nicht natürlicher Tod« angekreuzt und als unmittelbare Todesursache Herzstillstand durch »Zankalivergiftung« eingetragen.

Das verpflichtete die Staatsanwaltschaft zur Einleitung eines Ermittlungsverfahrens mit Beschlagnahme der Leiche, gerichtsärztlicher Leichenschau und so weiter. Damit hatte ich gerechnet. Aber ich wußte nicht, daß dies an die Öffentlichkeit kommen würde. Denn es war ja nichts Strafbares geschehen, wie leicht recherchiert werden konnte. Und eine diskrete Behandlung wäre doch dann in aller Interesse gewesen. Dachte ich.

Am 19.4. um neun Uhr klingelte das Telefon. Ein Journalist von der Deutschen Presseagentur sei am Apparat, wolle mich sprechen. Es meldete sich jemand, der sich *Dominik* nannte. Er habe erfahren, was gestern abend in meiner Klinik passiert sei. Ob ich etwas dazu sagen wolle?

Ja, wieso denn *er* das wisse, fragte ich. Nur der Polizei sei es bekannt. Sei die denn nicht zur Geheimhaltung verpflichtet?

Nein, das sei sie nicht, belehrte er mich, ohne seinen Informanten preiszugeben. Nun war ich dran. Meine Hauptsorge: eine Schlagzeile »*Hackethal* gibt seinen Patienten Zyankali.« Das wäre das Ende meiner EUBIOS-Traumklinik.

Also mußte ich vorpreschen: Aller Welt sofort deutlich machen, warum ich es tat, wie schrecklich sich die Patientin gequält hatte. Das Ergebnis war folgende dpa-Meldung:

»*Hackethal* leistete indirekt aktive Sterbehilfe.
Felden (Iby) – Indirekte aktive Sterbehilfe leistete Prof. *Julius Hackethal* nach eigenen Angaben vom Donnerstag einer Patientin in seinem neuen EUBIOS-ZENTRUM AM CHIEMSEE. Eine 69jährige Patientin, die an Gesichtskrebs litt und bereits 13 Opera-

tionen und eine Strahlenbehandlung hinter sich hatte, erhielt am Mittwoch (18.4.) auf eigenen Wunsch von dem Lebensgefährten ihrer Intimfreundin vier Gramm Zyankali, die *Hackethal* diesem zuvor gegeben hatte. Die Frau, die Schluck- und Sprachstörungen hatte und zum Teil erblindet war, löste das Pulver in Wasser, trank es und starb nach Angaben von *Hackethal* in wenigen Minuten ›ohne Qualen‹.

Die Patientin, die nach *Hackethal* ›entsetzlich entstellt‹ war, litt seit 1978 an Hautkrebs, der sich von einer stecknadelkopfgroßen Wucherung an der Oberlippe nach Angaben *Hackethals* durch 13 Operationen und die Bestrahlung zum ›Raubtierkrebs‹ ausgeweitet hatte. Am Montag (16.4.) kam die Frau zur Untersuchung in *Hackethals* Klinik, der eine hoffnungslose Diagnose stellte. Daraufhin äußerte die Frau den Wunsch zu sterben.

Als *Hackethal* von ihrem Tod verständigt wurde, habe er sich ›so wohl« gefühlt wie nach einer schweren, gelungenen Operation. *Hackethal* wörtlich: ›Das war eine meiner besten Operationen in 39 Jahren.‹ Der durch seine umstrittene medizinische Krebsbehandlung bekanntgewordene Arzt betonte am Donnerstag, es sei in solchen Fällen ärztliche Pflicht, indirekte aktive Sterbehilfe zu leisten. *Hackethal* unterrichtete von sich aus die zuständige Kriminalpolizei und informierte die Beamten über den Vorfall. Er wurde bis spät in die Nacht verhört, die Ermittlungen laufen weiter.«

Danach stand das Telefon nicht mehr still. Nun sagte ich auch, daß es einen Film gäbe über das letzte Gespräch mit der Patientin, aufgenommen am Todestag. Wer diesen Film sieht, könne wohl an meiner Arztpflicht zur Erlösungstodhilfe nicht mehr zweifeln.

Diesen Film stellte ich dann dem ZDF zur Verfügung. Er wurde am 20.4.1984 ausgestrahlt. Danach waren Himmel und Hölle los.

Der *Himmel* tat sich durch des Volkes Stimme auf. Es gab die größten Komplimente meiner fast 40jährigen Arzttätigkeit. Sie taten fast weh, denn gemessen an meinen Anstrengungen sonst für eine bessere Patientenversorgung war sie eine Lappalie, meine Beihilfe zum

Erlösungstod. Doch mir wurde plötzlich klar, wie tief und ungeheuer groß die Angst vor einem qualvollen Sterben im Volke saß, die Angst vor der Mitleidlosigkeit der Ärzte.

Die *Hölle* brachte die *feine Gesellschaft* und ihre Sprech- und Schreiborgane, die fF-Medien, fürs Feine!

Keine Lüge war unfein genug, kein Schimpfwort zu vornehm. An der Spitze marschierten die Ärzteführer und die Kirchenfürsten.

Nur aus Publicity-Geilheit hätte ich den Film gedreht, ihn für teures Geld an das ZDF und andere verkauft. Meine neueröffnete Klinik wolle ich auf diese Weise bekanntmachen, um die angeblichen leeren Betten zu füllen. (Seit 20 Jahren, seit ich erstmals Chef einer Klinik wurde – lange bevor ich medizinkritische Bücher schrieb –, hatte ich Probleme durch zu wenig, aber nie durch zuviel Betten.) Ich sei ein Mörder. ein Beutelschneider, ein Menschenteufel. Man überbot sich in Bildern mit Fratze, aus allen möglichen Blickwinkeln heraus geschossen.

Ein paar Kostproben der höllischen Geschichten finden sich im Kapitel 1.10.

Anfang Mai 1984 kam die Kripo ins Haus. Tagelang wurde verhört: alle Ärzte, alle beteiligten Mitarbeiter sonst, viele Patienten. Der Oberstaatsanwalt hatte Mordverdacht. Er unterstellte mir mehrere niedrige Beweggründe und die Tatherrschaft. Ich hätte die Patientin aus Eigennutz mit Zyankali umgebracht!

In der späteren Anklageschrift stellt er seine Vorwürfe unter den Strafparagraphen »*Tötung auf Verlangen*«, begründet aber mit Behauptungen und Fragestellungen, die ganz eindeutig auf *Mord* zielen.

Da war der Brief einer Freundin von *Hermy E.* Balsam auf meine wunde Seele. Er lautete:

>»Gauting, den 21.April 1984
Sehr verehrter Herr Professor!
Als langjährige Freundin von Frau *Hermy Eckert* möchte ich Ihnen von ganzem Herzen danken für Ihre mutige Tat. Wir, die wir all die entsetzlichen Jahre mit *Hermy Eckert* durchlebten, wissen, wie sehr sie sich das Ende ihrer Qualen wünschte. Daß Sie, sehr verehrter Herr Professor, dieses Leben beenden halfen, ist vor jedem göttlichen Richter zu verantworten.
Möge unsere *Hermy* nun endlich Frieden gefunden haben.
In Dankbarkeit!
Ihre« (Unterschrift)

979 Tage dauerte das Ermittlungsverfahren bis zum ersten Richterspruch. Weihnachten 1986 habe ich mir meinen Zorn von der Seele geschrieben. Titel: »Hilfe Vater Staat! Schütze uns besser vor Deiner Richter Ermessen(sspielraum) – Gedanken nach einem Glücksfreispruch von einer Mordanklage.« Hier der Text:

»Die frohe Botschaft bekam ich am Vorweihnachtstage 1986 auf telefonische Anfrage. ›Herzlichen Dank‹, rief ich erlöst ins Telefon, nach 979 Tagen Ermittlungsverfahren. Doch mein Telefonpartner, der Landgerichtspräsident, reagierte verschreckt.
Man darf sich wohl nicht bedanken für ein Gerichtsurteil! Das klingt nach Rechtsbeugung zugunsten des Danksagers, nach Parteinahme. Unsere Gerichte stellen sich über das *Goethe*-Wort: ›Aufrichtig sein, kann ich versprechen, unparteiisch zu sein, aber nicht.‹ Was ja keinesfalls ausschließt, erst nach allergründlichster Wahrheitssuche Partei zu ergreifen.
Ja, ich habe viel Grund, mich bei den drei Richtern des Landgerichts Traunstein zu bedanken. Es wäre für sie ungleich leichter gewesen, die Eröffnung eines Strafprozesses gegen mich zu begründen, aber nicht das Gegenteil.
Vier Rechtsgründe hätten sie gehabt – aus höchstrichterlicher Sicht.

Rechtsgrund 1: Der Bundesgerichtshof hat entschieden, daß jeder, der eine Selbsttötung – in der Gerichtssprache immer noch Selbstmord genannt – versucht, als nicht zurechnungsfähig zu gelten hat. Dieser Wertung schließen sich die drei Richter ausdrücklich an. Also hätten sie den Strafprozeß eigentlich eröffnen müssen. Denn wer einem Unzurechnungsfähigen einen Giftbecher überbringen läßt, nachdem er vorher den tödlichen Gifttrunk mit ihm geübt hat, tötet ihn gegen seinen Willen – bezogen auf einen normalen Verstand. ›Mörder ist, wer... aus niedrigen Beweggründen, heimtückisch oder grausam... einen Menschen tötet‹ (§ 211 StGB).

Seite 9 der Anklageschrift: ›Der angeschuldigte Dr. *Hackethal* wollte Frau E. nicht nur helfen. Vielmehr hatte er ein erhebliches Interesse an dem Tod der Frau. Sie sollte als Mittel zum Zweck dafür dienen, ein Pilotprojekt in Sachen Sterbehilfe zu starten. Dadurch sollte die Kategorie vier seiner Ganzheitsmedizin, die sogenannte Sterbehilfe, realisiert werden.‹ Später: ›Beide waren sich einig‹ – gemeint ist außer mir A., der Noch-immer-Präsident der Gesellschaft für Humanes Sterben –, ›daß sich hier die Gelegenheit bot, eine wahre Pionierleistung, ein sogenanntes Pilotprojekt zu starten, das für ihre Ziele von ungeheurem Wert sein sollte; nämlich für den Angeschuldigten Dr. *Hackethal*, um den Sektor ›Sterbehilfe‹ in seiner Klinik einzuführen, und für den Angeschuldigten A., um weitere Mitglieder für die Deutsche Gesellschaft für Humanes Sterben zu gewinnen.‹

Viel Mühe hatte das Gericht darauf verwandt, darzulegen, daß *Hermy E.* den festen Willen hatte, zu sterben. Doch das spricht ja nicht gegen eine Geistesstörung. Im Gegenteil: Unbeirrbarkeit, Festhalten an einer fixen Idee ist geradezu typisch für manche Geisteskrankheiten:

Rechtsgrund 2: Ich wußte, daß die Patientin den Giftbecher trinken würde, kannte Ort und Zeit der geplanten Handlung. ›Sobald sich aber das Gift in Reichweite der Suizidentin befand, bestand in jedem Fall eine konkrete Gefahrenlage.‹ (Blatt 83 der Urteilsakte) Also hätte ich alles für eine Blitzrettungsaktion vorbereiten müssen. Denn bei Eintritt der Bewußtlosigkeit war ich aus meiner Garantenstellung heraus verpflichtet, bei diesem ›Unglücksfall‹ kunstgerecht Hilfe zu leisten.

Netterweise argumentiert das Gericht zu meiner Verteidigung, die Rettungschance hätte nur 60 Prozent betragen. Doch das kann ja wohl kein Entschuldigungsgrund sein. Zumal die Wertung des gerichtsmedizinischen Gutachters nicht angezweifelt wird, daß bei einem Beginn der Rettungsaktion (sofort) nach Eintritt der Bewußtlosigkeit die Erfolgsaussicht im Hinblick auf eine Lebensrettung ohne Dauerschaden (durch die Vergiftung) 60 Prozent betragen hätte. Aus ärztlicher Sicht muß eine Lebensrettungsaktion auch bei weniger als einem Prozent Chance gestartet werden, wenn der Patient es will und auch im Zweifelsfall.

Rechtsgrund 3: Auch meine Verteidigung durch das Gericht, daß ein rechtsgültiger Patient-Arzt-Vertrag nicht vorgelegen habe, weil ein solcher Vertrag nur eine Heilhilfe, nicht aber eine Beihilfe zur Selbsttötung zum Gegenstand haben könne, scheint nicht überzeugend. Schließlich ging die gründliche Untersuchung der Patientin am Aufnahmetag voraus, um den Schweregrad der Erkrankung und eventuell doch gegebene Heilhilfemöglichkeiten festzustellen. Zum anderen ist auch die (kontrollierte) Erlösungstodhilfe unter bestimmten Umständen eine moralische Arztpflicht im Rahmen eines Patient-Arzt-Vertrages.

Rechtsgrund 4: Es gibt die BGH-Richtlinie: ›Daher darf der Arzt bei der Entscheidungsfindung auch nicht die sozialethischen Belange der Rechtsgemeinschaft, in der er und der Patient leben, außer acht lassen.‹ Zu deutsch: Du bist nichts, dein Volk ist alles? Oder deine Kirche? Selbsttötung verletzt die guten Sitten der Rechtsgemeinschaft!

HILFE, VATER STAAT!

Warum erlaubst du deinen Staatsanwälten und Richtern, deine Gesetze auszulegen, wie sie wollen? Warum gibt es keine Strafe für Staatsanwalts- und Gerichtswillkür? Zumindest in so krassen Fällen wie hier? Die Rechtslage ist völlig klar, hätte es spätestens nach wenigen Wochen für jeden Staatsanwalt und jeden Richter sein können:

1. Beihilfe zur Selbsttötung ist bei uns nicht strafbar.
2. *Hermy E.* hat sich ohne Zweifel selbst getötet.
3. Es gibt keinerlei Beweise für eine Unzurechnungsfähigkeit von *Hermy E.*
4. Eine unterlassene Rettungsaktion nach dem erklärten Willen eines Selbsttötungsversuchers (Suizidenten) kann niemals eine ›Unterlassene Hilfeleistung‹ sein. Diese Selbsttötung war auch kein ›Unglücksfall‹.
5. Meine Verurteilung wäre bei den gegebenen Umständen auf keinen Fall ›im Namen des Volkes‹ – wie gesetzlich vorgeschrieben, sondern höchstens ›nach den Richtlinien höchstrichterlicher

Rechtsprechung‹ möglich. Nach Meinungsumfragen haben zwei Drittel des Volkes meine Erlösungstodhilfe gebilligt.

979 Tage hat das Ermittlungsverfahren gedauert – vom Todestag (18.4.84) bis zum Gerichtsentscheid (22.12.86). Über tausend Blätter enthält die Ermittlungsakte. 102 wurden beschrieben, um die Ablehnungsbegründung für das Hauptverfahren auch gegen die nächsten Instanzen abzusichern. Viele tausend Arbeitsstunden von Polizei- und Kriminalbeamten, von Staatsanwälten und Richtern sowie deren Gehilfen. Über tausend Stunden Arbeitsausfall in der Klinik durch Vernehmungen von Ärzten und Angestellten. Belästigung von Patienten durch Verhöre. Rund 50 000 DM Prozeßkosten insgesamt für mich. Fast tausend Tage über- und unschwellige Ängste des Angeschuldigten, seiner Frau, seiner Patientin und seiner Mitarbeiter.

Mindestens 90 Prozent von allem war unnötig!

Hinzu kommen Ehrabschneidung und Dauerärger, einem unbescholtenen Staatsbürger angetan, der über 40 Jahre als chirurgischer Patientenarzt mit großer Verantwortlichkeit gearbeitet, unter anderem ca. 30 000 Operationen gemacht hat.

Warum wurde ich weder vom Staatsanwalt noch von einem Richter persönlich befragt und angehört? Nicht ein einziges Mal in fast tausend Tagen Ermittlungsverfahren?

Und all das soll nun vergessen sein? Die schuldhaften Ermittlungsfehler (= Justizkunstfehler) sollen ununtersucht und ungesühnt bleiben?

HILFE; VATER (RECHTS–?)STAAT!«

Das schrieb ich mir Weihnachten 1986 von der Seele.

Die Freude über das Urteil des Landgerichts Traunstein war verfrüht. Ich hatte die Rechnung ohne die höhere Politik gemacht. Die jedenfalls scheint mir hinter der Berufungsschrift der Staatsanwaltschaft gegen das Urteil zu stecken. Weitere sieben Monate Ungewißheit zogen ins Land.

Nun lag die Entscheidung beim Oberlandesgericht München, ein paar hundert Schritte von Bischhöflichen Ordinariat entfernt. Das machte mir Sorgen. Und bis zum Ärztekammerpräsidenten *Sewering*, meinem Erzfeind, war es auch nicht weit.

Doch meine Sorge erwies sich als unbegründet. Ich muß das Hohe Gericht um Entschuldigung bitten. Was ich hiermit tue. Ich will's nicht wieder tun! (Das mußte ich früher immer meiner Mutter versprechen).

Am Ende des »Falles *Hermy E.*« stand ein Traumurteil. Es hat sich alles gelohnt. Einzelheiten siehe Kapitel 5.3.

Vom OLG München wurden die Weichen auf das Rechtsgleis Humane Sterbehilfe umgestellt. Man sollte den Richtern Dr. *Metzger*, Dr. *Pongratz* und *Kley* ein Denkmal bauen.

1.5 ARZTKOLLEGE DR. MED. IKT: ZYANKALI-WUNSCH AUS ANGST VOR KOLLEGEN (1984)

Mitte September 1984 kam ein Brief aus Norddeutschland. Es war fünf Monate nach meiner Erlösungstodhilfe für *Hermy E.* Weit über tausend schriftliche und mündliche Hilferufe von lebensmüden Patienten hatte es inzwischen gegeben. Aber Zuschriften von Ärzten waren selten.

Jeder Satz dieses Briefes ist wichtig. Denn der Brief wurde für mich zu einer der *schrecklichsten Lebenserfahrungen mit der Presse, mit den Medien* allgemein.

»Sehr geehrter Herr Professor *Hackethal!*
   Als letzte Hoffnung wende ich mich an Sie. Am 29.12.83 hatte ich eine Harnverhaltung. Die erstmalige Untersuchung beim Urologen ergab eine starke Vergrößerung der Prostata und einen Krebs in ihr an einer Stelle.
   Die Ganzkörper-Skelett-Szintigraphie zeigte: ›Die fünfte Rippe rechts hinten rafft in einer Länge von mehreren Zentimetern das Nuklid sehr lebhaft.‹
   Die Thoraxdurchleuchtung und -aufnahme ergab: ›Die fünfte Rippe rechts hinten zeigt eine Verdichtung in einer Länge von mehreren Zentimetern (etwa fünf) ohne Deformierung der äußeren Kontur.‹
   Am 16.1.1984 wurde ich vom Urologen operiert: Prostataektomie und Orchiektomie (= Prostata- und Hodenentfernung).
   Nach der Operation blieb eine leichte Harninkontinenz zurück, deretwegen ich ständig eine Vorlage tragen muß.
   Davon abgesehen, bin ich zu Zeit beschwerdefrei. Aber wie lange noch?
   Aus diesem Grunde wende ich mich an Sie, sehr geehrter Herr Professor. Ich las, wie Sie einer entstellten, oftmals gesichtsoperierten Patientin wegen Krebs im zuletzt völlig hoffnungslosen Zustand mit einem sie erlösenden Mittel halfen. Eine ärztliche

Maßnahme, die für jeden Krebs behandelt habenden Arzt nur vollstes Verständnis begleiten kann.

Nun möchte ich Sie um eben dieses Mittel für mich bitten. Nicht, um es sofort zu gebrauchen, sondern um es in Bereitschaft zu haben als einen kostbaren Besitz und als eine Hoffnung, mir den letzten bitteren Rest, der auf mich ja doch eines Tages zukommen wird, zu ersparen.

Im Besitz dieses Mittels würde ich getrost und ohne Angst der Zukunft entgegensehen können und mich die letzte Zeit meines Lebens – ich bin ein alter Mann von über 78 Jahren! – sicher und sorgenfrei fühlen können.

Der Urologe versicherte mir zwar, daß er bei der Operation ›alles‹ entfernt hätte – (ich vermute: leider auch große Teile meines Blasenschließmuskels, aus welchem Grunde ich jetzt harninkontinent bin) – lehnte aber die von mir vorgeschlagene Resektion der Rippenmetastase als unnötig ab. Er meinte, ich könne eher an einer x-beliebigen Krankheit sterben als gerade an den Folgen meines Prostatakrebses. Wahrscheinlich wollte er mich vertrösten.

Auch ein von meinem Sohn (HNO-Facharzt) ohne mein Wissen konsultierter Chef einer chirurgischen Universitätsklinik lehnte die Notwendigkeit der Resektion ab – würde sie aber machen, bestünde ich darauf.

Ich faßte die Ablehnung dieser Resektion gewissermaßen als mein Todesurteil auf (auf das ich eigentlich selbst hätte kommen müssen, aber man hat ja wohl als medizinisch Wissender in bezug auf sich selbst dann ein seelisches Skotom [=blinder Fleck]).

Ich erwarte also mein Schicksal als ein Wissender. Ich will ihm aber nicht wehrlos gegenüberstehen und ihm gänzlich ausgeliefert sein!

Ich will die Freiheit haben, es in dem Augenblick zu beenden, wo es unerträglich wird und ich mir und vor allem meinen Angehörigen nur noch eine Last bin.

Ich möchte frei sein von der Angst, wehrlos dem Krebse ausgeliefert zu sein mit allen seinen Abscheulichkeiten.

Frei in der Eigenbestimmung des letzten Endes, nicht mich abhängig wissen von zögernden, mich beschwichtigen wollenden Kollegen.

Sie, sehr geehrter Herr Professor *Hackethal*, werden sich als Arztkollege in meine Lage versetzen und ermessen können, wie das von mir erbetene Mittel mein Leben und meine Lage schlagartig verändern könnte durch die nun sichere Gewißheit, mein Schicksal in meiner eigenen Hand zu haben.

So, im Besitze Ihres Mittels, wäre meine Lage bis zum unerträglichen Ende überschaubar und human abgesichert.

Darf ich hoffen, daß Sie meiner Bitte entsprechen werden?
Mit aufrichtiger kollegialer Hochachtung
Ihr sehr ergebener...« (Unterschrift)

Wie gesagt, war dieser Brief einer von vielen Hilferufen. Weit über tausend mögen es gewesen sein, die per Post oder Telefon seit dem Bekanntwerden meiner Erlösungstodhilfe bei *Hermy E.* gekommen waren.

Aber von Ärzten waren nur wenige darunter. Die meisten wußten sich wohl selbst zu helfen. Und die anderen wagten es nicht, bei mir anzufragen. Es hätte ja rauskommen können, daß sie mir vertrauten: ein existentielles Todesurteil, falls ein Ärzteführer dahinterkam!

Dazu hier eine Bemerkung: Es gibt eine große Zahl von Ärzten, die meine Medizinkritik berechtigt und gut finden. Sehr selten habe ich es erlebt, daß ein Arztkollege im persönlichen Gespräch meine Aktivitäten kritisiert hat. Fast alle stimmen mir zu, wenn wir uns näher über Fakten und Gründe unterhalten. Es ist wie in der Nazizeit: Keiner wagt es, den Mund aufzumachen und Nachteile zu riskieren.

Was ist an diesem Hilferuf so besonders lehrreich? Ein Allgemeinarzt im Ruhestand fürchtet sich nach zirka 50 Jahren ärztlicher Tätigkeit vor seinen Arztkollegen. Er möchte »frei in der Eigenbestimmung des letzten Endes« sein: »...nicht mich abhängig wissen von zögernden, mich beschwichtigen wollenden Kollegen.«

Er kennt sie, seine Kollegen. Oft genug hat er von seinen Patienten erzählt bekommen, was sie in den Universitätskliniken und den Krankenhäusern sonst erlebt haben. Falls sie lebend herauskamen.

Auch er hatte ihn geschworen, den Eid ohne Mitleid,

den Schwur zum Schutze der Kollegen vor informierten Patienten. Auch er war Mitglied jener Geheimverschwörung zur Allmacht über Leben und Tod. Und deshalb wußte er, was ihm blühte.

Warum wollte er Zyankali, wo es für ihn doch ein Leichtes war, an 100 Schlaftabletten zu kommen, die er sich mit wenigen Schlucken einverleiben konnte?

Nur weil er sich *vor seinen Kollegen fürchtete,* auch vor dem Arzteid seines Sohnes. Die Arztsohnfamilie im gleichen Haus würde den Notarzt alarmieren, um keine Unannehmlichkeiten zu bekommen. Und der Notarzt ließe ihn pflichtgemäß *erbarmungslos* zur *Wiederbelebung* in eine Intensivstation schleppen. Da könnte er hundert Mal auf ein riesiges Stück Papier oder an die Wand schreiben: Laßt mich bitte sterben! Nichts würde ihn vor Intensivstation und Irrenhaus danach retten – außer Zyankali.

Denn so scheußlich der Gedanke an diesen makabren Fluchthelfer der Naziteufel auch sein mag, einschließlich der Erstickungsqualen: Nur Zyankali schützte damals vor den Folgen höchstrichterlicher bundesdeutscher Rechtsprechung. Da brauchte man sich weder vor der Garantenpflicht für ein inhumanes Weiterleben, noch vor dem Drohparagraphen »Unterlassene Hilfeleistung« zu fürchten.

Die wichtigste Lehre aus dem Arztbrief: Der Krebskranke *wollte sich* nicht länger fürchten müssen: »Sie, sehr geehrter Herr Professor *Hackethal,* werden sich als Arztkollege in meine Lage versetzen und ermessen können, wie das von mir erbetene Mittel mein Leben und meine Lage *schlagartig* verändern könnte durch die nun sichere Gewißheit, mein Schicksal in meiner eigenen Hand zu haben. So, im Besitze Ihres Mittels wäre meine Lage bis zum unerträglichen Ende überschaubar und human abgesichert.«

Der Brief kam Mitte September 1984 in die Klinik. Später rief ich den Bittsteller von zu Hause an. Eine Telefonnummer hatte er zwar nicht angegeben, aber ich wollte doch erst einmal seine Stimme hören und nachfragen. Also wählte ich zuerst die Telefonauskunft und dann seine Nummer.

Ich rechnete damit, daß er nicht selbst den Hörer abnahm und hatte schon Vorsorge geplant: den Hörer wieder auflegen und es später wieder zu versuchen. Doch es klappte sofort:

Ich hörte eine etwas zögernde Stimme, die sich als Dr. T. meldete. Also war er's, und auch ich konnte mich offenbaren. Ob wir ungestört miteinander reden könnten, wollte ich wissen. »Ja, ja«, er sei allein, klang es erlöst. Mit einer so raschen Antwort hätte er nicht gerechnet. Und er überschüttete mich mit Komplimenten und Dank.

Dann erinnerte er mich an unsere Bekanntschaft durch gemeinsame Patienten. Er hätte mir doch einige Patienten nach Lauenburg geschickt, zur Hüftendoprothese und zur Bandscheibenoperation. Er nannte auch Namen. Schließlich erinnerte ich mich auch.

Das Wichtigste: Nun stand fest, daß der Briefschreiber tatsächlich ein Arztkollege und noch dazu ein Sympathisant aus alter Zeit war. Es gab nicht viele Ärzte, die mir nach 1974 Patienten schickten. 95 Prozent der Patienten kamen ohne ärztliche Empfehlung mit ihrem Krankenschein. Damals war ich noch Kassenarzt.

Wir telefonierten eine halbe Stunde miteinander. Ich wollte alles wissen, er erzählte seine Lebens- und Leidensgeschichte gern. Da gab es kein unfeines Wort über die Kollegen. Das verstärkte die Krankengeschichte zu einer flammenden Anklage von urologischem Arztpfusch. Und besonders der Ärzteführer und Kirchenfürsten. Ja, das stärkt Allmacht und Umsatz, das fünfte Gebot: Du sollst nicht töten! Und zwar unter gar keinen Umständen, selbstverständlich auch nicht aus Barmherzigkeit und Mitleid.

Ein toter Patient ist ein schlechter Patient. Ebenso wie ein toter Christ für die Kirche nichts taugt.

Ja, es muß erlaubt sein, die *krasseste Gegenposition aufzubauen,* angesichts der scheinheiligen Argumente von Ärzteführern und Kirchenfürsten gegen das Recht auf Humanes Sterben! Sie unterstellen den Befürwortern die *teuflichsten Beweggründe*: mangelnde Ehrfurcht vor dem Leben des anderen, verkappte Nazieuthanasiemordlust und und und. Also müssen sie sich die schlimmsten Gründe gegen ärztliche Mitleidstötung vorhalten lassen.

Ich behaupte nicht, daß Kirchenfürsten und Ärzteführer das Arztrecht zur Patientenfolterung nur deshalb ohne Rücksicht auf Verluste verteidigen, weil es das wichtigste Instrument zur Machtsicherung ist. So naheliegend das auch für jemanden sein mag, der die kläglichen Rechtfertigungsgründe überdenkt, daß es im tiefsten Inneren nur um eiskaltes Machtstreben geht. Nein, so weit möchte ich hier nicht gehen – aus Vorsorgegründen nicht.

Den Kollegen Allgemeinarzt haben sie *hinübergehobelt*, die Urologen. Nicht nur, daß der Blasenschließmuskel dran glauben mußte, nein, auch an der Krebsaussaat in die Knochen trifft sie die Hauptschuld. Denn zu Tausenden werden die Krebszellen in Lymph- und Blutadern getrieben, bei jedem Hobelschnitt durch einen Prostatakrebsherd.

Das ist so sicher wie das Ausschwärmen der Wespen bei einem Stoß ins Wespennest. Nicht die warnenden Außenseiter müssen beweisen, sondern die schulmedizinischen Aggressivtäter, wenn sie trotz der klaren Beweise für das Ausschwärmen der Krebszellen aus dem entgitterten Nest mit ihrem gefährlichen Tun nicht aufhören. Doch die dürfen die Gefahren verschweigen, dank hippokratischer Schweigehoheit.

All das ging mir bei dem Halbstundentelefonat durch den Kopf. Es verstärkte mein Mitgefühl und mein Mitleid.

Aber es gab ja einen besseren Weg als das Zyankali, Gott sei Dank: Ich riet dem Patientn zu einer Behandlung in unserer Klinik, erzählte von den guten Ergebnissen unserer behutsamen Behandlung bei Knochenmetastasen eines Prostatakrebses. Als er zögerte, bot ich ihm ein Freibett an. Wir verblieben so, daß er den Vorschlag überlegte und ich ihn wieder anrief.

Das tat ich ein paar Tage später.

Nein, die weite Reise sei ihm zu beschwerlich in seinem Zustand. Ich möchte ihm doch das »Mittel« schicken, dann sei er beruhigt. Wir besprachen noch alles mögliche und am Schluß konnte ich nicht anders: Ich versprach, das Pulver zu schicken.

Doch ich hatte die Rechnung ohne den Wirt gemacht. Mein Wirt, mein Aufpasser, daß auch jene Rechnungen aufgehen, die nichts mit Geld zu tun haben, ist meine Frau. Ihr hatte ich von dem Versprechen erzählt. Sie sagte kurz und knapp: »Das tust du bitte nicht!«

Sie erinnerte mich an all den unerwarteten Ärger mit früheren Versprechen. Sie machte mir vor allem klar, daß ich nicht allein für mich auf der Welt bin, und vor allem unsere Patienten darunter zu leiden hätten, wenn das herauskam. Ich versprach meiner Frau zu warten und tat nichts.

Wochen zogen ins Land. Wir hatten den Brief schon fast vergessen, als kurz vor Weihnachten 1984 die Briefkarte kam: »Bitte, vergessen Sie mich nicht. Das Warten ist so zermürbend. Bitte!« (Unterschrift.)

Diese elf Wörter wurden mir zum bösen Schicksal. Es war wie gesagt kurz vor Weihnachten.

»Nun mußt du es doch schicken«, sagte meine Frau. Gesagt, getan. Sie nahm es in die Hand, damit nichts schiefgehen konnte. Ich tat wenig dazu, füllte lediglich vier Gramm von dem im Tresor verwahrten Zyankalirest ab, der von der Lieferung des Engelmachers *A.* für *Hermy E.*

übriggeblieben war. Vielfach verklebt und mit Totenköpfen signiert gab ich das Fläschchen meiner Frau. Sie ging bis zum Letzten auf Numero Sicher. Zunächst fragte sie beim Postamt Bernau an, welches der sicherste Weg vom Absender zum Empfänger sei. Die Antwort: Nicht als Einschreiben schicken, weil dann auch andere Bevollmächtigte, zum Beispiel Angehörige der gleichen Familie, die Sendung ausgehändigt bekämen. Nur mit dem Etikett »Eigenhändig« dürfe es geschickt werden. Dann bekomme es niemand anderer in die Hand als der Adressat.

So geschah es. Vielfach gesichert trat das Päckchen die weite Reise vom Postamt Bernau an den Ostseestrand an. Es konnte überhaupt nichts schiefgehen: Der sterbeangstvolle Kollege bekam das gewünschte Vorsorgegeschenk und würde sein vielleicht letztes Weihnachtsfest ohne Angst erleben.

Der Rest war eine Serie menschlicher Teufeleien, die jedem Anständigen das Blut gefrieren läßt:

Im Januar kam das leere Päckchen zurück: Aufschrift »Ohne Inhalt beim Postamt aufgefunden«. Wir erschraken, waren ratlos. In dieser Ratlosigkeit rief ich den Spezialisten für Sichtötungsbeihilfe in Augsburg an. Damals gab es noch gute Beziehungen zu ihm. Schließlich kämpften wir beide für das gleiche Ziel: das Recht auf humanes Sterben. Ich war Mitglied seiner Gesellschaft. Er hatte für mich zirka 50 000 DM Prozeßkostenbeihilfe gesammelt. Das schafft Vertrauen.

Nach verbindlicher Vorrede kam ich zum Thema: Arzthilferuf im September, Abwarten bis Dezemer, kollegiales Erinnerungsschreiben, Zyankaliversand unter größter Absicherung, leere Pakethülle zurück. Ob er es für möglich halte, daß die Staatsanwaltschaft dahinterstecke. Er bejahte es ohne Zögern.

Dann warnte der Geschäftsführer: Das solle ich nie wieder tun, weil es großen Ärger geben könne.

Die Warnung hätte er sich sparen können. Für den Ärger sorgte er knapp acht Wochen später selbst.

Zunächst wollten wir bei der Post nachforschen. Aber das ließen wir dann lieber. Wir vergaßen es, nachdem unser Mitleidsobjekt bei mehrmaligen Anrufversuchen den Hörer nicht abnahm.

Im Februar reisten der Präsident der DGHS (*D*eutsche *G*esellschaft für *H*umanes *S*terben) und ich nach Los Angeles, zu einem Vortrag bei der HEMLOCK-SOCIETY. Er hatte ihn bei der Schwestergesellschaft von Kalifornien arrangiert. Es wurde das schönste Vortragserlebnis meines Lebens. Er hatte es mir beschert, mein Präsident.

Mitte Februar kam ich zurück, hatte die Vortragsreise mit einem Besuch der University of California in San Francisco verbunden. Am 18.2.1985 schrieb ich an *A*. Der Brief begann mit: »Lieber Herr *A*.« und endete: »Herzlichen Dank! Mit freundlichen Grüßen bin ich Ihr *Julius Hackethal*.«

Vier Tage vorher, am 14.2. war *Ingeborg B.* in meiner Sprechstunde gewesen. Ich kannte sie gut. Sie war meine Patientin seit langer Zeit. Auch ihren Mann kannte ich, hatte ihn schon in Lauenburg operiert.

Leider konnte ich *Ingeborg B.* nach der Untersuchung nichts Gutes berichten. Ihr Brustkrebs war auf der früher (nicht von mir) amputierten Brust nachgewachsen. Es gab viele Metastasen, auch anderswo.

Ich schlug der Patientin eine weitere stationäre Behandlung vor, machte ihr Hoffnung. Sie wollte es sich überlegen. Ganz am Schluß rückte sie stockend mit der Frage heraus, die vielleicht der wichtigste Grund ihres Besuches war: Ob ich ihr nicht einen Rat für Sterbehilfe geben könnte.

Das Wort Zyankali fiel nicht, stand aber im Raum bei

dem Presserummel um *Hermy E.* Ich versuchte, ihr die Sterbeangst zu vertreiben. Doch sie gab nicht nach.

Also tat ich das Übliche: Ich riet ihr, Mitglied der DGHS zu werden. Vielen hundert, vielleicht über tausend Patienten hatten meine Mitarbeiter und ich seit April 1984 diese Empfehlung gegeben, wenn sie Sterbehilferat suchen. »Sie fahren doch auf der Rückreise über Augsburg. Dort steigen Sie aus und fahren zum Büro des DGHS-Präsidenten. Er wird Ihnen helfen. Ich kann da nichts für Sie tun, Ihnen nur nochmals anbieten: Kommen Sie zu einer stationären Behandlung.«

Wir verabschiedeten uns. Sie nahm den Sprechstundenbericht gleich mit, den bei uns seit 1977 jeder Patient bekommt. Am Schluß des Berichts stehen Adresse und Telefonnummer des von mir empfohlenen Präsidenten.

Etwa eine Woche später meldete man mir einen Anruf von *Ingeborg B.* Ich saß am Schreibtisch meines Sprechzimmers und nahm den Hörer.

»Hier Frau *B.* Entschuldigen Sie, Herr Professor, daß ich störe. Ich habe nur eine kurze Frage: Herr *A.* hat mir das Pulver für 1000 Dollar angeboten, soll ich es dafür nehmen?«

Ich erschrak so, daß ich kein Wort herausbrachte.

»Um Gottes willen«, kreiste es in meinem Kopf, »und diesem Kerl schicken wir seit fast einem Jahr alle Angsthasen vor einem bösen Ende. Das ist ja grauenhaft.«

»Herr Professor, sind Sie noch da?« fragte *Ingeborg B.*

»Ja, ja, aber das ist ja schrecklich. Er kauft doch das Zeug für'n Appel und Ei, hat er mir erzählt. Und nun will er dafür 1000 Dollar?«

»Mir hat er gesagt, daß er das Mittel aus Amerika besorgen müsse. Es sei in Kapseln, die man sich um den Hals hängen könne. Deshalb sei es so teuer.«

»Das stimmt doch gar nicht, mir hat er es als Pulver gebracht, rund 50 g. Es hat nichts gekostet, weil er das

Zeug« – so nannte ich es zur Tarnung – »in einer Galvanisierungsanstalt für ein paar Mark pfundweise einkaufen kann.«

Plötzlich schoß es mir durch den Kopf: Hat er vielleicht auch bei *Hermy E.* abkassiert? Er war ja ganz allein bei ihr, hat seinen Vizepräsidenten Dr. *Rasche* nicht mir ins Krankenzimmer genommen, als er sie das Beitrittsformular und das Patiententestament unterschreiben ließ. *Hermy E.* wußte, daß er der Lieferant des Zyankalis war.

»Dieser Kerl«, dachte ich. »Und ich empfehle ihn!«

Ingeborg B. antwortete: »Es ist mir eigentlich egal. Das ist mir die Sache wert. Ich wollte nur mal Ihre Meinung hören.«

»Aber Frau *B.*, das dürfen Sie nicht machen. Bitte warten Sie. Es ist doch sowieso noch lange nicht soweit. Und notfalls helfe ich Ihnen. Bitte warten Sie. Ich telefoniere mit *A.* Rufen Sie mich in ein paar Tagen bitte wieder an, am besten zu Haus.«

Dieses Telefongespräch werde ich mein Restleben lang nicht vergessen. Für mich gab es nicht den geringsten Zweifel, daß die Patientin die volle Wahrheit sagte. Warum sollte sie auch nicht? Abgesehen davon kannte ich sie schon lange. Sie war eine Frau der besseren Gesellschaft, wie man so sagt, konservativ-elegant, sparsam mit Worten, sehr sympathisch. Und sie wußte, was sie wollte.

Das zitierte Telefongespräch war Anfang März 1985. Mitte Mai starb die Patientin. »Die Schmerzen waren einfach nicht mehr zu ertragen«, heißt der Schlußsatz des Ehemannes zur Todesnachricht.

Nach dem Anruf der Patientin gab es für mich nur noch ein Ziel: Der *A.* muß weg. Ein solcher Mensch an der Spitze einer Gesellschaft für Humanes Sterben, das durfte keinen Tag länger sein als verhinderbar.

Plötzlich wurde mir auch klar, warum *A.* auf mein Mitleidspäckchen so unwirsch reagiert hatte: Das war ja geschäftsschädigend für ihn. Ich verschenkte das, wofür er viel Geld kassieren konnte. Ich versuchte noch am gleichen Tag, *A.* telefonisch zu erreichen. Er war nicht da. Dann rief ich meinen Rechtsanwalt in München an und erzählte es ihm. Er riet, ihm einen Brief zu schreiben. Das tat ich und erklärte gleichzeitig meinen Austritt. Dann schrieb ich einen Brief an den Vorstand des DGHS, der gerade in Stuttgart tagte. All das geschah schon unter den Vorwehen einer schweren Infektion, die mich dann für einige Tage außer Gefecht setzte.

Für mich war klar: Das konnte *A.* als Präsident nicht überleben. Niemand könnte auf die Idee kommen, daß das nicht wahr sei.

Doch wieder hatte ich die Rechnung uneingedenk der feinen Gesellschaft und ihrer Machtinteressen gemacht, wie schon 1963 in Erlangen. Auch damals gab es erdrückende Beweise, daß meine schweren Kunstfehlervorwürfe gegen den Klinikchef auf Wahrheit beruhten. Aber was ich für unmöglich hielt in unserem Rechtsstaat, passierte: Das Staatsinteresse, einem Aufmüpfigen gegen die herrschende Klasse aufs Maul zu schlagen, war weit größer als das an einer Aufklärung schlimmster Patientenverstümmelungen und -folterungen.

So auch diesmal: *Hackethal* wollte den Ärzteführern und Kirchenfürsten ans Eingemachte, an das Recht auf Grauzone zur Machtausübung. Das mußte verhindert werden. Die Telefone der grauen Eminenzen klingelten bis zu den Chefredakteuren.

»Bitte vergessen Sie mich nicht. Das Warten ist so zermürbend. Bitte! Ihr...« Diese elf Worte eines angsterfüllten Arztkollegen aus Y. führten zur ekelhaftesten Pressekampagne meines Lebens. Ich wurde zum Zyankalimörder gestempelt. Das ist wohl der ungeheuerlichste Vorwurf, den man einem Arzt machen kann.

Wiederum war eines bemerkenswert: Je höher die Zeitung im Kurs der feinen Gesellschaft, um so vernichtender das Urteil. Niemand interessierte sich dafür, wie es wirklich war. Außer dem Staatsanwalt von Traunstein und der Regierung von Oberbayern. Die allerdings unternahmen nichts nach gründlicher Recherche. Und sie hätten, wenn...! Ich zitiere aus der Aktennotiz:

»*Vernehmung durch die Kriminalpolizei am 4.4.1985*
Beginn 9.58 Uhr.
Der Kriminalbeamte Herr *Gröber* sagte folgendes:
Im Auftrag der Staatsanwaltschaft Traunstein, Oberstaatsanwalt *Michalke*, sind Vorermittlungen zu führen gemäß §§ 100, 152 Abs. 2 StPO wegen des Verdachts eines Vergehens nach § 330a Abs 1 und Abs. 2 StGB (schwere Gefährdung durch Freisetzung von Giften). Es könnte zum Beispiel der Fall sein – hat der Oberstaatsanwalt formuliert –, daß das Zyankali aus dem Brief gefallen wäre und von einer Person, ohne daß es als Zyankali erkannt wird, aufbewahrt würde. Sofern diese Strafbestimmung keine Anwendung finden sollte, so wäre an eine Ordnungswidrigkeit nach § 42 Abs. 1 und Abs. 2 in Verbindung mit § 3 und § 6 Nr. 1 der Giftverordnung vom. 28.7.1980 zu denken.«

Ende der Vernehmung 12.52 Uhr. Drei Stunden Kripoverhör wegen einer Mitleidstat.

Am Schluß übergab ich der Kriminalpolizei jenen Zyankalirest, der von der Lieferung des DGHS-Präsidenten übriggeblieben war – nach Entnahme von zweimal vier Gramm, für *Hermy E.* und Dr. *IKT.* Ich wollte es endlich los sein.

Woher hatte man die Information über meinen Zyankaliversand? Vom Präsidenten der DGHS. Er hatte sie im März 1985 an die Presse gegeben. Voller Abscheu, versteht sich, als Präsident einer DGHS. Voller Abscheu gegenüber einem Arzt, der an Lebensmüde Zyankali per Post verschickt.

Das war abscheulich, aus der Sicht der feinen Gesellschaft und ihrer berufsmäßigen Informatoren in Presse, Rundfunk und Fernsehen. Grauenhaft der Gedanke, daß das Schule machen könnte: Zyankali frei Haus auf Anforderung.

Der Abwehrschuß des Präsidenten traf ins Schwarze. Niemand interessierte sich, warum er geschossen hatte, der Marktlückenpräsident fürs Humane, Geschäftsführer für 10 000 Beitragszahler aus Angst vor mitleidlosen Ärzten. Die dafür 50 Mark Jahresbeitrag bezahlen, daß ihnen ein Präsident eine Gebrauchsanweisung zum sicheren Gifttod schickt und ein Stück Papier mit der Aufschrift »Patiententestament«.

Für das, was andere Präsidenten ehrenamtlich machen, kassierte der clevere Geschäftsführer schon damals 7500 DM Monatsgehalt und alle Zutaten für ein luxuriöses Büro mit allem personellen und sonstigem Aufwand. Dafür durfte er auf Kosten seiner Vereinsmitglieder die ganze Welt bereisen und ein repräsentatives Dienstauto fahren.

Doch das war noch nicht alles: Er durfte den Mitgliedern Zyankali *in die Hand drücken* oder hinstellen, wenn sie ihre Hände nicht mehr bewegen konnten. *Unter vier Augen*, versteht sich, ohne daß jemand die diskrete Weihe der Menschlichkeitstat als Mitwisser stören konnte.

Die Medien der feinen Gesellschaft glaubten ihm gern, dem Freitod-Beihelfer-Geschäftsmann. Endlich hatten sie mich. Endlich konnte man dem Volk klarmachen, was für ein Teufel derjenige war, der die Schulmedizin verteufelte.

Sonst halten sie sich ihre »Objektivität« zugute. So nennen sie es, wenn sie die Hintergründe ausleuchten, um ihr Bild, ihr Schreibgemälde als echt an den Käufer zu bringen. Natürlich nur die Hintergrundzutaten, die zum Gemälde passen.

In diesem Falle genügte die Meldung: »*Hackethal* verschickt Zyankali per Post.« Sie wäre nichts mehr wert gewesen – für die feine Gesellschaft –, wenn man dem Volk gesagt hätte, warum *A.* die Pressemitteilung gemacht hat.

Anfang März habe ich über Quick in die Welt gerufen, was passieren kann, wenn der Präsident einer ehrenwerten Gesellschaft den Mitgliedern unter vier Augen Zyankali als Sterbehilfeartikel anbieten darf. Das hätte den Präsidenten in einer Staatsgesellschaft mit weniger *feinen* als *humanen Führern* von seinem goldenen Stuhl direkt ins Aus katapultieren müssen: Das, was mir meine Patientin *Ingeborg B.*, die ich ihm am 14.2.1985 vertrauensvoll, ohne den geringsten Argwohn schickte, über ihren Besuch bei *A.* erzählt hatte.

Nichts passierte! Der clevere Geschäftsführer überzeugte seinen Vorstand, daß ich log, und zwar aus Publicitysucht. Ich wolle nur wieder mit Schlagzeilen in die Presse, um mich in Erinnerung zu rufen. Das leuchtete dem Vorstand ein. Man erklärte dem Präsidenten das Vertrauen.

Den Medien der feinen Gesellschaft paßte das ins Konzept. Die Horrormeldung über mich war nichts mehr wert, wenn der Meldungslieferant als Sterbehilfe-Geschäftemacher entlarvt wurde. Also wurde darüber nichts berichtet. Im Kapitel 1.10 werde ich einige von den bösen Pressestimmen zitieren, die es seit meiner Erlösungstodhilfe für *Hermy E.* gegeben hat. Es gab auch gute, mit sachlicher Kritik und harten Gegenpositionen, ohne Lügen und Ehrabschneidungen. Gerade den guten Journalisten zuliebe, die es ja schwerer haben, muß ich ihre Kollegen wörtlich bringen.

Und was ist mit dem Zyankalipäckchen wirklich passiert? Es kam an im Haus des Bittstellers, unbeschädigt und mit dem Vermerk »Eigenhändig«. Aber mit dem gut lesbaren Absender *Hackethal*, der ja aus postalischen Gründen angegeben werden mußte. Was nach der Ankunft mit dem

Päckchen geschah, wurde wie folgt recherchiert: In Empfang nahm es nicht der stark gehbehinderte Arzt, sondern ein Angehöriger der Arztsohnfamilie. Das Erschrecken war groß: um Gottes willen, ein Päckchen von *Hackethal*! Was konnte nur drin sein nach den Berichten über *Hermy E.*? Wenn das rauskam: Unser Vater, der Allgemeinarzt, bittet *Hackethal* um Zyankali. Hilfe! Diese Schande für die ganze Familie!

Daß das Päckchen angekommen war, ließ sich nicht abstreiten. Der *Hackethal* würde nachforschen, die Post attackieren.

Also was tun? Da kam der rettende Gedanke: Wir nehmen das Zyankali raus und deponieren die Päckchenhülle in einem Postamt, weit weg in Hamburg. So geschah es, und alles klappte: Ich forschte nicht nach einem verlorengegangenen Päckchen, und die Familie konnte immer leugnen, daß es angekommen war.

Es gab noch ein Nachspiel, einen dritten Schrieb des Kollegen. Mir dreht sich der Magen um, wenn ich daran denke. An wen man so alles ein Mitleid verschwendet!

1.6 KREBSPATIENT DR. MED. *CFC*: VERWEIGERUNG DER MITLEIDSTÖTUNG AUS EXISTENZANGST (1985)

Zirka 15 Monate lang ließ ich ihn *sich weiterquälen*, einen anderen Arztkollegen Dr. *CFC*, gestützt auf das (passive) Folterungsrecht der Ärzte. Ich verweigerte ihm die (indirekte) Mitleidstötung aus Existenzangst.

Am 28.8.1985, gut 16 Monate nach meiner Erlösungstodhilfe bei *Hermy E.*, hatte er mich angerufen, sein böses Schicksal geklagt. Er wollte auch von mir indirekte aktive Sterbehilfe. Sein Grund: *Totale Querschnittslähmung* in Höhe des unteren Brustrückenmarks *mit starken gürtelförmigen Schmerzen*.

Die Diagnose war zwei Wochen vorher durch ein Computertomogramm gesichter worden. In Höhe des 10. und 11. Brustwirbelkörpers war der Rückenmarkskanal von »solidem Weichteilgewebe« ausgefüllt, welches das Rückenmark von allen Seiten umklammerte und zusammendrückte. An der Krebsdiagnose war kein Zweifel. Auch in der Leber schienen schon Metastasen zu sitzen.

Bis Anfang Juli 1985 hatte sich der Patient relativ gesund gefühlt. Der Gesündeste war er allerdings nie, hatte schon seit dem Krieg mit Gelenkrheumatismus zu tun. 1965 kamen dann eine versteifende Wirbelsäulenerkrankung dazu, später eine Prostatageschichte mit Blasensteinen, ein Bluthochdruck und auch ein Herzklappenfehler. Doch mit allem ließ sich leben.

Dieses Mal war es Schlag auf Schlag gegangen. Am 7. Juni merkte er das erste Mal ein Kribbeln in den Beinen und schon einen Tag später war er vom Nabel an abwärts *vollständig gelähmt*. Am nächsten Tag schon stellte man die Verdachtsdiagnose in einer Universitätsklinik und eine

»infauste Prognose«. »Infaustus« (lat.) heißt wörtlich ungünstig, unheilbringend. Es ist das *Todesurteil in Medizinbabylonisch*.

Von einem Kreiskrankenhaus war der Patient in die Neurochirurgische Klinik einer Universität geschickt worden. Man hatte auf die Möglichkeit einer Entlastungsoperation gehofft. Doch schon am 10. Juli war er zurück. Man behandelte ihn im Kreiskrankenhaus noch zwei Monate, vor allem mit stark wirkenden Schmerzmitteln.

Der Anruf zu mir am 28. August war aus dem Kreiskrankenhaus gekommen. Ich schlug dem Patienten den Versuch einer stationären Behandlung in unserer Klinik vor. Es gab ein bißchen Hoffnung damals, zumindest auf Beseitigung der Schmerzattacken.

Am 11.9.1985 kam der Patient. Es war ein hagerer Mann, sehr blaß im Gesicht, schwerst depressiv. An der Diagnose gab es keinen Zweifel. Möglicherweise steckte ein Prostatakrebs dahinter, wurde die Rückenmarksbeengung durch Prostatametastasen verursacht.

Wir begannen unser »Behutsames Anti-krebs(id)-Programm« Stufe 1 bis 4. Damals wußten wir noch nicht, daß das SUPREFACT *hoch* dosiert werden muß, *angemessen* an das *Krebs(id)-Volumen*.

Wegen der Blasenlähmung hatte der Patient einen Dauerkatheter, die Mastdarmlähmung mußte mit Einläufen behandelt werden. Der Patient brauchte ständig MORPHIUM-SCOPOLAMIN. Damit ließen sich die Schmerzen einigermaßen kupieren. Zu der erhofften Stimmungsaufhellung durch SCOPOLAMIN kam es allerdings nicht. Auch sonst besserte sich nichts.

Obwohl sich die Schwestern große Mühe gaben, entwickelte sich ein Druckgeschwür auf dem Kreuzbein. Von der dritten Woche an lehnte der Patient eine weitere Antikrebsbehandlung ab, weil sich keinerlei Besserung gezeigt hatte. Ich drängte nicht auf eine Fortsetzung.

Der Arztkollege hatte mir schon in den ersten Tagen gesagt, daß er am liebsten *überhaupt keinen Behandlungsversuch* machen würde. Er hätte eine größere Portion *Zyankali*, wisse aber nicht, ob es noch wirke. Er habe das Zyankali schon seit vielen Jahren. Wenn ich nicht irre, hatte er es sich im Krieg besorgt. Aber er fürchtete, daß es inzwischen erheblich an Wirkung verloren hatte. Und daß es dann vielleicht nur zu einem qualvollen Erstickungszustand, aber nicht zum Tod führte, wenn er es einnahm. Seine Hauptängste unterschieden sich nicht von denen meiner Patientin *Hermy E.*: wenn es nicht klappte, auf einer Intensivstation und anschließend in einer Psychiatrischen Klinik zu landen. Da wollte er sich lieber absichern. Und er hoffte auf mich.

Nicht nur ich, auch meine Frau, die Klinikassistentin und die Klinikoberin hatten den Patienten dringen gebeten, in der Klinik *auf keinen Fall einen Suizidversuch zu machen*. Nachdem das staatsanwaltliche Ermittlungsverfahren mit einer Mordanklage im Falle der Patientin *Hermy E.* lief, mußte ich mit dem sofortigen Entzug der Approbation als Arzt rechnen, falls auch nur der Verdacht auf eine Mitwirkung von mir bestand. Das Gespräch mit dem Arztkollegen am Ende der zweiten Behandlungswoche werde ich nie vergessen. Es war ein besonders schöner Spätherbst. Die Sonne schien in das Krankenzimmer. Der Patient konnte vom Bett aus in den Klinikhof schauen, auf dessen Rasen die Herbstblumen blühten.

»Ist es nicht ein wunderschöner Tag heute, Herr *C.*? Lohnt es sich nicht doch, weiterleben zu wollen? Ihre Schmerzen haben wir doch ganz gut im Griff, und so schlecht geht es Ihnen doch gar nicht. Sie können herausschauen, nach Herzenslust lesen, fernsehen, Besuch empfangen und und und. Wie es hier ist, in dieser Welt, wissen Sie. Was Sie drüben erwartet, wissen Sie nicht!«

Nachdem ich meine optimistische Zukunftsmalerei beendet hatte, schaute ich den Patienten fest an. Er hatte mir schweigend zugehört, ohne den geringsten Blick in sein Inneres durch eine Miene oder einen Augenaufschlag bekanntzugeben. Dann erzählte er mir einiges, was ich noch nicht wußte. Es betraf nicht seine Krankengeschichte, sondern sein Leben mit der Krankheit und um die Krankheit herum. Am Schluß stand für mich fest: Unter den gleichen Umständen wollte ich *keine einzige Minute länger leben*.

Und was tat ich? Ich versprach ihm nun doch die vorher verweigerte *Beihilfe zur Mitleidstötung*. Unter den gegebenen Umständen durfte ich ihn nicht im Stich lassen. Wir schmiedeten ein Komplott unter strengster Geheimhaltung. Auch meine Frau durfte nichts davon erfahren, niemand. Ich sagte, es dürfe nicht einen einzigen Mitwisser geben. Nur dann könne ich es tun. Wir versprachen uns strikte Geheimhaltung in die Hand.

Wie das Ganze genau ablaufen sollte, wußte ich beim Abschied noch nicht. Darüber wollte ich nun genau nachdenken und mich dann wieder melden. Selbstverständlich würde ich es nur im gesetzlich erlaubten Rahmen tun, in Form einer Beihilfe. Vielleicht auch wieder mit Zyankali, denn damals wußte ich noch nichts von dem 500-Erstickungssekunden-Qualtod dadurch. Er hatte ja Zyankali. Ich mußte mich erkundigen, ob die Wirkung durch Alterung nachläßt. Zyankali war damals das einzige Sterbehilfsmittel, das zuverlässig vor einer Anklage wegen unterlassener Hilfeleistung schützte. Aber das Wie blieb beim Abschied offen.

Der Patient hatte übrigens am 12. September eine »Patientenanwaltverfügung« erlassen und darin die EUBIOS-Oberin zu seinem Patientenanwalt gemacht. Der Inhalt der Patientenanwaltverfügung steht im Kapitel 8.4. Die Klinikoberin hätte jeden Wiederbelebungsversuch verbieten können. Wie weit mich das dann allerdings juristisch entlastete, mußte offenbleiben.

Ein paar Stunden nach unserem Komplott stürzte meine Frau äußerst aufgeregt in mein Sprechzimmer und machte die *heftigsten Vorwürfe*. Was war passiert? Enge Freunde des Kollegen, seine besten Freunde, die ihn auch in die Klinik gebracht und immer wieder besucht hatten, waren gekommen, um die Abreise vorzubereiten, die vor unserem Gespräch geplant worden war. Man wollte die Koffer packen für den nächsten Tag und alles sonst vorbereiten. Und in dieser Situation sagte der Patient: »Wartet noch, ich bleibe.«

Die Freunde wollten wissen, warum die Sinnesänderung. Der Patient stotterte etwas Unglaubhaftes zusammen. Die Freunde drängten auf Verlassen der Klinik. Schließlich wäre das nun alles so vorbereitet und besprochen, auch mit der Klinikassistentin und der Oberin. Da fiel dem Patienten nichts Besseres ein, als die beiden ins Vertrauen zu ziehen, unter dem Siegel der Verschwiegenheit. Die wiederum wußten nicht, daß meine Frau nicht in unser Vorhaben eingeweiht war und sprachen mit ihr darüber.

Nun war es aus mit meinen Möglichkeiten. Warum bloß hat er den Mund nicht gehalten? sinnierte ich. Ich wollte nicht einmal mehr mit ihm darüber reden. Dann entschloß ich mich doch dazu, aber nur, um mich abzusichern. Es gibt eine Aktennotiz in der Krankenakte. Darin steht mit Datum vom 30.9.1985 und Uhrzeit: 14.30, unterschrieben von Schwester *Sieglinde*:

»In Anwesenheit von Schwester *Sieglinde* ... hat Prof. *Hackethal* Herrn Dr. ... gebeten, daß dieser, falls er beabsichtigt, aus dem Leben zu scheiden, es nicht in unserer Klinik tun möge. Es besteht der dringende Verdacht, daß der Patient von seinen Freunden die erforderlichen Medikamente bekommen hat. Um die Würde von Herrn Dr. ... nicht zu verletzen, hat der Professor auf eine Durchsuchung des Krankenzimmers verzichtet.«

Mir war ziemlich übel beim abschließenden Händedruck. Der Patient entschuldigte sich, gab ein paar erklärende Worte. Eigentlich war *ich* schuld. Das alles hätte ich mir ja ausrechnen können. Gerade deshalb war mir wohl übel.

Ein Jahr später rief ich den Patienten an. In der Krankenakte steht folgende Aktennotiz vom 11.9.1986 über das zehn Minuten lange Telefongespräch:

14.35 Uhr bis 14.45 Uhr Telefonat mit Dr.... Der Patient liegt zu Hause. Es hat sich keine Besserung des Zustandes eingestellt. Er bekommt ständig Morphiumspritzen, die ihm aber seine Schmerzen immer nur vorübergehend bessern. Er leidet sehr unter seinem Zustand.« Dann folgten Zitate:

Er: »Schade, schade, daß es damals nicht passiert ist. Ich kann Sie aber voll verstehen und habe große Hochachtung vor Ihrem Verhalten. Ich habe gelesen, was in BILD stand.«

Dann weiter: »Ich mußte es damals meinen Freunden erzählen. Die sagten: ›Wir packen die Sachen zusammen. Du wirst ja jetzt entlassen.‹

So war es ja auch abgesprochen. Dann hab ich gesagt: ›Nein, ich bleibe doch noch.‹ Mir blieb gar nichts anderes übrig, als es ihnen im Vertrauen zu sagen. Sie haben's dann Ihrer Frau weitererzählt.‹

Ich: »Würden Sie es denn heute noch wollen?«

Er: »Ja, sofort.«

Ich: »Haben Sie das Zyankali noch?«

Er: »Ja, ich habe es noch, weiß aber nicht, ob es noch wirkt. Ich hatte es mir ja schon vor Jahrzehnten besorgt, und ein Chemiker hat mir gesagt, daß die Wirkkraft nachläßt.«

Ich: »Darf ich denn der Öffentlichkeit sagen, daß Sie furchtbar unter Ihrem Zustand leiden und dringend sterben möchten?«

Er: »Ja, aber mein Name darf nicht bekannt werden.«

Ich: »Ich werde versuchen, meine Rechtsanwälte noch in Berlin zu erreichen, damit sie an die Juristen die Frage stellen, ob eine Narkoseinfusion mit einem Umstellhebel für Sie für mich strafbar ist oder nicht. Wenn die eine klare Antwort bekommen, daß es straffrei ist, werde ich die Infusion machen. Wenn es nicht zu klären ist, werde ich versuchen, es anderweitig zu klären und mich dann wieder bei Ihnen melden.«

Er: »Vielen Dank Herr Professor. Vielen Dank. Bitte grüßen Sie Ihre Frau. Vielen Dank.«

Im Mai 1987 bat ich meine Sekretärin, ein weiteres Telefongespräch mit dem kollegialen Patienten zu arrangieren. Auf wiederholte Anrufe hin meldete sich niemand mehr.

Bei einer späteren Nachfrage erfuhr ich, daß der Patient Anfang Januar 1987 zu Hause gestorben ist. Wie, weiß ich nicht. Aber daß ich an seiner 15monatigen Folterung schuld bin, weiß ich. Ob mich meine Existenzangst entschuldigt?

1.7 KREBSPATIENTIN *DIX*: TÖTUNG AUF VERLANGEN DES EHEMANNES? (1986)

Mit letzter Kraft war sie im Januar 1986 in meine Klinik gekommen. Voller Krebs hatte sie vor der Schulmedizin die Flucht ergriffen. Kaputtoperiert, kaputtbestrahlt und total kaputtchemotherapiert. Angeblich war sie noch gehfähig, als sie sich anmeldete. Die Kraft zum Gehen reichte aber gerade vom Bett ins Badezimmer, und auch das nur mit ständiger Hilfe.

Sie war 43 Jahre alt, voll verzweifelter Hoffnung. Sie wollte und mußte weiterleben, vor allem für ihre drei Kinder. Auch für ihren Mann?

Im B-Haus hatten wir sie untergebracht, auf Station B 2, einer unserer Schwerstkrankenstationen. Sie lag im rechten Schlafraum des Zweibettpatientenappartements. Ihre Balkontür stand fast immer weit offen, um die frische Chiemseeluft als Heilfaktor zu nutzen.

Ihre hübschen braunen Augen stralten, wenn ich zur Visite kam. Ich setzte mich dann auf den Bettrand und hielt erst einmal Händchen. Das Wort Behandlung nehmen wir wörtlich. EUBIOS verpflichtet: Glückliches Leben als Behandlungsziel nötigt zum Anfassen. Und das Versprechen, jeden Patienten wie den besten Freund zu behandeln, erst recht.

Der Leib war stark aufgetrieben durch mächtige Tochtergeschwülste und Bauchwasser. Eine Gelbsucht war im Anmarsch. Es sah schlimm aus, als ich sie am 30. Januar besuchte.

Der Ehemann war da, mit zwei Kindern. Sie saßen im gemeinsamen Wohnzimmer des Doppelappartements, während ich mit der Patientin sprach.

Nach etwa zehn Minuten verabschiedete ich mich. Ich hatte sie gründlich untersucht, gesagt, daß ich morgen einen Teil des Bauchwassers ablassen wolle, ihr Hoffnung gemacht. Die Patientin schien glücklicher als bei Visitenbeginn. Sie hatte neuen Mut und neue Hoffnung geschöpft.

Ich drückte auch den Kindern die Hände, sagte irgend etwas, um Seelenlast abzubauen. Er hatte alles mitangehört, was ich seiner Frau gesagt hatte, wußte also Bescheid. Ich rede mit den Angehörigen nur in Gegenwart des Patienten. Denn Geheimnisse gibt es nicht, Geheimgespräche schüren nur die Patientenangst.

Der Mann hielt seine Hand zurück, ging mit mir vor die Tür. Dann rückte er heraus mit seinem Anliegen: »Meine Frau will sterben. Geben Sie ihr eine Spritze.«

Ich schaute ihn verdutzt an. »Davon hat sie mir nichts gesagt. Im Gegenteil. Wiederholt hat sie erklärt: Ich schaffe es, ich muß es schaffen.«

Da wurde er böse, der Ehemann: »Ich weiß es besser. Sie quält sich nur noch herum. Monate geht das schon, daß sie nichts mehr tun kann. Wir wissen zu Haus nicht mehr ein noch aus. Ich verlange, daß Sie ihr eine Erlösungsspritze geben.«

Ja: »Ich verlange«, hat er gesagt.

»Moment mal«, sagte ich und ging ins Zimmer zurück. Er wollte hinterher. Ich bat ihn, draußen zu warten.

Dann tat ich so, als ob ich noch etwas nachuntersuchen müßte, horchte den Bauch der Patientin ab. Anschließend setzte ich mich wieder auf die Bettkante und umfaßte pulsfühlend ihr linkes Handgelenk. »Haben Sie noch etwas auf dem Herzen, was Sie mir nur ganz allein sagen wollen!« Sie sagte verwundert: »Nein, nichts.«

»Aber Ihr Mann hat so Andeutungen gemacht. Sie wollten nicht mehr leben?!«

Sie blickte mich lange an und sagte dann:

»Ja, mein Mann...« Den Rest verschluckte sie. »Meine Kinder brauchen mich, Herr Professor. Ich muß weiterleben für sie. Sie schaffen es doch?!«

Mir wurde ganz elend. *Ich* könnte sie gesund machen, glaubte sie. Ja, ich könnte das Wunder schaffen.

Als »Wunderheiler« komme ich mir immer ganz belämmert vor. Alles möchte ich sein: geliebter Patientenarzt, geschätzter Operateur, redlicher Partner. Aber Wunderheiler? Um Gottes willen nicht!

Doch wie soll ich's ihnen ausreden, denen, die wissen, daß sie nur ein Wunder retten kann. Soll ich sagen: »Erhoffen Sie sich bitte nicht zuviel. Ich bin kein Wunderheiler?«

Hoffnung zerstören ist das Schlimmste, was ein Arzt tun kann. Ohne Hoffnung auf Besserung stirbt fast jeder Kranke, jedenfalls jeder Krebskranke. Niemals Hoffnung zerstören, bedeutet nicht, den Patienten mit falschen Versprechungen betrügen.

»Ja, wir müssen es schaffen«, so etwa habe ich geantwortet. »Aber es kostet noch viel Anstrengung für uns beide, vor allem für sie. Und ganz sicher weiß man ja nie, was dabei herauskommt.«

Sie nickte wohlwissend und faßte meine Hand ganz fest. Da muß ich dann immer ganz schnell verschwinden, bevor ich mich schwach zeige. Ich stand rasch auf, sagte nur noch: »Tschüß. Wir kämpfen, wir beide!«

Auf dem Flur stand der verhinderte Gattenmörder. Eigentlich wollte ich ihn nur mit Verachtung strafen. Doch dann dachte ich an sie, die an ihn Gekettete. Und ich sagte: »Ihre Frau will leben. Bitte machen Sie ihr die Qualen nicht noch größer. Es ist doch Ihre Frau.«

Er schaute mich böse an, sagte nichts. Ich rief die Oberschwester, erzählte ihr alles und bat sie, aufzupassen.

Zu ergänzen ist noch, daß ich das Gespräch in Anwesenheit des Juniorleibarztes mit der Patientin führte. Sie war zu diesem Zeitpunkt klar bei Bewußtsein, wollte, wie gesagt, auf jeden Fall weiterleben.

Am nächsten Morgen ließ mich die Patientin rufen und erklärte, sie wolle doch sterben. Sie bat darum, die Behandlung abzubrechen. Es war leicht zu erraten, wer dahintersteckte. Der Ehemann hatte ihr die letzte Hoffnung ausgeredet, sie wahrscheinlich sogar zum Sterbenwollen genötigt.

Nun war ich in Schwierigkeiten. Nach meiner Überzeugung wollte die Patientin selbst nicht sterben, sondern hatte mir nur den Wunsch ihres Mannes weitergegeben. Ich war unsicher, auch rechtsunsicher. Da kam mir der Gedanke, jenen Oberstaatsanwalt anzurufen, der die Mordanklage gegen mich betrieb.

Das tat ich. Ich bat ihn, in die Klinik zu kommen und die Dinge aus juristischer Sicht klären zu helfen. Er schickte die Kriminalpolizei.

Die Kripo kam ins Haus. Es war Freitag nachmittag. Nach der Vernehmung des Ehemannes wurde vorgeschlagen, die inzwischen bewußtseinsgetrübte Patientin gerichtlich für unmündig erklären zu lassen und eine Pflegschaft zu bestellen. Man bemühte sich, einen Richter zu erreichen. Das gelang am Wochenende nicht. Die Entscheidung wurde auf Montag, den 3.2.1986, vertagt.

Wir behandelten weiter nach dem mutmaßlichen Willen der Patientin, zogen nochmals alle Register. Der Ehemann hatte versprochen, sich nicht einzumischen. Selbstverständlich wurde alles getan, um die Schmerzen der Patientin zu lindern. Die Gelbsucht verstärkte sich immer mehr, das Bewußtsein trübte sich zunehmend. Am Sonntag nachmittag starb sie dann. Es hatte alles nichts genutzt.

Sicher war unsere Behandlung schon vom ersten Tage an fast hoffnungslos, bezogen auf die Hoffnung, ein lebenswertes Leben für längere Zeit zu erreichen. Das hatte der Ehemann richtig erkannt. Dazu gehörte ja auch für einen Nichtarzt nicht viel.

Aber den letzten Hoffnungsfaden hat er der Patientin drei Tage vor ihrem Tod selbst abgeschnitten. Bis dahin gab es noch einen Funken Hoffnung für ein paar Wochen, vielleicht ein paar Monate Überlebenszeit. Mit Sicherheit hat der Ehemann seiner Frau das Leben um Tage, vielleicht um Wochen und Monate verkürzt. War das Mord?

1.8 *DANIELA*: (PASSIVE) PATIENTENFOLTERUNG UNTER POLIZEISCHUTZ BIS ZUM BÖSEN ENDE (1987)

»Und ich glaube, daß er mich *ausgenutzt hat für seine Publicity* und *zu feige* ist, um überhaupt irgend etwas zu tun.« Das waren ihre letzten Worte. Er bin *ich*.

Die Schlußfrage des Zyankali-Engelmachers und »Geschäftsführers« A. des Vereins für Beitragszahler aus arztfabrizierter Qualtodangst lautete: »Glauben Sie, daß Herr *Hackethal* es ehrlich mit Ihnen meinte?«

Damit hatte A. den Wettstreit um *Danielas* Gunst gewonnen. Diese Antwort war sie dem schuldig, der sofort zur Tat schreiten wollte, zumal sie viel Grund hatte, an meiner Redlichkeit zu zweifeln. Schließlich sollte es ja auch nur Zyankali sein, mein als Tötungsmittel angebotenes »Pulver«. Dies hatte ihr der Zyankalitodspezialist glaubhaft nachgewiesen.

Also war ich ein Böser. Denn das hatte ich *Daniela* fest versprochen: Mit Zyankali, dem ätzenden 500-Erstickungsekunden-Quälgeist bei vollem Bewußtsein, wollte ich es auf keinen Fall machen. Auch deshalb hatte sie mir ja ihren ersten Hilferuf im März 1987 geschickt. Weil sie gehört und gelesen hatte, daß ich seit Ende 1986 vor Zyankali nachdrücklich gewarnt habe – seit ich die Wahrheit über das böse Zyankaliende meiner Patientin *Hermy E.* wußte.

Acht Monate hatte ich *Daniela* mit Versprechungen hingehalten, bevor sie Ende November 1987 Mitglied der DGHS wurde und ihr Pflegehelferfreund »i.V.«, in Vertretung, die Freitodverfügung unterschrieb. Drei Wochen vorher hatte sie mir einen Geburtstagsgruß geschickt, auch vom lebenden Ersatzteil ihre halsquerschnittsgelähmten Hand geschrieben: »Mit meinen liebsten Grüßen *Daniela*«.

Hier nun der Reihe nach die wichtigsten Ereignisse der neun Monate unseres Patient-Arzt-Verhältnisses vom Eintreffen des ersten Tonbandes bis zur Zyankalitodesnachricht:

Das Tonband kam Ende März 1987. Ich hörte es zum erstenmal im Auto, auf der Fahrt zu einem Vortrag gemeinsam mit meiner Frau und unserer Klinikoberin. Man muß es hören, um das ganze Elend zu spüren. Am Schluß konnten wir alle drei nur noch schlucken.

Was ich beim Abhören des Tonbandes zum erstenmal erfuhr, »*Daniela*« – wie ich sie in den Veröffentlichungen nannte – hatte schon vor einem Jahr an mich geschrieben. Dieser Brief war jedoch in dem Postberg untergegangen, der seit April 1984 wächst und wächst und den wir nur begrenzt und stark verzögert abtragen können.

»Guten Tag, Herr Professor *Hackethal*!

Ich wende mich heute mit einer Bitte an Sie. Ich möchte mich entschuldigen, daß ich Sie belästigen tu, aber ich weiß mir sonst keinen Rat mehr. Ich danke Ihnen recht herzlich, daß Sie sich die Mühe machen und die Zeit nehmen, um sich meine Cassette anzuhören, obwohl ich weiß, daß Sie ein sehr vielbeschäftigter Arzt sind. Ich habe voriges Jahr schon einmal an Ihr Sekretariat geschrieben, also an Ihre Klinik, und einen kleinen Bericht über meinen Krankheitszustand geschickt. Worauf Ihre Sekretärin, Frau *Cordula Schlag*, mir geschrieben hat, um einen Behandlungstermin zu bekommen, würde es acht Wochen dauern. Und wenn mir das nicht zu lange wäre, dann sollte ich mich doch noch mal melden.

Ich hab dann erst mal abgewartet und noch mal überlegt, ob ich Sie überhaupt noch mal belästigen soll, weil Sie ja bestimmt sehr überlastet sind. Das hat mir ja der Brief gezeigt. Aber jetzt habe ich gedacht, ich besprech erst mal eine Cassette, daß Sie überlegen können und entscheiden, ob es überhaupt einen Wert hat, daß ich bei Ihnen behandelt werden würde, oder ob Sie mir sonst einen Ratschlag geben können. Und zwar bespreche ich die

Cassette, weil ich gelähmt bin bis zum Hals. Ich hab einen Unfall gehabt 1983, im April 1983. Mein fünfter und sechster Halswirbel sind gebrochen, und ich kann meine Arme und Beine nimmer bewegen, und meine Blase und mein Mastdarm sind gelähmt. Ich hab seit dem Tag meines Unfalls sehr große Schmerzen, furchtbare Schmerzen. Die Familienangehörigen, die mich betreuen, die sind sehr alt, und ansonsten werde ich von Zivildienstleistenden betreut, was ein unhaltbarer Zustand ist.

Ich hab damals gehört durch die Medien, was Sie für die krebskranke Frau gemacht haben. Und ich habe sehr große Achtung dafür empfunden. Denn sehr wenige Ärzte haben den Mut, so einen Schritt zu tun und das Risiko, ihre Karriere aufs Spiel zu setzen. Ich hab sehr *große* Achtung und Respekt vor Ihrer Tat empfunden. Jetzt wollte ich Sie fragen, da ich nicht mehr weiß, was ich machen soll. Ich habe jetzt vier Jahre Schmerzen, Tag und Nacht Schmerzen, durch diese Lähmung. Man sagt, das sind die »Afferenzierungsschmerzen«, aber Genaues weiß man nicht. Und ich bin wirklich völlig am Ende. Ich würd sehr gern sterben. Und da wollte ich Sie bitten und fragen, wenn Sie irgendeinen Rat wissen für mich, daß ich mein Leben beenden könnte, ob Sie mir das mitteilen würden. Irgendein Ratschlag. Ich wäre für alles dankbar.

Wie gesagt, meine Arme und Beine sind gelähmt. Also für mich selber was zu besorgen, irgendwas, wär halt sehr schwierig, weil ich mich halt nicht fortbewegen kann. Und deswegen habe ich gedacht, ich bitte Sie mal, ob Sie mit ihrer großen Erfahrung, ob Sie nicht irgendeinen Rat wüßten, was ich machen könnte oder ob's eine Möglichkeit gäbe, irgendwie für meine Schmerzen was zu tun. Gegebenenfalls kann ich Röntgenunterlagen zu Ihnen runterschicken, wenn Sie Interesse hätten und Zeit hätten, sie anzusehen.

Aber meine Schmerzen machen mir das Leben unmöglich. Schon die ersten vier Wochen, nachdem ich wußte, nach dem Unfall, was für ein Leben auf mich zukommt mit diesen Schmerzen, Tag und Nacht diese furchtbaren Schmerzen. Ich kann nicht richtig gewaschen werden mit diesen Schmerzen, und ich lieg den ganzen Tag nur im Bett.

Jede Kleinigkeit, die ich tue, auch diese Cassette jetzt zu besprechen, alles ist mit großen Schmerzen verbunden. Ich wäre Ihnen so dankbar. Sie haben ja so große Erfahrungen und sind auch so ein berühmter Arzt. Ich wäre Ihnen sehr dankbar.

Ich bin so verzweifelt, weil ich sonst keine andere Möglichkeit mehr weiß. Deshalb belästige ich Sie auch damit. Ich hoffe, Sie verzeihen mir das, aber ich weiß wirklich sonst nicht mehr weiter. Ich möchte nicht zulange die Cassette ausdehnen, denn Sie haben bestimmt noch mehr zu tun, wie sich meine Cassette anzuhören. Aber ich wäre Ihnen sehr dankbar, wenn Sie mir irgendwas sagen könnten oder einen Vorschlag mir machen könnten, wenn's Ihnen nicht soviel Mühe macht. Und wenn Sie's für richtig halten.

Ich danke Ihnen recht herzlich noch mal für Ihre Mühe, daß Sie sich das angehört haben. Vielleicht findet sich in dem Sekretariat auch noch der Brief, den ich damals über meinen Gesundheitszustand schrieb.

Oder wenn nicht, ich geb Ihnen nochmal meine Telefonnummer. Ich bedank mich recht herzlich für Ihre Mühe, daß Sie sich das angehört haben. Bitte, bitte überlegen Sie sich, ob Sie nicht eine Möglichkeit sehen, mir irgendwie zu helfen, bitte. Wiederhören oder Wiedersehen, Herr Professor.«

Ist das nicht zum Heulen? Diese Bescheidenheit einer wohlerzogenen jungen Frau. »Ich möchte mich entschuldigen, daß ich Sie belästigen tu«, sagt sie auf pfälzisch, höflich, artig und untertan. »Sie, der große Professor, und ich, die winzige Unperson!«

Man spürt die Angst vor dem hohen Tier. Daß es vielleicht einschnappt, wenn man nicht zehnmal sagt: Ich verehre dich. Wenn ich so einer wäre, einer, dem man schön tun muß, damit er Mitleid bekommt, daß er Mitleid heuchelt, dann müßte man mich zum Mond schießen! Nach alledem, was ich geschrieben und wörtlich gesagt habe. Aber vorher noch 'ne Tracht Prügel!

Ich habe sofort nach dem Anhören des Tonbandes, während der Weiterfahrt, einen Brief diktiert, nicht ahnend, daß ich ihn je veröffentlichen würde.

Bitte lesen Sie nun auch den Brief, den ich *Daniela* am 28. März geschrieben habe. Das war zu einer Zeit, als ich vieles von der Leidensgeschichte noch nicht wußte. Ich zitiere wörtlich, lasse nichts aus:

»Bernau am Chiemsee, 28. März 1987
Liebe *Daniela!* (Das war ihr späterer Tarnname.)
Ihr Tonband habe ich mit großer innerer Bewegung gemeinsam mit meiner Frau und unserer Klinikoberin angehört. Wir sind auf einer Autofahrt zu einem Vortrag in der Nähe von Frankfurt.

Uns allen dreien sind Ihre Worte sehr nahe gegangen. Was wir im Moment nicht verstehen können: Warum bekommen Sie keine Schmerzmittel in einer Häufigkeit und Stärke, daß Sie keine wesentlichen Schmerzen haben?

Aber auch ohne Schmerzen oder mit relativ wenig Schmerzen kann man sicher in Ihrer Situation am Sinn des Weiterlebens zweifeln. Für mich ist im Moment die entscheidende Frage: Gibt es nicht doch eine Möglichkeit, Ihnen so zu helfen, daß Sie Lust am Weiterleben haben?

Das Wichtigste an uns ist doch nicht unser Körper, sondern unser Geist und unsere Seele. Ich habe in meinem langen Chirurgenleben immer wieder Patienten kennengelernt, die körperlich hochgradig behindert waren, aber trotzdem so zufrieden, daß sie ihr Leben lebenswert fanden. Ich weiß nicht, ob Sie an Gott glauben. Ich habe gerade heute morgen lange mit meiner Frau darüber diskutiert, ob es einen Gott gibt oder nicht. Meine Frau glaubt weiter dran. Für mich gibt es zu vieles in dieser Welt, was bei weiser göttlicher Führung nicht sein könnte. Wenn ich zum Beispiel an das Mißverhältnis denke zwischen der uns eingepflanzten Triebhaftigkeit und deren Verhältnis zu dem Menschen, den wir innig lieben, muß ich an einer gottgelenkten Ordnung zweifeln. Aber es gibt vieles darüber hinaus.

Die zweite für unser Leben so wichtige Frage ist: Gibt es ein Weiterleben nach dem Tod? Gibt es Himmel und Hölle? Auch daran glaube ich immer weniger. Was aber nicht ausschließt, daß ich meine Hoffnung auch in dieser Beziehung noch nicht ganz aufgegeben habe.

Im Moment richte ich mein Leben schwerpunktmäßig darauf ein, daß es weder einen Gott noch ein Weiterleben nach dem Tod gibt. Dieser mein Glaube – der die Hoffnung nicht ausschließt – motiviert mich eher noch mehr, mein Leben lebenswert und immer lebenswerter zu machen.

Und was ist das Wichtigste? Liebe und Gegenliebe sind es!

Beigefügt habe ich Ihnen unsere 33 Gesundgebote, die Sie sicher nur begrenzt erfüllen können. Lesen Sie vor allem das Gebot Nr. 1.

Ein Höchstmaß an Glück wird auf dieser Welt nur der finden, der aus ganzem Herzen Liebe gibt und dafür dann auch in reichem Maße Liebe empfängt. Ich bekomme sie in erster Linie von meiner Frau, aber auch von meinen Mitarbeitern, meinen Patienten, meinen Freunden und auch von Menschen, die weit weg sind, aber wahrnehmbares Liebesecho geben.

Wenn Sie meinen Glauben teilen, müssen Sie besonders tief darüber nachdenken, ob Sie wirklich schon weg wollen von dieser Welt.

Im Moment kann ich Ihnen nur anbieten, daß Sie mir einmal ein paar Unterlagen über Ihre Erkrankung schicken, aus denen ich Ihren Zustand besser erkennen kann. Nach ihrem Brief werde ich suchen lassen, fürchte aber, daß er in dem Riesen-Postberg vorerst unauffindbar untergetaucht ist. Falls Sie eine Abschrift haben, schicken Sie sie mir bitte. Im übrigen würde ich mich auch über ein paar schriftliche Worte zusätzlich freuen.

Abschließend danke ich Ihnen ganz herzlich für Ihr Vertrauen. Ich fühle mit Ihnen und werde mich anstrengen, daß ich Ihnen bestmöglich helfen kann. In welcher Form das ist, weiß ich im Moment noch nicht. Aber ich werde Sie nicht im Stich lassen!

Das für heute.

Mit herzlichen Grüßen und allen guten Wünschen und mit EU – das ist unser Grußwort im EUBIOS-ZENTRUM AM CHIEMSEE, es wünscht: *Glück* auf! Alles Liebe! – bin ich Ihr

Julius Hackethal«

Alles mögliche hat *Daniela* als Sterbehilfe in Erwägung gezogen. Ihr Problem ist: Sie muß die Handarbeit mit der Zunge machen.

In einer Klinik hat sie es vor vier Jahren gelernt, die Notrufklingel mit der Zunge zu bedienen. Und mit der Zunge könnte sie wohl auch den Hebel jenes »doppelten Erlösungstropfes« bewegen, den ich als gesetzeskonforme Arztbeihilfe zum Erlösungstod öffentlich zur Diskussion gestellt hatte.

Anfang Mai 1987 habe ich *Daniela* gemeinsam mit meiner Frau und der Klinikoberin in ihrer Wohnung in Karlsruhe besucht. Es war ein Bild des Jammers, das sich uns bot:

Langgestreckt lag *Daniela* auf ihrem Spezialbett, das aufgedunsene Gesicht zur Decke der zirka 15 Quadratmeter großen Kammer gerichtet, die hellwachen Augen zum Oberteil der gegenüberliegenden Wand, weg vom Fenster nach dem Draußen, das für sie unerreichbar war und das sie inzwischen haßte. Die geschwollenen Füße schauten aus der Bettdecke, regungslos in Spitzfußstellung. Die Arme lagen auf dem weißgrauen Deckenbezug steif, nicht nur bewegungslos, sondern total verkrampft, mit zur Fraust zusammengekrallten Fingern, zu nichts zu gebrauchen, irreparabel für den besten Arzt der Welt. Ein Handgeben war nicht möglich. Aber wenigstens anfassen wollte ich sie zur Begrüßung. Da schrie sie laut auf, als ich vorsichtig ihren linken Unterarm berührte. Doch sie erklärte es gleich:

»Entschuldigen Sie, Herr Professor, ich wußte nicht, daß Sie mich anfassen wollten. Sonst hätte ich die Zähne zusammengebissen.«

Das konnte sie ja noch, außer sprechen, schlucken, atmen, den Hals drehen und die Augenlider auf- und zumachen: die Zähne zusammenbeißen. Mein Gott, mir wurde ganz anders.

Jede Hautberührung unterhalb vom Hals war äußerst schmerzhaft. Das ist eine böse Zugabe mancher Querschnittslähmungen, die böseste, verursacht durch Verrücktspielen des Schmerznervensystems.

Kein Wunder, daß *Daniela* nur von einem Abführtag zum anderen dachte, die Stunden zählte vom Ende der letzten Abführprozedur bis zum Anfang des nächsten Abführmartyriums. Dagegen war die entsetzliche Schämerei der krankheitsentstellten bildhübschen Frau von früher vor den jungforschen Zivis nichts. Zivis nennt man die wehrdienstscheuen Zivildienstleistenden, welche ja hauptsächlich als Hilfskrankenpfleger eingesetzt werden, wie bei *Daniela*.

Krankheitsfolter hoch 20 wäre wohl die richtige Einstufung des Krankheitsleids, das die damals 27jährige seit vier Jahren schon durchmachte: von mitleidlosen Hippokratie-Ärzten verschuldete, weil nicht beendete Dauerfolterung. Wer als Arzt bei diesem Anblick von *Daniela* und nach einem nur halbstündigen Gespräch mit ihr noch am absoluten KONTRA gegen jede ärztliche Mitleidstötung festhält, sollte sofort als Patientenarzt aufhören müssen. So einer taugt nur für einen Beruf, in dem Steine oder anderes lebloses Material bearbeitet werden. Und solche Mitleidlosigkeit kann man mit der fanatischsten Religiosität nicht entschuldigen.

Wer in solcher Situation nicht sterben will, hat ein gestörtes Verhältnis zum Leben, zu jenem Leben, das ja vom lieben Gott nicht für totale Einsiedler geschaffen wurde, sondern zum Leben für andere.

Ich gehe so weit zu sagen: Nicht der ist unzurechnungsfähig, der unter diesen Umständen sterben will, sondern der es nicht will.

Trotzdem leite ich daraus für niemanden das Recht ab, einen Patienten in diesem Zustand zu töten, wenn er es nicht will!

Ich habe am 15.6.1987 an das Bundesverfassungsgericht wörtlich geschrieben:

»*Meine Bitte:* Besuchen Sie *Daniela* in ihrer Wohnung! Dann wird Ihnen etwas einfallen. Dann werden Sie *im Interesse aller* eine Rechtslösung finden, die barmherzige Ärzte bei einer ›Kontrollierten Humanen Erlösungstodhilfe aus Mitleid auf Wunsch eines hoffnungslos Kranken‹ nicht mehr mit Gefängnis bedroht (und unbarmherzige Ärzte weiterhin schützt).«

Daniela hat ein selbstbesprochenes Tonband ans Bundesverfassungsgericht geschickt und um Hilfe gefleht. Niemand hat sich die Mühe gemacht, sie zu besuchen, um sie zu sehen und anzuhören. Auch die Präsidentin der Zentralnervensystemgeschädigten nicht, *Hannelore Kohl*, die

Frau unseres Bundeskanzlers, obwohl ich sie zweimal schriftlich darum gebeten habe.

Warum nicht? Ist das nicht unterlassene Hilfeleistung schweren Grades? Sind wir Staatsbürger aus Fleisch und Blut oder nur registrierte Karteipersonen, mit denen man nur schriftlich fern zu verkehren braucht?

Als wir *Daniela* im Mai 1987 besuchten, habe ich mit ihr ein Interview gemacht und auf Tonband aufgenommen. Ich hatte um ihr Einverständnis gebeten, weil ich mit dem Interview die Öffentlichkeit mobilisieren wollte, um Meinungsdruck zur Erlösungstodhilfe zu machen. Hier der Text des Interviews vom 5.5.1987:

1. Frage: *Daniela* – so nenne ich Sie zur Tarnung –, Sie haben mir im März ein Tonband geschickt und mir von Ihrem bösen Schicksal erzählt. Seither haben wir viel miteinander geredet, mündlich und schriftlich. Bislang konnte ich Sie nicht von Ihrem Wunsch, rasch zu sterben, abbringen. Warum wollen Sie nicht mehr leben?

Daniela: Weil ich einfach zu viele Schmerzen habe. Und auch wenn die Schmerzen nicht wären, mein Leben nicht in einem solchen Zustand ist, daß es noch lebenswert ist. Ich denke auch, daß jeder erwachsene Mensch das Recht haben muß zu sagen, daß er jetzt nicht mehr kann und sterben möchte.

2. Frage: Wir wollen Sie ja jetzt an den Chiemsee holen, 1. um Ihre Schmerzen zu beseitigen, notfalls sogar durch Operation, und 2. ein Leben vorzubereiten, das Ihrem Geist große Entfaltungsmöglichkeiten gibt, das Ihnen Aufgaben stellt. Hoffen Sie nicht doch mit mir, daß auch ein Leben ohne Körper, nur mit Geist und Seele lebenswert sein kann?

Daniela: Nein, das reicht nicht. Der Zustand, wie er ist, mit den gelähmten Armen und Beinen, reicht nicht. Ich möchte anderen Menschen helfen und nicht im Bett liegen. Ich komme mir überflüssig und sinnlos vor.

3. Frage: Es ist doch eine Möglichkeit vorstellbar, daß man Ihnen eben geistige Aufgaben stellt. Daß Sie mit Ihrer Stimme, mit Ihren Gedanken irgendeine Leistung vollbringen können, die Sie dann auch befriedigt und so Sie sich sagen, ich hab was getan. Ist das nicht vorstellbar?

Daniela: Das ist nur noch in Maß vorstellbar, wie ich das eigentlich wollte.

4. Frage: Sie wissen, daß ich die Kontrollierte Ärztliche Erlösungstodhilfe aus Barmherzigkeit bei meinen Patienten für eine selbstverständliche Arztpflicht halte, daß mir aber im Moment die Hände gebunden sind. Der Prozeß wegen meiner Sterbehilfe bei *Hermy E.* ist noch nicht entschieden, kann vielleicht noch Jahre dauern bis zum Endurteil. Ich möchte gern Ihr Schicksal ohne Namensnennung öffentlich zur Diskussion und die Frage zur Abstimmung stellen, ob Ihnen ein Arzt Sterbehilfe geben darf oder nicht. Sind Sie damit einverstanden?

Daniela: Ja, selbstverständlich.

5. Frage: *Daniela*, Sie haben gehört, was der Papst vor wenigen Tagen in Münster über die Sterbehilfe gesagt hat. Er vergleicht die Nazi-Euthanasie, also den Gasmord an Behinderten mit ›Sterbehilfe aus angeblichem Mitleid‹ – so hat er es wörtlich genannt. Er verkündet, daß beides Teufelswerk sei. Was sagen Sie zu solchen Äußerungen des Papstes?

Daniela: Daß das eine furchtbare Gleichstellung ist, die nichts miteinander gemeinsam hat. Daß diese Sterbehilfe für jemand in meinem Fall oder jemand, der krebskrank ist, eine Erlösung für denjenigen ist. Das ist Barmherzigkeit von dem Arzt, der mir oder der betreffenden Person hilft. Aber die Vergasung im Dritten Reich an Behinderten war ja rein, um dem arischen Denken gleichzukommen. Daß der arische Mensch geschaffen wird, reinrassig und ohne Fehler. Das hat ja nichts damit zu tun, daß jemand, der am Ende ist und einfach nicht mehr leben möchte, erlöst wird von seinen Qualen. Das ist ja ganz was anderes. Das kann man nicht gleichsetzen.

6. Frage: Glauben Sie an Gott, an Himmel und Hölle, an ein Weiterleben nach Ihrem Tode?

Daniela: Ich glaube an Gott. Ich weiß nicht, was nach dem Tode sein wird. Egal was sein wird: Es ist besser wie das, was es jetzt ist.

7. Frage: Glauben Sie, daß Gott Ihnen einen Freitod verzeihen würde?

Daniela: Die Frage habe ich mir auch schon gestellt. Ich muß es darauf ankommen lassen. Ich will sterben.

8. Frage: Und Sie denken im Moment, daß dieser Entschluß unabänderlich ist?

Daniela: Ja, das denke ich.

9. Frage: Wie lange geht das jetzt? Wie lange liegen Sie jetzt hier?
Daniela: Also hier drei Jahre. Und vorher in der Klinik ein Jahr.
10. Frage: Und es hat sich an Ihrem Zustand gar nichts geändert?
Daniela: Nein.
11. Frage: Und Sie müssen dauernd immer wieder Schmerzmittel nehmen, sind Tag und Nacht auf die Hilfe anderer angewiesen?
Daniela: Ja.
12. Frage: Und Sie meinen also, selbst wenn es gelingen könnte, Ihnen die Schmerzen zu nehmen, dann würde nur ein Leben übrigbleiben, mit dem Sie auf Grund Ihrer Einstellung nicht zufrieden wären. Ist das so?
Daniela: Ja, so ist das.
13. Frage: Also: Ich habe Ihnen ja gesagt: Diese Frage werde ich zur Diskussion und zur Abstimmung stellen. Ich bin gespannt, was die Menschen sonst dazu sagen werden. Ich habe eigentlich kaum Zweifel, daß die Meinung der meisten so ist, daß man dieses Selbstbestimmungsrecht jedem zugestehen muß.
Daniela: Ja, das denke ich auch. Da ist auch nichts, worüber man traurig sein muß. Das ist die Entscheidung von einem erwachsenen Menschen, der keine geistige Verwirrung hat oder irgendwas. Ich entscheide bei vollem klaren Bewußtsein, ich möchte nicht mehr leben. Da muß man nicht weinen drüber oder irgendwas. Und dieses Recht müßte jedem zugestanden werden. In jeder Situation, wenn er für sich entscheidet, der Schmerzen hat oder Krebs, daß er jetzt sterben will, weil er jetzt nicht mehr kann, weil er keine Kraft mehr hat und weil das Leben so für ihn nicht mehr lebenswert ist.«

Bei einer vom NDR ausgestrahlten Podiumsdiskussion über Sterbehilfe behauptete der Moraltheologe Prof. Dr. *Koch*, *Daniela* habe wahrscheinlich keinen ausreichenden seelischen Beistand bekommen. Nur deshalb verzweifle sie am Leben.

Ich schrieb das *Daniela*. Sie diktierte ihrer Schreibhand folgenden Brief:

»Sehr geehrter Herr Professor *Koch*,

ich danke Ihnen recht herzlich für die Anteilnahme an meinem Schicksal.

Professor *Hackethal* hat mir von der stattgefundenen Diskussion in Hamburg berichtet, Sie wären der Auffassung, ich hätte seit meinem Unfall keinen ausreichenden seelischen Beistand erhalten. Wenn auch in Karlsruhe-Langensteinbach einiges im argen liegt, so gibt es doch einen sehr fähigen und tüchtigen evangelischen Krankenhauspfarrer, der mir im ersten Jahr meiner Behinderung Beistand leistete. In der darauffolgenden Zeit, nach meiner Entlassung, erfuhr ich durch meine Familie Fürsorge und Zuneigung.

Auch eine umfassendere Betreuung hätte und würde meine Entscheidung, den Qualen meines ›Lebens‹ ein Ende zu setzen, nicht ändern!

Ich danke Ihnen trotzdem für Ihre Bemühungen.

Mit freundlichem Gruß *Daniela*«

Mit einem anderen Moraltheologen hatte ich im Mai 1986 ein bemerkenswertes Erlebnis.

Es war in einem Streitgespräch zwischen Ärzten, Juristen und Theologen vor zirka 1400 Studenten der Universität Bochum. Der Theologieprofessor machte sich zum Anwalt der Moralisten. Er warf mir öffentlich vor, mich bei der Sterbehilfe im Falle meiner Patientin *Hermy E.* zu wenig an der Moral und zu sehr an den gesetzlichen Vorschriften orientiert zu haben. So etwas redet sich leicht daher. Deshalb bat ich den kritisierenden Theologen, uns doch aus seiner Praxis ein Beispiel zu schildern, wo er als Theologe etwas moralisch Gutes, aber gesetzlich Strafbares getan hätte. Zu aller Überraschung nannte er den Sitzstreik gegen Atomkraftwerke. Alle waren angenehm berührt, daß ein Ordinarius für Theologie an einem solchen illegalen Sitzstreik aus Überzeugung teilgenommen hätte. Um dieses respektable Tun zu unterstreichen, fragte ich: »Sie haben also an einem solchen Sitzstreik teilgenommen?« Seine Antwort: »Nein, ich nicht!«

So sind sie, unsere Moralapostel aller Bereiche: Sie fordern das sittliche Wagnis von anderen, nur nicht von sich selbst.

Himmel und Hölle habe ich in Bewegung zu setzen versucht, um *Daniela* rasch legal helfen zu können. Die wichtigsten Stationen:

1. Schriftliche Meldung meiner für den 10. Juni geplanten Mitleidstötung an Staatsanwalt und Oberbürgermeister von Karlsruhe.

2. Einspruch gegen die Polizeiverfügung dagegen mit Androhung einer Geldstrafe von 10 000 DM.

3. Klage beim Bundesverfassungsgericht.

4. Klage gegen den Widerspruchsbescheid beim Verwaltungsgericht Karlsruhe.

5. Negatives Urteil des Verwaltungsgerichts für *Daniela* und mich.

6. Berufung gegen das Urteil des Verwaltungsgerichts, das die Polizeiverfügung bestätigt.

Die Bestätigung der Polizeiverfügung durch das Verwaltungsgericht Karlsruhe ist vor dem Hintergrund der Entscheidung des Oberlandesgerichts München vom Juli 1987 ein Rückfall ins Sterbehilfe-Mittelalter. Lesen Sie bitte selbst die Urteilsbegründung (Kapitel 5).

Der Anfang vom bitteren Ende meiner Daniela:

Am Montag, dem 16.11.1987, rief mich *Daniela* gegen 11.45 Uhr in der Klinik an. Der Zivildienstleistende *Ingo S.* sei bereit, am Donnerstag, dem 19. November, gemeinsam mit einem Freund das angebotene »Pulver« zum Erlösungstod abzuholen. Ich erschrak, denn zugesagt hatte ich nur, es ihrer Mutter zu geben, aber niemandem sonst. Deshalb erbat ich Bedenkzeit. Um 13 Uhr rief ich dann zurück und sagte: Nur ihrer Mutter könnte ich das »Pulver« geben, aber keinem, den ich nicht kenne.

Am gleichen Tag wurde *Daniela* Mitglied der DGHS, wie *A.* behauptet haben soll. Am 27.11.1987 unterschrieb *Ingo S.* für *Daniela* die »Freitodverfügung«.

Eine Woche nach der Todesnachricht über *Daniela* habe ich mich hingesetzt und niedergeschrieben, was ich zu meiner Entschuldigung zu sagen hatte. Erst am Schluß machte ich die Überschrift: »*Meine Daniela* – Liebeserklärung nach ihrem bösen Ende«. Meine Gedanken:

JA, sie war meine *Daniela*. Wir waren Freunde geworden und sind es sieben Monate lang geblieben. Oft haben wir miteinander telefoniert. Jede Woche mehrmals, manchmal eine halbe Stunde lang. Sie hatte das Lachen verlernt in den letzten drei Jahren. Ich aber habe sie laut lachen hören, öfters. So haben wir miteinander manchmal am Telefon herumgealbert.
   Und dann ist mir ihr Herz gestohlen worden. Nach Mitte Oktober, im November? Wann genau kann ich nicht ergründen.
   Am 4. Oktober stand fettgedruckt in B<small>ILD AM</small> S<small>ONNTAG</small>: ›Sterbehilfe: In diesem Monat wird *Daniela* erlöst.‹ Es folgt: ›In diesen Wochen, ›noch im Oktober‹, will Professor *Hackethal* seiner Patientin *Daniela* (27) Hilfe zur Selbsttötung gewähren... Es wird niemand dabei sein, es wird niemand erfahren, bis es vorbei ist‹, sagt der Professor. ... *Daniela* wird ganz allein im Zimmer sein‹, sagte *Hackethal*. ›In ihrer Vene steckt ein Tropf, der an zwei Flaschen angeschlossen ist. In der einen ist eine Traubenzuckerlösung, in der anderen ein in dieser Dosierung tödliches Narkosemittel. Mit der Zunge kann *Daniela* von der einen auf die andere Flasche umschalten. Das hat sie an einem Notschalter im Krankenhaus gelernt. Vermutlich werde ich ihre Vene operativ freilegen müssen, weil sie total verkümmert ist.‹ Weiter steht in der Zeitung die kritische Frage des Journalisten: »Aber ist diese Sterbehilfe nicht verboten?« (Die Antwort:) ›*Hackethal*: Dadurch mache ich mich nicht strafbar, das hat mir ein Jurist ausdrücklich bestätigt. Ich habe mit *Daniela* darüber gesprochen, ob wir für ihren Tod eine gewisse Atmosphäre schaffen sollen, also etwa Kerzen aufstellen. Aber das will sie nicht. Sie will ganz still und für sich sterben.‹ Ich hatte *Daniela* den zweiten Erlösungstodtermin – erstmals war es am 10. Juni geplant – für Mitte Oktober

versprochen, hätte ich es doch nur getan! Wäre ich doch meinem Herzen und nicht meinem Verstand gefolgt. Dann hätte *Daniela* einen humanen Erlösungstod gehabt, und ich hätte ihr Herz nicht an einen Menschenteufel verloren. Aber ich war zu feige.

JA, ich habe natürlich Ausreden: Erst am 6.9.1987 – gut fünf Monate, nachdem sie meine Patientin geworden war, und dreieinhalb Jahre nach ihrem schrecklichen Unfall – hatte sie mir zum ersten Mal am Telefon gesagt: ›Ich kann nicht mehr!‹ Das war nach der Fernsehsendung LIVE, in der ein Behinderter mir Vorwürfe machte wegen meiner Sterbehilfeaktivitäten. *Daniela* fragte, ob sie sich nicht nach Bayern bringen lassen solle, notfalls nach Holland. Weil die Polizeistrafe mit Androhung von 10 000 Mark nur für Karlsruhe galt. Ich riet ab, erklärte, daß sie das Recht habe, zu Haus zu sterben, in würdevoller Umgebung. Sie wies hin auf ihre schlechten Venen. Am ehesten noch fände ich eine am Fuß. Ich sagte: ›Kein Problem‹, fragte: ›Sollen wir es nicht feierlich machen, mit Kerzen, Ihrer Mutter und Großmutter, zu der Sie doch ein inniges Verhältnis haben.‹ Sie wollte es nicht.

Als ich aus einem Urlaub zurückkam, fand ich einen Brief meines Rechtsanwalts vom 9. Oktober. Darin stand: ›Lieber Herr *Hackethal*, soeben ruft Stadtrechtsdirektor *Merx* / Karlsruhe an. Einer Notiz in BILD AM SONNTAG am 4.10.1987 habe er entnommen, Sie wollten *Daniela* im Laufe des Oktobers Sterbehilfe leisten. Er sei bislang davon ausgegangen, daß zunächst die rechtlichen Fragen geklärt werden sollten. Ich habe Herrn *Merx* erklärt, daß mir der von ihm erwähnte Vorgang nicht bekannt sei. Herr *Merx* hat daraufhin um weitere Nachricht gebeten. Wir sollten über die Sache nochmals telefonisch sprechen. Mit freundlichen Grüßen. Prof. Dr. *Wenzel*.‹

Ich rief meinen Rechtsanwalt an. Er bat mich dringend, noch nichts zu tun. Schon in wenigen Tagen könnten wir mit einer positiven Entscheidung des Verwaltungsgerichts Karlsruhe rechnen. Ich riskierte meine Zulassung als Arzt, warnte er. Die Regierung von Oberbayern könne mir durch Verwaltungsakt sofort die Approbation entziehen, was ja schon früher angedroht worden sei.

Das wollte ich weder meinen Patienten, noch meinen Mitarbeitern, noch meiner Frau, noch mir antun. Doch wäre es wirklich so schlimm gekommen? Hätte ich nicht den Approbationsentzug durch eine Gerichtsentscheidung sofort – zumindest vorläufig – außer Kraft setzen können und darauf vertrauen dürfen, daß die Entscheidung später endgültig rechtskräftig aufgehoben würde?

Wenn ich jetzt in der Berufung gegen das Verwaltungsgerichtsurteil gewinne, muß ich mir dann nicht doch einen Feigheitsvorwurf machen? *Daniela* war zu einer meiner wichtigsten Patientinnen geworden. Für sie gilt mein EUBIOS-PATIENTEN-ARZT-GELÖBNIS eher noch mehr als für alle anderen: jeden Patienten wie den besten Freund zu behandeln oder gar nicht. Für den besten Freund riskiert man auch etwas!

Doch: Hat sie mit ihren letzten Worten auf dem Tonband auch mich wie ihren besten Freund behandelt? Durfte sie mir das antun, nach dem, was vorausgegangen war: mich so schwer anzuklagen? Sie antwortete ja auf die vorletzte Frage des DGHS-Präsidenten *A.* ›Glauben Sie, daß Herr *Hackethal* es ehrlich mit Ihnen meinte?‹: ›Nach der Überzeugung... nach der Wartezeit... Das Ganze geht mit Herrn *Hackethal* nun schon seit April... Es sind acht Monate, die er mich hinhält. Und ich glaube, daß er mich ausgenützt hat für seine Publicity und zu feige ist, um überhaupt irgend etwas zu tun. Und auch jetzt, wenn ich mit ihm telefoniert habe, hat er überhaupt nicht vorgehabt, etwas zu tun, sondern wollte alles meiner Mutter in die Schuhe schieben. Er hat es einfach ausgenützt für seinen finanziellen Vorteil, für seine Publicity.‹

So hat sie es tatsächlich gesagt. Jemand, der ihre Stimme kannte, hat diese Sätze von *Danielas* Stimme gehört. Sonst hätte ich es nicht geglaubt.

In mir brach danach eine Welt zusammen. Meine Welt der Hoffnung: durch bewiesene Arzttreue, durch ehrliches, glaubhaftes Verhalten unerschütterliche Patiententreue zu ›erzwingen‹. Das ist wohl auch so. Von Ausnahmen abgesehen, möchte ich weiter darauf hoffen dürfen.

Es gibt inzwischen – wie ich glaube – erdrückende Beweise für eine ganz ganz böse Irreführung von *Daniela* durch den ›Geschäftsführer‹ der Deutschen Gesellschaft für Humanes Sterben:

Er ist mein Feind seit März 1985 und läßt keine Gelegenheit aus, diese Feindschaft auszutragen. Vorher hatten wir ein relativ gutes Verhältnis zueinander. Er war der Lieferant des Zyankalis für meine Patientin *Hermy E.* Im Ermittlungsverfahren der Staatsanwaltschaft wegen des Verdachts saß er mit mir auf der ›Anklagebank‹. Ein Dreivierteljahr lang lobte er mich bei vielen Gelegenheiten. Immer etwas verhalten allerdings, weil seine Mitwirkung bei der in der Öffentlichkeit begrüßten Erlösungstodhilfe für *Hermy E.* zunächst kaum bekannt wurde. Er war selbst schuld daran: Als Taktiker wollte er nicht, daß die Öffentlichkeit erfuhr, er sei der Zyankalilieferant gewesen. Man konnte ja nicht wissen, wie das ausging! Aber es gefiel ihm auch nicht, daß er als Präsident der sogenannten Gesellschaft für Humanes Sterben bei der Gelegenheit nicht stärker ins Rampenlicht kam. Das konnte man bei allem Lob für mich vor dem März 1985 zwischen seinen Zeilen lesen oder heraushören.

A. bat mich Ende 1984, einen Vortrag vor Mitgliedern der Amerikanischen Sterbehilfeorganisation HEMLOCK SOCIETY in Los Angeles zu halten. Er half mit bei der Vorbereitung und bot mir einen Reisekostenzuschuß an. Wir flogen beide hin. Er allein. Ich gemeinsam mit einem Freund, mit Dr. *Walter Schöbe*, der auch bei meinem Vortrag dabei war. Niemals vorher und später habe ich nach einer Rede eine derart begeisterte Zustimmung erlebt. Ich hatte über meine Erlösungstodhilfe bei *Hermy E.* berichtet. Es waren etwa 500 Zuhörer. Nach meinem Schlußwort sprangen viele von ihren Plätzen auf, klatschten und riefen laute Begeisterungsworte. Viele stürmten mit erhobenen Händen auf mich zu. Ich wurde umarmt, so gefeiert, daß mir die Tränen kamen.

A. hatte irgendwo hinten gesessen. Wie er ragiert hat, weiß ich nicht. Man wollte danach meinen in englischer Sprache gehaltenen Vortrag sofort haben. Der Vortrag wure vervielfältigt. *A.* genehmigte die Kostenübernahme durch seine DGHS dafür. Er war – wie mir schien – stolz darauf, daß er als Präsident der DGHS diesen begeistert aufgenommenen Vortrag angeregt und gefördert hatte.

Seit dem Tod von *Hermy E.* haben meine Mitarbeiter und ich unzähligen Menschen geraten, Mitglied der DGHS zu werden. Es gab ja sehr viele schriftliche und telefonische Anfragen. Immer wieder lautete unsere Antwort, daß ich eine Erlösungstodhilfe nur meinen Patienten – notfalls und auf ausdrücklichen Wunsch als letzten Liebesdienst – geben würde, nicht aber anderen. Ich sei auch keine Auskunftei für humane Sterbehilfemittel. Da möge man sich an die DGHS wenden, die sich das zur Aufgabe gemacht habe.

Eines Tages schrieb mir *A.*, die Mitgliederzahl der Gesellschaft sei sprunghaft auf inzwischen 10 000 angestiegen. Mir scheint, das hat er als Kompliment für mich berichtet, obwohl er das nicht dazuschrieb.

Dann passierte die Geschichte mit meiner Patientin *Ingeborg B.* (s. Kapitel 1.5).

Die Einzelheiten standen später in Quick. Seither ist Krieg mit *A*. Die anderen Vorstandsmitglieder von *A*.s Gnaden glauben ihm, aber nicht mir.

An dieser Stelle wäre noch einiges zu den Prozessen von *A*. gegen mich wegen des Zyankaliwuchervorwurfs zu sagen. Leider halten sich wichtige Zeugen zurück, fürchten wohl Unannehmlichkeiten. Nach meiner Überzeugung hätten die dem Oberlandesgericht München – als zweite Instanz – vorgelegten Beweise zur Abweisung der Klage ausreichen müssen. Es gibt eine Tonbandaufzeichnung über ein Telefongespräch mit *Ingeborg B.*, das dem Gericht zur Verfügung gestanden hat, und noch einiges mehr. Für mich ist immer wieder bedrückend, wie wenig oft von Gerichten die Lebens- und Verhaltensvorgeschichte von »Streithähnen« für oder gegen ihre Glaubwürdigkeit gewertet wird. *A*. hatte doch sogar lange Zeit bestritten, daß er der Zyankalilieferant für *Hermy E.* gewesen ist, obwohl sein Vizepräsident als Augenzeuge bei der Übergabe dabei war!

Eigentlich hätte er nach dem Quick-Artikel im März 1985 sofort klagen müssen. Das hat er nicht getan. Damals hat er sogar immer noch behauptet, er sei nicht einmal der Lieferant des Zyankalis für meine Patientin *Hermy E.* gewesen. Gott sei Dank gab es seinen Vizepräsidenten als Zeugen.

Erst eine sehr viel spätere Veröffentlichung in der Nürnberger Abendzeitung hat er zum Anlaß für seine Klage genommen. Wahrscheinlich mußte er das auf Drängen von Mitgliedern seines Vereins. Dabei richtete sich diese Klage wohlbemerkt zumindest zunächst nicht gegen die Behauptung, er habe schon einmal Zyankali für 1000 Dollar verkauft, sondern er täte das angeblich immer noch. So hatte ich das zwar nicht ausdrücklich gesagt, weil ich keine Beweise hatte, aber daß ich eine weitere Geschäftemacherei mit Zyankali für möglich hielt, kann man meiner damaligen Telefonauskunft schon entnehmen. Und zwar nach der Parallele: Wer einmal lügt, dem glaubt man nicht!

Ich habe inzwischen den LEITZ-Ordner mit der Aufschrift *Daniela* durchgeblättert. Der dickbauchige Ordner ist voll mit Beweisstücken für das ›innige Verhältnis‹ zwischen *Daniela* und mir – bezogen auf ein ganz besonders starkes Arzt-Patient-Freundschaftsverhältnis. Darin sind die Abschriften der Bänder, die *Daniela* für mich besprochen hat. Leider hat sie die angekündigten letzten Bänder – wie *A.* behauptet – ihm geschenkt. Das Delikate daran: Finanziert wurden diese Bänder von mir. Ich habe der Mutter von *Daniela* nicht lange vor *Danielas* Tod einen Scheck über 100 DM geschickt, ausgestellt auf den Namen der Mutter aus Gründen der Diskretion. *Daniela* wollte ihrem Herzen noch einmal Luft machen über ihr unwürdiges Leben als Querschnittsgelähmte, über ihr Ausgeliefertsein an herzlose, manchmal faule, rücksichtslose und/oder gleichgültige Helfer. Es wäre sehr wichtig, daß ein solcher Erlebnisbericht öffentlich bekannt wird. *A.* hat die Bänder einem Journalisten übergeben. Sie sollen schlimmste Vorwürfe enthalten. Beim Abhören fiel dem Journalisten auf, daß es sehr oft knackt. Ich vermute, daß Schneider aus *Danielas* Klagelied einen Verschnitt gemacht hat. Was herausgeschnitten wurde, wird sich wohl nie mehr klären lassen. Sehr wahrscheinlich auch mehrfach die Anrede ›Lieber Professor *Hackethal*‹. So sagte sie nämlich früher immer zu mir, oder auch ›Herr Professor‹. ›Herr *Hackethal*‹ – wie es in *A.*s Interview mit *Daniela* steht – hat sie früher niemals zu mir gesagt. Das hätte ich ihr nicht übelgenommen, denn so sehr schmücken ja Titel nicht mehr. Aber es war nicht der Stil von *Daniela*.

Außer unzähligen Beweisen in der *Daniela*-Akte für meine feste Absicht, der *Daniela* selbst zu einem humanen Erlösungstod zu verhelfen, habe ich inzwischen ein weiteres Beweismittel gefunden. Den Hinweis darauf verdanke ich einer Patientin. Sie rief mich am Silvesterabend an, um ihre Empörung über *A.*s Pressemitteilungen auszudrücken. Dabei erinnerte sie an jene hauseigene Filmsendung mit dem Titel ›Julius am Mittag‹ vom 7.12.1987. Ich hatte das vergessen. Danach schaute ich mir die TV-Kassette nochmals an: Zwölf Minuten lang habe ich 16 Tage vor dem Zyankalitod von *Daniela* zu meinen Patienten und Mitarbeitern über Erlösungstodhilfe und *Daniela* gesprochen. Ich habe von dem ›Pulver‹ des holländischen Kinderkrebsarztes erzählt und gesagt, daß ich es in wenigen Tagen voraussichtlich *Daniela* zur Verfügung stellen könnte. Für mich gab es keinen Zweifel an einer positiven Entscheidung des Verwaltungsgerichts. Also wäre ich an diese Ankündigung vor mehr als 100 Zuhörern gebunden gewesen.

Es kam anders. Das Verwaltungsgericht entschied gegen uns. Deshalb mußte ich mir etwas anderes einfallen lassen. Es geschah: Ich bot *Daniela* telefonisch an, das ›Pulver‹ ihrer Mutter zu übergeben, damit diese es in Alkohol aufgelöst hinstellen könnte. *Daniela* hätte es dann mit einem Strohhalm trinken können, ebenso wie wenige Wochen vorher die andere Querschnittsgelähmte in Karlsruhe. Dies aber mit dem riesigen Unterschied: daß es ein humaner Erlösungstod ohne quälerische Erstickungsnot gewesen wäre. Leider hat die Mutter *Daniela* die Bitte abgeschlagen, das Pulver bei mir zu holen. In einem Telefongespräch am zweiten Weihnachtstag gab die Mutter dieses schreckliche Nein zu.

Warum darf ich *Daniela* in guter Erinnerung behalten? Weil sie keine Schuld für die bösen Vorwürfe gegen mich trifft:

A. brauchte eine spektakuläre Aktion, um meine Unglaubwürdigkeit zu beweisen. Sein Opfer war meine Patientin *Daniela*. Wenn es ihm gelingen könnte, ihr das Vertrauen zu mir zu zerstören, mußte es ihm auch für seinen Prozeß und seinen Job als Geschäftsführer helfen. In dieser Situation kamen ihm zwei Umstände entgegen: 1. Die Verschiebung des für Mitte Oktober geplanten Termins zur Anlegung des ›Erlösungstropfs‹ durch mich. 2. Meine Bezeichnung des Sterbehilfsmittels des holländischen Kinderkrebsarztes als ›Pulver‹, das in 15 Minuten zum Tod führt.

Man mußte es Pulver nennen, weil die Tabletten verräterisch sind. Man muß sie in einem Mörser oder in einer Kaffeemühle pulverisieren, damit niemand erfährt, was es ist. Denn das Mittel gibt es ohne Betäubungsmittelrezept. Jeder könnte es sich beschaffen. Und es würde sehr bald viel mehr Tote aus Liebeskummer und anderen unvernünftigen und unakzeptablen Gründen gehen.

Ich möchte immer sagen können: Von mir weiß niemand, welches Mittel das ist. Es sollte immer nur in der Hand von Ärzten bleiben, die es von Fall zu Fall unter Übernahme einer Mitverantwortung weitergeben. So wie es der holländische Kinderkrebsarzt seit mehreren Jahren tut, mit Billigung der Behörden.

Daniela wollte von mir wissen, was das für ein Pulver ist. Ich durfte es ihr nicht sagen. Sie hat nicht verstanden, warum nicht.

Ich kam nie auf den Gedanken, daß sie das Pulver für Zyankali halten könnte. Wenn ich nicht irre, habe ich sogar gesagt, es müsse mit Alkohol aufgelöst werden. Zyankali darf man ja nur mit Leitungswasser auflösen, auch nicht mit Mineralwasser.

Jedenfalls war *Daniela* offensichtlich verunsichert. Und nun gehörte nicht mehr viel dazu, sich von *A.*, dem Sterbehilfsmittelspezialisten, einreden zu lassen: Das könne nur Zyankali sein. Ein Schlafmittel gäbe es nicht, das in 15 Minuten tödlich wirkt. Er wisse das ganz genau.

Und damit brach wahrscheinlich für *Daniela* eine Welt zusammen. Nun wurde ihr verständlich, warum ich plötzlich nicht mehr selbst Hand anlegen, sondern auf ein Pulver umsteigen wollte. Ich war also doch zu feige, alles war Lug und Betrug. Bei einem Zyankalipulver konnte ich mich heraushalten. Ihrer Mutter hätte ich es top secret übergeben, und schlimmstenfalls wäre sie angeklagt worden, aber nicht ich.

Nun war *Daniela* alles egal, wo ich – wie sie nun glaubte – das fertig gebracht hatte, ihr am Schluß Zyankali als Sterbehilfe anzubieten, vor dem sie ja fliehen wollte Ende März 1987. Sie wußte von meinen Warnungen vor dem quälerischen Zyankalitod seit Ende 1986. Was muß in ihr vorgegangen sein, als sie zu der Überzeugung kam, sie hätte ihre Patientenliebe an einen Arztbösewicht verschwendet!

Für *A.* gab und gibt es außer der Reinwaschung vom Zyankaliwuchervorwurf einen weiteren wichtigen Grund, mich zu bekämpfen: Ich habe inzwischen vielfach erklärt, eine humane Sterbehilfe könne nur in der Hand von Ärzten liegen. Nur Ärzte seien in der Lage, einen wirklich qualfreien Erlösungstod abzusichern. Und vor allem sei die Vorschaltung von Ärzten ein wichtiger Schutz vor einem Freitod aus falschen Gründen.

Ich bestreite nicht, daß der Zyankalitod letztlich ein Erlösungtod war. Auch ich bin froh, daß *Daniela* endlich von ihren Qualen befreit ist.

Doch darf man sich damit beruhigen? Darf man in Kauf nehmen, daß sich ein qualvoller Erstickungstod wie bei *Daniela* nun öfters wiederholt? Dürfen wir ganz sicher sein, daß sich unsere Seele in Nichts auflöst?

Daß *Rudolf Steiner* Unsinn schreibt, wenn er vor dem Zyankalitod warnt, weil die Seele damit Schaden nähme?

›Wir müssen das Gute wollen‹, hat kürzlich *Hans Mohr* in seinem Buch ›Natur und Moral – Ethik in der Biologie‹ geschrieben. Darf man als Arzt wollen, daß ungesühnt bleibt, wenn jemand aus Eigennutz eine verzweifelte Patientin wider besseres Wissen oder doch grob fahrlässig zu einem qualvollen Sterben genötigt hat? Ich glaube, man darf es nicht!«

Soweit meine in unserer Hauszeitschrift Eu-Lalia Nr. 4 veröffentlichte Stellungnahme, eine Woche nach *Danielas* Tod.

Einflechten möchte ich hier die Stellungnahme eines Biochemikers zum Zyankalitod, den Auszug aus einem Brief des Prof. Dr. *Hans M.* vom 9.2.1988:

»Den Tod durch KCN (= Zyankali) halte ich vom chemischen Standpunkt für furchtbar. Ich kann mir vom chemischen und physiologischen Standpunkt aus nicht vorstellen, daß der Pat. über die notwendige HCI-Konzentration verfügt. Im bekannten Pawlow-Versuch genügt bekanntlich beim Hund, durch Angst und Ärger (Vorhalten einer Katze) die Magensaftsekretion völlig zu stoppen. Ich kann mir nicht vorstellen, daß der Patient beim Nehmen des KCN im ausgeglichenen Seelenzustand mit genügender HCI-Konzentration sich befindet. Durch die Hydrolyse entsteht das verätzende KOH (Magenwände). Schmerzen, Erbrechen, ein langsames Freiwerden der HCN sind die Folge, kurz: ein entsetzliches Sterben. Gewisse Erfahrungen habe ich als ehemaliger Kampfstoffchemiker im Tierversuch, allerdings nicht mit KCN.«

Sofort nach dem Zyankaliqualtod von *Daniela* schien es mir zwingend, allgemein vor Zyankali zu warnen. Ich veröffentlichte in unserer Hauszeitschrift EU-LALIA (4–87/88) folgenden Artikel: »Der Zyankalitod von *Hermy E.* – ein qualvoller Erstickungstod«:

»Bis etwa gut zwei Jahre nach dem Tod von *Hermy E.* habe ich geglaubt, sie sei nach dem Zyankalitrunk fast blitzartig ohne jede Qual gestorben.

So hatte es mir ihre Ziehtochter unmittelbar nach dem Tod berichtet. Etwa wörtlich: Nach dem ersten Schluck habe meine Patientin gesagt: ›Das schmeckt ja furchtbar, sag das dem Professor.‹ Dann habe sie den Rest ausgetrunken, sei nach einer Minute bewußtlos in ihren Arm zurückgesunken und zwei Minuten später tot gewesen.

Ich war damals sehr erleichtert. Denn ich wußte ja nicht, wie ein Zyankalitod abläuft.

Mir war von dem Lieferanten, dem Präsidenten der DGHS, gesagt worden: Schon knapp ein halbes Gramm Zyankali mache einen plötzlichen, qualfreien Tod. Mit der zehnfachen Überdosis – die Patientin nahm vier Gramm in Leitungswasser aufgelöst – sei mit einem fast blitzartigen Tod zu rechnen. Nur deshalb bot ich der Patientin das Zyankali – gemeinsam mit dem ebenfalls zur Verfügung gestellten Schlafmittel VESPARAX – zur Auswahl an. Auf keinen Fall wollte ich an einem qualvollen Tod mitwirken. Bis zum Herbst 1986 etwa blieb mir die Überzeugung, daß dem Tod mit der zehnfachen Überdosis Zyankali ein qualfreies Sterben vorausging. Anderenfalls hätte ich auch später dem schwer krebskranken Arzt aus Schleswig-Holstein trotz seiner flehentlichen Bitte kein Zyankali zur Verfügung gestellt.

Im Herbst 1986 erst habe ich Teile der über 1000 Seiten starken Ermittlungsakte nachgelesen. Bei dieser Gelegenheit stieß ich auf das Vernehmungsprotokoll der (Zieh-)Tochter. Zu meiner Überraschung las ich, daß *Hermy E.* nicht nach drei Minuten, sondern erst nach 15 Minuten tot gewesen sei. Danach versuchte ich wiederholt, die Tochter telefonisch zu erreichen, um den Widerspruch zu klären. Das gelang mir dann am 27.12.1986.

Die Tochter schilderte den Vorgang auf detaillierte Befragung im einzelnen wie folgt:

›Sie saß am linken Bettrand am Kopfende der Patientin und schaute sie an. Der Mann saß am Fußende. Um 8.40 Uhr trank die Patientin den ersten Schluck. Sie setzte ab und sagte: ›Das schmeckt ja furchtbar, sag das dem Professor.‹ Danach trank sie den Rest mit zwei weiteren Schlucken aus und legte sich zurück in den rechten Arm der Tochter. Das Kopfende des Bettes war etwas hochgestellt. Der Kopf der Patientin war halb nach links zur Tochter hingedreht.

Sofort begann die Patientin schwer und immer schwerer zu atmen. Die Augen waren weit geöffnet. Die Atmung wurde immer qualvoller. Sie sprach kein Wort. Das Gesicht war blaß, verfärbte sich nicht blau. Es gab auch keinen Krampf. Dieser Zustand dauerte etwa drei Minuten. Dann wurde die Patientin zunehmend benommen und nach etwa sieben bis acht Minuten bewußtlos. Erst 15 Minuten nach dem Gifttrunk hörte die Atmung endgültig auf.‹

Es gibt keinen Zweifel, daß es ein qualvolles Sterben war. Zunächst führte der Zyankalitrunk zu einem Brennschmerz durch Verätzung von Mund, Schlund und Speiseröhre. Es folgte eine höchst quälerische Erstickungsnot, mehrere Minuten lang bei vollem Bewußtsein. Und die Erstickungsqual wirkte wahrscheinlich im Halb- und Unterbewußtsein bis zum Tode weiter. Nur durch die übergroße Selbstbeherrschung dieser tapferen Frau (in Rücksicht auf die Anwesenden) kam die Sterbequal nicht in ihrem vollen Ausmaß zum Ausdruck.

Das Sterben in Erstickungsnot dürfte – im Gegensatz zum Verblutungstod zum Beispiel – eine der qualvollsten Todesarten überhaupt sein. Hier werden Minuten wahrscheinlich zu Stunden. Deshalb verbietet sich das Zyankali auch in vielfacher Überdosierung als Erlösungstodhilfe.«

In der Zeitschrift ARZTRECHT (8/87) wurde die folgende Pressestimme aus »Die Neue Ärztliche« vom 30.7.1987 abgedruckt. »Kein Vor-Freispruch für Sterbehilfe. Bundesverfassungsgericht weist *Hackethals* Beschwerde im Fall ›Daniela‹ ab:«

»Der umstrittene Mediziner Professor *Hackethal* ist mit seiner Verfassungsbeschwerde gegen ein behördliches Verbot der aktiven Sterbehilfe für die schwerbehinderte Patientin ›Daniela‹ vor dem Bundesverfassungsgericht gescheitert. In dem gestern veröffentlichten Beschluß verwarf der Erste Senat die Beschwerde als unzulässig. Zur Begründung heißt es unter anderem, die ›Vorabklärung‹ der Strafbarkeit der aktiven Sterbehilfe – unter Ausschaltung der Strafgerichte – sei nicht Aufgabe des Bundesverfassungsgerichts.

Hackethal hatte sich an das Bundesverfassungsgericht gewandt, nachdem ihm von der Stadt Karlsruhe unter Androhung eines Zwangsgeldes von 10 000 Mark untersagt worden war, seiner ›hoffnungslos kranken‹ Karlsruher Patientin Sterbehilfe zu leisten. Die 27jährige ist seit 1983 querschnittsgelähmt und bis auf Kopf und Mund bewegungslos. Im März 1987 schickte sie *Hackethal* eine von ihr besprochene Tonbandkassette zu, auf der sie den Arzt um Rat bat, wie sie ihr Leben beenden könne. *Hackethal* bot ihr daraufhin an, sie an einen Tropf anzuschließen, den sie mit ihrer Zunge selbst bedienen könne und der in einer Kammer Traubenzuckersaft, in der anderen eine tödlich wirkende Narkoselösung enthalten solle. Die Patientin sollte selbst entscheiden, ob und wann sie sich die Narkoselösung einflößen wolle.

In der Entscheidungsbegründung hoben die Karlsruher Richter hervor, *Hackethal* sei es mit der Verfassungsbeschwerde im Kern nicht um eine verfassungsrechtliche Beurteilung der Polizeiverfügung gegangen. Vielmehr habe der Arzt das Bundesverfassungsgericht ›veranlassen‹ wollen, ein Gutachten zu der Frage zu erstellen, ob die von ihm geplante Sterbehilfe als strafbare ›Tötung auf Verlangen‹ zu bewerten sei. Darüber hinaus wolle er eine Korrektur der bisherigen Rechtsprechung des Bundesgerichtshofes, der in derartigen Fällen eine Strafbarkeit bejahte. ›Damit will der Beschwerdeführer durch das Bundesverfassungsgericht unter Ausschaltung der Strafgerichte ›freigesprochen‹ werden, bevor er überhaupt die beabsichtige Sterbehilfe geleistet hat‹, heißt es in dem Beschluß.

Hackethal, gegen den in einem anderen Fall von Sterbehilfe ein Strafverfahren anhängig ist, hatte die Sterbehilfe für ›*Daniela*‹ mit großem publizistischen Aufwand angekündigt. Zahlreiche Ärzte, unter ihnen der Präsident der Bundesärztekammer, *Karsten Vilmar*, hatten die Akion in einem offenen Brief kritisiert und statt dessen ›Lebenshilfe‹ für die junge Frau angeboten.‹

Es bleibt nur noch anzuhängen, was der Präsident der Bayerischen Ärztekammer zu BILD gesagt haben soll: »Die Patientin wurde mißbraucht zum bewußten öffentlichen Klamauk des Herrn *Hackethal*. Wir werden auf jeden Fall ein Verfahren vor dem Berufsgericht anstreben.«

Das Berufsgericht mit richterlicher Arztmehrheit hat im Februar 1988 entschieden: *Entzug der Bestallung als Arzt erforderlich. Hauptgrund: das Arztverbrechen Mitleidstötung!*

Die Regierung von Oberbayern muß nun entscheiden, ob sie mir die Arztlizenz entzieht oder nicht. Dieses Buch wird ihr die Entscheidung nicht leichter machen. Oder doch?

1.9 ANGST- UND KLAGEBRIEFE VON PATIENTEN UND ANGEHÖRIGEN (1984–1988)

Wie »dem Volk« zumute ist, kann man recht gut Briefen entnehmen, die frisch vom Herzen weg geschrieben wurden. Davon habe ich seit meiner Erlösungstodhilfe bei *Hermy E.* so viele bekommen, daß ich nur einen Bruchteil beantworten konnte, weil ich praktizierender Arzt bin. Bei dieser Gelegenheit möchte ich alle um Entschuldigung bitten, denen ich die Antwort schuldig blieb.

Die Briefauswahl für dieses Buch geschah mehr zufällig als systematisch. In vielen Briefen steht sinngemäß das gleiche, so daß um der Kürze willen nur Beispiele gebracht werden.

Die Briefe sind chronologisch geordnet, nicht aber nach der Wichtigkeit der Aussage. Ganz besonders hinweisen möchte ich auf den Brief einer schwerst krebskranken Patientin an das Bischöfliche Ordinariat in München, von dem sie mir einen Durchschlag schickte. Fast noch wichtiger ist die Anwort des Prälaten! Die Patientin starb einige Monate nach diesem Brief, 49 Jahre jung. Im abschließenden Arztbrief steht, daß sie »bis zuletzt eine intensive und konsequente Schmerztherapie abgelehnt« hat, »sie wollte immer bei klarem Bewußtsein bleiben«. Nur wenigen Patienten ist solche Kraft und Glaubensstärke gegeben wie dieser bewundernswerten Frau. Um so wichtiger scheint mir das zu sein, was die todkranke Frau sich vom Herzen schrieb.

Wie steht es bei uns um den Schutz der Menschenwürde, dem Anliegen Nummer eins unseres Grundgesetzes, bei solchen Briefen?

21.4.1984 wINK
»... Mein Mann hat sich 1977 erhängt, als er erfuhr, daß er Prostatakrebs unheilbar hatte! Wir waren 30 Jahre überaus glücklich verheiratet, und ich bin heute noch nicht darüber hinweg.«

23.4.1985 mHOJ
»... Zwei Jahre habe ich mit ansehen müssen, wie ein vordem hübscher Mensch dem Siechtum verfällt, die letzten sechs Monate waren die schlimmsten. Wäre ich noch einmal in der Situation, so würde ich auch Sterbehilfe geben, denn es ist unerträglich, was diese Menschen leiden müssen.«

25.4.1984 wBRS
»Mein Vater, 89 Jahre alt, selbst Arzt, liegt seit zehn Monaten im Krankenhaus und darf nicht sterben. Das Großhirn ist tot, er hört und sieht nichts mehr, kann nicht mehr laufen, muß gefüttert werden, liegt in Windeln und am Katheder. Er wurde aber gegen Grippe geimpft und jede auftretende Infektion wird mit Antibiotika bekämpft. Die ganze Familie, vor allem meine 89jährige Mutter, ist völlig am Ende.«

26.4.1984 wREK
»... Ich habe drei Jahre meine Schwiegermutter an Ohrkrebs sterben gesehen, die arme Frau wimmerte von morgens bis abends, bat die Ärzte und uns um Hilfe, aber wir konnten ihr nicht helfen, und die Ärzte sahen mitleidlos zu und keiner half...«

27.4.1984 mHFT (Arzt für Innere Medizin)
»... Ich bin Ihnen dankbar, daß Sie durch Ihre mutige Tat die Diskussion auch über aktive und passive Sterbehilfe neu entfacht haben und damit uns Ärzten helfen, aus dieser Grauzone zwischen Humanität und Justiz herauszukommen... Ich halte Ihr Handeln für richtig und für human. ... Als Leiter einer Lungenheilstätte habe ich viele unserer Kranken qualvoll und hoffnungslos sterben sehen. Dabei habe ich mich immer bemüht, ihnen den – sicheren – Tod leichter zu machen, oft genug gegen den Widerstand des ›christlichen‹ Personals.«

28.4.1984 wANA

»... Ich selbst habe bei meinem Mann, der vor sechs Jahren an Prostatakrebs gestorben ist, die bittersten Erfahrungen gemacht über ein humanes Sterben, das man dem Kranken ermöglichen wollte, wie man mir versicherte. Mein Mann war vier Wochen lang an alle möglichen Strippen angeschlossen, weil nichts mehr funktionierte und mein Mann auch von sich aus nichts mehr versuchte. Außerdem war ein Bein dick geschwollen, gefühllos und unbeweglich, und außerdem kam noch eine totale Vereiterung der Luftröhre hinzu, ohne daß man dafür die geringste Erleichterung versuchte, weil angeblich im ganzen Krankenhaus dafür nichts vorhanden war. Als mein Mann noch sprechen konnte, bat er mich, daß ich ihm etwas bringen sollte, damit er einschlafen und nicht mehr aufwachen brauchte, denn er sagte mir dann noch wörtlich: ›Man hilft mir nicht, man betäubt mich nur.‹ Als ich den Oberarzt daraufhin bat, die leidensverlängernden Strippen abzunehmen, verneinte er, und als ich den Stationsarzt fragte, ob er privat, wenn er selbst einen ihm sehr lieben Menschen in gleicher Lage hätte, nichts unternehmen würde, sagte er mir: ›Ja, bei meinen Angehörigen würde ich etwas tun, aber niemals bei einem Fremden.‹«

2.5.1984 mHEU

»... Dem Arzt jedoch, der letzten Endes der einzige wäre, der sich auch in das Denken und Fühlen seines Patienten hineinversetzen kann, wird das Recht der Entscheidung abgesprochen und selbstverständlich dem armen Menschen selbst... Diejenigen, die so etwas aus religiösen oder ethischen Gründen ablehnen, haben jedenfalls nicht das Recht, diese ihre Ansicht anderen vorzuschreiben.«

3.5.1984 mRES

»Betr.: Prof. *HACKETHAL*
Sehr geehrter Herr Prälat Dr. *G.*,
während der Osterferien las ich im Mangfall-Boten vom 27.4.1984 die von Ihnen formulierte Stellungnahme des Ordinariats zum ›Fall *Hackethal*‹ , die so oder ähnlich vermutlich auch im ›MÜNCHNER MERKUR‹ veröffentlicht und einer breiten Öffentlichkeit zugänglich gemacht wurde.

Als Christin, 47 Jahre alt, krebskrank, *Hackethal*-Patientin, sei es mir gestattet, um der Gerechtigkeit willen zu Ihren massiven Vorwürfen etwas zu sagen.

Ich möchte vom Presserummel absehen und nur allein von der Tatsache sprechen, daß Prof. *Hackethal* einem todkranken, lange Jahre leidenden Menschen die Möglichkeit gegeben hat, sein Leben zu beenden, und zwar eben nicht, wie sie sagen ›schnöde verlassen‹, sondern in der Geborgenheit einer gutgeführten Klinik, in Anwesenheit von Verwandten und in dem Gefühl, nicht alleingelassen zu sein. Diese Patientin – und man kann und soll doch vorerst nur von diesem einen Fall sprechen – hatte offensichtlich mit ihrem Leben abgeschlossen. Wäre ein Selbstmord in Verzweiflung und Verlassenheit daheim sittlich einwandfreier gewesen?

Mit welchem Recht fordern Gesunde (Ärzte, Priester, wer auch immer), daß ein Mensch, der nicht mehr gesund werden kann, sein Leiden – und sei es noch so furchtbar – bis zum Ende aushält. Ist es denn menschlich, zu verlangen, daß ein Mitmensch über die Kraft des Erträglichen hinaus Schmerzen erleiden soll? Oder ist es christlich, zu erwarten, daß ein solcher Mensch schmerzsenkende Mittel erhält und dann im Dämmerschlaf noch Wochen oder Monate ›lebt‹?

In den vier Jahren meiner Krankheit – und lange vor diesem ›Fall‹ – habe ich dieses Problem oft durchdacht. Ich bete darum, mein Leiden bis zum Ende und bei klarem Bewußtsein aushalten zu können. Aber wenn ich das schaffe, so betrachte ich es als Gnade. Ich weiß nicht, ob nicht auch ich einmal den Wunsch haben werde, Unerträgliches zu beenden. Wenn ich dann einen Arzt wie Prof. *Hackethal* zur Seite habe, kann ich froh sein. Vor allem auch, weil bei allen Mitarbeitern Prof. *Hackethals* zu spüren ist, daß sie den Patienten menschliche Anteilnahme entgegenbringen und kein Verlassenheitsgefühl aufkommt.

Seit mehr als zwei Jahren kenne ich Prof. *Hackethal*. Ich möchte behaupten, daß er gewiß nicht ›anmaßend über Leben und Tod eines Menschen entscheidet‹! Wir sind uns – wohl mit Prof. *Hackethal* – doch darüber einig, daß über Leben und Tod nur Gott entscheidet.

Doch bei hoffnungslosen, unheilbaren Fällen ist ja die Entscheidung bereits getroffen. Will aber Gott wirklich, daß ein Leiden wie im Falle der *Hackethal*-Patientin ganz und gar ausgekostet wird? Denn die Länge der Leidenszeit wird ja auch durch unsere moderne Medizin mitbestimmmt. Mir ist klar, daß bei solch schweren Erkrankungen wie z. B. Krebs mit verlängerter Lebenszeit auch eine verlängerte Leidenszeit einhergeht.

Einem Tier gibt man den Gnadentod, kein Mensch würde dagegen protestieren. Sie aber fordern im Namen Jesu Christi für einen anderen Menschen Leiden bis zum Ende. Sind Sie ganz sicher, im Recht zu sein? Aus eigener Erfahrung weiß ich – und deshalb erlaube ich mir auch, Ihnen zu schreiben – daß gerade Prof. *Hackethal* wie wenige Ärzte um das Leben und Überleben der Patienten auch in aussichtslosen Fällen ringt. Er ist nicht ein ›Vernichter des Lebens‹, aber er ist weichherzig und empfindet Barmherzigkeit, auch wenn Sie das nicht akzeptieren wollen. Prof. *Hackethal* bietet für seine Patienten nicht nur auf, ›was Menschlichkeit und ärztliche Kunst vermögen‹, sondern er fordert auch von sich einen Einsatz, der weit über das normale Maß der Ärzteleistung im allgemeinen hinausgeht.

Ich lag 1982 vier Wochen im Krankenhaus München-Schwabing und habe dort erstmals in meinem Leben das Sterben von Mitmenschen erlebt. Nie habe ich mich trostloser, hoffnungsloser und verlassener gefühlt als dort. Die Ärzte haben – berechtigt – ihren Dienst nach der Uhrzeit verrichtet. Sterbende wurden – aus Platzmangel – ins Fernseh- und Aufenthaltszimmer (!) geschoben. Von Zuwendung kann keine Rede sein. Als ich einen Arzt auf dieses unmenschliche, unchristliche, trostlose Sterben ansprach, meinte er, diese Patienten merken davon nichts mehr. – Nun, diese Ärzte halten sich an die ›Regel‹ und kommen nicht ins Kreuzfeuer der Öffentlichkeit.

In der Weihnachtszeit 1982 hat Prof. *Hackethal* – stillschweigend und ohne Presse – einer sterbenden Patientin zuliebe auf einen sicher notwendigen Urlaub verzichtet, weil sie den Wunsch hatte, er möge doch bei ihr bleiben und sie nicht allein lassen. Kann man die Weihnachtsbotschaft ›christlicher‹ in unserem Leben verwirklichen? Können Sie mir nur ein halbes Dutzend Ärzte nennen, die anstandslos Gleiches tun würden?

Sie haben im Namen der Kirche, aber doch auch im Namen Jesu Christi gesprochen. Dieser hat gesagt: ›... der werfe den ersten Stein.‹ Mit Ihren sehr harten Formulierungen haben Sie in der Öffentlichkeit die Meinung unterstützt, Prof. *Hackethal* leiste lieber Sterbehilfe, als daß er den Patienten menschliche Zuwendung gäbe. Dies aber stimmt doch so ganz und gar nicht.

Vielleicht können Sie Ihr Urteil – auch in der Öffentlichkeit – revidieren. Fahren Sie in die Klinik, lernen Sie Prof. *Hackethal* persönlich kennen. Ich würde mich sehr freuen, wenn Sie mein Brief dazu bewegen würde, den Fall noch einmal objektiv zu überdenken.

Barmherzigkeit und Menschlichkeit zeigen sich eben manchmal in anderem Gewand, als uns im allgemeinen vorschwebt.

Mit freundlichem Gruß...«

(Antwortbrief dazu:)
15.5.1984
»Sehr geehrte Frau *S.*,
herzlichen Dank für Ihr Schreiben vom 3.5.1984. Ich respektiere Ihren Standpunkt, den Sie in der Frage der ›Sterbehilfe‹ einnehmen, kann ihn aber nicht teilen, weil ich ihn nicht für richtig halte.

Mit freundlichen Grüßen
Ihr sehr ergebener...
(Prälat Dr. C. M. G.)
Domkapitular

22.6.1984 mSPT (Prof. Dr.)
»Sehr geehrter Herr Kollege *Hackethal*,
als noch ›grüner‹ Hochschullehrer (Jahrgang 1949) möchte ich Ihnen ganz herzlich für Ihr engagiertes und mutiges Eintreten für einen würdigen Tod danken und Ihnen meine ungeteilte Bewunderung versichern. In meiner Assistenzzeit habe ich die postchirurgische prothetische Versorgung von Patienten mit tumorbedingten Defekten im Gesichts-/Kieferbereich durchgeführt. Ich habe teilweise entsetzliche Verstümmelungen gesehen. Das physische und psychische Leiden dieser Menschen bis hin zu einem unwürdigen Tod hat mich tief bewegt.

Sie sprechen das an, was ich und viele meiner Kollegen nur denken und nicht auszusprechen wagen.

Mit freundlichen Grüßen
Ihr...«

23.6.1984 wANK
»Sehr geehrter Herr Professor *Hackethal!*
Ich wünsche mir so sehr, daß Sie diese Zeilen lesen, ich bin so ziemlich verloren in meiner Gefühlswelt. Ich glaube, ich werde nie mehr im Leben so recht froh sein können, wenn ich an das Schicksal meines so leidenden Mannes denken muß. Diese

stumme Verzweiflung liegt wie ein Druck auf einem Herzen und schlimm ist, daß auch ich langsam seelisch am Ende bin durch die Hoffnungslosigkeit, die Hilflosigkeit – so schlimm ist das mitanzusehen.

Mein Mann ist schwer hirngeschädigt – unzählige Male war er in Krankenhäusern – Nervenkliniken – augenblicklich liegt er in der Uni-Nervenklinik München an der Nußbaumstraße.

Die Ärzte versprechen immer wieder, ihm die unerträglichen Schluckbeschwerden zu lindern, dabei wissen sie genau, daß es nicht mehr möglich ist. Herr Professor, wenn ich meinen Mann besuche, wenn er mich in seinem Elend anfleht, ihm zu helfen, da möchte ich es tun und vielleicht hilft ihm das auch, er wird dann zusehends ruhiger, hört zu weinen auf, und dieses Fünkchen Hoffnung braucht er. Er ist ja zum Skelett abgemagert – nur seine Augen sind übergroß im Gesicht, das nur wie ein Totenkopf aussieht. Das dauert nun bereits sechs Jahre – können Sie ermessen, wie mir zumute ist. Die Ärzte zerstören auch mein Leben – ich wurde sechzig Jahre und ich glaube kaum, daß ich es noch einmal schaffe, dem Leben Positives abzugewinnen. Dieses grausame Sterben – und die Ärzte sehen zu dabei. Was mag in ihren Köpfen dabei zugehen und welche Gedanken haben Sie dabei? Sie stellten ihn den Studenten als einmaligen Fall vor – wie ein Stück Vieh, das man noch begutachtet. Wo bleibt die Würde des Menschen? Herr Professor, bleiben Sie auch weiterhin human. Ich bewundere Ihre Haltung, Ihre Menschlichkeit, Ihre Hilfe. Irgendwie wird auch einmal mein Mann ausgelitten haben, aber der dortige Oberarzt braucht ja menschliche Leichen zum Lernen – so sehe ich das.«

Leserbrief im Spiegel 20/1984 mHEB (Dr. med.)
»Herrn Professor *Hackethal* möchte ich meine Anerkennung für seine menschliche Tat aussprechen. Ein Fall bedrückt mich noch heute. Welcher ältere Kollege wäre nicht schon mit dieser Frage konfrontiert gewesen und mußte sich für inhumane Lebenserhaltung oder für eine menschliche, jedoch mit dem Gesetz in Konflikt bringende Hilfe entscheiden. Es handelte sich um einen älteren Mann mit Myelom. Er hatte Knochenherde in der Halswirbelsäule und wurde von erheblichen Schmerzen geplagt. Es bestand die Gefahr, daß die Halswirbelsäule zusammenbrechen würde. Er wußte Bescheid und bat mich um eine Spritze, um seinem Leben ein Ende zu machen. Ich hatte dies damals ab-

gelehnt. Am nächsten Morgen hatte er sich mit letzter Kraft mit seinem Revolver eine Kugel durch den Mund geschossen. Seine Frau hatte mir dann noch Vorwürfe gemacht.«

7.2.1985 wELJ
»... Er war 82 Jahre... Er kam vor Weihnachten mit dem zweiten Herzinfarkt ins Krankenhaus.... Ende der ersten Woche hätte der Schwerkranke einen guten und schnellen Tod gehabt! Es wurde zweimal eine Maschine bzw. Apparat am Hals angesetzt, und er wurde also zweimal zurückgeholt!! Danach völlig verwirrt und nicht ansprechbar... Seine Organe arbeiteten nicht mehr, er lag meistens in seinen Exkrementen, mußte von oben bis unten gesäubert werden, war total wund, das rohe Fleisch! Bei jeder Brührung schrie er laut vor Schmerzen! Kurz vor Weihnachten war er endlich von diesem ›Verenden‹, Sterben kann man nicht sagen, erlöst! ... Wie kommen Ärzte dazu, einen fast schon Toten zweimal zurückzuholen und dann einem qualvollen Dahinsiechen preiszugeben!? Dann auch noch beleidigt zu sein, wenn der verwirrte Schwerstkranke Dinge gegen sie sagte!... Der alte Mensch bringt die schnelle Mark und darf nicht sterben...«

25.2.1985 wMAG
»... 77 Jahre alt... Es ist human, einem alten, kranken, von Schmerzen geplagten Menschen den Wunsch zu erfüllen, sein Leben zu beenden. Er soll nicht gezwungen werden, den Freitod durch Erhängen, durch einen Sprung aus dem Fenster oder einen Sprung ins Wasser zu suchen.«

26.3.1985 wELJ (79 Jahre)
»... Laßt die Hände weg von hochbetagten, hoffnungslos kranken Menschen und gebt sie nicht erbarmungslos einem ›Verenden‹ preis!!! ... Dieser hippokratische Eid muß ethisch erneuert werden!! ... So wollte es Hippokrates nicht verstanden wissen!!«

14.4.1985 wIRR (geb. 1922)
»... Mein Vater starb am 29.7.1958, 23.15 Uhr, im Krankenhaus zu Neumarkt/Opf. Er starb nicht, er hat sich dort aufgehängt, wo es zu den Waschräumen ging. Obwohl Vater nicht mehr aus dem

Bett konnte, hat er es geschafft, er nahm den Riemen, womit man sich im Bett hochzieht. Aber alles wurde vertuscht, weil es im Krankenhaus passiert ist. Dann kam die Polizei und brachte die Nachricht. Vater hat noch zu seinem Zimmernachbarn Herrn R. gesagt, ich habe geschuftet mein Leben lang, aber wie einen Hund läßt man mich verrecken...«

14.5.1985 mRUS
»... Meine Schwester, 54 Jahre alt, verstarb am Mastdarmkrebs. Der Kot kam bereits aus der Scheide, als sie sich mit schmerzstillenden Tabletten von der Krankheit befreien wollte. Leider... wurde sie gerettet und auf die Klinik Hof eingeliefert. Die nächste Station war das Irrenhaus und ein Gitterbett. Zwei Monate nach der Einlieferung in das Irrenhaus – wir wollten sie zu uns nehmen, weil es ihr Wunsch war – erhielten wir an dem Tag, an dem wir sie nachmittags abholen wollten, Nachricht, daß sie am vorigen Abend um 18 Uhr verstorben sei...« (Vorher zwei grausame Krebsfälle in der Familie)

22.5.1985 mERB
»... Gott hat unser Beten nicht erhört, wieder dickes Tumorrezidiv bei meiner geliebten Frau. Soll nun inoperabel sein. Meine liebe Frau leidet furchtbar. Ich, 75, pflege sie, sind noch in unserer Wohnung. Hausarzt ist Katholik(!), Trostwort ist ›nur Geduld‹. Wir können einfach nicht mehr. Wir möchten gern beide gehen und endlich erlöst sein, so sanft wie möglich natürlich...«

6.1.1986 mGOS (geb. 1922)
»... Es ist unmenschlich, Menschen, die unheilbar krank sind und ihre Erlösung wünschen, leiden zu lassen! Es ist nicht nur unmenschlich, es ist ein Verbrechen... Die Gesetzgebung ist ebenso ›mittelalterlich‹...«

15.1.1986 wIRE
»... liegt unsere Mutter, nach dem dritten Schlaganfall in der Neurologischen Intensivstation des Krankenhauses Haar, ohne jemals wieder das Bewußtsein erlangt zu haben. Die Lunge unserer Mutter arbeitet nicht mehr, weshalb sie auch seit dieser Zeit an der ›eisernen Lunge‹ hängt, wovon sie, nach Auskunft der Ärzte, auch nie mehr wegkommt.

Nach Befragen der leitenden Krankenhausärzte, ob man nicht dem natürlichen Fortgang der Dinge seinen Lauf lassen sollte – abschalten der ›eisernen Lunge‹ und dem Gesetz der Natur Folge zu leisten – bekommt man zur Antwort: sie, die Ärzte müssen Leben erhalten. Wobei in dieser Situation von ›Leben‹ keine Rede mehr sein kann, vegetieren aber eher die richtige Bezeichnung ist. ... und er könne es nicht mit seinem Gewissen vereinbaren, die Maschine abzustellen oder in irgendeiner Form Sterbehilfe zu leisten.

Unser Vater und wir vier Geschwister wollten eine Vollmacht für die zuständigen Ärzte unterschreiben, die Maschine abzustellen bzw. würden wir selbst mit Erlaubnis der Ärzte die Maschine abstellen, leider alle Bemühungen ohne Erfolg.

Auf unsere Frage, was passiert, wenn eines der Familienmitglieder selbst die Maschine abstellen würde, um sein Gewissen nicht belasten zu müssen? Antwort: Dann müsse man die Polizei holen ...

So geht unser Vater (78 Jahre) jeden zweiten Tag zu Besuch in das Krankenhaus, um sich das Elend anzuschauen. Worin der Nutzen liegen sollte, ›Leben erhalten zu müssen‹, das kein Leben mehr ist, sondern nur noch von vegetieren gesprochen werden kann, läßt sich für uns nicht erkennen. Ein jedes Tier läßt man in Frieden sterben, aber dem Menschen wird dieses Recht verwehrt. Wenn es die medizinische Maschinerie nicht gäbe, hätte unsere Mutter bereits im Mai vorigen Jahres Frieden gefunden.«

Februar 1986 wKÄM
»... Meiner Tochter wurde vor viereinhalb Jahren die Brust abgenommen... aber dann begann ein Leidensweg, meine Tochter kam nach Heidelberg, was da alles gemacht wurde, ein Versuchsobjekt. Ich könnte schreien, wenn ich an alles denke. Die Augen meiner Tochter vergesse ich nie. Sie flehten um Hilfe. Sie bekam Bestrahlungen, sie konnte die letzten Monate nicht mehr gehen, nicht mehr aus dem Bett, nicht sitzen, nur schauen. Dann konnte sie nicht mehr reden. Die Zunge war nur noch ein rohes Stück Fleisch, so ein Klumpen, die Lippen, der Mund, alles wund und weh. Sie konnte nichts mehr essen, nicht schlucken. Sie war abgemagert. Meine Hand gab sie nicht los. Was wurde gemacht? Sie wurde nur gequält...

Auch ich hätte Sie, Herr Dr. *Hackethal*, um Sterbehilfe angefleht. Denn einem Stück Vieh gibt man eine Spritze, und ein

Mensch muß so leiden, und entschuldigen Sie bitte den Ausdruck, den ich jetzt gebrauchen werde. Meine Tochter, es tut mir leid, es zu schreiben: (Sie ist verreckt)...«

5.2.1986 wMAM
»Vor einigen Wochen hörte ich im Rundfunk eine Reportage, die in einem Altenpflegeheim gemacht wurde. Thema Sterbehilfe *(Hackethal)*.

Die Resonanz war ganz in meinem Sinn, alle befürworteten die Sterbehilfe in aussichtslosen Fällen. Sie selbst hätten es im Heim mehrfach erlebt, wie die Kranken (wörtlich zitiert) verreckt und verkommen wären, tagelang nur geschrien, nicht mehr essen können usw.«

12.2.1987 U.U. (Dr. med.) – Leserbrief zu OP von *Hans Rosenthal*
»Sehr geehrter Herr Professor *Hackethal*,
zu Ihrem Artikel BILD-Zeitung, 11.2.1987: Ihre Courage habe ich schon immer bewundert. Endlich ist hier ein Arzt, *ein Mensch*, der es wagt, öffentlich über Fehler von Kollegen zu reden. Keiner von uns ist unfehlbar. Aber diese Wahnsinnsoperation, die an *Hänschen Rosenthal* vorgenommen wurde, ist mehr als Wahnsinn. Mein Gott! Sind viele unserer Kollegen eigentlich nur noch bessere Metzger?

Zu Ihrer Sterbehilfe (so wie von Ihnen gehandhabt), gebe ich meine absolute Zustimmung. Darüber haben sich viele Mediziner aufgeregt. Mit welcher ›Sterbehilfe‹ wird hinter den Kulissen gearbeitet? Ich glaube, jeglicher Kommentar erübrigt sich.

Mit kollegialen Grüßen...«

2.9.1987 wKLS
»...Er verstarb sehr unwürdig... Der Darm entleerte sich ununterbrochen, und im Schmerz wußte er nichts mehr und lag in seinem eigenen Kot. So oft und schnell konnten wir ihn nicht säubern... Kein Arzt, keine Apotheke, kein Pfleger half, als er vor Schmerz schrie: ›Helft mir.‹ Man hätte ihm vor drei Wochen eine Pistole hinlegen sollen, den Vorwurf mache ich mir...«

18.8.1987 wILR
»...Diese letzten drei Wochen standen im Zeichen des Verhungerns, der Austrocknung, der Harnvergiftung und des Verfaulens am lebendigen Leibe. Ein Leidensweg, der mir in der Erin-

nerung die Tränen in die Augen strömen läßt... Warum konnte meine so schwer leidende, hochbetagte Mutter keinen humanen Tod sterben? Der Arzt ließ im nachhinein durchblicken, daß eine Hilfe in diesem Fall wohl angebracht gewesen wäre. Warum war das nicht möglich trotz Patiententestament? Der Arzt wollte, konnte oder durfte nicht? Solange die ›Gesellschaft‹ keine Barmherzigkeit kennt?...«

29.1.1988 (?)
»... seit zwei Jahren leide ich an amyotropher Lateralsklerose. Mit viel Energie und Hilfe von zwei Stöcken kann ich mich noch aufrecht halten und selbst versorgen... Ich wurde mit der Weisung entlassen, mir einen Platz in einem Pflegeheim zu sichern, weil ich in Kürze bettlägerig und hilflos sein werde... Ich bin gläubig, aber ich sehe keine Sünde darin, wenn ich diesen Leidensweg abkürze... Im Krankenhaus habe ich mir die abendlichen Valiumtabletten und -zäpfchen (10) gesammelt und werde sie dann noch rechtzeitig, bevor ich bettlägerig werde, nehmen...«

9.3.1988 GES
»Auch ich bin für ›Tötung auf Verlangen‹! Bin querschnittsgelähmt, 100 % erwerbsunfähig. Keine Beine, Hände, Finger bewegen. Schreiben nur mit Schreibhilfe. Dauerkatheter. Nur mit Tropfen und Zäpfchen abführen. Fünfter bis sechster Halswirbel gebrochen, nur der Verstand nicht. Habe mir voriges Jahr mit dem Mund die Pulsader aufgeschnitten. Leider ohne Erfolg. Sollten sich alle Gegner – (der Tötung auf Verlangen) – nur mal vier Wochen eingipsen lassen, mit Urinkatheter, mit Zäpfchen abführen...«

1.10 BÖSE PRESSESTIMMEN (1984–1988)

Wir leben im ZIS, im Zeitalter der Informationsschwemme. Nicht die Mondlandung, die erste Herzverpflanzung und deren gewaltige technische Fortschrittsfolgen scheinen mir das Nonplusultra der Neuzeit zu sein, sondern die ungeheure Zahl von Informationen und Informationsmöglichkeiten für alle, nicht nur für Privilegierte.

Zu *Ciceros* Zeiten gab es größere Probleme, »informationes«, Darlegungen, Beschreibungen, Nachrichten »in medium dare«, in die Mitte des Volkes zu bringen.

Die Informationsmedien von heute tun sich da leichter, mit Buchstaben, Tönen und Bildern das Hirn und Herz des Volkes zu erreichen.

Die Gruppe der Volksinformatoren in Presse, Rundfunk und Fernsehen ist zu einer der wichtigsten Berufsgruppen geworden. Die staatliche Garantie ihrer Informationsfreiheit macht sie zu Freiheitsgaranten, zu einer Humanitätsinstitution ersten Ranges.

Gute »Medis« (= Öffentlichkeitsinformatoren) sind inzwischen wichtiger als gute Politiker. Denn sie zwingen zu besserer Politik. Das gilt für alle Bereiche der Gesellschaft.

Für böse Medis sollte die Prügelstrafe eingeführt werden, früher noch als für Kinderschänder und teuflische Politiker.

Böse Medis sind jene »Schamlosen Informationsschwindler und Gerüchtemacher (= SISUGs), die sich nicht schämen, Unwahres, Halbwahres, Irreführendes, schlecht Recherchiertes und groß Unausgewogenes in die Öffentlichkeit zu tragen.

Nicht der Ton macht die Medi-Musik, sondern die Wahrhaftigkeit des Sagens und Verschweigens. Laut und fett wird Wahres eher wahrer.

Medi-Spionage, -Enthüllung, -Kritik, -Schelte? JA, JA, JA: Pour le mérite plus Ehrensold!

Medi-Lügen, -Verdächtigungen, -Verleumdungen? Gefängnis plus Geldstrafe wegen Betrugs und Beleidigung!

1963 habe ich – im »ERLANGER Professorenstreit« –, dann erneut und in laufender Folge ab 1976 – Buch AUF MESSERS SCHNEIDE – KUNST UND FEHLER DER CHIRURGEN – die Schulmedizin von gestern und heute *öffentlich* kritisiert und Verbesserungsvorschläge gemacht. Dies geschah erstmals 22 Jahre nach Beginn meines Medizinstudiums, nachdem ich als Schulmediziner Professor geworden war und mir eine »ehrenvolle Universitätskarriere« ins Haus stand. Den zweiten Anlauf nahm ich nach einer erneuten Denkpause von 13 Jahren, nachdem ich in selbständiger Position in Praxis und Klinik weitere Erfahrungen als Schulmediziner gesammelt hatte.

35 Jahre schulmedizines Lernen und Arbeiten gingen also voraus, bevor ich nebenberuflicher »Medizin-Medi« wurde. Ohne intensive Publikationstätigkeit ins Volk hinein war das gesteckte Ziel, die *Humanisierung der Arzthilfe*, niemals erreichbar. Denn die Ärzteführer von gestern und heute wollten und wollen keine Änderung jener ehrgeizig-erbarmungslosen hippokratischen Berufsordnung, die sie an die Spitze der akademischen Berufe gebracht hat.

Ein Arzt, der etwas zur umfassenden Verbesserung der Gesundheitshilfe im Sinne einer *Humanisierung der Medizin* erreichen will, muß sich *publicity-minded* = publicity-geil verhalten, sonst bewirkt er überhaupt nichts. Er muß auch von seinem Akademikerthron herabsteigen, ins Volk gehen und in Volkssprache reden. Sonst erreicht er es nicht, das breite Publikum, und sonst versteht man ihn nicht. Ex cathedra in Medizinbabylonisch läuft da überhaupt nichts!

Ich mußte also auch *systematisch* in Boulevardzeitungen und in den sogenannten Regenbogenillustrierten publizieren. Außer mit Rundfunk und Fernsehen erreicht man »das Volk« nur über die Volkspresse, nicht aber über die Akademikerzeitungen und die fF-Medien allgemein (fürs Feine). Rundfunk und Fernsehen sind mir weitgehend versperrt, öffnen sich fast nur für erhoffte Negativsendungen über mich.

Die Volkssprache muß vulgär sein, nach (lat.) vulgus – Volk, große Menge. Lüge versteht jeder, Schutzbehauptung fast niemand.

Vulgäre Vokabeln beleidigen das Ohr des Ästheten, aus dem Zusammenhang gerissen tun sie weh. Viele meiner vulgären Worte wurden gezielt so isoliert gebracht, daß es vor den Kopf stößt. Das bedaure ich vor allem deshalb, weil es mir Auge und Ohr derer versperrt, die ich vor allem erreichen möchte: die empfindsamen Mitdenker.

Wer andere mit ordinären – von (lat.) ordinarius – gewöhnlich, (auch) ordentlich – Worten kritisiert und attackiert, muß selbstverständlich die gleiche harte Sprache als Echo akzeptieren.

Aggressionstriebtäter, Nestbeschmutzer, Streithahn, Schreihals hat man mich genannt, publicity-geil und Schlimmeres. Das muß ich hinnehmen.

Auch darf man mit mir hart ins Gericht gehen, wenn ich mich zu weit vorwage mit kühnen Zukunftsvisionen. Das ist mir zwar erst einmal passiert, aber bei einem sehr diffizilen Thema, bei Krebs. Meine Vorhersagen für den nahen Sieg über die Krebskrankheit unter dem Eindruck von sehr eindrucksvollen – in diesem Umfang nie beobachteten – Soforterfolgen durch ein *nichtverstümmelndes* Behandlungsprogramm waren zu optimistisch. Dafür mußte ich getadelt werden, wenn auch nicht so schlimm, wie es zum Teil geschah. Denn mit Sicherheit wurde keinem einzigen Patienten damit geschadet, aber sehr vielen geholfen. Und ebenso sicher wurden die Weichen für eine schnellere schulmedizinische Umorientierung in Richtung »Behutsame Antikrebsstrategie mit Augenmaß und Liebe« gestellt.

Trotzdem: Ich habe den Mund zu voll genommen und durfte dafür von den Medis getadelt werden.

Aber Lügengeschichten und Verleumdungen sind kein erlaubtes Mittel für öffentlichen Tadel oder publizistische Kritik sonst. Genau das aber ist in vielfacher Weise geschehen.

Nach dem Bekanntwerden meiner Mitleidstötung von *Hermy E.* am 19.4.1984 konnte und wollte ich mich der öffentlichen Diskussion über Sterbehilfe nicht entziehen. Daraus wuchs mein Engagement nicht nur für ein »Patienten- und Arztrecht Erlösungstodhilfe«, sondern für die »Arztpflicht Mitleidstötung« unter kontrollierbaren und kontrollierten Bedingungen.

Für dieses humane Anliegen kämpfe ich seit 1984 intensiv. Es hat viel Anstrengung gekostet und auch viel Geld. Alles was ich in diesem Zusammenhang getan habe, geschah aus Mitleid, ohne jedes Entgelt. Und was haben Medis daraus gemacht?

Ich zitiere hier nicht nur Journalistenkommentare und -schlagzeilen, sondern auch veröffentlichte Stellungnahmen anderer.

Bitte lesen Sie zunächst, wie es wirklich war: Bei *Hermy E.*, bei dem Zyankalibittsteller Dr. med. *IKT* und bei *Daniela*. Diese Informationen standen allen Medis immer zur Verfügung. Erst danach lesen Sie bitte, was wann und wo und von wem dazu publiziert wurde.

2/1984: Prof. Dr. med. *Martin Nagel* – Chefarzt eines Akademischen Lehrkrankenhauses – in SIGNAL:
»Das Spektakulum um die ›aktive Sterbehilfe des Prof. *Hackethal* – zufällig(?) vor Karfreitag dieses Jahres – muß... als besonderes Alarmsignal verstanden werden. Hier wird in einer selbst-

ermächtigten Rolle mit dem Anspruch, Sprecher für viele andere zu sein, von einem Arzt zur Enttabuisierung des Themas ›Recht auf eigenen Tod‹ aufgerufen. Und damit noch nicht genug, müssen auch Massenmedien herhalten, um als Rechtfertigungshelfer zu dienen. Seinen nicht zu solchen Handeln bereiten Kollegen und der Öffentlichkeit mutet *Hackethal* seine Selbstdarstellung mit den Worten zu: ›Ich halte das für eine meiner besten Operationen, die ich in 39 Jahren gemacht habe.«

Wird allein nicht hierdurch schon der Eindruck eines makabren Zwanges zur Publicity deutlich. Ohne Hemmung stellte *Hackethal* sich in Anrufestunden großer Boulevardzeitungen für Hörerfragen zur Verfügung. Daß ausgerechnet ein Arzt, der sich in seiner ›Traumklinik‹ der Behandlung im besonderen auch von Krebskranken widmet, sich berufen fühlt, das Spiel des Herrn über Leben und Tod in dieser Form zu inszenieren, muß allein schon zu denken geben.

Warum unterwarf sich Prof. *Hackethal* nicht... der Prüfung und Mitverantwortung anderer? Woher nimmt Herr *Hackethal* die Befugnis, den schamlosen Mut, solche Enttabuisierungsnormen als Maß menschlichen und ärztlichen Handelns zu statuieren? Weiß Herr *Hackethal* von jener Art des Beistandes, wovon die Zeilen über dem Hauptor des Wiener Allgemeinen Krankenhauses seit seiner Gründung durch Kaiser *Joseph II.* gemahnen? Selbst die Gesellschaft für Humanes Sterben hat vorgeschlagen, Sterbehilfe im Einzelfall nur zu erlauben, wenn ein Gremium aus Ärzten, Schwestern, Pflegern und Angehörigen vorbehaltlos der Sterbehilfe zustimmen. In einem solchen Kreis ist freilich wohl ein Mann wie *Hackethal* fehl am Platz.

Aber auch anderen Fragen muß Herr *Hackethal* sich stellen: Liegt die Erklärung für die Enttabuisierungstat der aktiven Sterbehilfe vielleicht darin begründet, daß viele, die über den Tod reden und schreiben, oft gar keinen, oder nur wenig Kontakt mit Schwerkranken und Sterbenden haben? Müssen sie sich nicht mir Recht betroffen und beleidigt fühlen? Denn nur Personen, nicht Gremien, haben ein Gewissen.

(Der beschämende, völlig unnötige Fall *Hackethal* wird in der Nachfolgenummer 3 von Signal nochmals aufgegriffen und ausführlich zur Diskussion gestellt werden.) Spektakuläres Außenseitertum, ohne Rücksicht auf das Selbstverständnis anderer, ist noch lange kein Beweis für elitäres, mutiges Enttabuisieren, sondern eher der Anschein von Nichtwissen, von Hybris und der von ihr bedrohten menschlichen Würde. *Hackethals* ›Sterbehilfenachhilfe‹ mit dem diabolischen Anschein, alles, auch solches, manipulieren zu können, gilt es durch confessio, Bekenntnis anderer Gesinnung, entgegenzutreten.

Aktive Mitwirkung bei der Selbsttötung durch den Arzt widerspricht dem ärztlichen Auftrag. (Stellungnahme des HARTMANNBUNDES der Deutschen Ärzteschaft)«

21.4.1984: Süddeutsche Zeitung
»... daß nun die Propheten eines neuen Bewußtseins sich einer Sprache bedienen, die der Konsumwerbung ähnelt? ›Das war eine meiner besten Operationen in 39 Jahren‹, mit diesen Worten rühmt sich der berühmtberüchtigte Professor *Hackethal* eines Falles der indirekten Sterbehilfe. Das klingt wie: ›Das beste Dash...‹ ... Doch wer stellt sich in den Mittelpunkt des öffentlichen Interesses? Der Professor *Hackethal!* Wo bleibt denn da die ärztliche Schweigepflicht?«

24.4.1984: *Ch. Sturm* und *E. Koch* in Bild
»Giftbecher! Kriegt *Hackethal* fünf Jahre?«

26.4.1984: Abendzeitung
»Der AZ verriet Deutschlands berühmtester Krebsarzt, weshalb er den Film drehen ließ. ›Ich wollte einfach für den Tag X vorbereitet sein, falls man mich anklagen sollte.‹ Eine Art Alibi also, die flehenden Worte der todgeweihten 60jährigen Patientin, die nur noch den einen Wunsch hatte: in Würde, ohne Schmerzen aus dem Leben gehen.

Hackethal, ein bißchen ›Gott in Weiß‹, der er ja sonst so ganz und gar nicht sein will: ›Heute abend löse ich mein Versprechen ein.‹

So *Karsten Vilmar*, Präsident der Bundesärztekammer auf dem Münchner Chirurgenkongreß: *Hackethals* Tat enthalte Elemente eines Showgeschäftes. Aktive Sterbehilfe werde von der Ärzteschaft auf keinen Fall toleriert.

Professor *Horst Bourmer*, zur Zeit auf einem Kongreß im Südtiroler Kurort Meran: *Hackethals* Sterbehilfe entbehre jeglicher ärztlichen und christlichen Substanz.«

26.4.1984: Hamburger Morgenpost
»»Dieser Herr *Hackethal* läßt ja keine Möglichkeit aus, sich

selbst in werberischer Weise ins Gespräch zu bringen.‹ So kommentiert der Präsident des Hartmannbundes, Professor Dr. *Horst Bourmer*, den Fall der hoffnungslos krebskranken *Hermy E.* (60).«

26.4.1984: BILD
»Unärztlich! Unchristlich! Unverantwortlich! Das ist der Tenor, mit dem die deutschen Ärzteverbände Stellung nehmen gegen die Sterbehilfe, die der Arzt Dr. *Hackethal* einer krebskranken Frau mit Zyankali gewährt hat.

Der Präsident der Bundesärztekammer: ›Die Aktion trägt auch Elemente des Showgeschäfts.‹«

26.4.1984: HAMBURGER ABENDBLATT
»Später sagte Professor *Koslowski*: ›Was *Hackethal* getan hat, ist falsch und indiskutabel. Er hat die Grenze überschritten.‹«

26.4.1984: BERLINER MORGENPOST
»Der Chirurg *Julius Hackethal* hat sich medienbewußt, wie er ist, erneut in die Schlagzeilen geschwungen. Nicht mit dem Skalpell, sondern mit Zyankali. Er hat aktive Sterbehilfe geleistet. Er hat den Todeswunsch einer Patientin erfüllt. Er hat keinen Hebel in einer Intensivstation betätigt, sondern Gift verabfolgt. Ein barmherziger Samariter oder ein Showmaster im weißen Kittel oder beides?

Die Zeit ist gar nicht weit her, als im nationalsozialistischen Deutschland die Euthanasie praktiziert wurde, als man dem kranken Menschen das Lebensrecht bestritt, als man ›unwertes Leben‹ auslöschte. *Hackethal* und sein Zyankali erinnern daran.«

27.4.1984: OBERBAYERISCHES VOLKSBLATT
»*Hackethal* ist anmaßend. Das Münchner Ordinariat kritisiert Sterbehilfe. Als ›abgeschmackt und unerträglich‹ hat der Öffentlichkeitsreferent des Münchner Ordinariats, Prälat *Curt Genewein*, der selbst Arzt ist, am Donnerstag die ›Anmaßung‹ *Hackethals* bezeichnet, über Leben und Tod eines Menschen zu entscheiden. Man müsse kein Christ sein, um ›zutiefst vor der Haltung eines Mannes zu erschrecken, der Beihilfe zum Selbstmord als ärztliche Sterbehilfe deklariere‹. Man müsse sich fragen, so *Genewein*, auf welche Abgründe eine Gesellschaft zusteuere, in der den Ärzten nicht mehr zuzutrauen sei, Hüter des menschlichen Lebens, son-

dern dessen ›Vernichter‹ zu sein. Im Interesse der Wahrung der Würde des Menschen sei es jetzt notwendig, dem ungeborenen wie dem zu Ende gehenden Leben den ganzen Schutz der Gesellschaft zu geben. Es gehe nicht an, einen unheilbar kranken Menschen ›schnöde dadurch zu verlassen, daß man ihn vom Leben zum Tod befördert‹, anstatt ihm alles, was Menschlichkeit und ärztliche Kunst aufbieten könnten, zuzuwenden.«

27.4.1984: HAMBURGER MORGENPOST
»Dokument oder werbewirksame Medizinershow?«

27.4.1984: HAMBURGER ABENDBLATT
»Von *Hackethal* unterscheiden sie sich, indem sie an der Grenze zwischen Leben und Tod ohne Aufhebens das Vernünftige tun und das Unvernünftige lassen.«

28.4.1984: HAMBURGER ABENDBLATT
»Hamburger Chirurg Dr. *Günther Haenisch*: Alles an *Hackethals* Vorgehen ist widerlich.

Als äußerste Grenze der ›passiven‹ Sterbehilfe muß man eine Maßnahme ansehen, die – eindeutig formuliert – Beihilfe zum Selbstmord ist. Eine solche Beihilfe ist zwar juristisch nicht strafbar, dadurch aber für den Arzt noch nicht moralisch oder ethisch gerechtfertigt, schon gar nicht in der jüngst von Prof. Dr. med. *Julius Hackethal* praktizierten spektakulären Art und Weise. Ähnlich wie bei seinen früheren ›Auftritten‹ ist auch diesmal das wahre Motiv seines Tuns für mich nicht ersichtlich. Klar ist nur eines: Mit diesem Eklat hat er weder der Sache der todkranken Patienten noch der der Ärzte einen Dienst erwiesen, und schon gar nicht der seriösen Diskussion um so diffizile Fragen wie die Sterbehilfe. Die Idee dieser sehr extremen Sterbehilfe stammt ja auch nicht von Herrn *Hackethal*.

Ein solches Tun im äußersten Ausnahmefall müßte eine schwere Gewissensentscheidung für beide, für den Patienten und für den Arzt, bleiben und könnte niemals – wie im Fall *Hackethal* – mit Pauken und Trompeten verkündet werden.

Herr *Hackethal* hat gezeigt, wie man es auf keinen Fall machen kann: mit Zyankali und einem sensationslüsternen Drang in die Öffentlichkeit; alles an seinem Vorgehen ist widerlich. Seine Handlungsweise kann nur allseits herbe Kritik hervorrufen und verdient sie auch.«

29.4.1984: Hamburger Abendblatt

»Der Professor der Chirurgie liebt noch immer das Spektakulum, und mit nichts Geringerem als vier Gramm Zyankali, die einer todkranken Patientin den Selbstmord ermöglichten, brachte er sich jetzt in Erinnerung. Er ist der Scharfmacher geblieben, der schon vor Jahren seine Kollegenschaft mit dem lapidaren Satz aufschreckte, die Medizin unserer Tage mache eher krank als gesund.

Natürlich setzte der bauernschlaue *Hackethal* darauf, daß seine Sterbenachhilfe mit dem Giftbecher in den Medien sich wiederfinden lasse und früher oder später denn auch bezahlt machen werde. Er irrte nicht und darf nunmehr für die Sommerzeit einen staatlichen Patientenansturm am Chiemsee erwarten. Er ist nicht nur Äskulaps Anhänger, aufs Geschäft versteht sich der Herr Professor auch nicht schlecht. Wieder echt *Hackethal*.

Er hätte es auch bescheidener, weniger theatralisch, ohne Theaterdonner und mit dem gleichen Ergebnis machen können. Nein – es mußte Zyankali sein. Das ist *Hackethal*.«

30.4.1984: Der Spiegel

»Dagegen Professor *Horst Bourmer*, Vorsitzender des Hartmannbundes: *Hackethals* Beistand zum vorzeitigen Tod der 69jährigen entbehre ›jeder ärztlichen und christlichen Substanz‹. Und ähnlich auch Deutschlands höchster Ärztefunktionär, Bundesärztekammerpräsident *Karsten Vilmar*: ›Einen Giftbecher zu reichen widerspricht allen Grundsätzen ärztlichen Handelns.‹ *Hackethals* Aktion enthalte nach seiner Ansicht ›Elemente eines Showgeschäfts‹. Und dann gibt *Hackethal* den makabren Film, der zur emotionalen Aufheizung des heiklen Themas beiträgt, auch noch ins Fernsehen. Der Professor ließ kaum etwas aus, nicht einmal das ›BILD-Telefon‹, was ihn ins – falsche – Licht des eitlen, reklamesüchtigen Selbstgerechten rücken mußte.«

3.5.1984: Bunte

»›Im Prinzip gut‹ – ›Mord‹ – ›Endlich mal einer, der handelt‹ – ›Der Mann gehört hinter Gitter‹. Von Ablehnung bis zur Hochachtung reichen die Reaktionen auf *Julius Hackethal* und seine Sterbehilfe. Sein ›EUBIOS‹-Zentrum droht sich zum ›Euthanasie‹-Zentrum zu verkehren.«

3.5.1984: Quick

»In diesem nervtötenden Durcheinander fällte Professor

Hackethal jenen Entschluß, der jetzt landesweiten Skandal macht: Er leistete – mit einer Überdosis Zyankali – ›indirekte, aktive Sterbehilfe‹ für den Selbstmord einer unheilbar krebskranken Frau. Er selbst ließ sich mit der leidenden, furchtbar entstellten Frau bei ihrem gemeinsamen Entschluß auch noch – mit Ton und in Farbe – filmen: fürs Fernsehen.

Der Betrachter wird den Eindruck nicht los, daß hier ein makabrer Zwang zur Publicity Regie führte. Zweifellos hat seine neue Klinik damit einen zwar grauenerregenden, aber effektvollen ›Aufhänger‹ für das Publicityinteresse. *Hackethal* war auch nicht zimperlich, als es drum ging, den Fall sofort an die Nachrichtenagenturen zu geben und sich Hörerfragen in Anrufstunden großer Zeitungen zu stellen. Manchmal scheint es, als wären Ruhm und Geld für ihn zur Droge geworden. Was ist das für ein Mann, der die Nerven und das Gewissen hat, so etwas zu tun? Der eine Klinik, die dem Leben dienen soll, mit einem von ihm geförderten Selbstmord voreinweiht?

Julius Hackethal ist eine Persönlichkeit mit doppeltem Gesicht. So konnte man ihn zum Sensations- und Skandalmacher, zum Prozeßhansel abstempeln. Ein *Michael Kohlhaas* der Medizin, der nicht darauf verzichten will, im goldfarbenen Mercedes mit Radarwarngerät zu kutschieren, und der sich um Schuldenberge wenig schert...«

4.5.1984: Die Zeit
»Lange muß er auf einen passenden Fall gewartet haben, der sich zum publizistischen Comeback verwerten ließ. *Hackethal* machte daraus ein Spektakel. Er ließ ein Kamerateam kommen, um sich im Gespräch mit der beklagenswerten Patientin fürs Fernsehen filmen zu lassen, verschaffte der Kranken Gift und benachrichtigte gleich nach ihrem gelungenen Selbstmord Polizei und Bild-Zeitung.

In einem solchen Kreis wäre freilich ein Mann wie *Hackethal*, der seine Beihilfe zum Selbstmord marktschreierisch als seine ›beste Operation in 39 Jahren‹ rühmt, ganz sicher fehl am Platz.«

5.5.1984: Hamburger Abendblatt
»Wen wundert es da, daß ein *J. Hackethal* in seiner extremen Geltungssucht ›neue Maßstäbe‹ setzen will, des Beifalls seiner Anhänger und eines Teiles der ›fortschrittlichen‹ Presse gewiß? Daß nur er an das wirkliche Wohl seiner Patienten, alle anderen

Ärzte aber nur an ihr eigenes denken, wissen wir bereits aus den vorausgegangenen Worten und Großtaten des Herrn *Hackethal*.«

6.5.1984: WELT AM SONNTAG
»Die Verlagerung göttlicher Entscheidungen in menschliche Hand. Es war natürlich nur eine Frage der Zeit, und es mußte ein publicitywütiger medizinischer *Michael Kohlhaas* der Gegenwart dieses auslösen. (Es zwingt sich leider die Frage auf: Warum jetzt, in diesem Augenblick, vor Eröffnung der Klinik?)«

6.5.1984: ABENDPOST / NACHTAUSGABE
»Polizeirazzia bei *Hackethal*.«

6/1984: DER KASSENARZT
»Personalityshow eines Chirurgen.«

6/1984: *R. Biedermann* in ALTENPFLEGE
»*Hackethals* Tötungssensation: mit mechanischer Denkkälte gedacht, verbrämt mit Humanitätsphrasen. Unwissenschaftlich gefolgert und beobachtet, oberflächlich. Liebevoll? Er hat nicht jegliche Beobachtung und Möglichkeit einbezogen.«

1.6.1984: HÖR ZU
»Es ist für keinen Menschen eine Erlösung, umgebracht zu werden.«

24.3.1985: SÜDDEUTSCHE ZEITUNG
Die gegenseitigen Vorwürfe von *Hackethal* und *Atrott* eröffneten den Blick in einen ›geistig-moralischen Abgrund‹ (als Zitat v. *H. J. Sewering* angegeben).«

6.4.1985: DIE WELT
»›Ich habe noch mehr Zyankali‹, sagte der ›Sterbehelfer‹ *Hackethal*, als eine seiner ›Sterbepackungen‹ ihren Adressaten nicht erreichte.«

11.4.1985: STERN
»*Julius Hackethal*, der griffig zu formulieren weiß, versteht es perfekt, sich ins Gerede zu bringen. Im April vergangenen Jahres, just einen Monat vor der pompösen Eröffnung des Neubaus der Klinik in Bernau, war der Chiemseewinkel Schauplatz des ›Erlö-

sungstodes‹ einer durch Hautkrebs entstellten Patientin. *Hackethal* hatte ihr zum Selbstmord Zyankali besorgt.«

10.1.1986: *Rolf Thym* in Die Zeit
»*Atrott*: Zunächst hatte Herr Prof. *Hackethal* den Rest eigenmächtig behalten, leichtsinnig Zyankali verschickt und schließlich den verbliebenen Rest dieses Giftes selbst der Polizei übergeben. Wobei allerdings gesagt werden muß, daß vier Gramm noch immer verschwunden sind. Prof. *Hackethal* behauptet, daß dies beim Umfüllen abhanden gekommen sei.
Zeit: Nimmt durch die Auseinandersetzung mit *Hackethal* nicht der Gedanke Schaden, den Sie und Ihre Gesellschaft vertreten, nämlich Menschen zu einem würdevollen Sterben zu verhelfen?
Atrott: Das ist richtig.«

11./12.1.1986: *Karl Heinz Reger* in TZ
»Dieses gespenstische Szenario einer ›aktiven Sterbehilfe‹ entwickelte der streitbare Chirurg Professor *Julius Hackethal*.«

19.1.1986: Neue Bildpost
»Guter Tod mit *Hackethal*? Die Giftmordhilfe.«

4.2.1986: *Eleonore Thun* in Wochenpresse
»*Hackethal* als Sterbehelfer. Das war sein letzter medienweiter Auftritt, bevor er sich jetzt als Krebsheiler präsentierte.
Eine Stunde lang heulte *Hackethal* nach eigener Aussage, als er die Anklage erhielt. So sehr fühlte er sich mißverstanden.«

6.11.1986: *Ulrich Klose* in Abendpost / Nachtausgabe
»Eine Widerwärtigkeit sondergleichen. Es wird Zeit, daß *Hackethal* Berufsverbot bekommt. Er ist doch kein Herr über Leben und Tod.«

16.6.1987: Welt am Sonntag
»*Atrott* wiederum wirft *Hackethal* im Bild-am-Sonntag-Interview vor, er habe *Daniela* nie wirklich helfen wollen, nur seine eigene Publicity gesucht. *Hackethal* wolle sich als einziger Arzt, der Sterbehilfe leistet, etablieren und natürlich damit auch Geld verdienen. Dann schickte er einen französischen Arzt zu ihr, der die berühmte *Hackethal*sche Apparatur aufbauen sollte. Dieser

Arzt fragte *Daniela A*, warum sie denn nicht Zyankali nehme. Weil *Hackethal* gesagt habe, das sei so schmerzhaft, antwortete die Gelähmte – so *Atrott*.

Professor *Klaus Dörner* von der neugegründeten ›Deutschen Hospizhilfe‹ hat aus *Hackethals* Selbstdarstellung den Schluß gezogen, ›daß die Patientin von der mächtigen Persönlichkeit des Professors, des Herrn über Leben und Tod, völlig abhängig war.‹

Er geht neuerdings auf Nummer Sicher. Der Schinderhannes der Talkshows und OP-Säle reitet nur noch par force, wenn sein Anwalt den Parcours vorher nach juristischen Stolperlöchern abgesucht hat.«

3/1988: *Barbara Herbrand* in FREIZEIT REVUE
»Aber statt sie zu erlösen, ging er vor Gericht.«

7/1988: *Klaus Lempke* in STERN
»Er prangerte die passive Sterbehilfe als ›medikamentösen Totschlag‹ an und schreckt sich selber nicht davor zurück, Zyankali mit der Post zu schicken.«

8/1988: *Erich Wiedemann* in DER SPIEGEL
»*Karsten Vilmar* aus Bremen: Die Frau wurde im Stich gelassen. Verzweiflung über das Geschacher der Sterbehelfer *Atrott* und *Hackethal*, die sich um die Gunst stritten, sie ins Jenseits befördern und ihr Ende publizistisch vermarkten zu dürfen? ... daß die Patientin von der mächtigen Persönlichkeit des Professors, des Herrn über Leben und Tod, völlig abhängig war.

Hackethal zu *Daniela*: Sollen wir es nicht feierlich machen, mit Kerzen und Oma. Zur Beurteilung von *Danielas* Seelenzustand reichte ihm ein einziger kurzer Ortstermin.

›Er hat geblufft‹, höhnte schenkelklatschend *Hans Henning Atrott* von der Gesellschaft für Humanes Sterben. Der große weise Doktor hatte gar kein Gift. Der alte Wolf könne sonst seine Felle wegschwimmen sehen und versuchen, ihren Gnadentod zu hintertreiben.«

Albert Einstein – ein wahrlich ehrenwerter Mann, mit dem ich mich natürlich nicht vergleiche, aber mit dem ich mich tröste – hat 1949 in einem Brief an den Schriftsteller *Max Brod* geschrieben: »Über mich sind schon massenweise so unverschämte Lügen und freie Erfindungen von Reportern erschienen, daß ich längst unterm Boden wäre, wenn ich mich darum kümmern wollte.« (Zitiert aus: *Albert Einstein*, »Briefe«, Diogenes-Verlag, Zürich 1981.)

2. STERBEWUNSCHGRÜNDE

2.1 ALLGEMEINES ÜBER STERBEWUNSCHGRÜNDE

Wer sterben will, sollte *gute Gründe* haben. Denn bei aller Hoffnung auf ein gutes, sogar besseres Jenseits: *Was wir auf dieser Welt haben, wissen wir, was danach kommt, nicht!*

Solange dieses Leben einigermaßen erträglich ist, sollten wir es *weiterleben wollen*. Aber jeder weiß, daß das Weiterleben zu *unerträglicher Last* werden kann. Dafür gibt es *viele Gründe, gute und schlechte*.

Allen Sterbewunschgründen ist als *Grund der Gründe*, als *Urgrund* die *Hoffnungslosigkeit* vorgeordnet, auch den bösen.

Bei den guten Gründen steht an erster Stelle der *Sterbewunschgrund »Krankheitsleid«*. Er ist für uns Ärzte das A und O, nichts anderes. Das wertet den guten Sterbewunschgrund Nummer 2, *»menschliche Verzweiflung aus anderem guten oder nichtbösem Grund«* nicht ab. Aber diese ist von uns Ärzten in ihrer *Stichhaltigkeit* so wenig überschaubar, daß er schon deshalb *nicht* zur *Arztpflicht* werden könnte. Denn da wären eher *Nur-Seelsorger* zuständig als wir Ärzte.

Der böse Sterbewunschgrund »Flucht vor verdienter Strafe« ist hier nur ein Randthema, aus Unterscheidungsgründen aber mit zu diskutieren. Für ihn allein hat das *Schandwort Selbstmord* heute noch eine Berechtigung.

2.2 STERBEWUNSCHURGRUND HOFFNUNGSLOSIGKEIT

Der Bibelspruch »Wir heißen Euch hoffen« ist mehr Wunsch als Befehl. Denn daß es sie gibt, die *totale Hoffnungslosigkeit* eines lebenswerten Weiterlebens, kann wohl niemand ernstlich bezweifeln.

Keine Krankheitsqual, keine Lebenslast sonst und kein Verbrechen macht *für sich allein den definitiven Sterbewunsch*. Solange es *Hoffnung* gibt, Hoffnung auf wesentliche Besserung für die Lebensmüden aus gutem Grund, Hoffnung ungestraft davonzukommen für die Verbrecher, wird wohl niemand sterben wollen.

Was ist Hoffnung? Laut BROCKHAUS: »Eine in die Zukunft gerichtete Erwartung ersehnter oder erwünschter Zustände. Nicht selten setzt sie den Menschen überhaupt instand, die Last des Gegenwärtigen zu tragen. Während die frühen Volksreligionen an der vorgefundenen Welt, so wie sie ist, hängen und ihre Güter möglichst lange zu genießen wünschen, vom Jenseits aber im allgemeinen nichts Gutes zu erwarten, erwacht in den universalen Religionen die Hoffnung auf eine veränderte Welt und eine heilvolle Zukunft. Die gegenwärtige Welt wird als Illusion (Hinduismus, Buddhismus) oder als unvollendet betrachtet (Parsismus, Christentum). Die christliche Theologie spricht von der Hoffnung des Glaubens, der ›Zuversicht wider alles Erwarten‹ (Röm. 4, 18); sie ist die Antwort auf Gottes Verheißung, die über alles Menschenmögliche hinaus eine heilvolle Zukunft verspricht.«

Griechisch »elpis« heißt Hoffnung, auch Erwartung und Vertrauen. Die Römer hatten eine *Göttin der Hoffnung*: SPES. Ihr waren in Rom mehrere Tempel geweiht. Gefeierter Tag der Hoffnung war im alten Rom der 1. August. Die Hoffnung hat vor dem Hintergrund des Sterbenwollens zwei Gesichter: die *verlorene Hoffnung* hier und die *gewonnene Hoffnung* dort.

Hoffnungmachen ist eine der wichtigsten *Arztaufgaben.* Wohlbemerkt: nicht Hoffnung durch Patientenbetrug, sondern *aus ehrlichem Arztherzen* heraus. Eine *pia fraus,* eine fromme Lüge, *gibt es nicht.* Ärzteführer, die das behaupten, sind einfallslos oder haben ein gestörtes Verhältnis zu Wahrheit. Ihre Ausrede, Lüge sei besser, als Hoffnung zerstören, steht nicht zur Diskussion. Denn der Preis an Glaubwürdigkeit ist zu hoch. Die Patienten müssen sich *darauf verlassen können,* daß der Arzt *nicht lügt.* Sonst werden sie *eher noch öfter* und zu oft aus *falschem Grund* in die *Hoffnungslosigkeit* getrieben.

Das typische Beispiel sind Krebspatienten. Sie wissen, daß sie von den Ärzten *fast immer belogen* werden. Also *glauben sie gar nichts mehr*, auch das nicht, was berechtigte Hoffnung macht.

Jeder Arzt, der auch Schwerstkranke behandelt, kommt immer wieder in die Lage, die *Hoffnung* auf Besserungsmöglichkeit eines Krankheitsleids *aufzugeben.* Wir Ärzte sind aber *so schlechte Propheten*, daß allein das genügt, um *keine* hoffnungslosen Vorhersagen zu machen.

Dafür ein Beispiel aus jüngster Zeit. Anfang März 1988 verabschiedete ich mich von einer Krebspatientin, die im Sterben lag, ohne Worte, aber *die Patientin verstand.* Der Schwägerin sagte ich hinterher vor der Tür: »Heute nacht stirbt sie. Rufen Sie bitte den Mann.« Die Patientin lebt heute noch und zwar so lebhaft, daß ich nun hoffe, die Krebskrankheit entwickelt sich so weit zurück, daß ihr noch ein langes Leben bevorsteht.

Wenn wir Ärzte ohne Hoffnung sind, sollten wir *schweigen, aber niemals lügen.* Doch wann schon ist der letzte Hoffnungsfunke erloschen?

Hoffnung auf Besserung, mehr können wir ohnehin nie versprechen. Die Heilung liegt *nie* in unserer Hand. Der *arrogante Heilhelferspruch:* »Wer heilt, hat recht« zerbricht zum *Papperlapapp* vor dem Hintergrund der *Mikro- und Nano-Größenordnung* der Heilkräfte im Vielbillionenzellstaat Mensch.

Bestenfalls fördern wir das Heilen einer Wunde, einer Krankheit, leisten wir Heilhilfe: »Natura sanat, medicus curat.« *Die Natur allein hilft, der Arzt bemüht sich* (so gut er kann).

Heilhilfe zur Besserung ist ein weites Feld. Es gibt tausend Möglichkeiten. Solange der *Patient* auf Besserung *hoffen kann, will er nicht sterben.* Solange der *Arzt sicher zu sein glaubt,* daß die Hoffnungslosigkeit des Patienten unbegründet ist, *darf er keine Sterbehilfe* leisten. So einfach ist das!

2.3 STERBEWUNSCHGRUND KRANKHEITSLEID

Immer wieder tun Sterbehilfegegner so, als ob der *leibliche bzw. körperliche Schmerz* der einzig diskutable Sterbewunschgrund aus Krankheitsleid sei und dieser deshalb *nicht* akzeptabel, weil man ja heutzutage *jeden* körperlichen Schmerz beseitigen könne. Zumindest wäre das für die Könner unter den Schmerztherapeuten *kein Problem*, und die müsse man vor der Sterbehilfe natürlich einschalten. Anderenfalls mache man sich schuldig.

Tatsächlich kann man Schmerzen sehr viel *besser lindern*, als es vielfach geschieht. Dabei denke ich weniger an jene hochmodernen Methoden, bei denen Dauerkatheder in den Spaltraum um das Rückenmark herum eingepflanzt und als Zubringerkanal für Betäubungsmittel benutzt werden. Diese sogenannte *Peridural-Katheter-Schmerzbehandlung*, auf die auch wir anfangs sehr viel Hoffnung gesetzt hatten, ist im Ergebnis sehr enttäuschend, nicht zuletzt wegen der Infektionsgefahr. Wir haben sie weitgehend verlassen, ziehen *Morphium*tabletten und -spritzen vor, auch weil sie eine stärkere *stimmungsbessernde* (= euphorisierende) Wirkung haben.

Noch weniger diskutabel sind meines Erachtens *eingepflanzte Kabel* mit außen angehängten *Stromstoßgeräten* und erst recht alle *Großeingriffe an Hirn und Rückenmark* zur Ausschaltung von Schmerzzentren und Schmerzbahnen. Trotzdem werden diese Behandlungen alle »in schlechter Regelmäßigkeit« angewandt!

Überhaupt betrachte ich die Schaffung einer *Spezialdisziplin »Schmerztherapie«* als gefährlichen *Irrweg* der modernen Medizin. Das *Kranksignal Schmerz* ist eines der wichtigsten *Heilsignale*, seine Unterdrückung schadet oft sehr. Jede *Heilentzündung*, ohne die nichts heilt, macht auch einen *Heilschmerz*, den man nur sehr begrenzt unterdrücken darf. Darüber hinaus ist der Schmerz der wichtigste *diagnostische Wegweiser* zur Krankheits*ursache*.

Schmerzbehandlung als *Sonderfach* ist genauso *unsinnig* wie die medizinischen Spezialitäten Seelenheilkunde, Naturheilkunde und Diäthik. All das gehört zum Heilschatz der *Ganzheitsmedizin*, der wichtigsten Basis *auch für jeden Spezialisten*.

Theoretisch ist denkbar, jeden Kranken total schmerzfrei zu machen. Das jedoch bedeutet letztlich *Dauernarkose*. Aber: Ist ein Mensch in Dauernarkose noch *ein Mensch*? Ist ein Apalliker (= ohne Großhirnrindenfunktion) *ein Mensch*?

Die Zahl anderer leiblicher Sterbewunschgründe als der körperliche Schmerz ist riesig: Nahezu alles, was *Unwohlsein* und *Behinderung* im weitesten Sinne macht, kann in seiner *Extrem- und/oder Dauerform* ein *überzeugender Sterbewunschgrund* sein: Übelkeit, Schwindel, Brechneigung, Durchfall, dauernder Harndrang, Schließmuskeldefekt von Mastdarm und Blase, Unbeweglichkeit durch Lähmung, Gelenksteife und vieles mehr. *Es gibt tausend andere Gründe!* Meistens wirken mehrere zusammen und werden dann in einer *Diagnose* zusammengefaßt.

In der Wichtigkeit übertroffen werden die leiblichen Gründe noch von den *seelischen bzw. seelisch-geistigen*. Streng genommen gibt es berechtigte Zweifel, ob die Seele als dritte Kraft der Ganzheit – oder sogar als erste? – eine *eigenständige Bedeutung* hat. Mir scheint, daß die Seele *die Summe* oder das Produkt *aus Geist und Körper* ist, konkret: aus Zentralnervensystem und Restkörper. Dann müßte man nur körperlichen und geistigen Schmerz unterscheiden? Oder es gäbe nur den seelischen, weil das eine ohne das andere nicht geht? Doch lassen wir das offen, nennen wir ihn *geistig-seelischen Schmerz.*

Er begegnet uns aus Krankheitsleid heraus in den vielfältigsten Formen, insbesondere als *Sorge und Angst,* aber auch als *Unlust, Scham, Hilfsbedürftigkeit* und so weiter.

Zum geistig-seelischen Bereich gehören auch die verschiedenen Möglichkeiten der *Schwäche des Denkens, Fühlens und Wollens:* der *altersbedingte »Schwachsinn«* mit Gedächtnisverlust, Wahnvorstellungen, Antriebsarmut, Vereinsamung, Langeweile, auch durch Seh- und Hörstörungen und vieles mehr.

Selbstverständlich gäbe es sehr viel mehr Möglichkeiten, die vorhandene oder drohende Lebensmüdigkeit *von uns Alten* – ich rechne mich auch dazu – zu mindern. Es muß sehr viel mehr und anderes getan werden, als das, was zur Zeit für »Senioren« geschieht.

Aber es ist gerade beängstigend, mit welcher *Weltfremdheit sozialdefekte Psychologen und Soziologen* hier so tun, als ob es eine heile Welt ohne seelische Not geben könnte. Sie wird es nie geben. *Immer* wird eine *riesige Zahl von Menschen* übrigbleiben, deren seelische Not *nicht so zu lindern ist*, daß ein *lebenswertes Leben* übrigbleibt.

2.4 ZU SCHLECHTE LEBENSQUALITÄT ALS GUTER STERBEWUNSCHGRUND?

Diese Frage habe ich an den Schluß der Sterbewunschgrunderörterung gestellt, weil es hier sehr problematisch mit der *Humanwertung* werden kann – jedenfalls heute noch. Wünschenswert ist, daß die *Lebensqualitätmessung* möglichst bald zur entscheidenden *Grundlage der Abwägung nichtböser Sterbewunschgründe* wird. Denn die hier aus der Not heraus gewählte Unterscheidung von Krankheitsleid und anderen Gründen berücksichtigt das *stete Ineinandergreifen vieler* nichtböser Sterbewunschgründe *nicht*.

Oft fließen alle guten Sterbewunschgründe in dem zusammen, was man »*zu schlechte Lebensqualität*« oder »*nichtlebenswertes Leben*« nennt und was letztlich die Summe aus vielen Minus- und Pluspunkten ist.

Die Psychologen Dr. phil. *Monika Bullinger* und Prof. Dr. phil. *Ernst Pöppel* haben sich kürzlich – im März 1988 – mit dem Thema Lebensqualität in der Medizin auseinandergesetzt (Deutsches Ärzteblatt 11/1988). Sie fragen: »Was ist Lebensqualität? und antworten:

»Lebensqualität bezieht sich auf die emotionalen, funktionalen, sozialen und physischen Aspekte menschlicher Existenz. Lebensqualität ist allerdings nicht direkt beobachtbar, sondern nur erschließbar aus verschiedenen Komponenten. Diese Komponenten umfassen im wesentlichen:

1. das *psychische Befinden* des Patienten (zum Beispiel Angst, Depression),

2. seine *Funktions- und Leistungsfähigkeit* in verschiedenen Lebensbereichen (zum Beispiel Beruf, Haushalt, Freizeit),

3. die Anzahl und Güte der *Beziehungen zu anderen Menschen* (zum Beispiel Ehepartner, Familie, Freunde, Kollegen),

4. die *körperliche Verfassung* des Patienten (zum Beispiel Gesundheitszustand, Beschwerden).«

Nicht die Ärzte, sondern die *Psychologen* bemühen sich darum, Methoden zur Messung der Lebensqualität zu entwickeln. Sie beklagen dabei die *mangelhafte* Bereitschaft der Ärzte zur *Mitarbeit*.

Warum machen Ärzteführer da nicht mit?

Weil die *Therapiehoheit der Ärzte* auf dem Spiel steht, sowohl was die *Indikation*, die Anzeigestellung zu den *aggressivsten Versorgungen* wie dem Totalen Krebskrieg und den *gefährlichsten Operationen* anbetrifft wie auch das *Arztrecht auf Folterung und Verweigerung der Erlösungstodhilfe*.

Wenn es eine *Lebensqualität-Waage* gäbe, auf die *rechts* die *Pluspunkte* und *links* die *Minuspunkte* kämen – beides mit Rechenschieber errechnet –, sähe es bald sehr schlecht aus: Dann wäre es mit der ärztlichen Therapiehoheit bald *endgültig vorbei*, die Aggressivmedizin wanderte in den *Heilhilfekeller* und die Mitleidstötung könnte man nicht länger (geduldet) verweigern.

Bei engagierter Mitarbeit der Ärzte dürfte es nicht schwierig sein, *Lebensqualitätmeßverfahren* zu entwickeln, die wesentlich weiterbringen. Das A und O wird dabei immer die *subjektive Wertung* durch den Patienten sein. Aber auch Subjektives läßt sich durch *gekonnte gezielte Befragung* sehr weitgehend *objektivieren*, wie ich in meinem nächsten Buch Heilgötterdämmerung begründen werde. Die heutige schulmedizin-wissenschaftliche Beweisführung unter weitgehendem Ausschluß des Subjektiven ist eine der *Hauptursachen für viele Irrwege*.

2.5 LEBEN NACH DEM TODE? – EIGENE GEDANKEN DAZU

Jeder hofft, daß mit seinem Tod nicht alles für immer vorbei ist, daß mit dem Tod ein *neues Leben* beginnt. Irgendwo.

Im Himmel! Auf einem anderen Stern, einer neuen *anderen Erde?* Oder weiter auf *dieser* Erde?

Als Eichhörnchen? Als Katze? Oder wieder als Mensch? Vielleicht in den Kindern und Kindeskindern? Oder in einem ganz anderen Menschenkörper?

Daß der Körper stirbt, sich in allerkleinste Bestandteile auflöst, wissen wir. Aber daß immer ein Rest, ein Häufchen Asche übrigbleibt, wissen wir auch. Und in dieser Asche steckt das, was an uns körperlich unvergänglich ist, auch durch den größten Zerstörer, die Gluthitze nicht zerstörbar: die Bestandteile der Atome, die »Ameros«, das total Unteilbare.

Ohne Verbrennung ist der Zerkleinerungsgrad geringer. Da bleiben größere Teilchen und werden zu neuem körperlichen Leben. *Doch wo bleibt die Seele?*

Wir wissen es nicht. *Niemand weiß es*. Wir können nur *hoffen* oder *fürchten* und aus dieser Hoffnung oder Furcht heraus in die Zukunft planen, oder auch nicht.

Über das Leben nach dem Tod ist seit eh und je viel nachgedacht, geredet und geschrieben worden. Einen großen Bekanntheitsgrad erreichten die Bücher der Ärzte Dr. *Raymond A. Moody* und Dr. *Elisabeth Kübler-Ross* über *Patiententräume* kurz *vor* dem Tode.

Man muß es jedem selbst überlassen, wohin seine Hoffnungen und Ängste gehen.

Jede Hoffnung und jede Befürchtung hat den gleichen

Grad an Wahrscheinlichkeit und Unwahrscheinlichkeit. *Niemand hat das Recht, die Hoffnung eines anderen zu zerstören.*

Wer die Hoffnung in seiner Religion findet, ist gut versorgt.

Anaximander gilt zusammen mit seinem Lehrer *Thales* auch als Begründer der Philosophie über das Leben nach dem Tode. *Plato* vertiefte sie. Er stellte die Geist-Seele dem Körper gegenüber und zwar als *Gefängnis*, aus dem die Geist-Seele *mit dem Tode befreit* wird. Auch der Apostel *Paulus* sah im Tod nur das Wegfallen von Hüllen, welche die Seele *eingesperrt* haben. Für *Plotin* schließlich war erst der *Tod* die *Erfüllung des Lebenssinnes*, durch den Hingang der Seele zu Gott, durch ihre Trennung vom Leib.

Die Frage nach dem »Was wird danach?« bezieht sich auf das *Ich*. Das Ich sitzt in der *Großhirnrinde*, am Ort des Bewußtseins. *Ohne Bewußtsein kein Ich*. Höchstens ein *Du*, solange Hoffnung auf die Rückkehr des Ichs ist, ohne diese Hoffnung auch das nicht. Denn das Du mißt sich am Ich.

Diese Gedankenspiele sollen Hoffnung geben, sonst nichts.

Solange man auch suchen mag: Einen plausiblen Grund, sich vor dem Totsein zu fürchten, gibt es *für den betroffenen Menschen nicht*, höchstens für seine Hinterbliebenen.

Warum dann diese Verteufelung des Sterbenwollens ohne Ausnahme, auch bezogen auf die vom Leben nur noch Gequälten?

3 SICHTÖTUNG

3.1 ALLGEMEINES ZUR SICHTÖTUNG

In keinem Lebensbereich sind klare Begriffe wohl so wichtig wie dort, wo es um Leben und Tod geht. Leider gibt es gerade hier vielerlei *Begriffsverwirrung*. Deshalb bemühe ich mich vorweg um eine *Begriffserklärung*.

Am Anfang müßte die Frage stehen: *Was ist Tötung?* Doch die ist hier weniger wichtig als die Unterscheidung der beiden Tötungsarten: *Fremdtötung und Selbsttötung*. Erst im Kapitel 7 »Mitleidstötung aus eigener Sicht« werde ich den Tötungsbegriff diskutieren.

Ich nenne hier *Sichtötung*, was auch Freitod, Selbsttötung und Selbstmord genannt wird. *Freitod* ist zu unbestimmt. *Selbsttötung* könnte auch Tötung eines anderen *aus Selbstsicht* sein. *Selbstmord* muß als *Oberbegriff* aus humaner Sicht abgelehnt werden.

Hier geht es nur um *Wertungen aus humaner Sicht*, das heißt bezogen auf Menschlichkeit im guten Sinne. Dabei ist der *Maßstab für gut nicht* eine überlieferte Sitte, eine Religion oder ein Staatsgesetz, sondern *das Gute schlechthin*, wie es als einer der ersten *Sokrates* definiert hat.

Sichtötung benutze ich hier als *Oberbegriff* für jede Form einer Selbst-*Ichtötung*, also aus eigener Kraft, gewollt oder ungewollt. Bezogen auf das Wollen und Nichtwollen gibt es eine *freiwillige Sichtötung* und eine *unfreiwillige*. Die unfreiwillige Sichtötung erlaubt keine Humanwertung als gut oder böse, weil der Wille für ein *Werturteil* notwendig ist. Die *unfreiwillige* Sichtötung ist – jedenfalls mit Kurzzeitwirkung – so selten, daß sie hier außer Betracht bleiben kann. Hier ist immer die *freiwillige Sichtötung* gemeint, wenn es im folgenden nicht ausdrücklich anders gesagt wird. Bei dieser steht und fällt das humane Werturteil mit dem *Sichtötungsgrund*, mit dem *vorausgehenden Sterbewunschgrund* also. Das bedeutet: Der humane Wert einer (freiwilligen) Sichtötung wird vom humanen Wert des *Sterbewunschgrundes* bestimmt.

Das gilt ebenso für den humanen Wert der Mitleidstötung eines Patienten durch einen Arzt, die – bezogen auf das Wollen des Patienten – einer Sichtötung gleichzusetzen ist.

Als Sterbewunschgründe unterscheide ich aus ärztlicher Sicht: *Krankheitsleid und andere Sterbewunschgründe.*

Krankheitsleid ist aus humaner Sicht immer nur ein *guter Sterbewunschgrund*, wenn sich der Patient end- und hoffnungslos quält. Ob es eine *Qual* ist, kann nur der Patient entscheiden, die Frage der *Hoffnungslosigkeit* meist nur der Arzt.

Bei den »Anderen Sterbewunschgründen« scheint mir eine Unterscheidung zwischen guten, nichtbösen und bösen Gründen zweckmäßig. Näheres in den einzelnen Kapiteln.

Die *gute Sitte* »Sichtötung aus gutem Grund« wurde vor allem von Kirchenfürsten und Ärzteführern systematisch *schlechtgemacht*. Das Ergebnis heute:

Als schlimmstes Verbrechen, als *Mord*, wird ohne Rücksicht auf die Sterbewunschgründe verteufelt, was ein Leben selbst beendet. Das ist die Sprachregelung der Mächtigen in Staat, Kirche, Justiz, Ärzteschaft und und und.

Selbstmord soll und darf alles genannt werden, was sich die *Freiheit nimmt*, den *Mächtigen* für immer davonzulaufen, ohne dafür bestraft werden zu können. Was den Mächtigen einen Untertanen durch eigene Hand für immer wegnimmt, stiehlt also. *Diebstahl von Machteigentum*, von Kommandobesitz haben sie nicht so gern, die Mächtigen, vor allem die nicht, die ihre Schäfchen *fast nur noch durch Zwänge* am Bändel halten können. Wer sich getroffen fühlt, möge bellen!!!

In einer humanen Gesellschaft kann es nur *eine einzige Form* von Sichtötung geben, die anständigerweise weiterhin *Selbstmord* genannt werden darf: die aus *bösem* Grund, die Flucht in den Tod, wenn die Menschenpflicht zur Wiedergutmachung und auch zur Sühne für böse Taten besteht. Auch eine *Anstandspflicht* auf ein Weiterleben und Weitersorgen für hilfsbedürftige Abhängige *kann* Sichtötung in besonderen Fällen *zum Mord* machen. Sonst aber nichts.

Die Paragraphen 185 bis 200 unseres Strafgesetzbuches stellen die »Beleidigung« als Vergehen unter Strafe und regeln die Verfahrensweise. Üble Nachrede, Verleumdung, Verunglimpfung sind Beleidigung. Sogar über den Tod hinaus sollen wir davor geschützt werden. § 189 des Strafgesetzbuches lautet: »Wer das Andenken eines Verstorbenen verunglimpft, wird mit Freiheitsstrafe bis zu zwei Jahren oder mit Geldstrafe bestraft.«

Eine Sichtötung aus Krankheitsleid oder anderen »guten« Gründen Selbst*mord* nennen, ist *Verunglimpfung* des Andenkens eines Verstorbenen und *Beleidigung*, üble Nachrede und/oder Verleumdung seiner Angehörigen.

Von besonderem Interesse ist hier, was der Rechtsphilosoph und Humanist Dr. *Oliver C. Brändel*, Rechtsanwalt beim BGH, 1985 in der Zeitschrift für Rechtspolitik (3/1985) zum »Freitod als Mittel zu Wiederherstellung der Ehre« geschrieben hat:

»Der Freitod ist nicht zu allen Zeiten und nicht unter allen Umständen tabuisiert worden. Im klassischen Altertum galt die nach bestimmten Riten *vollzogene Selbstentleibung* in Krisensituationen sogar als der *einzige ehrenhafte Weg*, um einer sozialen Degradierung vorzubeugen. Die zu beachtenden Verhaltensweisen waren *streng reglementiert*: Man ließ sich den Schierlingsbecher reichen, stürzte sich ›ins aufgepflanzte Schwert‹ oder öffnete sich in einem heißen Bad die Pulsadern. Der japanische Ehrenkodex kannte ebenfalls bis in die jüngste Vergangenheit ähnlich ritualisierte Formen der Selbsttötung (Harakiri). Germanische Recken, die eine erlittene Kränkung nicht glaubten verwinden zu können, ›suchten den Schlachtentod‹ und fanden ihn meist auch – eine besonders eigenwillige Form des ›Selbstmordes‹. Die ›Tötung auf Verlangen‹ diente auch in diesen Fällen der Wiederherstellung der Ehre – also der Reparatur beschädigten sozialen Ansehens. *Tötung auf Verlangen war in früheren Zeiten straflos*. So herrschte bei den Römern auch bei den Delikten gegen das Leben der Grundsatz Ulpians ›*volenti non fit iniuria*‹ (= dem Wollenden geschieht kein Unrecht). Nach germanischer Rechtsüberzeugung durfte eine derartige Tat schon deshalb nicht als ›Missetat‹ geahndet werden, weil nichts geschehen war, was andere gekränkt hatte und deshalb Sippenfehde herausforderte. Tötung auf Verlangen wurde daher damals auch gar nicht als verwerflich empfunden. Die *Einwilligung* wurde in den alten Rechtsordnungen überhaupt als *selbstverständlicher Rechtfertigungsgrund* jeder Tat angesehen.

Im Alten Testament findet sich eine einzige Stelle, die über eine Tötung auf Verlangen berichtet: Im 9. Buch der Richter wird der Tod des *Abimelech* beschrieben (52–56). Bei der Bestürmung einer Burg traf ein von einer Frau geworfener Mühlstein *Abimelech* am Kopf und zerschmetterte ihm den Schädel. *Abimelech* rief seinen Waffenträger herbei und sprach zu ihm: ›Zieh dein Schwert und töte mich, daß man nicht von mir sage: Ein Weib hat ihn erschlagen.‹ Da durchstach ihn sein Waffenträger und er starb. *Diese Todesart des Abimelech wird dem Alten Testament zufolge von Gott nicht mißbilligt*. Daß er so endete, wird lediglich als Vergeltung für die bösen Taten, die er früher begangen hatte, bezeichnet.

Das Gebot *Moses* ›Du sollst nicht töten‹ (2. Buch *Mose*, 20, 13) wird in verschiedenen Bibelerläuterungen zwar dahin verstanden, daß es sich auch auf das eigene Leben beziehe. Dafür ist in den Quellen aber kein Anhaltspunkt ersichtlich, weil sämtliche Gebote *Moses* Rechtsverhältnisse gegenüber Dritten regeln und sich auf den Schutz von Rechtsgütern Dritter beziehen. *Judas richtet sich durch seinen Suizid selbst für den an Christus begangenen Verrat (Matthäus 27.5). Nur sein Verrat, nicht aber sein Selbstmord wird im Neuen Testament verurteilt.*

Erst die spätere christliche Morallehre hat den Freitod und die Tötung auf Verlangen zur Sünde gestempelt. *Erst im späteren Mittelalter* läßt sich unter dem Einfluß von Kirche und kanonischem Recht die beginnende Ächtung nachweisen. Man argumentierte und argumentiert noch heute in der christlichen Welt, daß der Mensch über sein ihm allein von Gott gegebenes beseeltes Leben nicht verfügen dürfe. Da der Mensch sein Leben allein von Gott empfangen habe, könne auch nur Gott es ihm wieder nehmen.

Auf der Grundlage dieser Überzeugung ist auch der Eingriff in das eigene Leben eine Kränkung Gottes. Die in der Aufforderung, aktive Sterbehilfe zu leisten, liegende Einwilligung muß als rechtlich unbeachtlich, weil verwerflich, gelten. Obwohl sich das Christentum zu dem Gebot ›Du sollst nicht töten‹ bekennt, ist bemerkenswert, daß man von diesem Gebot – was die Tötung fremden Lebens angeht – zu allen Zeiten verschiedene Ausnahmen zuzulassen bereit war. Abgesehen von der Tötung von Heiden, Ketzern und Hexen, mit der man es in früheren Zeiten ohnehin nicht besonders genau nahm, ist in der christlichen Morallehre der Tyrannenmord ebenso ausdrücklich gerechtfertigt wie die Tötung in Notwehr. Demgegenüber muß es überraschen, daß *das Suizidverbot vorbehaltlos ohne irgendeine Ausnahme – Geltung besitzen soll.*

Inkonsequenzen und Widersprüche sind auch bei der ethischen Bewerbung des ›Tötens auf Verlangen‹ feststellbar: Seit Jahrhunderten wird der Soldat, der seinem schwerstverletzten Kameraden ›*die Kugel gibt*‹, um ihn vor qualvollem Tod oder leidvoller Gefangenschaft zu bewahren, *glorifiziert.* Sein Handeln wird als Akt der Barmherzigkeit gebilligt und nicht verurteilt. Man hat den Eindruck, daß Recht und Moral mit zweierlei Maß gemessen werden. *Ein- und dieselbe Handlung wurde auf dem Schlachtfeld verherrlicht, am Krankenbett jedoch verdammt.*

Die gründsätzliche Verpönung des Freitodes hat auch noch eine andere, nicht im Theologischen wurzelnde Ursache. Der Mensch ist als *Gruppenwesen auf die Gemeinschaft* angewiesen, die Gemeinschaft ihrerseits ist ohne ihre einzelnen Mitglieder nicht denkbar, denen sie, um des Fortbestandes aller willen, bestimmte Aufgaben zuweist.

Wer sich durch Freitod *dieser sozialen Verpflichtung entzieht*, verletzt elementare Interessen der Gemeinschaft und macht sich vor ihr schuldig. Allerdings hat eine aus der Rücksichtnahme gegenüber der Gemeinschaft abgeleitete ›Verpflichtung zum Leben‹

etwas ungemein Gefährliches an sich: Der Wert des Lebens des einzelnen wird dadurch *nämlich relativiert: Es ist nur soviel und solange etwas wert, als es der Gemeinschaft nützt.* Somit entscheidet letztlich der – angebliche – Nutzen der Gemeinschaft darüber, ob das Leben des einzelnen Menschen (noch) als lebenswert zu gelten hat oder nicht. Die äußerste Pervertierung dieser Denkweise hat uns das Euthanasieprogramm des Dritten Reiches vor Augen geführt.

Die in den Ehrenkodizes verschiedener Völker zugelassene ritualisierte Selbstentleibung steht keineswegs in Widerspruch zu dem aus dem Gemeinschaftsnutzen abgeleiteten Suizidverbot. Denn ein Gemeinschaftsmitglied, dessen ›Ehre‹ – *d. h. dessen Position im sozialen Gefüge* – zerstört worden ist, bringt die Gemeinschaftsstruktur in Unordnung. Ein solches Individuum ist für die Gemeinschaft eher Gefahr als Nutzen. Deshalb wird die Selbstzerstörung um der Erhaltung des Sozialgefüges willen toleriert, ja sogar durch ritualisierte Formen gefordert. Der *›ehrenvolle Freitod‹ bringt das in Unordnung geratene Sozialgefüge wieder ins Gleichgewicht*

Weder die christlich-theologische noch die aus dem Gemeinschaftsnutzen hergeleitete Begründung des Suizidverbots lassen somit Raum für die Bejahung eines aus der individuellen Würde der menschlichen Persönlichkeit hergeleiteten Selbstbestimmungsrechts zur Lebensbeendigung in bestimmten Situationen. Die damit verbundene *Tabuisierung* des Freitods steckt als ein in Jahrhunderten anerzogenes Verhaltensmuster noch heute in den Köpfen und Herzen vieler Zeitgenossen. Sie ist die Ursache für die offene oder versteckte Scheu, über ein Selbstbestimmungsrecht am Lebensende vorurteilsfrei zu diskutieren.«

Soviel von den Gedanken des Humanisten *Oliver C. Brändel.*

Im folgenden werde ich zunächst aus der Geschichte heraus den *Humanwert* der Sichttötung allgemein und später getrennt nach den Sterbewunschgründen Krankheitsleid, andere gute Gründe, andere nichtböse Gründe und schließlich böse Sterbewunschgründe diskutieren.

3.2 GESCHICHTE DER SICHTÖTUNG

Die Sichtötung hat eine lange lange Geschichte, voll von *Würde und Ehre, Schimpf und Schändung*.

Die ältesten Berichte stammen aus dem alten Ägypten, Griechenland und dem Römischen Reich.

Im alten Griechenland gab es Sichtöter, *die man verehrte*. Die Tragödiendichter haben häufig zum Ausdruck gebracht, daß der Suizid unter bestimmten Verhältnissen »einem edlen Geist wohl anstehe«.

Auf der griechischen Insel *Kea* bestand zu jener Zeit, als die Asklepiadengilde ihren erbarmungslosen *Hippokrates*-Arzteid zusammenbraute, die Sitte, daß sich alte Menschen mit dem *Saft des Schierlings*, einer Giftpflanze, das Leben nahmen. Mit Hilfe des *Schierlingsbechers* haben sich damals sehr angesehene Philosophen und Ärzte – wie *Euphrates, Prodikos, Erasistratos* – und auch der Feldherr *Themistokles* aus einem zur Last gewordenen Diesseits befreit.

Entdeckt haben diese Möglichkeit zum Selbstbefreiungstod mit Schierling alexandrinische und später arabische Ärzte – *Avicenna* und die Medizinschule von *Salerno* –, welche den Schierlingssaft als *Narkosemittel* in Schlafschwämmen benutzten. Erst 1827 isolierte man als Hauptwirkstoff das Alkaloid Coniin, das zu einer aufsteigenden Nervensystemlähmung führt.

Auch der griechische Philosoph *Sokrates* (470–399 v.Ch.) tötete sich selbst mit dem Schierlingsbecher. Ja, es war eine Sichtötung. Denn er hätte nach dem Todesurteil aus dem Gefängnis flüchten können, leicht. Alles war vorbereitet, alle wollten, daß er es tat. Aus gründsätzlicher Gesetzestreue tat er es nicht.

Der Schierlingsbecher wurde in Athen von den 30 Tyrannen zum Staatshenker erkoren, etwa 500 Jahre v. Chr. Nach dem Trunk kommt es zu einer von den Beinen nach oben aufsteigenden Lähmung, die innerhalb von etwa einer Viertelstunde durch Atemlähmung – nicht unter Erstickungsnot – zum qualfreien Tod führen soll.

Friedrich Nietzsche entdeckte *Sokrates* als den Initiator, den Vorreiter des »Sklavenaufstandes in der Moral«.

Sokrates ist der Vorkämpfer für die Menschenrechte auf Würde und Selbstbestimmung, letztlich für ein möglichst glückliches und damit *lebenswertes Leben* möglichst vieler einzelner.

Sokrates forderte: Nicht Sitte, Staat und Religion dürften Grundlage der staatlich garantierten Menschenrechte sein, sondern der *aus einsichtigem Denken*, aus Selbstgewißheit entspringende *Drang zum Guten*. »Erkenne dich selbst«, mahnte er. »Dann wirst du das Rechte tun«, wollte er damit sagen.

Das Gute, aber nicht die Macht der Staatsführer mit dem Recht zur Willkür als Grundlage einer Staatsordnung, diese *Sokrates*-Politik war für die griechischen Machthaber von damals »*Gottlosigkeit*«, ein todeswürdiges Staatsverbrechen.

Viel scheint sich da in den letzten 2500 Jahren nicht geändert zu haben. Außer, daß weithin die Todesstrafe abgeschafft wurde, sogar für die teuflichsten Verbrechen.

Das menschliche Leben sei »*unverfügbar*«, wird *als Staatsreligion* verkündet. Und sie klopfen sich selbstgefällig gegenseitig auf die Schulter, die Pseudohumanisten.

»Gib viel Liebe, damit du viel Liebe bekommst, *aber sei hart gegen Böse*«, heißt unser erstes der 33 EUBIOS-Gesundgebote. Das ist nicht nur gesund, sondern das wichtigste aller Humanitätsgesetze. *Ohne Bestrafung der Bösen*, und zwar im Härtegrad an die Bösartigkeit der Tat angemessen, gibt es *keine humanere Welt*. Deshalb bin ich für die Todesstrafe, ja mehr noch: für die Prügelstrafe in besonderen Fällen. Weil es *inhuman* ist, die Schuldigen für *teuflische Verbrechen,* bei denen Unschuldige gefoltert, geschändet und/oder ermordet werden – auch die Verantwortlichen für Angriffskriege –, *nicht* angemessen zu bestrafen.

Gerade im Zusammenhang mit *Sokrates* kann man die Diskussion um die angebliche absolute »Unverfügbarkeit des Menschenlebens« nicht aussparen. *Sokrates* – einer der größten Humanisten aller Zeiten – war *für* die Todesstrafe als Staatsrecht. Er ging so weit, für dieses staatliche Ordnungsregulativ, für diesen Ordnungsgaranten eines guten Zusammenlebens freiwillig sein Leben zu opfern.

Die »*Unverfügbarkeit des Lebens*« ist als *absolute Staatsordnungsregel inhuman,* weil sie die Rechte vieler Menschen, insbesondere die Schutzrechte vor Folterei und vielen anderen Lebensqualen, außer acht läßt.

Die Zitate im nächsten Kapitel sollen vor allem die *Achtung* unterstreichen, die der Sichtötung in aller Welt durch berühmte Humanisten entgegengebracht wurde.

Im *antiken Griechenland* gab es von den Philosophen viele gute Worte, von *Sophokles* bis *Epiktet.*

Die alten Römer standen dem Freitod – vor dem Einfluß des Christentums – gleichgültig, aber nicht feindlich gegenüber. In der gesamten Geschichte des heidnischen Roms gibt es kein Gesetz, das die Sichtötung eines gewöhnlichen Bürgers als Verbrechen behandelt. Die Rechte eines Suizidenten wurden in keiner Weise durch seine Tat beeinträchtigt, sein Andenken wurde nicht weniger geehrt, als wenn er eines natürlichen Todes gestorben wäre. Sein Wille wurde vom Gesetz anerkannt und die regelmäßige Erbfolge blieb ungestört. Ausgenommen davon waren nur ›Selbstmord‹ von Soldaten und Angeklagten. Der Verkauf von Schierling war durch die Lex Cornelia unter Strafe gestellt, um Giftmord zu verhindern.

Auch im *jüdischen Reich* war Sichtötung keine Schande. Das Alte Testament erwähnt einige Suizidfälle. In keinem Fall wird dem Verüber dieser Tat ein Tadel ausgesprochen, noch wird an irgendeiner Stelle dem Menschen ausdrücklich verboten, durch eigene Hand zu sterben. Und von *Ahitopel*, einem Sichtöter, heißt es, daß er in der Grabstätte seines ersten Vaters begraben wurde.

Die *Inder* sahen in der Sichtötung ein Opfer, das stets als eine der willkommensten Gaben angesehen wurde, die ihren Göttern dargeboten werden konnten. Es war auch üblich, daß Menschen, die an Aussatz oder an einer anderen unheilbaren Krankheit litten, sich unter angemessenen Zeremonien vergruben oder ertränkten, wodurch sie zu »willkommenen Opfern« für die Gottheit wurden. Solche Kranke rollten sich auch zuweilen ins Feuer. *Buddha*, der indische Begründer einer atheistischen praktisch-ethischen Philosophie, die noch heute viele Millionen Anhänger hat, lehrte, daß es sich nur über eine Frage nachzudenken lohne: darüber, wie sich *Leiden verhüten* lasse.

Griffis schreibt (nach *Westermarck*: »Ursprung«): »Der *japanische* Heiligenkalender ist nicht mit Reformatoren, Almosenspendern und Gründern von Spitälern oder Waisenhäusern angefüllt, sondern strotzt von heiliggesprochenen ›Selbstmördern‹ und solchen, die Harakiri an sich vollzogen haben. Bis auf den heutigen Tag kann niemand auf größere Ehrfurcht vor seinem Grabe rechnen – eine Ehrfurcht, die sich bis zur Vergötterung steigern kann –, als der ›Selbstmörder‹, selbst wenn er ein Verbrechen begangen hat.«

In *China* ist der Suizid unter allen Klassen und unter Menschen der verschiedensten Lebensalter ganz ungemein häufig.

»Auch unter den *birmanischen Karen* ist die Sichtötung dort sehr häufig, wo das Christentum noch nicht eingeführt ist. Hat jemand eine unheilbare oder quälende Krankheit, so teilt er als die natürlichste Sache der Welt mit, er werde sich erhängen, und er tut es dann auch« (zitiert nach *Westermarck*).

Das mag Hinweis auf die *ehrenwerte Geschichte* der Sichttötung genügen. Über Schimpf und Schändung wird in Kapitel 4.2 berichtet.

3.3 ZITATE BERÜHMTER HUMANISTEN ZUR SICH-TÖTUNG

Sophokles (um 496-406 v.Chr.) – einer der größten griechischen Dramatiker –: »Doch Sterben ist das größte nicht der Übel. Nein: Sterben wollen und nicht können!«

Sokrates (470-399 v. Chr.) – griechischer Philosoph – sagte in seiner Schlußrede nach der Verurteilung zum Tode: »Eines von beiden ist das Totsein: entweder soviel als nichts sein, noch irgendeine Empfindung von irgend etwas haben, wenn man tot ist. Oder, wie auch gesagt wird, es ist eine Versetzung und ein Umzug der Seele von hinnen an einen anderen Ort.

Und ist es nun gar keine Empfindung, sondern wie ein Schlaf, in welchem der Schlafende nicht einmal einen Traum hat, so wäre der Tod ein wunderbarer Gewinn... Ist aber der Tod wiederum wie eine Auswanderung von hinnen an einen anderen Ort und ist das wahr, was gesagt wird, daß dort alle Verstorbenen sind: Was für ein größeres Gut könnte es wohl geben, als dieses, Ihr Richter? Denn wenn einer, in der Unterwelt angelangt, nun dieser sich so nennenden Richter entledigt, dort die wahren Richter antrifft, von denen gesagt wird, daß sie dort Recht sprechen... Wäre das wohl eine schlechte Umwanderung?... Ja, mir zumal wäre es ein herrliches Leben, wenn ich dort den *Palamedes* und *Aias*, des *Telamon* Sohn, anträfe und wer sonst noch unter den Alten eines ungerechten Gerichtes wegen gestorben ist...«

Euripides (um 480-406 v.Chr.) – einer der vier größten griechischen Tragiker – nannte den Tod »größtes Heilmittel für Übel«.

Plato (427-347 v.Chr.) – griechischer Philosoph –, der unter anderem in seinen »Nomoi« Gesetze für einen ihm ideal erscheinenden Staat entwarf – hat kein tadelndes Wort für den, »der sich gewaltsam seines Anteils am Leben beraubt, wenn es unter dem Zwange eines traurigen und unabwendbaren Mißgeschicks oder aus unabänderlicher und unerträglicher Scham geschieht.«

Epikur (341–271 v. Chr.) – griechischer Philosoph –, der besonders lehrte, daß Menschen froh und sinnerfüllt leben sollen, wo solches möglich ist – empfahl dem einzelnen Menschen, selbst zu überlegen, »ob es besser ist, daß der Tod zu uns komme oder daß wir zu ihm gehen«.

Epiktet (um 50–140 n. Chr.) – griechischer Philosoph – verwarf leichtfertigen Selbstmord, nicht aber solchen wegen einer unheilbaren Krankheit, unerträglichen Kummer oder Elend jeder Art: »Denkt an eines: Die Tür ist offen, seid nicht schüchterner als die kleinen Kinder, die da sagen: ›Ich will nicht mehr spielen‹, wenn ein Ding ihnen nicht mehr gefällt. Tut auch Ihr so, wenn die Dinge Euch solcher Art erscheinen, saget: ›Ich will nicht länger spielen‹, und gehet weg. Doch wenn Ihr verweilt, beklagt Euch nicht.«
»Es ist viel dringender erforderlich, die Seele als den Körper zu heilen, denn Tod ist besser als ein schlechtes Leben.«

Plinis (23/24–79 n. Chr.) – römischer Naturgelehrter – meint, »die Fähigkeit zu sterben, wann man will, sei das beste Geschenk, das Gott den Menschen inmitten der Leiden des Daseins gegeben hat.«

Seneca (um 55 v. Chr. – 40 n. Chr.) – römischer Philosoph –: »Ob aber das Leben überhaupt so viel wert sei, das ist eine andere Frage. Ich will nicht Mut zusprechen, in einem solchen elenden Sklavenkerker zu bleiben.«
»Ich will zeigen, daß es in jeder Sklaverei zur Freiheit einen offenen Weg gibt. Ist das Gemüt krank und elend durch eigene Gebrechen, so kann man ja dem Elend und dem Leben ein Ende machen.«

Montaigne (1533–1592) – französischer Philosoph –, der sich besonders mit Moral beschäftigte: »Der freiwilligste Tod ist der schönste. Während unser Leben von dem Willen anderer abhängt, hängt der Tod vom unsrigen ab.«

Montesquieu (1689–1755) – französischer Philosoph –, der als Staats- und Rechtsphilosoph mit seiner Lehre von der Trennung legislativer, judizieller und exekutiver Staatsgewalt grundlegende staatrechtliche Vorstellungen schuf, die in der Verfassungen wohl aller späterer demokratischer Staaten verwirklicht wurden: »Die Gesellschaft beruht auf einem gegenseitigen Vorteil. Wenn sie mir lästig wird, wer will mich verhindern, auf den Vorteil zu verzichten? Das Leben ist mir als eine Gunst verliehen worden. Ist es keine mehr, so kann ich es zurückgeben.«

Hume (1711-1776) - englischer Philosoph, bedeutendster Religionsphilosoph seiner Zeit und Begründer der Religionswissenschaft : »Gesetzt den Fall, daß ich nicht mehr imstande wäre, die Wohlfahrt der Gesellschaft zu fördern und daß ich ihr gar zur Last fiele oder daß mein Leben jemand verhinderte, der Gesellschaft weit nützlicher zu sein, in solchen Fällen müßte mein Verzicht aufs Leben nicht bloß harmlos, sondern geradezu lobenswert sein.«

Voltaire (1694-1778) - französischer Philosoph und Dichter der Aufklärungszeit - wandte sich wiederholt scharf gegen die grausamen Gesetze, die den Leichnam des Sichtöters der öffentlichen Schande aussetzten und seine Kinder ihres Erbes beraubten: Wenn die Selbsttötung ein Unrecht an der Gesellschaft sei, was müsse von dem im Krieg begangenen, durch die Gesetze aller Länder gestatteten ›freiwilligen‹ Selbstmord gesagt werden? Dieser schade der Menschheit weit mehr als die Selbsttötung, die nie in großer Anzahl vorkomme.

Holbach (1723-1789) - Philosoph der französischen Aufklärung -: »Der Selbstmörder macht sich nicht nur keiner Ausschreitung gegen Gott oder die Natur schuldig, sondern folgt vielmehr einem Fingerzeig der Natur, wenn er durch das einzige ihm übrigbleibende Mittel sich von seinem Leiden befreit. Auch habe weder sein Land noch seine Familie Ursache, sich über seinen freiwilligen Tod zu beklagen, denn sie konnten ihn nicht glücklich machen und haben daher auch nichts mehr von ihm zu erwarten.«

Friedrich Nietzsche (1844-1900) - überragender deutscher Philosoph und Psychologe, Kritiker falscher Wertvorstellungen, besonders solcher der christlichen Moral -: »Abgesehen von den Forderungen, welche die Religion stellt, darf man wohl fragen: Warum sollte es für einen altgewordenen Mann, welcher die Abnahme seiner Kräfte spürt, rühmlicher sein, seine langsame Erschöpfung und Auflösung abzuwarten, als ihr mit vollem Bewußtsein ein Ziel zu setzen? Die Selbsttötung ist in diesem Falle eine ganz natürliche naheliegende Handlung, welche als ein Sieg der Vernunft billigerweise Ehrfurcht erwecken sollte und auch erweckt hat, in jenen Zeiten, als die Häupter der griechischen Philosophie und die wackersten römischen Patrioten durch Selbsttötung zu sterben pflegten. Die Sucht dagegen, sich mit ängstlicher Beratung von Ärzten und peinlichster Lebensart von Tag zu Tag fortzufristen, ohne Kraft, dem eigentlichen Lebensziel noch näher zu kömmen, ist viel weniger achtbar. – Die Religionen sind reich an Ausflüchten vor der Forderung der Selbsttötung: Dadurch schmeicheln sie sich bei denen ein, welche in das Leben verliebt sind.«

»Wir Menschen sind die einzigen Geschöpfe, welche, wenn sie mißraten, sich selber durchstreichen können, wie einen mißratenen Satz, – sei es, daß wir dies zur Ehre der Menschheit oder aus Mitleiden mit ihr oder aus Widerwillen gegen uns tun.«

»Ich spreche vom unfreiwilligen (natürlichen) und vom freiwilligen (vernünftigen) Tode. Der natürliche Tod ist der von aller Vernunft unabhängige, der eigentliche unvernünftige Tod, bei dem die erbärmliche Substanz der Schale darüber bestimmt, wie lange der Kern bestehen soll oder nicht: bei dem also, der verkümmernde, oft kranke und stumpfsinnige Gefängniswärter der Herr ist, der den Punkt bezeichnet, wo sein vornehmer Gefangener sterben soll. Der natürliche Tod ist der Selbstmord der Natur, das heißt, die Vernichtung des vernünftigen Wesens durch das unvernünftige, welches an das erstere gebunden ist. Nur unter der religiösen Beleuchtung kann es umgekehrt erscheinen: weil dann, wie billig, die höhere Vernunft (Gottes) ihren Befehl gibt, dem die niedere sich zu fügen hat. Außerhalb der religiösen Denkungsart ist der natürliche Tod keiner Verherrlichung wert. – Die weisheitsvolle Anordnung und Verfügung des Todes gehört in jene, jetzt ganz unfaßbare und unmoralisch klingende Moral der Zukunft, in deren Morgenröte zu blicken ein unbeschreibliches Glück sei muß.

»Der Tod, aus freien Stücken gewählt, der Tod zur rechten Zeit, mit Helle und Freudigkeit, inmitten von Kindern und Zeugen vollzogen, so daß ein wirkliches Abschiednehmen noch möglich ist, wo »der noch nicht da ist«, der sich verabschiedet, insgleichen ein wirkliches Abschätzen des Erreichten und Gewollten, eine Summierung des Lebens – alles im Gegensatz zu der erbärmlichen und schauderhaften Komödie, die das Christentum mit der Sterbestunde getrieben hat. Man soll es dem Christentum nie vergessen, daß es die Schwäche des Sterbenden zu Gewissensnotzucht, daß es die Art des Todes selbst zu Werturteilen über Mensch und Vergangenheit gemißbraucht hat.«

»Was verdorben ist durch den Mißbrauch, den die Kirche getrieben hat, ist... 6. der Tod: Man muß die dumme physiologische Tatsache in eine moralische Notwendigkeit umdrehn: so leben, daß man auch zur rechten Zeit seinen Willen zum Tode hat!«

3.4 SICHTÖTUNG AUS KRANKHEITSLEID ALS ANKLAGE ÄRZTLICHER MITLEIDLOSIGKEIT – MIT EHRENTAFEL

Sie ist die schwerste Anklage gegen die Inhumanität der Ärzteführer: Die Sichselbsttötung von end- und hoffnungslos gequälten Kranken auf unwürdigste Art und Weise

Der schwerst krebskranke *Adalbert Stifter* mußte sich mit einer *Rasierklinge* Halsadern und Gurgel durchschneiden. Seine Frau fand ihn mit einer Blutfontäne aus dem Hals im blutbesudelten Ehebett in Erstickungsnot röchelnd und erlebte das schreckliche Ende hautnah.

Warum? Weil die Ärzte sich ihm verweigerten, obwohl seine *Leber voller Krebs* saß und obwohl »die innere Zersetzung... von wütenden Schmerzanfällen begleitet« war, wie berichtet wird.

»In der Nacht vom 27. auf den 28.1.1868 stiegen die grauenhaften Qualen zu so betäubender Macht an, daß die rasende Folter des Dichters Sinne verwirrte. Wie von plötzlichem Wahnsinn erfaßt, tastete er – die Uhr hatte eben die erste Stunde nach Mitternacht verkündet – in einem unbewachten Augenblick mit zitternden Händen nach dem Tischchen, in welchem sein Rasiermesser verwahrt lag, ergriff es und...« So wurde es überliefert.

Wo blieb da die Menschenwürde für den verdienstvollen Dichter *Adalbert Stifter*, und wo die für seine Frau? Warum gab es keinen Arzt, der ihm auf humane Art die Krankheitsqual beendete?

Der von *Tollwutpanik* erfaßte *Ferdinand Raimund*, der das Wiener Volkstheater mit seinen Zauberpossen »Der Alpenkönig und der Menschenfeind« sowie »Der Verschwender« zu einem Höhepunkt führte, tötete sich selbst durch einen *Pistolenschuß in den Mund*. Seine Freundin war für einen Moment aus dem Zimmer gegangen, um ihm ein Glas frisches Wasser zu holen. Da traf der Schußknall *ihr Herz* und der Anblick des tödlich Verletzten *ihre Seele*.

Warum? Weil die *Ärzte* den Patienten in seiner schrecklichen Tollwutangst *alleingelassen* hatten. Weil *Raimund* nicht darauf hoffen durfte, im Falle des Falles die erlösende Todesspritze zu bekommen. *Also mußte er es selbst tun,* bevor ihm die Schußhand *gelähmt* war. Bei einem ärztlichen Mitleidstötungsversprechen wäre es nie zu diesem »Suizid aus falschem Grund« gekommen. Denn er war durch den Hundebiß gar *nicht* mit Tollwut *infiziert* worden.

Was ging voraus? Ein zeitgenössischer Bericht lautet:

»In der zweiten Augusthälfte 1836 fügte ein Hund *Raimund* im Spiel zwei kleine Wunden an der linken Hand zu, die rasch verheilten... Am 29. August... hörte er zu seinem Schrecken, daß der Hund, der ihn vor kurzem verletzt hatte, auch ein Mädchen gebissen habe und vom Schäfer *für tollwütig erklärt*, erschlagen und verscharrt worden sei. Eine *entsetzliche Angst*, tollwutkrank zu werden, bemächtigte sich *Raimunds*. Sofort trat er die Reise zum *Arzt nach Wien* an; in Pottenstein mußte er im ›Goldenen Hirschen‹ übernachten. Eine außerordentliche Ängstlichkeit vor einem möglichen Ausbruch der Wasserscheu, dem untrüglichen Anzeichen der Wutkrankheit, ließ ihn die ganze Nacht nicht ruhen. Morgens um vier Uhr stand er auf, öffnete das Fenster und klagte laut über ein ungewöhnliches Gefühl von Hitze, Angst und banger Furcht, was er nie empfunden hatte; seine Freundin, dadurch in Schrecken gesetzt, suchte ihn zu trösten, nahm ein Glas, um frisches Wasser zu bringen. Als sie aber damit zur Tür hereinkam, *schoß sich Raimund* im Bette sitzend *mit einem Handterzerol*, das er ständig mit sich führte und nachts neben sich liegen hatte, *in den Mund*. Die Ärzte vermochten nicht, *Raimund* zu retten; er starb eine Woche später. Der Obduktionsbefund ergab, daß der Dichter, keineswegs von Tollwut infiziert, *völlig gesund gewesen war.*«

Dies geschah bereits 1836, also lange vor Menschenrechtskonventionen. Aber *entschuldigt* das etwa die Heilgötter? Ärzte, die ihren Beruf nicht verfehlt haben, *brauchten zu keiner Zeit* gesetzliche Hilfestellung für *anständiges Verhalten.*

Tab. 3: Ehrentafel hochverdienter Sichtöter aus Krankheitsleid

271 v. Chr.	*Epikur* (70) – Griechischer Philosoph – Unheilbare Krankheit. Trank »ungemischten Wein« im heißen Bad.
232 v. Chr.	*Kleanthes* – Stoischer Philosoph – Angeblich unheilbare Krankheit, stimmte jedoch nicht – hungerte sich zu Tode.
1868	*Adalbert Stifter* (63) – Dichter und Schriftsteller – Leberkrebs – Durchschnitt sich mit einem Rasiermesser die Kehle.
1890	*Vincent van Gogh* (37) – Holländischer Maler – Depressionen und geistige Verwirrung – erschoß sich.
1941	*Virginia Woolf* (59) – Englische Schriftstellerin – Angst vor Geisteskrankheit – ertränkte sich.
1961	*Ernest Hemingway* (62) – Schriftsteller – Altersdepression – schoß sich in den Mund.
1979	*Gertrud Kückelmann* (50) – Schauspielerin – Darmkrebs – Sprung aus dem Fenster (15 m)
1983	*Arthur Koestler* (77) – Schriftsteller und Philosoph – Leukämie und Parkinsonsche Krankheit – nahm Gift.
1986	*Lilli Palmer* (71) – Schauspielerin und Schriftstellerin – Krebs – nahm Gift.

Der Dichter *Franz Kafka* hat seinen Arzt, schwerstgequält von seiner Tuberkulose, angefleht: »Töten Sie mich, sonst sind Sie ein Mörder.« Trotzdem wurde ihm die Mitleidstat verweigert.

Das sind nur ein paar Beispiele für die *Inhumanität der Arztgesetze* seit eh und je und für zwei typische Folgen: *Grauenhaft-unwürdige* Sichtötung aus hoffnungslosem Krankheitsleid heraus und unnötiger Freitod als *Vorsorge*, weil Ärzte im Falle des Falles nicht helfen. Die Zahl *würdeloser Sichtötungen* aus Krankheitsleid einerseits und *vermeidbarer* Suizide aus *Arztgesetzinhumanität* dürfte weltweit jährlich in die *Hunderttausende* gehen. Dabei ist die statistische Dunkelziffer wahrscheinlich immens. Ich weiß von Angehörigen, daß sich allein nach einer (unnötigen) Kastrationsoperation viele Männer offen oder versteckt umgebracht haben. Nur die *Erhängten* werden statistisch unter »Selbstmord« eingeordnet, die *Vergifteten* aber unter »Prostatakrebs«.

Um den KONTRAS die Verteufelung der Sichtötung nicht zu leicht zu machen, habe ich eine »*Ehrentafel hochverdienter Sichtöter aus Krankheitsleid*« zusammengestellt (Tab. 3). Sie enthält Namen von Menschen, die sich irgendwie *um uns alle verdient gemacht* haben, dazu die Diagnose und die unwürdige Tötungsart. Mir scheint, daß eine solche *Ehrentafel* wohl recht geeignet ist, den *mangelhaften Schutz der Menschenwürde* durch behördliche Duldung des ärztlichen Patientenfolterungsrechtes und durch strafrechtliche *Verteufelung* der Mitleidstötung als *Tötung-auf-Verlangen-Verbrechen* deutlich zu machen.

3.5 SICHTÖTUNG AUS »ANDEREM GUTEN GRUND« – MIT EHRENTAFEL

Die Sichtötung aus einem anderen guten Grund als es Krankheitsleid sein kann, ist *nicht das Hauptanliegen* dieses Buches. Tatsache bleibt aber, daß es *auch andere gute Gründe* zum Suizid gibt. Abgesehen davon dürfte Krankheitsleid oft unmerklich als Sterbewunschgrund mitbeteiligt sein.

Nichts kann die *Ehrenhaftigkeit* vieler Sichtötungen stärker beweisen als die Namen *hochverdienter Sichtöter*. Eine Auswahl davon ist in Tab. 4 zusammengestellt.

Wer möchte einen *Stein der Verachtung* und des Verdammens auf diese Lebensmüden werfen? Wer will sie weiterhin *Selbstmörder* nennen? *Bitte vortreten*, meine Damen und Herren Kirchenfürsten, Ärzteführer, Hoch- und Höchstrichter, Regierende und gewählte Volksvertreter! Bitte bekennen Sie sich vor dem Volk öffentlich dazu, damit man weiß, mit wem man es zu tun hat.

An der Spitze der hochverdienten Sichtöter aus anderem guten Grund steht *Sokrates*, der *Spitzenreiter der Humanität*. Er trank den Schierlingsbecher beherzt bis auf den letzten Rest aus und starb als *Märtyrer für Humane Politik*.

Kurt Tucholsky nahm 1935 Gift, weil er an seinem Nazivaterland verzweifelte. Gegen seinen ausdrücklich verfügten Willen machten Ärzte zwei Tage lang Lebensrettungsversuche.

Der jüdisch-kommunistische *Emigrant Ernst Toller* erhängte sich 1939. Des Dramatikers Dramen »Die Wandlung«, »Masse – Mensch«, »Der deutsche Hinkemann« kamen in den zwanziger Jahren zu Weltruhm.

Der Dramatiker *Walter Hasenclever* vergiftete sich 1940 im *Internierungslager* mit *Veronal*.

Der Schriftsteller *Jochen Klepper* tötete sich 1942 gemeinsam mit seiner Frau und Stieftochter, *die Jüdinnen waren*, vor den Augen der segnenden Christusplastik. Der überzeugte Christ *Klepper* war in der Auseinandersetzung mit dem Problem des Freitods zu dem Ergebnis gekommen: »Eine andere Sünde als alle übrige Sünde ist er nicht. Auch er kann uns von Gott nicht trennen.«

Franz Blei, der Autor von »Das große Bestiarium der modernen Literatur«, einer geistreichen Sammlung böser

Tab. 4: Ehrentafel hochverdienter Sichtöter aus anderem guten Grund

399 v. Chr.	*Sokrates* (71) – Griechischer Philosoph – Gesetzestreue – trank den Schierlingsbecher.
1778	*Jean Jacques Rousseau* (66) – Schriftsteller und Philosoph – nahm Gift.
1935	*Kurt Tucholsky* (45) – Schriftsteller, Satiriker Naziterror – nahm als Emigrant Überdosis VERONAL.
1938	*Egon Friedell* (60) – Drohende Verhaftung (Nazi) – Sprung aus dem Fenster
1939	*Ernst Toller* (46) – Dramatiker – Naziterror – erhängte sich.
1940	*Walter Hasenclever* (50) – Dramatiker – Naziterror – vergiftete sich als Emigrant mit VERONAL.
1942	*Jochen Klepper* (39) – Schriftsteller, Lyriker – Naziterror – nahm Gift?
1942	*Franz Blei* (71) – Schriftsteller – Naziterror – nahm als Emigrant in New York Zyankali.
1942	*Stefan Zweig* (61) – Schriftsteller – Naziterror – nahm Gift.
1978	*Jean Améry* (66) – Schriftsteller, Publizist – Verzweiflung – nahm Überdosis Schlaftabletten.

Schreiber, schluckte 1942 als *Naziflüchtling* ein halbes Gramm Zyankali.

Stefan Zweig brachte sich 1942 *heimatvertrieben* in Brasilien um, »nachdem die Welt meiner eigenen Sprache für mich untergegangen ist und meine geistige Heimat Europa sich selber vernichtet.«

Jean Améry überlebte die Nazigreuel Gott sei Dank. Diesem glücklichen Umstand verdanken wir das Buch »Hand an sich legen – Diskurs über den Freitod«. Darin klagt er: »J'ai le cœur lourd. Mein Herz ist schwer.« Dann brachte er es 1978 zum Stillstand. *Seine KZ-Nummer* ließ er in den Grabstein einmeißeln.

Viele *Schriftsteller* haben sich um eine Humanisierung des »Freitodes« und der Sterbehilfe verdient gemacht. Besonders hervorzuheben ist der Beitrag von *Ernst Mann* zum Sterben und zur Sterbehilfe in seiner Schrift »DIE WOHLTAT DES TODES«. (s. Schrifttumsverzeichnis)

In der Bundesrepublik sterben nach den offiziellen Berichten des Statistischen Bundesamts im Jahr zirka 14 000 Menschen durch Sichtötung. Das sind 20 bezogen auf 100 000 Menschen. Die Zahl der Suizid*versuche* soll zwischen 500 000 und 800 000 liegen.

Statistisch erfaßt wird nur, bei wem in der *Todesbescheinigung* die Rubrik »*Nicht natürlicher Tod*« in Klammern »Selbstmord« angekreuzt ist. Die *Dunkelziffer* der Sichtötung, die als »Natürlicher Tod« mit einer Krankheitsbezeichnung eingetragen wird, beträgt nach meiner Schätzung aufgrund von Angehörigenberichten *das Zwei- bis Dreifache* der offiziellen Zahlen.

Eine *Arztpflicht Mitleidstötung* mit glaubhaftem Mitleidsverhalten der Ärzte würde die *Zahl der Suizidversuche*, die ja auch ein erheblicher Kostenfaktor der Gesetzlichen Krankenversicherungen sind, *um ein Vielfaches reduzieren*. Die Zahl der tödlichen Suizide – einschließlich der verborgenen – würde *eher sinken* als zunehmen. Vor allem aber würde die Arztpflicht Mitleidstötung eine große Zahl anständiger, verdienter und hochverdienter Staatsbürger *vor einem inhumanen Qualtod* und ihre Angehörigen vor seinen bösen Folgen *bewahren*.

3.6 SICHTÖTUNG AUS »ANDEREM NICHTBÖSEN GRUND«

Es gibt eine Sichtötung, bei der der Sterbewunschgrund – jedenfalls für Außenstehende – *undurchsichtig* bleibt. Im Zweifelsfall sollte man immer einen *nichtbösen Grund* unterstellen, wie ja auch sonst im Leben gilt: *in dubio pro reo*, im Zweifel für die *positive* Wertung einer Tat. Das aber *verbietet* die *verleumderische Einstufung* eines *jeden Suizids* als Selbstmord.

Bei diesen »anderen nichtbösen Suizidgründen« sind dem Ermessensspielraum für eine Bewertung von »beinahe gut« bis »fast böse« weite Grenzen gesetzt. Sicher ist darunter die Zahl der Suizide *aus falschem Grund* groß. Das sind Sterbewunschgründe wie Liebeskummer wegen verschmähter Liebe, Examensangst, schlechtes Schulzeugnis, Schande durch ein uneheliches Kind usw., die wohl *meistens als falsch* zu bewerten sind.

Der griechische Philosoph *Epiktet* hat sich als einer der ersten gegen die »leichtfertige« Sichtötung gewandt. Er bejahte aber ausdrücklich die Sichtötung »wegen unheilbarer Krankheit, unerträglichem Kummer oder Elend jeder Art« (*Westermarck:* Ursprung und Entwicklung der Moralbegriffe, Leipzig 1907).

Auch ich halte es für *sehr zweifelhaft*, daß man eine *verlorene Ehre* durch Suizid *wiederherstellen* kann. Ausnahmen mag es geben, die Regel ist es sicher nicht. Da bietet sich ein *aufopferungsvolles Weiterleben zur Wiedergutmachung* sehr viel glaubwürdiger an: *Hilfsarbeit für Notleidende* gegen »Gotteslohn« in ihrer unerschöpflichen Vielfalt an Möglichkeiten.

Iokaste, die Mutter und spätere Ehefrau des *Ödipus* war

nach der griechischen Sage eine der ersten Sichtöterinnen weder aus Krankheitsleid noch aus anderem (sicher) gutem Grund, aber wohl aus nichtbösem.

Kaum einen Zweifel kann es geben, daß auch die Zahl der Sichtötungen aus anderem nichtbösen Grund und vor allem die riesige Zahl der Suizidversuche deshalb ohne Todesfolge stark zurückginge, wenn Ärzte zu glaubhaften *Auch-Seelsorgern* würden.

In diese Rolle sind sie geradezu gedrängt, weil die *Kirchenfürsten ihre Glaubenslehren* immer *weniger glaubhaft* machen, jedenfalls für das große Volk und vor allem für die Mitdenker. Deshalb sind seit längerer Zeit von *Menschen in Seelennot* alle Ledersofas der Psychiater und Psychotherapeuten ausgebucht. Aber der Trend ist *rückläufig*. Sehr *glaubhaft* scheint auch das für die meisten *nicht mehr* zu sein, was ihnen da auf dem Sofa erzählt und mit ihnen gemacht wird.

Die US-Amerikaner, die Neuzeit-Vormarschierer in die Zukunft, werden jedenfalls *immer sofascheuer*. Da gibt es schon ein breites Bewußtwerden des großen Loches zwischen Himmel und irdischen Lebenszwängen, das auf dem Ledersofa *nicht gestopft* werden kann.

Man stelle sich vor: Ärzte würden zu glaubhaften Auch-Seelsorgern! Der Himmel täte sich auf für die Patienten. Im Grunde haben wir Patientenarzt*handwerker* es viel leichter, Menschen in Seelennot, die sich dadurch fast immer krank fühlen, helfen zu können als die *Nur-Seelsorger* mit kirchlicher und ärztlicher Berufstätigkeit. Denn praktisch-handwerkliche Hilfe ist *durchschaubarer* als theoretische, weniger *Glaubens-*, mehr Tatsache, und *angehängt* an Seelennothilfe ungleich wirksamer. Im übrigen steht und fällt sie ohnehin mit den gesellschaftlichen Umweltbedingungen und der Lebenskraft des einzelnen Menschen.

Glaubhaft wird ein Arzt als Auch-Seelsorger nur durch

glaubhafte Mitleidsfähigkeit, glaubhaft gemacht durch *praktizierte Barmherzigkeit.* Dazu gehört auch die Hilfestellung zu einem humanen Sterben für endgültig Lebensmüde aus nichtbösem Grund. Denn niemand anderes als ein Arzt kann hier der beste Garant für eine *würdige, qualfreie Sichtötung* sein. Ich gehe aber nicht so weit, *noch nicht*, die Arzthilfe zum Sterben auch dann als *Arztpflicht* zu werten, wenn *nicht Krankheitsleid* der Hauptsterbewunschgrund ist.

3.7 SELBSTMORD AUS »BÖSEM GRUND«

Eigentlich sollte am Anfang dieses Kapitels eine »*Schandtafel berüchtigter Selbstmörder*« stehen. Dann brauchten nicht viele Worte zur Erläuterung gemacht werden. Doch mag es genügen, wenn ich stellvertretend für viele andere die Namen der Naziteufel *Adolf Hitler, Hermann Göring* und *Joseph Goebbels* nenne.

Es gab sie zu allen Zeiten, die Menschenteufel, die sich ihrer *Pflicht zu einer Wiedergutmachung* durch harte Arbeit und zur *Sühne* durch Verbüßung einer gerechten Strafe *durch feige Flucht in den Tod* entzogen. Für sie sollte das *Schandwort Selbstmord* weiter verwendet werden.

Nicht ganz so böse, aber doch böse genug, ist die Sichtötung aus krassem Egoismus, um sich einer *Anstandspflicht* gegenüber Abhängigen zu entziehen. Dies können Ehepartner, Kinder, Eltern, aber auch Freunde oder Mitarbeiter sein.

Es gibt, für alle erkennbar, schon heute gewachsene *Anstandspflichten*, denen man sich auch ohne gesetzliche Festlegung nicht entziehen kann. Und wenn man es tut, ist man ein *Mörder*.

In der Neuzeit wird viel von Menschen*rechten* geredet und viel dafür getan, nicht genug – zum Beispiel bezogen auf Menschenwürde und Menschenfreiheit – aber *doch eine ganze Menge* und immer mehr. Gott sei Dank! Aber von Menschen*pflichten* aus dem Gebot der Nächstenliebe heraus hört man wenig Fortschrittliches.

Hier wäre oben zu beginnen: festzulegen, was für *Sonderpflichten* sich aus den *Sonderrechten der Oberen*, insbesondere der Führer aller Stände und Bereiche ergeben.

Und sobald das für die Oberen geregelt ist, könnte man auch das Volk mehr in *humanitäre Menschenpflichten* einbinden. Dann dürfte auch der *Selbstmord aus Egoismus* seltener werden.

4 MITLEIDSTÖTUNG AUS DER SICHT ANDERER

4.1 BEGRIFFSERKLÄRUNG

MERCY KILLING nennen Engländer und Amerikaner schlicht und einfach die *Tötung auf Verlangen aus Mitleid*. Dieser Begriff »*Mitleidstötung*« scheint mir der beste von allen, der klarste, am wenigsten irreführende und verfälschbare. Deshalb ziehe ich ihn den Vokabeln *Sterbehilfe* und auch *Erlösungstodhilfe* vor. Das verdeutschte Wort *Euthanasie* benutze ich überhaupt nicht mehr. Mitleidstötung ist ein *ehrenwerter Begriff* für eine *gute Tat aus Nächstenliebe*. Sie gehört in die Reihe jener *Lebenshilfen*, jener Hilfestellungen gegen ein unglückliches Leben, die man *nur einem Freund* aus dem Herzen heraus gibt, nicht aber irgend jemandem. Hier steht sie im Rang weit oben: erstens, weil Tötung der *Natur eines human denkenden Menschen* grundsätzlich *widerspricht*, Widerwillen und Unbehagen auslöst, ganz besonders die Tötung eines *Mitmenschen*. Zweitens, weil Mitleidstötung *nur* genannt werden darf, was *total frei* von *egoistischen Beweggründen* ist, für das *keinerlei Gegenleistung* in irgendeiner Form angenommen wird.

Mitleidstötung ist *nur* die aus end- und hoffnungslosem Krankheitsleid *erlösende Tötung* eines anderen Menschen auf seinen Wunsch in Barmherzigkeit. Nur *Krankheitsleid*, an dem der Töter aus seinem Herzen heraus *mitleidet*, rechtfertigt den *Hochachtungsbegriff*, nicht aber ein anderer Sterbewunschgrund wie Liebeskummer und Ehrbarkeitsverlust. Und nur der *freie Wille* zum Getötetwerden, das erklärte *Wollen* des Leidenden, des Patienten, *rechtfertigt* die Ehrenbezeichnung.

Schlußendlich sollte aus Humansicht *nur jene Tötungs-*

handlung Mitleidstötung genannt werden, die ein *völlig qualfreies* Hineinschlafen in den Tod *garantiert,* also die *Humane Tötung* eines Patienten durch *seinen* behandelnden Arzt.

Bezogen auf den Willen des Getöteten war die Mitleidstötung eine *Sichtötung* durch die Hand eines anderen. Auch von eigener Hand ist *Sichtötung aus Krankheitsleid* eine ehrenwerte Tat, die niemals als Mord entehrt werden dürfte.

Wie im Kapitel 7.2 erläutert, sind auch die »*indirekte*« – also (angeblich) nichtgewollte – und die »*passive*« Sterbehilfe – durch Unterlassung »künstlicher« Lebensverlängerung – eine *Tötung, aber nicht immer, sogar oft nicht* eine *Mitleids*tötung. Einerseits fehlt es oft an dem Beweggrund *Mitleid aus Nächstenliebe,* aus dem Herzen heraus also, entspringt vielmehr die Tötung oft *nüchternem Kalkül* des Mediziningenieurs. Andererseits ist der Wille des Patienten, sein »*Wunschwohlwollen*« zu oft *nicht ausreichend respektiert.* Schließlich gibt es nicht selten auch Grund zur Kritik an der *Durchführung* des Tötungsaktes.

Konkret:

1. Die ungewollte Todesspritze ist *keine Mitleids*tötung, sondern *entweder* eine *schuldhafte Tötung* aus Fahrlässigkeit, Grobfahrlässigkeit oder unbedingtem Vorsatz *oder* eine *nicht schuldhafte Tötung* aus entschuldbarem Nichtwissen (= Dummheit) oder Irrtum.

2. Die grundsätzlich arztrechtlich erlaubte indirekt-tödliche Morphiumspritze ist *manchmal Mord, Tötung aus niedrigen Beweggründen,* zum Beispiel bei »*Nichtsnutzpatienten*« (aus wissenschaftlicher oder ökonomischer Sicht) oder »*Lastekelpatienten*« (aus Heilhelfersicht).

Bedingt-vorsätzliche Tötung kann *Mitleids*tötung sein, wenn die Todesspritze unter dem bewußten *Risiko zu töten* gegeben wurde.

4.2 KONTRA-STIMMEN GEGEN MITLEIDSTÖTUNG

Bemerkenswerterweise gibt es nur *zwei machtvolle Institutionen,* deren oberste Führungen sich seit Urzeiten unbeugsam *gegen die Mitleidstötung* wenden und das ohne jede Ausnahme: *die christlichen Kirchen und die Ärzteschaft.* In den letzten Jahren sind bei uns ein paar Wirrköpfe aus dem Lager der Grünen, der »Sozialethiker« und der Behindertenfunktionäre dazugekommen.

Ich habe im folgenden die Positionen der KONTRAS dargelegt und mich damit auseinandergesetzt.

Wo mag das *gemeinsame Interesse* liegen, auch Patienten in hoffnungsloser Krankheitsfolter nicht aktiv zu helfen? Was läßt diese die Unhumanität eines solchen Verhaltens vergessen?

Für mich gibt es nur einen plausiblen Grund als Erklärung: *Machttrieb.*

Das *Streben nach Macht* ist *legitim.* Macht als *Belohnung* für Anstand und Redlichkeit, herausragendes Wissen und Können und vor allem viel positives Tun, bringt jeder Gesellschaft *reichen Segen.*

Aber *Machterwerb* durch *Informationsunterdrückung und Irreführung, durch Lüge und Betrug* in ihren bösesten Formen, insbesondere als *akademische Lüge,* bringt Unglück für alle, nicht nur für die Gehorsamen.

Ich behaupte nicht, daß *alle* Kirchenfürsten, Ärzteführer und Grünenhäuptlinge – um die es hier vor allem geht – ihr Mitleidstötungs-KONTRA nur aus Machtstreben beziehen. Aber alle müssen sich fragen lassen, warum sie solch inhumanes Verhalten als politische Richtlinie zulassen:

Müßte es nicht ein Ungeheuer von Gott sein, das Weiterleben fordert von den end- und hoffnungslos Krankheitsgequälten? *Und ein Ungeheuer von Mensch?*

4.2.1 DAS KONTRA DER KIRCHENFÜRSTEN

Die Willensfreiheit ist eine unabdingbare Voraussetzung der Mitleidstötung. Diese Willensfreiheit schließt auch die Freiheit des Glaubenwollens ein, die als Religionsfreiheit auch nach unserem Grundgesetz als Menschenrecht geschützt ist.

Ich stelle das voran, um deutlich zu machen: Meine Kritik an den Mitleidstötungsgegnern ist *keine Glaubenskritik.* Wer sich aus seinem Glauben heraus einem Religionsverbot, sich selbst zu töten oder sich töten zu lassen, unterwirft, *hat das Recht dazu,* und jedermann sollte es respektieren.

Diejenigen Religionsführer aber, die mit ihrer Glaubenslehre die *ärztliche Grundpflicht der Krankheitsleidminderung* in Frage stellen oder gar *bekämpfen,* müssen sich der *Kritik stellen.*

An der Spitze der Mitleidstötungs-KONTRAS marschiert die katholische Kirche. Im Frühjahr 1987 erklärte Papst *Johannes Paul II.* auf seiner Tournee durch die Bundesrepublik Deutschland in Münster: »Wieder gibt es heute in der Gesellschaft starke Kräfte, die das menschliche Leben bedrohen. Euthanasie, Gnadentod aus angeblichem Mitleid, ist erneut ein erschreckend wiederkehrendes Wort ...«

Vorher hatte er verkündet: »Zeuge Christi sein bedeutet, Zeugnis zu geben für die Wahrheit, für Gott und die wahre Größe des Menschen, für die gottgewollte Ordnung in allen Lebensbereichen. Darum ist Kardinal *von Galen* damals so entschieden gegen die organisierte Ermordung sogenannten unwerten Lebens aufgetreten. Gegenüber menschenverachtender Tyrannei erinnerte er an das Gebot Gottes: Du sollst nicht töten!«

Es ist nicht wahr. Das fünfte Gebot heißt: »Du sollst nicht morden«, aber nicht: »Du sollst nicht töten«, haben redliche Bibelforscher klargestellt!

Weiter, was der Papst gesagt hat: »Wenn auch heute die Bedrohung der Würde und Grundrechte des Menschen auf nicht so dramatische, sondern subtilere Weise geschieht, muß die Kirche nicht weniger bereit sein, ohne Rücksicht auf Einschüchterung und Lob, sich gleichermaßen stets zum Anwalt des Lebens zu machen. Angesichts der erschreckend hohen Zahl von Abtreibungen und der zunehmenden unerlaubten Praktiken sogenannter ›Sterbehilfen‹ hat der Dienst am Leben für uns Bischöfe in der heutigen Gesellschaft erneut eine große Aktualität und Dringlichkeit erlangt.«

Ich muß *Johannes Paul II.* daran erinnern, daß *Thomas Morus* am 22. Juni Namenstag hat. Er wird von der Katholischen Kirche als Heiliger verehrt. Obwohl er sich stark für die Sterbehilfe aus Barmherzigkeit engagiert hat, für die aktive Sterbehilfe wohlgemerkt.

Warum um Gottes willen sind die Hohen Priester der Katholischen Kirche so gnadenlos hart? Heute noch, im ZIS, im Zeitalter der Informationsschwemme? Das Volk, wir alle, sind doch viel besser über fast alles informiert als noch vor 20 Jahren. Soviel total Unwissende gibt es doch bei uns nicht mehr. Man muß doch Religionen an die Zeit anpassen. Nur dann bleiben sie glaubhaft! Sonst doch nicht. Sonst laufen doch die Informierten den Religionsführern davon.

Mit Sprüchen wie: »Selig, die nicht sehen und doch glauben«, hält man doch heutzutage fast keinen mehr am Glauben fest. Wir *wollen* doch alle glauben. Wir brauchten doch so nötig die Hoffnung auf einen gütigen Gott, der

Recht belohnt und Unrecht bestraft. Wir möchten doch allzugern glauben, daß es ein besseres Jenseits, ein besseres Ultra gibt, damit wir unser ZIS leichter ertragen können.

Ich würde gern wieder in die Kirche gehen, weil es der historisch gewachsene Ort zur Besinnung zum Insichgehen, zum Nachdenken über seine Sünden ist. Und weil wir alle die ständige Ermahnung, die dauernd wiederholte Erinnerung an unsere moralischen Pflichten brauchen. Aber ich kann Widersprüche zwischen Reden und Handeln, Predigen und Tun nicht ertragen. Ich will mich auch nicht wie ein Kleinkind oder ein Dummerchen behandeln lassen, wenn ich in der Kirche bin.

Leider muß ich im Moment, beim jetzigen Stand meines Wissens und meines Denkvermögens sagen: Ich kann nicht glauben, daß es einen Gott gibt. Es gibt zu vieles, was in einer gottgelenkten Welt nicht sein könnte. Und ich kann leider auch nicht an Himmel und Hölle glauben.

Aber ich halte mich nicht für übergescheit, *hoffe* sehr, daß Glaubhaftes mich eines Tages doch wieder an die schönsten Hoffnungsanker dieser Welt glauben läßt!

Die Kirchenfürsten sollten bald darüber nachdenken, warum ihre Kirchen – jedenfalls bei uns – leerer und leerer werden.

Immanuel Kant hat schon gewarnt: Eine Religion, die der *Vernunft unbedenklich den Krieg* erklärt, wird es auf die Dauer *nicht gegen sie aushalten. Romano Guardini* formulierte es so: Ein Glaube, der den Verstand fürchtet, verliert seine unmittelbare religiöse Kraft.

Ich *wünschte mir so sehr* eine Glaubenslehre, die das *praktizierte Mitleid*, die tätige Nächstenliebe zur *wichtigsten Pflicht* für das Diesseits macht und das *Hoffen* auf einen Himmel bei anständigem Lebenswandel zum starken Anreiz – und zur Beruhigung. Ich wünschte mir so sehr *christliche Prediger,* die mir *überzeugend ins Gewissen* re-

deten, mit Verstand und aus dem Herzen heraus. In einer Zeit, die den Patrioten längst das Wasser abgegraben hat, brauchten alle so dringend eine *Religion mit idealer Zielsetzung, vorgesetzt von liebevollen weltoffenen Führern. Alle würden religiös,* die suchenden Jungen und die enttäuschten Alten.

Leidensminderung und Leidensverkürzung müssen *unabdingbare Ziele* einer *christlichen Religion* und aller Glaubenslehren sonst sein. Hier haben Priester und Ärzte die gemeinsame Aufgabe. Humanes Sterben aus dieser Nächstenliebe auszugrenzen, macht eine *Religion der Liebe unglaubhaft.*

Wir brauchten so dringend *Vorbilder,* glaubhafte *Kämpfer gegen die Inhumanität.* Für mich ist das große Lob für *Clemens-August* Graf *Galen,* den jetzt vom Jetreise-Papst hochgeehrten Kardinal der Nazizeit, *nicht* einleuchtend. Er *wußte* von der Nazi-Euthanasie, vom Massenmord also an Geistigbehinderten! Und doch wohl auch von dem an *Juden, Zigeunern und anderen »Volksfeinden«* – jedenfalls zum Teil?

Ja, der Papst hat es jetzt bestätigt, daß es der Kardinal *gewußt* hat. Und warum hat er sich dann nicht *den Kopf abschlagen* oder erschießen lassen, der große Edelmann? Warum hat er sie den Menschenteufeln *nicht vor die Füße geworden:* sein fürstliches Gehalt und den Luxus in seinem Bischofspalais?

Christsein heißt, sich als Führer für seinen Glauben ans Kreuz schlagen lassen! Nichts hat er riskiert mit seinem artigen Widerspruch damals. Das wußte er. Er blieb Kardinal, machte mit bis zum Schluß.

Weil wir gerade beim Papst sind: Ich respektiere ihn als Oberhaupt der Katholischen Kirche. Für mich ist es selbstverständlich, den Glauben anderer zu achten, sich in diese höchstpersönliche wichtige Angelegenheit eines Menschen nicht schulmeisterlich belehrend oder gar herabsetzend einzumischen. Insoweit respektiere ich auch die Oberhäupter der verschiedenen Religionen.

Aber ich kann *Johannes Paul II.* nicht gestatten, *mich zu beleidigen,* weil ich Erlösungstodhilfe geleistet habe. Das hat er getan. Das ist Hexenverbrennung, was hier im Namen Gottes als Heilslehre verkündet wurde.

Wer so tut, als ob die Euthanasieteufeleien der Nazizeit auch nur entfernt etwas zu tun hätten mit einer Erlösungstodhilfe aus Barmherzigkeit, lügt oder weiß nicht, von was er redet. Ich wiederhole: Gaskammermord an Behinderten und Erlösungstodhilfe aus Mitleid sind sich so ähnlich wie der Naziteufel *Adolf Eichmann* und der Patientenarzt aus Liebe *Albert Schweitzer.*

Freud hat einmal beklagt, daß die *Religionen* es zustande brachten, die *Nachexistenz* für die wertvollere, vollgültige auszugeben, und das durch den Tod abgeschlossene Leben zu einer *bloßen Vorbereitung* herabzudrücken.

Aber: Wenn das Diesseits für alle Religionen – jedenfalls bei guter Lebensweise – weniger gut ist als das, was danach kommt, warum die *Verteufelung* einer Lebensverkürzung bei hoffnungslosem Krankheitsleid? Warum dann nicht auch die *Verdammung der Märtyrer,* die ja ihre *Sichtötung durch andere* provozieren?

Wenn Leidensminderung *gegen* Gottesgebot ist, warum dann *nicht* die Glaubenslehre, daß *Medizin allgemein,* insbesondere Arzthilfe gegen Krankheitsleid *Teufelswerk* ist?

Da hakt es aus mit der Logik: Drüben wird es sowieso besser für die Guten, trotzdem sollen sie sich in diesem Leben bis zum bitteren Ende quälen?!

4.2.2 DAS KONTRA DER ÄRZTEFÜHRER

Am Anfang ärztlicher Erziehung zur Unbarmherzigkeit steht der *Hippokrates*-Eid. Er wurde nicht von *Hippokrates*, sondern lange nach ihm von der Asklepiadengilde verfaßt, einer Gruppe von Heilpraktikern im alten Griechenland, die sich für was Besseres hielten. Einzelheiten stehen im Kapitel 7.6.

Die bösen Folgen des *Hippokrates*-Eides ergeben sich aus den *Sterbehilferichtlinien* von heute. Natürlich mußte immer wieder der schöne Schein durch *Richtlinienanpassung* an die Zeit gewahrt werden. Das geschah in allen Ländern der westlichen Welt – die Arztgesetze des Ostens kenne ich nicht gut genug – etwa auf die gleiche Art und Weise. Beispielhaft möchte ich die »Richtlinien für die Sterbehilfe« der Bundesärztekammer von 1979 anführen, die in Übereinstimmung mit den Richtlinien der »Schweizerischen Akademie der medizinischen Wissenschaften« formuliert wurden.

»I. Einleitung
Zu den Pflichten des Arztes, das Leben zu erhalten, die Gesundheit zu schützen und wiederherzustellen sowie Leiden zu lindern, gehört auch, dem Sterbenden bis zu seinem Tode zu helfen. Die Hilfe besteht in Behandlung, Beistand und Pflege.

II. Behandlung
a) Bei der Behandlung ist nach angemessener Aufklärung der Wille des *urteilsfähigen* Patienten zu respektieren, auch wenn er sich nicht mit der von dem Arzt für geboten angesehenen Therapie deckt.
b) Beim *bewußtlosen* oder sonst *urteilsunfähigen* Patienten sind die im wohlverstandenen Interesse des Kranken medizinisch erforderlichen Behandlungsmaßnahmen unter dem Gesichtspunkt einer Geschäftsführung ohne Auftrag durchzuführen. Hinweise auf den mutmaßlichen Willen des Patienten sind dabei zu berücksichtigen. Dem Patienten nahestehende Per-

sonen müssen angehört werden; rechtlich aber liegt die letzte Entscheidung beim Arzt, es sei denn, daß nach den Vorschriften des Bürgerlichen Gesetzbuches ein Pfleger zu bestellen und dessen Einwilligung einzuholen ist. Ist der Patient unmündig oder entmündigt, so darf die Behandlung nicht gegen den Willen der Eltern oder des Vormundes eingeschränkt oder abgebrochen werden.

c) Bestehen bei einem *dem Tode nahen Kranken oder Verletzten* Aussichten auf Besserung, setzt der Arzt diejenigen Behandlungsmaßnahmen ein, die der möglichen Heilung und Linderung des Leidens dienen.

d) Beim *Sterbenden, einem dem Tode nahen Erkrankten oder Verletzten,* bei dem das Grundleiden mit infauster Prognose einen irreversiblen Verlauf genommen hat und der kein bewußtes und umweltbezogenes Leben mit eigener Persönlichkeitsgestaltung wird führen können, lindert der Arzt die Beschwerden. Er ist aber nicht verpflichtet, alle der Lebensverlängerung dienenden therapeutischen Möglichkeiten einzusetzen.

III. Beistand
Der Arzt steht einem dem Tode nahen Kranken, Verletzten oder sterbenden Patienten, mit dem ein Kontakt möglich ist, auch menschlich bei.

IV. Pflege
Der dem Tode nahe Kranke, Verletzte und der sterbende Patient haben einen Anspruch auf die ihren Umständen entsprechende und in der gegebenen Situation mögliche Pflege. Der Sterbende hat einen Anspruch auf eine menschenwürdige Unterbringung und Betreuung.

Kommentar zu den Richtlinien für die Sterbehilfe:
Zu den Aufgaben des Arztes gehört auch die Sterbehilfe; sie ist das Bemühen, dem Sterbenden so beizustehen, daß er in Würde zu sterben vermag.

Solche Sterbehilfe ist nicht nur ein medizinisches, sondern auch ein ethisches und juristisches Problem.

I. Ärztliche Überlegungen
Der von einer tödlichen Krankheit oder von einer lebensge-

fährlichen äußeren Gewalteinwirkung betroffene Mensch ist nicht notwendigerweise ein Sterbender.

Er ist ein in Todesgefahr Schwebender, und es versteht sich von selbst, daß stets die Lebenserhaltung und wenn möglich die Heilung anzustreben ist.

In solchen Fällen hat der Arzt diejenigen Hilfsmittel einzusetzen, die ihm zur Verfügung stehen und geboten erscheinen.

1. a) Die Sterbehilfe betrifft den im Sterben liegenden Menschen. Ein Sterbender ist ein Kranker oder Verletzter, bei dem der Arzt aufgrund einer Reihe klinischer Zeichen zur Überzeugung kommt, daß die Krankheit irreversibel oder die traumatische Schädigung infaust (aussichtslos) verläuft und der Tod in kurzer Zeit eintreten wird. In solchen Fällen kann der Arzt auf weitere, technisch eventuell noch mögliche Maßnahmen verzichten.

b) Die ärztliche Hilfe endet beim Eintritt des Todes, der nach dem Stand der medizinischen Wissenschaft mit dem Hirntod gleichzusetzen ist.

2. Sterbehilfe ist die Beschränkung auf eine Linderung von Beschwerden bei gleichzeitigem Verzicht auf lebensverlängernde Maßnahmen beim Todkranken.

Sie umfaßt die Unterlassung oder das Nichtfortsetzen von Medikation sowie von technischen Maßnahmen, zum Beispiel Beatmung, Sauerstoffzufuhr, Bluttransfusion, Hämodialyse, künstliche Ernährung.

3. Die gezielte Lebensverkürzung durch künstliche Eingriffe in die restlichen Lebensvorgänge, um das Eintreten des Todes zu beschleunigen, ist nach dem Strafgesetzbuch strafbare vorsätzliche Tötung (§ 212 StGB).

Sie bleibt gemäß § 216 StGB strafbar, selbst wenn sie auf Verlangen des Patienten erfolgt.

Ärztlich ist Sterbehilfe begründet, wenn ein Hinausschieben des Todes für den Sterbenden eine nichtzumutbare Verlängerung des Leidens bedeutet und das Grundleiden mit infauster Prognose einen irreversiblen Verlauf angenommen hat.

II. Ethische Gesichtspunkte

Diese Richtlinien sind von dem Grundgedanken geleitet, daß es die primäre Verpflichtung des Arztes ist, dem Patienten in jeder möglichen Weise helfend beizustehen. Während des Lebens ist die Hilfe, die er leisten kann, ausgerichtet auf die Erhaltung und Verlängerung des Lebens. Beim Sterbenden hängt die best-

mögliche Hilfe von einer Anzahl von Gegebenheiten ab, deren angemessene Würdigung und Abwägung den Arzt vor schwere Entscheidungen stellen kann. Der Arzt hat in seine Überlegungen unter anderem
- die Persönlichkeit oder den ausgesprochenen oder mutmaßlichen Willen des Patienten
- seine Belastbarkeit durch Schmerzen und Verstümmelung
- die Zumutbarkeit medizinischer Eingriffe
- die Verfügbarkeit therapeutischer Mittel
- die Einstellung der menschlichen und gesellschaftlichen Umgebung einzubeziehen.

Der Sterbeprozeß beginnt, wenn die elementaren körperlichen Lebensfunktionen erheblich beeinträchtigt sind oder völlig ausfallen. Sind diese Lebensgrundlagen derart betroffen, daß jegliche Fähigkeit entfällt, Subjekt oder Träger eigener Handlungen zu sein, d. h. sein Leben selbst zu bestimmen, und steht der Tod wegen lebensgefährdender Komplikationen bevor, so ist dem Arzt ein breiter Ermessensspielraum für sein Handeln zuzugestehen. Diese Richtlinien können dem Arzt seine Entscheidung nicht abnehmen, sollen sie ihm aber nach Möglichkeit erleichtern.

III. Rechtliche Beurteilung

Die Sterbehilfe beruht auf der Verpflichtung des Arztes, bei der Übernahme der Behandlung eines Patienten alles in seinen Kräften Stehende zu unternehmen, um Gesundheit und Leben des Kranken zu fördern und zu bewahren.

Diese Pflicht wird als Garantenpflicht des Arztes bezeichnet. Der Arzt, welcher passive Sterbehilfe leistet, könnte zivil- oder strafrechtlich verantwortlich werden, wenn er dadurch seine Garantenpflicht verletzt. Deshalb muß der Arzt wissen, in welcher Weise diese Pflicht einerseits dem urteilsfähigen, bei vollem Bewußtsein befindlichen Patienten und andererseits dem bewußtlosen Patienten gegenüber besteht.

1. Der Wille des urteilsfähigen Patienten, der über die Erkrankung, deren Behandlung und die damit verbundenen Risiken aufgeklärt worden ist, bindet den Arzt. Weil der urteilsfähige Patient darüber zu entscheiden hat, ob er behandelt werden will, kann er die Behandlung abbrechen lassen. Unter diesen Umständen entfällt die rechtliche Grundlage zur Behandlung mit denjenigen Maßnahmen, welche der Patient nicht mehr wünscht.

In diesem Fall darf sich der Arzt – dem Wunsch des Patienten entsprechend – darauf beschränken, nur noch leidensmildernde Mittel zu geben oder eine in anderer Weise beschränkte Behandlung durchzuführen, ohne daß er deswegen rechtlich verantwortlich wird. Es gilt der Grundsatz: ›Voluntas aegroti suprema lex esto.‹ (= Der Wille des Kranken ist oberstes Gesetz.)

2. Ist der tödlich erkrankte Patient nicht mehr urteilsfähig und deswegen nicht in der Lage, seinen Willen zu äußern (wie z. B. der Bewußtlose), so wird die Pflicht des Arztes zivilrechtlich nach den Regeln der Geschäftsführung ohne Auftrag bestimmt, wobei die Vorschriften über die Bestellung eines Pflegers zu beachten sind (§ 1910 BGB). Die Heilbemühungen sind dann entsprechend dem mutmaßlichen Willen des Patienten auszuführen. Dieser Wille ist nicht einfach als auf bloße Verlängerung von Schmerzen und Leiden zielend anzusehen. Vielmehr kann der Respekt vor der Persönlichkeit des Sterbenden die Anwendung medizinischer Maßnahmen als nicht mehr angezeigt erscheinen lassen.

Ist diese Voraussetzung gegeben, so kann sich der Arzt strafrechtlich auf einen der ›Geschäftsführung ohne Auftrag‹ entsprechenden Rechtfertigungsgrund berufen.

3. Eine frühere schriftliche Erklärung, worin der Patient auf jede künstliche Lebensverlängerung verzichtet, kann für die Ermittlung seines Willens ein gewichtiges Indiz abgeben. Entscheidend ist jedoch der gegenwärtige mutmaßliche Wille, der nur aufgrund einer sorgfältigen Abwägung aller Umstände des Falles gefunden werden kann. Verbindlich ist die frühere Erklärung schon deshalb nicht, weil sie zu jeder Zeit rückgängig gemacht werden kann. Somit muß stets danach gefragt werden, ob der Patient die Erklärung im gegenwärtigen Augenblick vernünftigerweise widerrufen würde oder nicht.

4. Dem Patienten nahestehende Personen sind anzuhören (nahestehende Personen sind in der Regel, doch nicht ausschließlich, die nächsten Verwandten des Patienten).

Die letzte Entscheidung liegt rechtlich allerdings beim Arzt, soweit nicht ein Pfleger zu bestellen ist. Ist der Patient unmündig oder entmündigt, so darf die Behandlung nicht gegen den Willen der Eltern oder des Vormundes eingeschränkt oder abgebrochen werden.«

Diese Richtlinien sollen hier nicht ausdiskutiert werden. Hinweisen möchte ich vor allem auf die *taktischen Kunstgriffe*, eine *Therapiehoheit des Patienten* und *ärztliche Barmherzigkeitspflicht vorzutäuschen:*

»Bei der Behandlung ist nach angemessener Aufklärung der Wille des *urteilsfähigen* Patienten zu respektieren ...« Was angemessen und wer urteilsfähig ist, entscheidet *nur der Arzt*. Respektieren heißt rückwärts betrachten, von (lat.) »respectare«. Im Klartext: Verankerung des hippokratischen Arztrechts zur *Krankheitsfolterung nach Gutdünken*.

Wie hätte ein redlicher Text heißen müssen?: Bei der Behandlung ist nach *ausreichender* Aufklärung der *Wille* des (juristisch) nicht entmündigten Patienten *zu erfüllen oder* der *Behandlungsauftrag zurückzugeben*.

Auch alles andere ist *Wischiwaschi* mit dem Ergebnis: Wer als Arzt aus Mitleid tötet, muß *eingesperrt* werden. Aus taktischen Gründen wird die *Möglichkeit* des Unterlassens einer Intensivquälerei *ohne* Bestrafung eingebaut. Daß sie tatsächlich eine *Form der Tötung* ist – mit und häufig auch *ohne* Verlangen –, *wird verschwiegen*.

Beim Sterbenden ist der Arzt »nicht verpflichtet, alle der Lebensverlängerung dienenden therapeutischen Möglichkeiten einzusetzen«. Aber er darf es, und wenn er es nicht tut, *riskiert er die Anklage:* »Die gezielte Lebensverkürzung durch künstliche Eingriffe in die restlichen Lebensvorgänge, um das Eintreten des Todes zu beschleunigen, ist nach dem Strafgesetzbuch strafbare vorsätzliche Tötung (§ 212 StGB). Sie bleibt gemäß § 216 StGB strafbar, selbst wenn sie auf Verlangen des Patienten erfolgt.«

»Die Sterbehilfe beruht auf der Verpflichtung des Arztes, bei der Übernahme der Behandlung eines Patienten alles in seinen Kräften Stehende zu unternehmen, um Gesundheit und Leben des Kranken zu fördern und zu bewahren. Diese Pflicht wird als Garantenstellung des Arztes bezeichnet. Der Arzt, welcher passive Sterbehilfe leistet«, – also lebenserhaltende Maßnahmen unterläßt – »könnte zivil- oder strafrechtlich verantwortlich werden ...«

Das ist Aufforderung, ja Nötigung zur Krankheitsfolterei der Patienten, Sanktionierung ärztlicher Unbarmherzigkeit. Wie viele Ärzte werden es unter dieser Strafandrohung wagen, den Patientenwillen zu erfüllen? *Nicht einmal fünf Prozent, schätze ich.*

Diese Richtlinien für schweizer und bundesdeutsche Ärzte sind leider nicht auf unseren Bereich beschränkt, sondern *weltweit* von der Schulmedizin *anerkannt*. In der Zunftzeitschrift DEUTSCHES ÄRZTEBLATT vom 11.6.1987 ist unter der Überschrift: EUTHANASIE unethisch zu lesen: »Voraussichtlich wird die *39. Generalversammlung des Weltärztebundes,* die Anfang Oktober in Madrid tagt, eine Deklaration von ungewöhnlicher Kürze, aber entschiedener Eindeutigkeit verabschieden: *Euthanasie steht im Gegensatz zur ärztlichen Ethik!*«

Der gesamte (englische) Wortlaut ist sechs Schreibmaschinenzeilen lang und heißt in nichtoffizieller Übersetzung: »Euthanasie, das heißt das absichtliche Beenden des Lebens eines Patienten, sei es auf dessen eigenen oder auf Wunsch naher Angehöriger, steht *im Gegensatz zur ärztlichen Ethik.* Dies hindert den Arzt nicht daran, den Wunsch eines Patienten zu respektieren, daß dem natürlichen Verlauf des Sterbens in der Endphase seiner Krankheit Raum gegeben wird.« Also: *Keine »aktive«* Sterbehilfe, aber gegebenenfalls Verzicht auf lebensverlängernde Maßnahmen – »passive« Sterbehilfe.

Zu den KONTRAS *der Mitleidstötung* auf Verlangen muß man *auch jene Ärzte* rechnen, die sich in einem Teilbereich um humaneres Patientensterben *verdient* gemacht haben. Im deutschen Sprachraum waren es vor allem: Prof. Dr. *Urs Haemmerli,* der Züricher Spitalsinternist, Prof. Dr. *Rudolf Frey,* der Mainzer Chefanästhesist und Prof. Dr. *Her-*

bert Begemann, Chefarzt der Inneren Abteilung des Krankenhauses München-Schwabing und Mitbegründer der Ärzteinitiative gegen den Atomtod.

Urs Haemmerli nahm der »Mitleidstötung durch Unterlassen« durch eine mutige Aktion den *Ruch des Arztverbrechens*, *Rudolf Frey* engagierte sich gegen die *Inhumanität der Anästhesisten* auf den Intensivstationen. *Herbert Begemann* tat das gleiche bezogen auf die *internistische Intensivmedizin*.

Urs Haemmerli bleibt über seine mutige Tat hinaus fest im Lager der *Ärzteführer-KONTRAS*, wie seine interessante Übersicht über die Grundrechte Kranker und Sterbender zeigt.

Rudolf Frey, der spätere Sichtöter, berichtete stolz von einer *Audienz beim Papst*, der für ihn in dieser Welt die *höchste Autorität zur Sterbehilfefrage* hat: »Als die Problematik zum ersten Mal vor 20 Jahren akut wurde und wir Anästhesisten verunsichert waren über die Grenzen der neu geschenkten Möglichkeiten der Reanimation, baten wir *Pius XII.* um Rat: Er empfing uns im Vatikan zweimal und schenkte uns jede erforderliche Klarheit für unser Handeln: Die letzte Verantwortung, wann das Leben aufgehört hat und nur noch eine Verlängerung des Sterbens vorliegt, hat er in unsere Hände als Spezialisten der Wiederbelebung gelegt: Wir selbst müssen vor Gott und unserem Gewissen die letzte Entscheidung fällen, die uns auch die Kirche nicht abnehmen kann.«

Wenig hilfreich in der Sterbehilfediskussion 1984 war der SPIEGEL-Artikel von *Herbert Begemann:* SOLL ES DEN FACHARZT FÜR STERBEHILFE GEBEN. Der Internist fragt:

»Dürfen wir uns wünschen, daß in Praxis- und Klinikapotheken sowie in den Visitenkoffern von 180 000 bundesdeutschen Ärzten neben vielen anderen nützlichen Arzneien auch ein *Fläschchen Zyankali* zur Ausstattung gehört, um in der einschlägigen Situation rasch zur Stelle zu sein? Oder sollten wir unter der großen Anzahl unserer Ärzte für diese spezielle Aufgabe eine Auswahl treffen, nach fachlicher Eignung, moralischer Stabilität oder sittlichem Verhalten? Sollen wir neben anderen Facharztgruppen auch einen ›*Arzt für Sterbehilfe*‹ einführen? Können wir sicher sein, daß die ärztliche Entscheidung für eine aktive Sterbehilfe immer nur vom Gefühl mitmenschlicher Sympathie bestimmt wird und daß der vom Kranken an den Arzt herangetragene Wunsch nicht nur einer Augenblicksstimmung entspricht oder zur therapiefähigen Symptomatik seiner Erkrankung gehört (Depression) oder sogar von dritter Stelle induziert wurde?«

Hier muß ich bereits nachfragen: *Wie genau* nehmen es Ärzte *denn sonst* mit der Vergewisserung, ob der *Wunsch* eines Patienten nach einer *höchst lebensbedrohenden Behandlung* wie Radikaloperation, Atomsprühfeuerkanonade und/oder Chemischem Giftkrieg »*nicht nur einer Augenblicksstimmung entspricht ...*« oder »sogar von dritter Stelle induziert wurde?« Warum auf einmal diese vertrauenheischende Vorsicht, die Mediziningenieuren ja sonst kaum in den Sinn kommt?

Herbert Begemann sinniert weiter:

»Auch eine *Legalisierung* der aktiven Sterbehilfe (unter den genannten Umständen) wäre nicht gleichbedeutend mit ihrer *Legitimierung*. Durch eine entsprechende gesetzliche Regelung würde der Arzt, der kranken Menschen in ihrer äußersten Not auf ihr eigenes nachdrückliches Verlangen beisteht und aktive Sterbehilfe leistet, zwar rechtlich entlastet sein, letztlich aber seine Entscheidung mit sich und seinem Gewissen austragen müssen.

Aus der Sicht der Ärzte wirft die Diskussion um eine Legalisierung der aktiven Sterbehilfe eine weitere grundsätzliche Frage auf: Kann den Mitgliedern eines einzigen Standes (nämlich den Ärzten) zugemutet werden, daß sie Entscheidungen über Leben und Tod von Mitmenschen auf sich nehmen, Entscheidungen, die innerhalb unserer Gesellschaft sonst von niemandem verlangt werden?

Wir sollten uns mit allen Mitteln gegen eine *womöglich noch gesetzlich verankerte* – Überforderung unserer Kompetenz zur Wehr setzen. Eine derartige ethische Überforderung könnte auf die Dauer das Selbstverständnis vieler Mitglieder unseres Standes grundsätzlich verändern, so daß die besondere Art der Lebenswertung, die ja Voraussetzung ist für jede aktive Sterbehilfe, schließlich zu einem festen Bestandteil der ärztlichen Urteilsbildung werden könnte.

Staat und Gesellschaft sollten sich hüten, derartige Entwicklungen zu unterstützen. Allzu deutlich haben wir noch vor Augen, wohin es führt, wenn der Staat sich mit Ärzten verbündet, um ›unwertes Leben‹ auszumerzen. Principiis obsta!« (= Wehret den Anfängen!)

Hier schlägt nun der *Hochmut* des verdienstvollen Atomkriegsdienstverweigerers *voll durch: Wir Ärzte sind die Größten.* Keine weltliche Macht kann *uns* die Gewissensnot nehmen, trotz Patientenverlangens sein Leben abzukürzen.

Wie steht es denn sonst um die Gewissensnot der Ärzte und vor allem der Ärzteführer? Siehe Totaler Krebskrieg und und und!

Weiter: Was heißt hier »*Entscheidungen* über Leben und Tod von Mitmenschen«? Da schlägt es wieder durch, das »therapeutische Privileg« *als gehüteter Schatz* auch der Ärzte mit Mitleid. Ihre Ausrede: Alle Patienten bleiben *medizindumm,* auch die informierten. Wir Ärzte müssen letztlich ja doch immer »*entscheiden*«! *Nein, wir müssen gar nichts Wichtiges entscheiden, was die Mitleidstötung anbetrifft.* Der Patient *beauftragt* uns wie auch sonst. Und damit sind die *Würfel über sein Leben* gefallen. Wir können ihm den Liebesdienst erweisen. *Oder auch nicht?!*

Die schlimmste Arzteigenschaft ist die mit dem *Hippokrates*-Eid gezeugte *Medizinerarroganz:* »*Der philosophie-*

rende Arzt ist göttergleich«, wurde uns vor über 2000 Jahren ins Stammbuch geschrieben. Spätestens mit dem bestandenen Physikum *glaubt es jeder werdende und gewordene Arzt,* auch der mit Herz.

Zu den von der Bundesärztekammer 1979 erlassenen »Richtlinien für die Sterbehilfe« wurden im April 1979 von WELT AM SONNTAG *fünf bundesdeutsche Chefärzte* befragt, darunter auch ich. Die anderen vier – ein Internist, ein Gynäkologe, ein Anästhesist und ein Neurochirurg – betonten vor allem die *Therapiehoheit und damit auch Tötungshoheit des Arztes* (nannten es natürlich nicht so) und stellten sich *hinter die Ärztekammerlizenz* zum *unkontrollierten Tötendürfen durch Unterlassen,* passive Sterbehilfe genannt. Ich habe damals, 1979 also bereits, erklärt:

»Nötig sind solche Richtlinien nur, wenn sich der Arzt *weiterhin* als *Vorgesetzter des Patienten* betrachtet und nicht als das, was er ist: der *Auftragnehmer des Patienten.* Nur so überhaupt konnte das Problem der Sterbehilfe in der jetzigen Form entstehen.

Die Richtlinien sprechen von einem *Ermessensspielraum des Arztes.* Meiner Ansicht nach besteht für den Arzt ein solcher Spielraum *überhaupt nicht.* Denn den Ermessensspielraum setzt der Patient. Der Arzt hat immer wieder die Verpflichtung, sich zu vergewissern, *was der Patient will.* Schließlich ist es so, in der ungeschminkten Realität, daß ich mit jeder *Morphiumspritze,* die ich einem Patienten gebe, *ihn dem Tod näherbringe.*

Aus dem gleichen Grund ist die immer wieder vorgebrachte Unterscheidung zwischen aktiver und passiver Sterbehilfe eine *irrationale Konstruktion.* In der Wirklichkeit sind die Grenzen nämlich fließend.

Es wird immer wieder vorgebracht, daß eine Erkundigung nach dem Willen des Patienten – ein Gespräch über äußerste Dinge – fast immer am Patienten selber scheitere. Meiner Erfahrung nach ist das *absolut unrichtig.* Wenn ein Arzt nur *wirklich will,* kann er sich meiner Ansicht nach fast in jedem Fall rechtzeitig und genügend über den Willen des Patienten informieren. Freilich muß sich der Arzt dazu die *nötige Zeit* nehmen und das *Vertrauen* des Patienten besitzen.

Sicher sollten die Patienten – oder besser: die Menschen, bevor sie Patienten sind – *mehr dazu angehalten* werden, auch ohne akuten Anlaß darüber *nachzudenken, was sie im äußersten Fall wollen.* Ärzte könnten hier von sich aus durch Aufklärung eine Entscheidungshilfe leisten. Aber nach wie vor werden Patienten eher *unmündig* gehalten. Auch in den neuen Richtlinien ist für mich deutlich spürbar, daß der Arzt sich nach wie vor für den Bestimmenden hält.«

4.2.3 DAS KONTRA DER NEUZEIT-WIRRKÖPFE

Beginnen wir mit den *»Grünen«*, dem wahrlich unerwünschten Sprößling unserer früher *umweltblinden* drei großen Parteien. Vor dem Juni 1987 gab es *keine Gemeinsamkeit* zwischen Ärzte- und Grünenführern. *Mir* blieb es vorbehalten, den *ersten gemeinsamen Schritt* zu veranlassen. Mal sehen, was noch folgt, wenn die Grünenführer noch mehr Blut geleckt haben, mehr vom *Machthungerblut.*

Im DEUTSCHEN ÄRZTEBLATT vom 11.6.1987 frohlockt man unter dem bereits zitierten Titel EUTHANASIE – unethisch: »Die Ärzte der Welt sind sich hier ausnahmsweise einmal mit einer grünen ›Fundamentalistin‹ einig. *Jutta Ditfurth* hat einen Tag nach dem Münchener Vorstandsbeschluß ihre Teilnahme am Kasseler ›Gesundheitstag‹ abgesagt, weil man sich dort *nicht eindeutig von Hackethal distanziert* habe. Die Pressestelle der GRÜNEN hat dies auch offiziell bekanntgegeben: Frau *Ditfurths* Satz: ›Wer Menschen ein ›*Leiden*‹ *unterstellt,* das ihr Leben angeblich unwürdig macht, beschreitet den Weg zum unwerten Leben, der dann *anderen* als diesen Menschen selbst die Entscheidung über Ja oder Nein wird‹, ist zwar grammatisch verunglückt, aber er kann in seinem Inhalt *nur kräftig unterstrichen* werden.« (So holprig stand es im HIPPOKRATIE-BLATT).

Die *Führerin der AFMA-ÜJS-Partei* (= *a*lle *f*ünf *M*inuten *a*bstimmen – *ü*ber *j*eden *S*cheiß) mag ja auch manches Gescheite von sich geben. Was sie hier aber ausgespuckt haben soll, ist nicht nur gründumm, sondern *böse:* Es *verschweigt* meine *Unterwerfung unter die Therapiehoheit des Patienten bis in den Tod hinein.* Ob er leidet, weiß letztlich *nur der Patient,* niemand sonst. Und wer die *Naziteufelei vom »unwerten Leben«* in die Diskussion um eine *Erlösungstodhilfe auf Wunsch* des Patienten einbringt, *macht sich unglaubwürdig.*

Auf dem grünen Mist ist auch der Beitrag gewachsen, den sich der Psychologe *Michael Wunder,* der Sprecher der Bundesarbeitsgemeinschaft »Soziales und Gesundheit« (der Grünen), zum »Gesundheitstag in Kassel 1987« geleistet hat.

Er redet und schreibt lang und breit über den *Nazimord von geistig Behinderten* und seine Vorgeschichte, was mit Mitleidstötung nicht das geringste zu tun hat. Er greift mich an, weil am 6.5.1987 in Bild stand: »*Hackethal:* Sterbehilfe auch für AIDS-Kranke«. Dazu zitiert *Michael Wunder* mich wörtlich: »Es muß *zunächst alles Menschenmögliche getan werden,* um jemandem das Leben *wieder lebenswert* zu machen. Wenn aber *trotz* aller ärztlichen Bemühungen am Schluß *nur noch* der Wille des Patienten übrig bleibt, daß er unter den gegebenen Umständen *nicht mehr weiterleben will,* dann muß man ihm helfen. AIDS ist am Ende eine oft monatelange furchtbare Quälerei.«

Daraus folgert der Sozialpsychologe: »Wenn die ärztliche Kunst versagt und nicht heilen kann, wenn ein Leben nicht wieder lebenswert gestaltet werden kann, dann ist es nicht lebenswert oder lebensunwert. Das ist die Botschaft, die hier vermittelt wird – und die eine verheerende Fernwirkung hat. Ist ein Leben nur noch ›Quälerei‹, ist es beendenswert.

Wem soll diese öffentlich bekundete Barmherzigkeit ein

Trost sein? Herbeigeredet wird der Unwert eines Lebens unter negativer medizinischer Prognose. Die schlimme Wirkung solcher Sätze ist gerade die Entmutigung der Menschen, die individuell in fast mutloser Verfassung sind und sich gegen solch menschenverachtendes Gerede nicht zur Wehr setzen können.«

Der *Sterbewunschgrund Krankheitsleid wird verächtlich* gemacht, *ärztliches Mitleid* zu »menschenverachtendem Gerede« *disqualifiziert*. Vorsicht Grüne Sozialpsychologen! Sie zerreden das Selbstbestimmungsrecht. Warum, wissen wir!

Im übrigen reist *Wunder* die *soziale Tour* derjenigen, die selbst fast nichts zum »Bruttosozialprodukt« beitragen, weil sie nie einen *anständigen Beruf* erlernt und *darin gearbeitet* haben, aber die Füße unter den Tisch der Fleißigen stellen wollen. Das können sie nur, wenn sie das Schicksal *anderer* zum Vorwand nehmen.

Hochgespielt wird der Begriff des »*teuren Patienten*«, der angeblich in Gefahr ist, aus finanziellen Gründen unterversorgt und sogar eines Tages als *soziale* Last getötet zu werden, falls Mitleidstötung gesetzlich freigegeben würde. »Das Gleichbehandlungsprinzip steht zur Disposition«, erklärt er wortgewaltig.

So können nur *sozialdefekte Utopisten* reden. *Sozialdefekt heißt:* 1. *Unbeachtet lassen,* daß Geld zuerst einmal und in der Regel durch (oft harte) Berufsarbeit verdient werden muß, bevor man es hat und ausgeben kann. 2. *Verkünden,* daß Faulseindürfen auf Kosten der Fleißigen ein Menschenrecht sei.

Auch ich weiß natürlich, daß das *Geld falsch verteilt* ist, daß zu viele Gauner zu viel Geld haben. Und ich wäre *als erster* dabei, etwas dagegen zu tun, wenn es eine *praktikable Möglichkeit* für eine Änderung gäbe. Es gibt sie für meine Restlebensspanne *nicht*. Und ich bin Egoist genug, um zuerst nur das *ändern helfen* zu wollen, *was ich noch erleben kann.*

Michael Wunder zitiert den sozialdemokratischen Arbeitsminister *Ehrenberg,* der 1982 gesagt haben soll: »Es ist durchaus nicht verwerflich, durch Mittelbeschränkung im Gesundheitswesen ein erhöhtes Todesrisiko von Mitgliedern der Gesellschaft in Kauf zu nehmen.«

Natürlich hat er recht, der achtbare Sozi, daß *Lebensverlängernkönnen* leider meistens etwas mit Solvenz = *genug Geldhaben* zu tun hat. Nicht immer, Gott sei Dank. Manche mußten nur deshalb sterben, weil sie *reich* waren, sich einen *Professor* leisten konnten und wollten.

Luise Götz und *Michaela Huber* haben in PSYCHOLOGIE HEUTE (6/82) einen sehr lesenswerten Artikel über »Das technisch Machbare und die Menschenwürde« geschrieben. Darin erwähnen sie eine amerikanische Studie, nach der von den 75jährigen, die auf der Intensivstation behandelt wurden, *nur 40 Prozent länger als ein Jahr lebten.* 16 Prozent starben gleich und 44 Prozent im folgenden Jahr.

»Vor zehn Jahren war die Intensivstation noch etwas für einen kleinen Kreis Eingeweihter. Inzwischen hat jedes Krankenhaus, das etwas auf sich hält, mindestens eine Intensivstation eingerichtet. Der finanzielle Aufwand für die hochtechnisierten Stationen geht insgesamt in der Bundesrepublik in die Milliarden.«

Daß die Autorinnen nach dieser Feststellung fragen: »*Wer finanziert das?*« und »*Wie effektiv ist das?*«, kann nur sozialdefekte Utopisten verwundern.

Alle wissen, wer es finanziert: die 93 Prozent Kassenpatienten vor allem, die gesetzlich Zwangsversicherten. *Und für welchen Preis?* Daß sie sich auf Biegen und Brechen der *Therapiehoheit der Kassenärzte* und der Chefärzte der Kassenvertragskrankenhäuser unterwerfen müssen und damit dem *Arztrecht auf Krankheitsfolter* bis zum bitteren Ende.

Hans Freiherr von *Kress,* der prominente Berliner Internist, klagt in seiner Schrift »Das Problem des Todes« 1969 bei der Diskussion einer Lebensverlängerungsmöglichkeit durch Nierenverpflanzungen und Dauerdialyse (S. 231): »Leider muß zugegeben werden, daß bei uns immer noch die Zahl derjenigen, die auch unter der Last einer Dauerdialysebehandlung weiterleben wollen, so groß ist, daß die Kapazität der bestehenden Nierenzentren die Versorgung aller Kranken nicht zuläßt.«

Im Klartext: Wenn nicht zu viele *trotz schlechter Lebensqualität* weiterleben wollten, reichte die heutige Kapazität unserer Nierenzentren aus.

Lieber *Hans* von *Kress,* wir wissen, wie das gemeint ist. Aber: Wenn das unsere *Greenhorns* – die von den Grünen mit dem Grün *nur* als Kopfschmuck – hören, steht Ihnen großer Ärger ins Haus!

Es wird nie genug Geld geben, um jedem eine *medizinische Maximalversorgung* bieten zu können. Also darf, ja *muß* auch differenziert geplant werden. Das geht auch human, menschlich anständig!

Was der Sozialpsychologe anscheinend auch nicht wissen will: Zum *Menschenrecht Freiheit* gehört auch, sich *für andere aufopfern zu dürfen.* Durch ein *Übermaß an Arbeit für sie,* bis hin zur Selbstzerstörung der Gesundheit und sogar durch *Hingabe des Lebens.* Es gibt viele Mütter, die zur Rettung ihres Kindes aus Liebe ein Organ spenden würden, auch wenn das für sie tödlich wäre; Väter sicher weniger.

Darf man solche Liebestaten verbieten? Darf man Selbstopfer *verteufeln,* wenn sie aus Liebe, *nur aus Liebe* geschehen sind? Darf man einem leidgeplagten Alten, der erkennt, daß er nicht nur sich, sondern auch seinen Lieben nur noch eine Last ist, *verbieten,* sich zu töten oder töten zu lassen?

Man darf es nicht, im Gegenteil. Man muß ihnen sogar dabei helfen. Und die Mißbrauchsmöglichkeiten wären praktisch gleich Null, wenn man zum Beispiel die 7 EU-BIOS-Mitleidstötungsgebote als Voraussetzung und zur Kontrolle anwenden würde.

Michael Wunder, hören Sie bitte einmal gut zu: Ich kämpfe für die *Legalisierung ärztlicher Mitleidstötung auf Verlangen* des hoffnungslos Leidenden *unter kontrollierten Bedingungen* – für nichts anderes! Ich bin Arzt geworden, um Krankheitsleid vermindern zu helfen. *Krankheitsleid* schafft *Behinderung* zumindest auf Zeit. *Für diese Behinderten arbeite ich* seit 43 Jahren an vorderster Front nach dem selbstverständlichsten aller Arztgebote: jeden Patienten wie den besten Freund zu behandeln. *Freunde beschützt man vor inhumanen Gesetzen!*

Die sozialengagierten Psychologen sollten *weniger* für *Luftschlösser* als dafür kämpfen, daß das *EUBIOS-Patientenarztgelöbnis* zum *Arztgesetz* wird. Oder fürchten sie, daß dann viele von ihnen arbeitslos werden?

Als *dritte Gruppe der Neuzeit-Wirrköpfe* bleiben die *Behindertenfunktionäre.* Wie ich aus vielen Briefen nichtorganisierter und organisierter Behinderter weiß, *wissen* die meisten Funktionäre gar *nicht,* wie den Betroffenen *ums Herz ist.* Die Funktionäre, die Hirten, sollten *sich besser* bei ihnen informieren, bevor sie ihre Schäfchen den Wölfen zutreiben.

Es gibt noch eine Handvoll Schreier, die *nach SA-Manier* gegen Humanes Sterben agieren. Es lohnt sich nicht, sie zu nennen.

4.3 PRO-STIMMEN FÜR MITLEIDSTÖTUNG

Bei *korrekter Aufklärung* über die Möglichkeiten einer (kontrollierbaren und kontrollierten) Erlösungstodhilfe nach den sieben EUBIOS-Mitleidstötungsgeboten dürfte die Anzahl der PRO-Stimmen der Mitleidstötung *weltweit bei 80 Prozent liegen*. Das *Pech* der PROS: *Die Macht haben die KONTRAS*, fast überall.

Aber Gott sei Dank gibt es *kraftvolle PRO-Stimmen* auch von christlichen Kirchenlehrern, von humanen Ärzten sowie von Schriftstellern mit Herz.

Ich kann hier nur wenige zu Wort kommen lassen. Und ich entschuldige mich vorsorglich, falls ich eine besonders wichtige PRO-Stimme nicht zitiere. Einen bösen Hintergedanken kann es ja dafür nicht geben.

Herausragende PROS sind: die katholischen Kirchenlehrer *Thomas Morus* und *Karl Rahner*, der protestantische Seelsorger und Kirchenlehrer *Wilhelm Knevels*, ein kleines Häuflein barmherziger Ärzte (nicht Ärzteführer) und der Schweizer Schriftsteller *Max Frisch*.

Lesen Sie bitte, was sie uns zur Mitleidstötung zu sagen haben. Ursprünglich wollte ich auch die so eindrucksvolle »Rede an Ärztinnen und Ärzte« von *Max Frisch* über »Der Arzt und der Tod« ausführlich rezitieren. Aus Platzgründen geht es nicht. Jeder sollte sie nachlesen, der sie nicht kennt.

4.3.1 DAS PRO CHRISTLICHER KIRCHENLEHRER

a) *Thomas Morus* (1478–1535)

Am 22. Juni hat er Namenstag, *St. Thomas Morus*, der Märtyrer und Heilige der katholischen Kirche. Als Lordkanzler der englischen Krone wirkte Sir *Thomas Moore*, bevor er für seinen Glauben starb. Das Wichtigste, was er der Nachwelt hinterließ, war sein Buch UTOPIA, in dem der erfahrene Staatsmann und tiefgläubige Christ schildert, wie der ideale Staat der Zukunft beschaffen sein sollte.

»Die Kranken pflegen sie, wie ich sagte, mit großer Hingebung, und sie versäumen nichts, wodurch sie ihre Gesundheit wiederherstellen können, sei es durch Arzneimittel oder durch sorgfältige Diät. Sogar unheilbar Kranken erleichtern sie ihr Los, indem sie sich zu ihnen setzen, ihnen Trost zusprechen und überhaupt alle möglichen Erleichterungen verschaffen. *Ist indessen die Krankheit nicht nur unheilbar,* sondern dazu noch dauernd qualvoll und schmerzhaft, dann *reden Priester* und Behörden *dem Kranken zu,* da er doch allen Anforderungen des Lebens nicht mehr gewachsen, den Mitmenschen zur Last, *sich selber unerträglich, seinen eigenen Tod bereits überlebe, solle er nicht darauf bestehen,* die unheilvolle Seuche noch länger zu nähren, *und nicht zögern zu sterben, zumal das Leben doch nur eine Qual für ihn sei; er solle sich also getrost und hoffnungsvoll aus diesem bitteren Leben wie aus einem Kerker oder aus der Folterkammer befreien oder sich willig von anderen herausreißen lassen; daran werde er klug tun, da ja der Tod keinen Freuden, sondern nur Martern ein Ende mache, und zudem werde er fromm und gottesfürchtig handeln, da er damit dem Rat der Priester, das heißt der Deuter des göttlichen Willens, gehorche.* Wen sie damit überzeugt haben, der endet sein Leben entweder freiwillig durch Enthaltung von Nahrung *oder wird eingeschläfert* und findet Erlösung, ohne vom Tode etwas zu merken. *Gegen seinen Willen aber töten sie niemanden,* und sie pflegen ihn deshalb auch nicht weniger sorgfältig. *Auf einen solchen Rat hin sein Leben zu enden, gilt als ehrenvoll.* Sonst aber wird keiner, der sich selbst das Leben nimmt, ohne Billigung des Grundes durch Priester und Senat, der

Beerdigung oder der Verbrennung gewürdigt; statt ihn zu begraben, werfen sie ihn schmählich in einen Sumpf.«

b) *Karl Rahner* (1904–1984)

Der katholische Theologe und Jesuit *Karl Rahner* hat sich – ähnlich wie der Katholik *Thomas Morus* – einen Namen als *unbeirrbarer Glaubensstreiter* gemacht. Glaubensbekenntnisse solcher Männer sind glaubwürdiger als die jener Kanzelprediger und Dogmenverkünder, die ihre Rückgratstärke nie unter Beweis gestellt haben.

Besonders eindrucksvoll ist für mich, was *Karl Rahner* – vor allem an die Adresse der Ärzte gerichtet – zum Thema *»Freiheit des Kranken«* gesagt und geschrieben hat.

Man spürt sein Unbehagen, wenn er berichtet, es gäbe »nach allgemeiner christlicher und katholischer Auffassung keinen objektiv sittlich legitimierten Willen zu einer Handlung, die die Tötung des Kranken direkt bezweckt«.

Denn was heißt das? Tun darf man's schon, aber gewollt haben halt nicht! Zu deutsch: Lüg doch, barmherziger Doktor, Mitleid verpflichtet.

Wie unwohl *Karl Rahner* dabei ist, ergibt sich aus den nächsten Sätzen:

»Bei solchen konkreten Regeln, die zwischen einem legitimen Sterbenlassen und einer direkten Tötung zu unterscheiden versuchen, bestehen theoretische Dunkelheiten, die noch weiterer Klärung bedürfen ... Da aber nun einmal die Probleme selbst nicht aus der Welt zu schaffen sind, wird man einstweilen mit solchen Regeln und Unterscheidungen arbeiten dürfen und müssen, um so zwischen einer Euthanasie als direkter Tötung des Kranken auf Verlangen einerseits und einem absoluten, unbedingten Willen zur Erhaltung des biologischen Lebens ohne Rücksicht auf irgendwelche anderen Gesichtspunkte andererseits einen Mittelweg zu finden. Wenn man Euthanasie im eben umschriebenen Sinn ablehnt und eine Erhaltung des biologischen Lebens um jeden Preis, auch den des Inhumanen, für falsch hält, dann wird man die angedeuteten Faustregeln gelten lassen, sie als bloße Faustregel betrachten und auf bessere moraltheoretische Durchleuchtung der Probleme für die Zukunft hoffen.

In diesem Zusammenhang stellt sich auch die speziellere Frage, ob das Recht des Kranken, sterben zu dürfen, dem Arzt nicht nur erlaubt, diesem Willen zu entsprechen, sondern ihm auch eine eigentliche Pflicht auferlegt, den Kranken sterben zu lassen. In einem Konflikt zwischen dem Wunsch des Kranken auf baldiges Ende und dem Willen des Arztes zu möglichst langer Erhaltung des Lebens wird sich in der Praxis meist der Arzt durchsetzen und über den Willen des Patienten hinweggehen, zumal wenn er den Eindruck hat, der Wille des Patienten sei eher Ausdruck seiner Krankheit und seiner Schmerzen als eine echte personale Entscheidung, und wenn er sich verständlicherweise scheut, etwas anderes zu tun, als seine primäre Aufgabe als Arzt zu erfüllen, nämlich das Leben zu verteidigen und zu erhalten. Aber damit ist das Problem nicht gelöst: Entspricht dem echt personalen Willen des Kranken, wohlüberlegt den Tod zuzulassen, auch wenn er noch hinausgezögert werden könnte, auf seiten des Arztes eine eigentliche sittliche Pflicht, diesen Willen auszuführen, weil er ja als Arzt nicht bloß in den Dienst einer physiologischen Lebensverteidigung, sondern in den Dienst eines Menschen und seiner einen und ganzen Lebensgeschichte (wenn auch unter einem bestimmten Aspekt) getreten ist, wenn er einen Kranken als Patienten angenommen hat?

Grundsätzlich meine ich eher, daß eine solche Pflicht des Arztes besteht. Nur dann können inhumane und unwürdige Verlängerungen des Lebens vermieden werden, und ein Arzt, der diese Pflicht sieht, kommt leichter über die begreifliche Scheu hinweg, einen Menschen sterben zu lassen, dessen Leben er noch eine Zeitlang hätte verlängern können. Aber in solchen Fragen gelingt es auch einer christlichen Moral nicht mehr, Regeln zu formulieren, die sachlich eindeutig, unmittelbar anwendbar und für alle einsichtig wären.

Die Freiheit ist ein Mysterium. Von ihrem Grundwesen her ist sie die dem Menschen auferlegte Notwendigkeit, sich frei für oder gegen jene Unbegreiflichkeit zu entscheiden, die wir Gott nennen. Sie ist die Möglichkeit, sich in bedingungslosem Vertrauen hoffend in diese Unbegreiflichkeit als Ziel, Seligkeit und Vollendung des Menschen fallenzulassen. Diese höchste Macht der Freiheit vollendet sich in der Ohnmacht des Todes. In dieses eine Geschehen von Freiheit und Tod ist der Arzt hineingezogen. Der Arzt kann seine ureigene, für ihn im Unterschied zu anderen menschlichen Betätigungen spezifische Aufgabe nur wirklich erfüllen, wenn er mehr als ein Mediziner ist, wenn er in der Erfüllung seiner ärztlichen Aufgabe wirklich Mensch und sogar (anonym oder ausdrücklich) Christ ist. Daher kann ihm die Freiheit des Kranken, die im Sterben an ihre Grenze und ihre Vollendung kommt, nicht gleichgültig sein. Er kämpft auch um den Raum und das Recht gerade dieser letzten Freiheit. Er und nicht nur der Kranke sollen sich in schweigend gelassener Hoffnung dem Mysterium des Todes ergeben, nachdem sie für dieses irdische Leben bis zum letzten gekämpft haben. Der Arzt ist ein Diener der Freiheit.«

Ja, wir Ärzte haben nicht Diener des Lebens um jeden Preis, sondern *Diener der Freiheit unserer Patienten* zu sein, ihrer Freiheit für den eigenen Lebensweg.

Karl Rahner sieht es als Arzt*pflicht,* einen Patienten, der dies will, sterben zu lassen. Er hält zwar auch selbst noch daran fest, daß die »direkte Tötung des Kranken auf Verlangen« für einen Christen unerlaubt sei, doch wünscht *Karl Rahner* sich eine »bessere moraltheologische Durchleuchtung für die Zukunft«. Denn als Befürworter des Patientenrechts, sich zur Beendigung eines inhumanen Lebens den Tod zu wünschen, fühlt er sich in einem *logischen Dilemma,* das ich für ihn mit zwei Fragen deutlich machen möchte:

Was ist dann, wenn das Unterlassen einer Arzthilfe *nicht* zum *raschen Tod* führt? Und ist das Unterlassen lebensnotwendiger Maßnahmen *nicht doch Tötung auf Verlangen?*

Der Standpunkt des katholischen Theologen zur Frage nach der Willensfähigkeit des Kranken scheint mir besonders wichtig:

»Es ist darum grundsätzlich, daß personale Freiheit auch dort noch vollzogen werden kann, wo das dem eigentlichen Freiheitssubjekt aposteriorisch angebotene Material der Entscheidung sich nicht mehr in die ›normalen‹ Zusammenhänge eines menschlichen Lebens und einer Gesellschaft mit ihren Strukturen und Normen einfügt und der nur so von seiner Erfahrung ›Bediente‹ im bürgerlichen und psychiatrischen Sinn *nicht mehr zurechnungsfähig* ist. Es ist grundsätzlich denkbar, daß eine personale Selbstverfügung des Subjekts in Freiheit mit einem viel geringeren Material zur Vermittlung zu sich selbst auskommt, als wir es im normalen bürgerlichen Leben voraussetzen und fordern müssen, um einem solchen Menschen Zurechnungsfähigkeit zuzuerkennen. Es ist denkbar, daß ein bestimmtes Material an Gegenständlichkeit, das einem Subjekt von außen angeboten und an sich begrifflich verstanden wird, bei der konkreten Strukturiertheit dieses Subjekts gar nicht als Material für den eigentlichen Selbstvollzug der Person in Frage kommt.«

In Volkssprache: *Auch Verrückte haben ein Freiheitsrecht,* soweit es ihre höchstpersönlichen Dinge anbetrifft, und zwar weit in den Bereich hinein, den Juristen als Unmündigkeit werten.

Wer so für die Freiheit des Kranken eintritt wie *Karl Rahner,* kann im Herzen nicht gegen die Mitleidstötung sein. Vor allem deshalb wohl wünscht er sich eine »bessere moraltheologische Durchleuchtung für die Zukunft«.

c) *Wilhelm Knevels* (1895–1979)

Er hat einen Großteil seiner Arbeit als Gottesgelehrter dem Kampf *gegen die Theologie der Leidensverherrlicher,* der Mitleidstötungsverteufeler gewidmet, um dann *selbst* auf schrecklichste Art und Weise von einem befreundeten, aber linientreuen Arzt *zum Foltertod verurteilt* zu werden: Prof. Dr. *D. Wilhelm Knevels,* Ordentlicher Professor der Freien Universität Berlin.

Rosemarie Stephan hat das böse Ende ihres Dienstherrn in allen Phasen hautnah miterlebt. Sie schildert es so:

»1975 lag *Knevels* nach Schlaganfall (linksseitige Lähmung) in einem kleinen evangelischen Krankenhaus hier in Berlin. (Ich durfte Tag und Nacht mit dort sein.) Der Chefarzt für Inneres brachte *Knevels* – beide Männer 1,90 m groß – wieder das Laufen und Treppensteigen bei. *Knevels* konnte vier Monate nach dem Schlaganfall wieder wöchentliche Vorlesungen (Praktische Theologie) an der Freien Universität Berlin halten und je Abend zwei Vorträge an zehn Berliner (also an zehn VHS in der Woche) Volkshochschulen (Philosophie, Psychologie, Theologie u. a. Bibelkritik) und am Sonntag in der Kaiser-Friedrich-Gedächtnis-Kirche im Hansaviertel predigen.

1977 folgten jedoch ›Verschlüsse‹ in beiden Beinen. Marcoumar (= gerinnungshemmendes Mittel) täglich! *Knevels* ließ sich (ohne jede Eitelkeit) stolz im Rollstuhl von mir (und der Chefarzt kam auch in die Abendvorlesungen) zu den Vorträgen fahren. Alle gut besucht – meist junge Menschen, zu 80 Prozent männlich – die meisten ließen ihre Kassettengeräte mitlaufen – soweit das Leben ...

Am 15.12.1978 hatte *Knevels* eine Zahnbehandlung ... Die Zahnärztin wußte, daß er blutgerinnungshemmende Medikamente nahm, meinte aber: Das Bißchen mache nichts. *Knevels* muß von da an Magenbluten gehabt haben – er hatte Teerstuhl –, dann Verstopfung. Der Arzt kam, ich machte Einläufe, es half alles nichts.

Im Morgengrauen des 23.12.1978 raste der Krankenwagen mit uns in das kleine evangelische Krankenhaus. Die Röntgenaufnahme zeigte ›Spiegel‹. Verschluß war es noch nicht – aber Darmlähmung. Der 23.12. war ein Samstag. K. bekam Spritzen und Einläufe, ohne Erfolg. Schmerzmittel bekam er nicht.

Der 24.12.1978 war zugleich der vierte Adventssonntag. Der Chefarzt blieb bis kurz nach 15.00 Uhr im Krankenhaus. Dann fuhr er heim, auch der Chirurg, denn beide wollten mit den Kindern feiern. Es war ja Heiligabend.

Ein Bereitschaftsarzt blieb zurück – der schaute mal herein – hatte strikte Anweisung und gab *kein* schmerzstillendes Medikament.

Knevels sagte am 24.12. vormittags noch zu mir – ›gib Trinkgeld der Stationsschwester – vielleicht hilft das was‹ ...

Am 25.12. sollte *K*. gleich um 7.00 Uhr morgens unter örtlicher Betäubung (81jährig) einen künstlichen Darmausgang bekommen. Da *K*. am 24.12. um 9.00 Uhr einen Kreislaufkollaps hatte, hätte eine schmerzlindernde Injektion dem Kreislauf weiter geschadet, meinte der Chefarzt zu mir am 25.12. Statt dessen bekam

K. einen Tropf mit Calcium oder Kalium. Und der Chefarzt sagte dazu: ›Entweder hilft sich die Natur oder das Herz schlägt sich davon tot.‹

Knevels flehte ihn an und mich und die herbeigeläuteten Ärzte und Schwestern, man möge ihm doch den Tropf abmachen ...

Nein – es wurde nicht getan, und ich war zu blöd dazu, hatte Angst, daß beim Herausziehen der Nadel Luft in die Vene kommt! Sterbende werden heute von den meisten Ärzten wie Unmündige behandelt!

Knevels wurde von Schmerzen geschüttelt. Er wollte aus dem Bett und im Stuhl sitzen. Ich rief den Chefarzt, er kam und lehnte ab mit der Begründung: *K.* würde sich dabei alle Knochen brechen. Also krabbelte ich in das Bett und klemmte mich hinter *Knevels* Rücken, um ihm so wenigstens zum Sitzen im Bett zu verhelfen. Um ca. 14.50 Uhr setzte ich *K.* die Brille auf die Nase, gab einen Kugelschreiber in seine Hand, ein Blatt Papier hin und fragte ihn: ›Was sollen wir tun?‹ Er schrieb auf das Blatt ganz zittrig (habe das Blatt noch): Eutha-Eutha-. Er konnte das Wort Euthanasie nicht mehr deutlich ausschreiben.

K. bekam sie nicht. Nicht mal Tropfen gegen Schmerzen. Inzwischen war es längst Darmverschluß. Er konnte nicht mal mehr Mineralwasser schlucken. Es erbrach Schleim und alles mögliche.

Bis ca. 17.30 Uhr war *K.* bei klarem Verstand. Ich verzweifelte an Gott und sagte zu *Knevels:* ›Wenn ich dich so leiden sehe, könnte ich Gott verfluchen.‹ Jeder andere Theologe hätte Gott verflucht, *K.* antwortete etwa: ›Was kann Gott dafür, wenn Menschen falsch handeln?‹

Am 24.12. um 18.45 Uhr durfte er sterben, das Herz hatte – mit Gottes Hilfe – die Tätigkeit eingestellt.

Ich fragte hinterher den Chefarzt, warum er keine Sterbehilfe gegeben habe? Antwort: Am 24.12. um 15.00 Uhr habe er gemerkt, daß es nichts mehr mit dem Kranken werde. *Er, der Chefarzt, sei ein Christ und könne nicht einfach den ›Lebenshahn‹ wie einen Wasserhahn abstellen,* und weiter: ›So wie der Mensch unter Schmerzen geboren werde, habe er auch ohne Schmerzmittel wieder die Welt zu verlassen.‹«

Soweit der Bericht von *Rosemarie Stephan*. Der christliche Chefarzt machte seine Religionsauffassung zur Grundlage seiner Therapiehoheit, seiner Therapiediktatur.

Ein Jahr vor seinem Tode, am 24.12.1978, hat *Wilhelm Knevels* für seine Kirchengemeinde kurz und knapp aufgeschrieben, was aus seiner Sicht der »*Wille Gottes*« ist:

»Was ist ›Wille Gottes‹? Woran denken Sie bei diesem Wort? Viele verstehen unter Wille Gottes die Summe aller Geschehnisse. Alles, was geschieht, einschließlich dessen, was Menschen tun, sei von Gott bewirkt. Auch das Böse käme aus dem Willen Gottes, und die Menschen wären Marionetten, die nur das ausführen, was Gott will, auch wenn sie meinen, sie handelten aus freier Entscheidung. Bei der dritten Bitte des Vaterunsers denken tatsächlich viele Christen: ›Laß mich alles, was geschieht, als von Dir gewollt hinnehmen und mich in alles fügen.‹ Eine solche Ergebung ist richtig, wenn es sich um etwas Unabwendbares, Unabänderliches handelt, wie um den Tod eines geliebten Menschen. *Für Noch-Nicht-Entschiedenes, für Noch-Nicht-Geschehenes, für die Zukunft gilt das nicht!*

Die dritte Bitte lautet nicht: ›Dein Wille geschieht‹, sondern ›Dein Wille geschehe‹; er möge geschehen da, wo er noch nicht geschieht. Gott möge seinen Willen durchsetzen gegen den Gegenwillen von Menschen und Dämonen. Die dritte Bitte besagt auch, ›daß Gottes Wille auch durch uns geschehe‹, so wie er ‹im Himmel› geschieht, wo die Engel nicht dem Tun Gottes zuschauen, sondern seinen Willen tun (Psalm 103, 20 f.).

Gott braucht uns! Wir sind seine Mitarbeiter!«

In der Reihe »Evangelische Zeitstimmen« erschien 1975 die Schrift EUTHANASIE: HILFE BEIM STERBEN – HILFE ZUM STERBEN (*Reich*-Verlag Hamburg 1975). *Der Verleger Herbert Reich gab ihr unter anderem folgendes* »*Zum Geleit*«:

»Drei christliche Theologen schreiben über die Euthanasie! Vermutlich also dagegen – werden Sie denken; denn die meisten Christen lehnen ja die Euthanasie in jeder Form ab.

Hier lesen Sie es anders. Mit der grundsätzlichen Gegnerschaft der Christen gegen die Euthanasie muß schnellstens gebrochen werden – ebenso wie mit der ungesunden, unchristlichen Verherrlichung des Leides durch die Christen, wie es unser Autor *Wilhelm Knevels* in der Schrift DAS UNHEILIGE LEID, EVANGELISCHE ZEITSTIMME 66 (3. Auflage), unternommen hat.

Noch aus einem anderen Grunde mußte diese Schrift geschrieben werden: Die in letzter Zeit bei uns heftig aufgebrochene Diskussion über die Euthanasie litt darunter, *daß die Öffentlichkeit – infolge der durch den furchtbaren Mißbrauch der Euthanasie durch den Nationalsozialismus eingetretenen Zeit des Schweigens – die Orientierung über das Thema verlor,* das in anderen Ländern ständig durchdacht wurde, und nun weithin alten Vorurteilen, fixierten Meinungen und starren Schablonen folgt.«

Das, was der *Gemeindepfarrer und Universitätstheologe* zur Mitleidstötung bereits 1975 als 77jähriger Weiser – drei Jahre vor seinem Tod – unter dem Titel EUTHANASIE – AUS LIEBE geschrieben hat, wollte ich in ganzer Länge in dieses Buch aufnehmen, um deutlich zu machen:

Für meine Urteilsfindung ist wichtig, was *tiefgläubige Gottesmänner* zum Thema Aktive Sterbehilfe zu sagen haben, die als Seelsorger und Wissenschaftler ständig mit den *Einzelnöten* ihrer Gemeindemitglieder konfrontiert sind. Es ist in der *Gotteswissenschaft* nicht anders als in der *Medizinwissenschaft: Spätestens* wenn die Führer die hautnahe Verbindung zu ihrem Volk verlieren, *werden sie unbarmherzig.*

Leider aber kann ich nur wenige Sätze zitieren:

»Sinn dieses Beitrages: Flammend zu protestieren gegen eine – in ›christlichen‹ Grundsätzen verankerte und durch das Strafgesetz geforderte – *Unmenschlichkeit.* Sein Ziel: Aufzurufen zur *Menschlichkeit* und zu zeigen, wie todkranken Menschen geholfen werden kann und darf.

›Euthanasie‹, wörtlich: ›gutes Sterben‹, wird als Bezeichnung für die Hilfeleistung *beim* Sterben und *zum* Sterben gebraucht; Euthanasie ist: gütige Sterbehilfe. Sie kann bestehen: 1. in der Erleichterung des Sterbens, 2. in dem Verzicht auf die Verlängerung eines sterbenden Lebens, 3. in der Beschleunigung des Sterbens, 4. in der Herbeiführung des Todes.

Der Verfasser tritt für alle vier Arten der Euthanasie (die voneinander gar nicht scharf zu trennen sind) unter den jeweils gegebenen Voraussetzungen ein ...

Leiden lindern, Leiden mindern, Leiden bekämpfen, Leiden beenden – das ist der wichtigste mitmenschliche Dienst, der uns aufgetragen ist. Wer dazu bereit ist, muß zuallererst die Ohren offenhalten für den tausendfältigen Aufschrei leidender Menschen. Besonders gellende Schreie kommen von Todkranken und verdichten sich zu Hilferufen: ›Steht mir beim Sterben bei! Macht mir das Sterben leicht!‹ Wer auch nur eine Ahnung davon hat, in welchem Ausmaß und mit welcher Heftigkeit da gelitten wird, und dennoch die Euthanasie pauschal ablehnt, der hat entweder kein Herz im Leib, oder er ist so starr, daß er sich von Schablonen, Prinzipien und Gesetzen auch dann nicht löst, wenn sie sich grausam und unmenschlich auswirken. Zwar kann der Arzt nicht vermeiden, dem Patienten Schmerzen auferlegen zu müssen, um sie zu heilen. Aber wo alles Bemühen gescheitert ist und der Tod nahe bevorsteht, kann für den menschenfreundlichen Arzt wirklich nichts anderes in Frage kommen, als den Schrei der Bedauernswerten zu hören, ihnen *beim* Sterben und auch *zum* Sterben zu helfen. Es müssen vor allem Mittel und Wege gefunden werden, um Todkranke von ihren Qualen so oder so zu befreien und zu erlösen, anstatt sie möglichst lange am Leben zu erhalten und ihr Leiden zu verlängern. An dieses Problem knüpft ein Aufsatz an, den ich 1968 veröffentlichte und als ein Flugblatt weit verbreitet habe. Ich möchte ihn hier an den Anfang stellen. Was er vorwegnimmt, wird unten näher behandelt und geklärt:

Ehrfurcht vor dem Leben? Gemäß dem Hippokratischen Eid und dem in letzter Zeit besonders betonten ärztlichen Ethos wird es als eine entscheidende Verpflichtung des Arztes angesehen, das Leben so lange wie möglich zu erhalten oder zu verlängern. Von der Albert-Schweitzerschen Grundkonzeption ›Ehrfurcht vor dem Leben‹ her könnte man einen solchen Standpunkt rechtfertigen. Der christliche Glaube kann sich ihm jedoch nicht anschließen. Die Erhaltung des Lebens, die an sich ein selbstverständliches Anliegen ist, erscheint im N. T. keinesfalls als höchstes, einziges Ziel. Statt dessen ist die Rede von der Erfüllung des Lebens mit rechtem Inhalt (daß aus dem bios eine zoë werde), von dem Sinn und Zweck des Lebens, von der Hingabe des Lebens im Dienst an den anderen bis zum Opfer des Lebens nach dem Satz: ›Wer sein Leben behalten will, der wird es verlieren.‹ Vor allem aber ist das N. T. beherrscht von der ›agape‹, der Gottesliebe, der aus Gott geborenen, von Gott geschenkten Liebe, die sich in der Liebe an jedem, mit dem wir zu tun haben und der uns braucht, neu verwirklicht. Ein Christ kann daher das Hochziel des Arztes nicht in der unbedingten Erhaltung und Verlängerung des Lebens sehen, sondern einzig und allein in dem Dienst der Liebe an seinen Patienten. Dieser Dienst wird durchweg darin bestehen, daß Krankheit geheilt, Leiden gemindert und dem Leben aufgeholfen wird. Es kann aber sein, daß die Liebe es keineswegs fordert, ein schon abgeklungenes, von unermeßlichen Qualen erfülltes Leben künstlich zu verlängern, wozu viele Ärzte, sei es aus wissenschaftlichem Fanatismus, der es unbedingt schaffen will, sei es aus vermeintlicher religiöser oder ethischer Pflicht, gerade heute neigen. Was die Liebe gebietet, muß der Arzt im Einzelfall zu erspüren suchen und demgemäß handeln. Er respektiert die Gesetze, aber, wenn nötig, arbeitet er an deren Änderung.

Kein geschriebenes oder ungeschriebenes Gesetz darf aber vom Arzt verlangen, ein Leben, das sterben will und faktisch schon im Tode steht, vegetativ zu erhalten und zu verlängern. In einem christlichen Krankenhaus wurde eine im letzten Stadium des Karzinoms darniederliegende jüngere Diakonisse (übrigens der zutiefst gläubige Mensch, den ich je kennengelernt habe) trotz ihres Flehens, sie sterben zu lassen, mit allen verfügbaren Methoden am Leben erhalten und wegen der unerträglichen Schmerzen mit den stärksten Narkotika betäubt, dann wieder stimuliert, und dies monatelang im gleichen Rhythmus ...

Als ›grausam und barbarisch‹ bezeichneten es 40 Persönlichkeiten mit weltweitem Ansehen, ›wenn man unheilbar Kranke, die leiden, gegen ihren Willen am Leben erhält‹. Auch drei Nobelpreisträger hatten die gemeinsame Erklärung unterschrieben: Der Amerikaner *Linus Pauling*, der Engländer Sir *George Thomson* und *Jacques Monod* aus Paris.«

Zum Schluß schreibt *Wilhelm Knevels* geradezu beschwörend: »Wir appellieren an alle Ärzte und an alle Menschen, zumal an die widerstrebenden Christen: Gebt die falsche Unterscheidung zwischen aktiver und passiver Euthanasie auf! Sucht keinen Mittelweg mit einem ›Jein‹! Sagt rückhaltlos ja zu einer gütigen Euthanasie.«

Im Nachruf auf den Christlichsten der Christen steht:

»Der am Heiligen Abend 1978 im Alter von 81 Jahren verstorbene Berliner Theologe (Freie Universität Berlin) *Wilhelm Knevels* läßt sich in keine theologische Schule oder Richtung einordnen. Aber gerade die eigenen Wege, die solche Außenseiter zu gehen pflegen, verleihen ihrem Denken oft Originalität und Anziehungskraft. Das gilt auch für *Knevels*, der nicht nur große Scharen von Hörern um seine Kanzeln, auch im Rundfunk, zu sammeln verstand, sondern auch einen starken *Einfluß auf die Jugend und die geistig Anspruchsvollen,* die ›Suchenden‹, ausübte. Dazu befähigte ihn einmal die Weite seiner geistigen Schau, die neben der Theologie auch Philosophie, Tiefenpsychologie und Kunst einbezog, zum anderen ein starker, fast ist man versucht zu sagen: seelsorgerlicher Wille, den Menschen in ihren *geistlichen* und *körperlichen* Nöten zu helfen. ›Brücken zum Ewigen‹ hieß eine der ersten Veröffentlichungen des jungen *Knevels,* ein Sammelband mit religiösen Bekenntnissen junger Dichter, mit dem er zugleich eine Brücke von der Kirche zu diesen meist abseits stehenden Männern und Frauen zu schlagen versuchte. *Und seine letzte Veröffentlichung war ein Plädoyer für die Euthanasie, für eine theologisch und medizinisch verantwortbare Sterbehilfe an unrettbar Leidenden.*«

Zum Schluß möchte ich noch die PRO-Stimme eines jungen Krankenhauspfarrers ausführlich klingen lassen, weil sie auf dem Boden einer Universitätsklinik von heute gewachsen ist, die von Dr. theol. *Armin Volkmar Bauer:*

»Die Freiheit zum Tode – Ein Grundrecht des Christen
Die moderne Medizin hat große Möglichkeiten geschaffen, menschliches Leben zu erhalten. Manchmal kann sie nur einen schmerzhaften Weg zum Tode sinnlos verlängern. Daraus ergibt sich die Frage, wie mit einem Menschen umzugehen ist, dem ein derartiger Weg nicht sinnvoll erscheint und der sterben möchte.
In der Bibel und in der christlichen Überlieferung ist keine Antwort auf diese Frage zu erwarten, weil sie sich erst heute stellt. Eine Antwort kann nur aus allgemeinen Beobachtungen erschlossen werden.
Wenn ich anschaue, wie Jesus nach dem Zeugnis des Neuen Testaments mit Kranken umgeht, so ist ihm stets wichtig, den einzelnen Menschen mit seinen Leiden ernst zu nehmen. *Jesus bezeichnet die Krankheit niemals als ein von Gott verhängtes Schicksal* und ermuntert Kranke *niemals zu Geduld,* sondern

stellt sich auf die Seite der Leidenden gegen die Krankheit und *schafft Abhilfe.* Dabei steht ihm der leidende Einzelne höher als alle religiösen Vorschriften, die den Zeitgenossen heilig waren. Jesus sagt: ›Was ihr wollt, daß euch die Menschen tun, das tut ihr auch ihnen.‹ (LK 6,31). Jesus ermuntert, die eigenen Wünsche auch im anderen zu phantasieren. Für Paulus ist der Mensch nicht Sklave, sondern Freigelassener, Sohn, mündiger Erwachsener, beauftragt, seinen ja einmaligen Weg zu suchen und zu finden.

Religiöse Gesetze und kirchliche Autoritäten versuchen sich des Menschen zu bemächtigen und ihn einzuengen. Christlicher Glaube befreit von der Unterordnung unter menschliche Autoritäten und stellt den einzelnen unmittelbar vor Gott in seine Freiheit. ›Ihr sollt euch nicht Meister ... nicht Vater ... nicht Lehrer nennen lassen, einer ist euer Lehrer ...‹ (Mt 23, 6–10).

Was heißt das für die Frage nach dem selbstverantwortlichen Sterben? *Jeder einzelne Kranke ist als einmaliger Mensch mit seinen Leiden wahrzunehmen und in seiner Freiheit zu achten.* Ihm ist in seinen Leiden zu helfen. Dabei stehen Normen und Vorschriften im Dienst dieses Vorgangs, nicht umgekehrt. Wer mit dem Leidenden zu tun hat, ist eingeladen, sich in seine Lage zu versetzen, und zu überlegen, was der wohl möchte bzw. zu respektieren, was er will. *Seine Entscheidung hat den Vorrang vor den Überlegungen des andern.* Was ein Patient vorausschauend oder bei klarer Einsicht in seine Situation entscheidet, darauf kommt es an. Christlicher Glaube liefert keinen Menschen fremden kirchlichen oder ärztlichen Autoritäten aus, wenn es um die Verfügung über den eigenen Weg geht.

Ich halte die Freiheit, vorausschauend für das eigene Sterben Anordnungen zu treffen bzw. selbstverantwortlich den Zeitpunkt des eigenen Todes zu bestimmen, für ein Grundrecht eines Christen. Ich *glaube nicht, daß Gott ein Sadist ist, den lange,* sinnlose Leiden seines Geschöpfes befriedigen. Jesus stellt Gott nicht als ein derartiges Scheusal vor.

Ein Christ hat das Recht, den Teller mit der Mahlzeit seines Lebens zurückzuschieben und vom Tisch der Zeit aufzustehen, wenn er es endgültig satt hat. Gott gleicht in meinen Augen nicht jenen schlimmen Aufsichtspersonen in Kinderheimen, die die Kinder zwingen, alles aufzuessen – am Ende gar das aus Widerwillen Erbrochene. Gott hat einem jeden selbst die Verantwortung für sein Leben und Sterben anvertraut.

Ich weiß, daß ich damit herrschenden christlichen Glaubensgewohnheiten widerspreche. Die Kirche hat immer wieder, zuletzt in der Frage der Zulassung der Frau zum Pfarramt, bewiesen, daß sie von jahrhundertealten Vorurteilen Abschied nehmen kann. Das scheint mir jetzt bei der Beurteilung des selbstverantworteten Sterbens an der Zeit.

Für den Arzt ist es ungewohnt, den Patienten nicht als Objekt seiner ärztlichen Tätigkeit zu sehen, sondern ihn als freien Menschen zu würdigen, der das Subjekt seines Lebens auch in seiner Krankheit bleibt und in dessen Dienst er als Arzt steht.

Helfen ist Herrschen. Unser Gesundheitssystem ist auch ein *Herrschaftssystem.* Es gleicht in mancher Hinsicht der *Kirche vor der Reformation.* Damals hatte der Klerus eine bedeutende Rolle in der Gesellschaft, weil er das Heil verwaltete. Heute ist die Gesundheit höchstes Heilsgut. *Sie wird von den Ärzten verwaltet.* Sie gewinnen dadurch viel Macht und hohes Ansehen, weil sie die Wege kennen, die zum Heil führen. Sie wahren als Stand ihre Macht und reagieren heftig auf Kritik. Rufe nach Reformen werden laut. Ich glaube, daß dem Gesundheitswesen eine Reformation guttun wird, die dem betroffenen Menschen als Subjekt von Krankheit, Heilung und Sterben seine Rechte zurückgibt und die übermächtig gewordenen Hierarchien des Gesundheitswesens von ihrem Verantwortungsmonopol entlastet.«

4.3.2 DAS PRO BARMHERZIGER ÄRZTE

Sicher gab es zu allen Zeiten barmherzige Ärzte, die ihren Patienten durch den allerschwersten und meistgeschmähten ärztlichen Liebesdienst geholfen haben: *durch aktive Erlösungstodhilfe.* Sie taten und tun es im vollen Bewußtsein möglicher böser Folgen für sie, und ohne darüber zu reden. Es sind die besten aller Ärzte.

Der Leibarzt von *Georg V.* war ein solcher Arzt. Er tötete seinen königlichen Patienten 1936 *gezielt* mit einer Morphiumspritze. Wieviel er damit riskierte, ist schwer abzuschätzen. Bekannt wurde diese *Liebestat* erst 1987, nach 50jähriger Geheimhaltungsfrist.

Warum so spät? Dazu ein britischer Journalist: »Wenn es gut genug für den König war, *denkt das Volk,* wird es auch für dich und mich gut genug sein.«
Mitleidstötung nur für Könige?

Jedes *Verschweigen* hat auch *negative Seiten:* Das Verschweigen einer vorbildlichen *guten* Tat kann nicht zur *wünschenswerten Nachahmung* motivieren. Und die *Geheimhaltung* von *bösem Tun und Unterlassen* – wie zum Beispiel von ärztlicher Mitleidlosigkeit – *animiert, es weiter zu tun.*

Deshalb verdienen die Ärzte *größere Achtung und mehr Lob,* die sich zur Mitleidstötung *bekannt* haben und damit ihr Verhalten zur allgemeinen Diskussion stellten.

In der Neuzeit war der erste Arzt, der sich zur Mitleidstötung bekannte, die holländische Allgemeinärztin Dr. *Geertruida Posthma-van-Boven.* Sie *tötete 1971 ihre gelähmte Mutter* mit einem Morphiumschuß in die Vene. Daraufhin wurde ihr der Prozeß gemacht. Sie mußte mit schwerer Bestrafung rechnen. Wider Erwarten fand sie Richter, die nicht der üblichen Gesetzestextauslegung, sondern ihrem Herzen folgten: Nur eine Woche Haft auf Bewährung lautete das Urteil 1973, nach zweijähriger Prozeßdauer. *Angezeigt* hatte *Geertruida ihr Kollege,* der ärztliche Direktor des Altersheims, in dem die Mutter starb. Das auf der Landkarte vergleichsweise kleine Holland ging in der Rechtsprechung allen Großnationen voran. Überall sonst in Europa wäre das Urteil wahrscheinlich sehr viel härter ausgefallen.

Dem deutschen Nobelpreisträger *Werner Forssmann* blieb es vorbehalten, die barmherzige Ärztin *zu verteufeln.* »Man glaubte, ihr ein persönliches Mitleid nicht versagen zu dürfen ... Das war ein *gefährlicher* Anfang, denn ihr Beispiel machte Schule; es folgten andere Tötungen Sterbender ...«, *schwatzte er verächtlich* mit erhobenem Zeigefinger gegenüber einem Medizinjournalisten. Solche *mit-*

leidlosen Redensarten passen eher zu seinem damaligen Renommee als Chirurg und Urologe als zu seinem Nobelpreis.

1974 bekannte der dänische *Chefanästhesist* Prof. Dr. *Björn Ibsen,* aktive Sterbehilfe durch *tödliche Morphiumspritzen* geleistet zu haben. Er wurde von den Ärzteführern heftig attackiert, was ihn aber nicht hinderte, sich »in allen Punkten für schuldig« zu bekennen. Im Falle einer hoffnungslosen Situation vor oder nach der Operation *»scheint es mir humaner,* den Patienten in ein Zimmer zu bringen, ihm etwas Morphium zu injizieren und ihm den Frieden zu geben.«

Urs Haemmerli wurde am 15.1.1975 von der Schweizer Polizei wegen des Verdachtes auf *vorsätzliche Tötung* verhaftet. Er hatte hoffnungslos Kranken das Leben verkürzt, indem er ihnen in den letzten Tagen statt künstlicher Ernährung nur noch Wasser geben ließ. Das war Mitleidstötung, Tötung aus Mitleid durch Unterlassen, auch wenn man die Liebestat später – mit seinem Einverständnis wohlbemerkt – zur »passiven Sterbehilfe« *degradiert hat.* Es gab eine weltweite Sympathiewelle, und man mußte ihn freilassen und freisprechen.

Die verdienstvollste *ärztliche* Vorkämpferin für ein Sterben ohne Qual und in Würde ist die *britische Ärztin Cecily Saunders.* 1959 gründete sie »The hospice movement«, die Bewegung zur Errichtung von Sterbehospizen. Darin wird am laufenden Band *Mitleidstötung praktiziert,* auch wenn man die Lebensverkürzungsmethode – Verzicht auf eine spezifische lebensverlängernde Behandlung von Krebs usw., hochdosierte Morphiumcocktails und dergleichen – *nur passive Euthanasie nennt.* In England ist auch *Beihilfe* zur Sichtötung strafbar.

Die Befürchtung von *Cecily Saunders,* daß die Legalisierung eines Rechtes auf Mitleidstötung diese bald zur

Pflicht machen würde, ist bei Beachtung der 7 EUBIOS-Mitleidstötungsgebote (s. S. 469) unberechtigt.

1977 bekannte *Chris Barnard,* der größte Chirurg aller Zeiten, *seiner hoffnungslos kranken Mutter* gemeinsam mit seinem (Arzt-)Bruder *Marius* am 25.2. den *Gnadentod verordnet* zu haben. Das Beatmungsgerät wurde auf seine Anordnung hin von einem Oberarzt abgestellt, nachdem die 93jährige nach einem Schlaganfall zehn Jahre lang im *Groote-Schuur*-Hospital gelegen hatte. Als sie eines Tages hätte künstlich ernährt werden müssen, wurde der *barmherzige Todesbefehl* beschlossen.

In seinem Buch GLÜCKLICHES LEBEN – WÜRDIGER TOD (*Heyne*-Verlag München 1981) erklärte *Chris:* »Ich sage JA zum Gnadentod.« Allerdings ist sein Vorschlag, einem *Ärztegremium* die letzte Entscheidung zu übertragen, *nicht akzeptabel.* Die *Indikation* zur »Operation Mitleidstötung« darf nur der *Patient* stellen, und *Operateur* sollte nur sein *behandelnder Arzt* sein.

Rudolf Frey, Anästhesieprofessor der Universität Mainz, gründete 1972 den »Club of Mainz«. Dieser hatte sich zum Ziel gesetzt, die Grenzen der Intensivmedizin besser zu bestimmen. *Heribert L. Schader* schrieb dazu in DIE WELT (1978): »Jenseits des Zaunes, an dem der ›Mord aus Gefälligkeit‹ endet, gibt es aber ein breites Niemandsland, das als Folge der außergewöhnlich großen Möglichkeiten der rasch gewachsenen Intensivmedizin entstanden ist.« Mit der Sichtötung von *Rudolf Frey* starb auch der Club of Mainz, bevor praktikable Richtlinien eine Verbesserung brachten.

An der Spitze der Bewegung ärztlicher PROS für die Mitleidstötung marschieren französische und holländische Ärzte, *nicht Ärzteführer* wohlbemerkt:

Im Auftrag der Ärztezeitschrift TONAS hat 1984 das Institut »Indice Medical« 203 französische Praktiker befragt, die nach Praxissitz, Alter, Geschlecht, Art der Praxis und Patientenzahlen einen repräsentativen Querschnitt der Kollegen aus dem westlichen Nachbarland darstellte.

Die wichtigste Frage lautete: Wie würden Sie sich angesichts eines todgeweiht zu betrachtenden Patienten entscheiden? Nur fünf Prozent antworteten, sie würden auch weiterhin jegliche Form der Therapie unternehmen. Für eine Form der *passiven* Euthanasie (Beendigung lebensverlängernder Medikation, Abschalten von Geräten) sprachen sich 66 Prozent aus. *24 Prozent erklärten sich auch zu aktiver Euthanasie (zum Beispiel Spritze) bereit.* 14 Prozent gaben keine Antwort. Von den 90 Prozent, die sich für die eine oder andere Form der Sterbehilfe aussprachen, wurden die Doppelnennungen herausgerechnet, so daß sich die Quote von 81 Prozent ergibt.

Am weitesten fortgeschritten ist die Praxis der ärztlichen Mitleidstötung in *Holland*. Man kann nur größte Hochachtung haben für das, was in diesem kleinen Land inzwischen erreicht wurde.

Beispielhaft ging der Kinderkrebsarzt Prof. Dr. *Tom Voute* vor. Er hat im Oktober 1987 öffentlich bekanntgegeben, was den Ärzteführern sorgenvolle Tränen ins Gesicht treiben müßte, falls sie weinen können: daß er den Eltern für seine hoffnungslos krebskranken Kinder den Schierlingsbecher mit nach Hause gibt. Damit sie ihn zur Hand haben, wenn es nicht mehr auszuhalten ist!

Man möge sich vorstellen, was in der Bundesrepublik geschehen wäre, wenn *ich* mich zu solchem Tun bekannt hätte. Dabei dürfte kein Unterschied sein, ob im Gifttopf ein tödliches Narkosemittel oder Zyankali gewesen wäre.

Die Regierung hätte mir die Arztlizenz entzogen, und zwar mit sofortiger Vollzugsanordnung. Und es ist sehr fraglich, ob die Verwaltungsgerichte dies außer Kraft gesetzt hätten: wegen der Allgemeingefährlichkeit solcher Arzttat!

Und was hätten die Medis dazu gesagt und geschrieben?!
Am 8.1.1988 nahmen *US-amerikanische Ärzte* das gute Beispiel ihrer holländischen Kollegen auf. Es passierte etwas Unglaubliches: Im amerikanischen Ärzteblatt JAMA wurde das *Bekenntnis* eines Assistenzarztes *zur aktiven Mitleidstötung* veröffentlicht. Zwar geschah es *gegen den Willen der Ärzteführer,* aber immerhin in der *Hauszeitung* der größten US-amerikanischen Ärzteorganisation mit 280000 Mitgliedern. Das läßt hoffen!

Es erhob sich bei den *Ärzteführern ein Sturm der Entrüstung.* Bei allem, was die Neuzeitmedizin den US-Amerikanern an technischem Fortschritt verdankt – es ist viel –, *im Bewahren hippokratischer Arzt-Sonderrechte* ziehen auch sie am gleichen Strang. Das *Sonderrecht passive Folterei und/oder Tötung* schützt auch in den USA die *Spitzenposition* unter den Dienstleistungsberufen in bezug auf *Ehre und Würde, Macht und Geld* am zuverlässigsten.

Die Staatsanwaltschaft hat sich bislang geweigert, den Namen des ärztlichen *Gesetzesbrechers aus Mitleid* zu ermitteln.

5 NEUERE RECHTSPRECHUNG ZUR MITLEIDSTÖTUNG UND RECHTSGELEHRTENSTREIT DAZU

5.1 STAND BEI MITLEIDSTÖTUNG VON *HERMY E.*: 18.4.1984

Für dieses Buch ist meine Erlösungstodhilfe für *Hermy E.* am 18.4.1984 deshalb ein wichtiges Datum, weil sie *am Anfang eines Wandels* – wenn auch nicht höchstrichterlicher, so doch – *hochrichterlicher Rechtsprechung* zur ärztlichen Sterbehilfe steht. Ich ging *vor und bei* meiner *indirekten Mitleidstötung* – durch Beschaffung des Sichtötungsmittels und Übungshilfe für den Sichtötungsakt – davon aus, daß eine solche – Beihilfe zum Freitod auch für mich als Arzt *straffrei* und ich bei der feststehenden Willens- und Urteilsfähigkeit meiner Patientin zur *Lebensrettungshilfeleistung* weder *berechtigt* noch *verpflichtet* war. An der *Rechtmäßigkeit* meiner indirekten Erlösungstodhilfe hatte ich *nicht den geringsten Zweifel.*

Dies allerdings erwies sich später vor dem Hintergrund höchstrichterlicher Entscheidungen, *die ich damals weder kannte, noch für denkbar hielt,* als grundsätzlicher *Verbotsirrtum:* Was *ich* nicht für verboten hielt, war zumindest *aus höchstrichterlicher Sicht* eventuell verboten, *potentiell strafbar.*

Die damalige Rechtslage wird in einem Kommentar des Bundesrichters Dr. *L. Schikora* in der Zeitschrift Strafrecht (II/1984) geschildert, der zu dem BGH-Urteil im »FALL DR. *WITTIG*« vom 4.7.1984 verfaßt wurde: Die Überschrift lautet: »Macht sich ein Arzt, der nichts zur Rettung eines Suizidpatienten unternimmt, strafbar?«

Hier die Zusammenfassung:

»Das Landgericht hat festgestellt: Der Angeklagte war der Hausarzt der 76jährigen Witwe. Sie litt an hochgradiger Verkalkung der Herzkranzgefäße und an Gehbeschwerden wegen einer Hüft- und Kniearthrose. Nachdem ihr Ehemann – von ihr ›*Peterle*‹ genannt – im März 1981 gestorben war, sah sie in ihrem Leben keinen Sinn mehr. Gegenüber dem Angeklagten und Dritten äußerte sie öfter die Absicht, aus dem Leben zu scheiden. Schon zu Lebzeiten ihres Ehemannes hatte sie sich mit der Problematik des Suizids beschäftigt und Bücher darüber gelesen. Sie wollte nicht in einen Zustand der Hilflosigkeit geraten und weder in ein Krankenhaus noch in ein Pflegeheim eingewiesen werden. Dies hatte sie auch dem Angeklagten erklärt, der vergeblich versuchte, sie von ihren Selbstmordgedanken abzubringen. Er wußte, daß schon seit Oktober 1980 ein von ihr verfaßtes Schriftstück mit folgendem Text auf ihrem Schreibtisch lag: ›Willenserklärung. Im Vollbesitz meiner Sinne bitte ich meinen Arzt, keine Einweisung in ein Krankenhaus oder Pflegeheim, keine Intensivstation und keine Anwendung lebensverlängernder Medikamente. Ich möchte einen würdigen Tod sterben. Keine Anwendung von Apparaten. Keine Organentnahme.‹ Am 13.4.1981 verfaßte sie ein weiteres Schriftstück etwa desselben Inhalts mit der zusätzlichen ›Erklärung‹: ›Ich bin über 76 Jahre alt und möchte nicht länger leben.‹

Bei einem Hausbesuch am 27.11.1981 sagte ihr der Angeklagte zu, sie am nächsten Tage zwischen 19 und 20 Uhr erneut aufzusuchen, um mit ihr über ihre Weigerung, sich in ein Krankenhaus einliefern zu lassen, zu sprechen. Wie verabredet, klingelte der Angeklagte am 28.11.1981, zwischen 19.15 und 19.30 Uhr an der Haustür. Obwohl Licht brannte, öffnete Frau *U.* nicht. Er begab sich daraufhin zu dem in der Nähe wohnenden früheren Mitangeklagten *B.*, von dem er wußte, daß er einen Zweitschlüssel besaß. Mit diesem gelangten beide in die Wohnung von Frau *U.* Sie lag bewußtlos auf der Couch. Unter ihren gefalteten Händen befand sich ein Zettel, auf dem sie handschriftlich vermerkt hatte: ›An meinen Arzt – bitte kein Krankenhaus – Erlösung! – 28.11.1981 – *C. U.*‹ Auf einen anderen in der Wohnung befindlichen Zettel hatte sie geschrieben: ›– ich will zu meinem Peterle –.‹

Anhand zahlreicher Medikamentenpackungen und des Abschiedsbriefes erkannte der Angeklagte, daß sie eine Überdosis Morphium und Schlafmittel in Selbsttötungsabsicht zu sich genommen hatte. Sie atmete, wie er feststellte, nur noch sechsmal je Minute; ihr Puls war nicht zu fühlen. Der Angeklagte ging davon aus, daß die Patientin nicht, jedenfalls nicht ohne schwere Dauerschäden, zu retten sein werde. Das Wissen um den immer wieder geäußerten Selbsttötungswillen und die vorgefundene Situation veranlaßten ihn schließlich, nichts zu ihrer Rettung zu unternehmen. Er blieb mit dem früheren Mitangeklagten *B.* in der Wohnung, bis er am nächsten Morgen gegen 7 Uhr den Tod feststellen konnte.

Es hat sich nicht klären lassen, ob das Leben von Frau *U.* bei sofortiger Verbringung in die Intensivstation eines Krankenhauses oder durch andere Rettungsmaßnahmen hätte verlängert oder gerettet werden können.

Das Landgericht hat beide Angeklagten freigesprochen. Der Freispruch bezüglich des Mitangeklagten *B.* ist rechtskräftig. Der Freispruch des Angeklagten beruht im wesentlichen auf folgenden Erwägungen: *Eine vollendete Tötung auf Verlangen komme nicht in Betracht, weil die Untätigkeit des Angeklagten den Tod von Frau U. nicht verursacht habe.* Eine versuchte Tötung auf Verlangen scheide aus, weil dieses Delikt nicht durch Unterlassen begangen werden könne, wenn sich der Garant für das Leben des Selbstmörders dessen frei verantwortlichem Tötungsentschluß unterordne. Bei solcher Sachlage sei ein Selbstmord auch kein Unglücksfall im Sinne des § 323 c StGB. Eine Strafbarkeit nach dieser Vorschrift scheitere im übrigen daran, daß bei Eintreffen des Angeklagten Hilfe weder erforderlich noch ihm zumutbar gewesen sei.«

5.2 RECHTSGELEHRTENSTREIT UND JURISTISCHE AKTIVITÄTEN NACH DER MITLEIDSTÖTUNG VON *HERMY E.*

Im März 1985 hat sich Dr. *Oliver C. Brändel,* Rechtsanwalt beim BGH, kritisch mit der Rechtsprechung des BGH, insbesondere auch mit dem merkwürdigen Urteil des BGH vom 4.7.1984 auseinandergesetzt: »Über das Recht, den Zeitpunkt des eigenen Todes selbst zu bestimmen.« Am Anfang steht:

»Die Entscheidung des BGH vom 4.7.1984 ist daher *nicht* geeignet, Klarheit über die Grenzen erlaubter ärztlicher Sterbehilfe zu schaffen. Vielmehr wird die unselige ›Grauzone‹, die schon seit langem die Grenze der Strafbarkeit verwischt und Ärzte aus Furcht vor Strafe entweder überhaupt davon abhält, Sterbehilfe zu leisten oder veranlaßt, sie nur ›im Dunkeln‹ zu gewähren, erneut verfestigt. Denn da die Entscheidung es bei dem – überkommenen – Grundsatz beläßt, daß der Selbsttötungswille eines vollverantwortlich erwachsenen Menschen prinzipiell unbeachtlich ist und dem Arzt eine ›Garantenpflicht‹ obliegt, sogar das Leben eines hochbetagten, schwerkranken und lebensmüden Suizidenten zu retten, kann niemand mit Verbindlichkeit voraussagen, wann die Gerichte ›im Einzelfall‹ einen schuldausschließenden Gewissenskonflikt bejahen werden. Vielmehr muß jeder Arzt, der den Freitodentschluß eines Patienten respektiert und sich weigert, zum Zwecke erzwungener Lebensverlängerung einzugreifen, mit Bestrafung rechnen. Es liegt auf der Hand, daß die Bereitschaft, Sterbehilfe zu leisten, durch derartige Risiken erheblich reduziert wird.

Angesichts dieser Rechtsprechung wird es daher wohl eines gesetzgeberischen Schrittes bedürfen, um dem Selbstbestimmungsrecht am Lebensende die verfassungsrechtlich gebotene Achtung zu verschaffen. Mit den folgenden Ausführungen soll der Versuch unternommen werden, einen Lösungsvorschlag anzudeuten.«

Die Zusammenfassung lautet:

»In Anbetracht des Ranges des verfassungsmäßig garantierten Persönlichkeitsrechts ist die Selbstbestimmung des mündigen Bürgers am Lebensende in folgender Hinsicht zu achten:

1. *Ihm ist* – sofern er dies eindeutig und ernsthaft verfügt – *passive Sterbehilfe zu gewähren*. Diesem Ziel dienen die heute schon immer häufiger anzutreffenden sog. ›Patientenverfügungen‹. Sie enthalten das – oftmals vor Zeugen abgegebene – Verlangen, passive Sterbehilfe zu gewähren. Jeder, der eine solche Verfügung treffen will, sollte an die Schwierigkeiten, den wirklichen Willen im Ernstfall zu ermitteln, denken. Er sollte deshalb die Verfügung mit seinem Arzt oder seinen Angehörigen besprechen, damit diese seinen Willen bezeugen können. Er sollte außerdem die Verfügung in gewissen zeitlichen Abständen wiederholen, um damit den Fortbestand und die Ernsthaftigkeit seines Willens zu dokumentieren. Er sollte schließlich sicherstellen, daß seine Patientenverfügung im richtigen Zeitpunkt aufgefunden wird und in die Hände der ihn behandelnden Ärzte gelangt.

2. Die *Gesellschaft hat* den eigenhändig und selbst verantwortlich verübten Freitod in Ausübung des Selbstbestimmungsrechts und nicht nur als Ausfluß der natürlichen Handlungsfreiheit *zu tolerieren*. *Assistenz* beim Suizid, die sich in der Form der Beihilfe vollzieht, *muß*, wie schon bisher, *straflos bleiben*. Der Bereich strafloser Beihilfe zum Suizid *darf nicht* durch eine ausdehnende Anwendung des § 323 c StGB über die ›*unterlassene Hilfeleistung*‹ *eingeschränkt* werden.

3. *Jeder mündige* und *geistig gesunde* Staatsbürger hat Anspruch auf die *Informationen und Mittel*, die er zur verantwortungsbewußten Ausübung seines Selbstbestimmungsrechts benötigt. Das Wissen um diese Dinge darf nicht den Angehörigen bestimmter Berufe vorbehalten bleiben. Die Weitergabe des Wissens über geeignete Möglichkeiten selbstbestimmter Lebensbeendigung darf weder durch Standesrecht noch durch das Sittengesetz tabuisiert werden.

4. Der *behandelnde Arzt* muß *vollständige Klarheit* darüber haben, bis zu welchem Punkt die Rechtsordnung das Selbstbestimmungsrecht seines Patienten respektiert. Solange die Grenzen zwischen erlaubtem und verbotenem ärztlichen Handeln bei der Sterbehilfe *verschwommen* sind, werden Ärzte in manchen Fällen auch gegen den ausdrücklichen Willen ihrer Patienten *ob-*

jektiv sinnlose leidens- und lebensverlängerde Maßnahmen ergreifen aus Furcht, sich sonst strafbar zu machen. Durch Unklarheit über die Grenzen des Erlaubten kann daher sogar die Gewährung zulässiger passiver Sterbehilfe versagt werden.

Die Furcht der Ärzte ist nicht unbegründet, wenn man bedenkt, daß nach dem Buchstaben des Gesetzes auch derjenige nach § 216 StGB bestraft werden muß, der nur mit sog. ›*bedingtem Vorsatz*‹ handelt. Dabei handelt es sich also um die Fälle, in denen der Arzt zwar nicht die Absicht verfolgt, den ihn um Erlösung von seinen Leiden bittenden Patienten zu töten, in denen er aber *damit rechnet und billigend in Kauf nimmt,* daß z. B. eine hohe Dosis eines Schmerzmittels den Eintritt des Todes beschleunigt. Es ist m. E. vertretbar und geboten, Ärzten bei der Behandlung Sterbender *einen größeren Freiraum* zuzubilligen, um damit sicherzustellen, daß das Selbstbestimmungsrecht ihrer Patienten stärker als bisher beachtet und passive Sterbehilfe denjenigen, die nach ihr verlangen, auch wirklich zuteil wird.

Ich schlage vor, dem § 216 StGB einen dritten Absatz anzufügen, der etwa wie folgt lauten könnte:

(3) ›Unter den Voraussetzungen des Absatzes I bleibt ein Arzt straffrei, wenn er durch Maßnahmen, die ausschließlich dazu dienen, qualvolle Leiden zu verhindern oder zu lindern, den Tod seines Patienten, *ohne ihn zu beabsichtigen, beschleunigt.*‹

Zur Erläuterung dieses Vorschlages möchte ich folgendes bemerken:

a) Durch die Verweisung auf den Abs. I des § 216 StGB soll klargestellt werden, daß der straflose Freiraum für den Arzt nur besteht, wenn eine ernsthafte, ausdrückliche und voll verantwortliche Willenserklärung des Patienten vorliegt, in der dieser den Arzt darum bittet, ihn von seinen Leiden zu erlösen. Es müssen also die gleichen Voraussetzungen vorliegen, die nach dem ersten Absatz dieser Bestimmung erfüllt sein müssen, um überhaupt die Anwendbarkeit dieser Sondervorschrift zu begründen.

b) Die Privilegierung soll *nur Ärzten* zuteil werden, also Personen, die Kraft Berufsrechts zur Ausübung der Heilkunde befähigt und befugt sind.

c) Die privilegierten Hilfsmaßnahmen dürfen *ausschließlich* in der Anwendung *solcher Mittel* bestehen, die zur *Bekämpfung oder Linderung von Schmerz- oder anderen Leidenszuständen bestimmt und geeignet sind.*

d) Bei der Dosierung solcher Medikamente erhält der Arzt insoweit einen größeren Freiraum, als er sein Augenmerk ausschließlich auf die wirkungsvolle Schmerzbekämpfung bzw. -verhinderung zu richten braucht. Sein Handeln steht also im Einklang mit seiner ethischen Verpflichtung. Er braucht hingegen nicht mehr zu befürchten, nach § 216 StGB bestraft zu werden, wenn er den durch die Medikation beschleunigten Tod seines Patienten zwar nicht babsichtigt, wohl aber erkennt und auch in Kauf nimmt, daß die verabreichte, zur wirksamen Schmerzbekämpfung *erforderliche* Dosierung letal sein *kann*.

Mein Vorschlag läuft daher im Ergebnis darauf hinaus, den nur bedingt vorsätzlich handelnden Arzt im Rahmen des § 216 StGB straffrei zu lassen, wenn der Tod durch Maßnahmen der Leidensverhinderung oder -linderung verursacht wird und der Patient diese Art der Sterbehilfe nachweislich durch freie zurechenbare Willensentscheidung verlangt. Ein Freiraum dieser Art könnte nach meiner Überzeugung die Barrieren abbauen, die bislang infolge religiöser Vorurteile und aus Angst vor Bestrafung Ärzte daran hindern, ihren Patienten die ausdrückliche Bitte um einen würdigen Tod zu erfüllen.«

In diesem Artikel von *Oliver C. Brändel* wird die damalige Rechtsunsicherheit ärztlicher Sterbehilfe deutlich. Hier ist durch das spätere Urteil des OLG München (s. Kapitel 5.3) eine wesentliche Verbesserung erreicht worden. Aber zu vieles an der von *Brändel* kritisierten Grauzone ist geblieben. Das gilt zum Beispiel für die Unterscheidung von passiver und aktiver sowie indirekter und direkter Sterbehilfe (= Mitleidstötung).

Der Textvorschlag für die Änderung des § 216 des Strafgesetzbuches (Tötung auf Verlangen), verführt die Ärzte nur zur Lüge. Denn wer wird unter diesen Umständen die Mitleidstat zugeben? Da ist es doch viel besser, jede tödliche Spritze unter die Kontrollbedingungen der 7 EUBIOS-Mitleidstötungsgesetze zu stellen (s. Kapitel 8.5).

Am 15.5.1985 war vor dem Rechtsausschuß des Deutschen Bundestages eine Öffentliche Sachverständigenanhörung zum Thema »Sterbehilfe«. Ich war als »Sachverständiger« eingeladen – ausgerechnet auf Vorschlag der

GRÜNEN. Vorher reichte ich am 6.4.1985 folgende »Thesen und Vorschläge zur Verbesserung Ärztlicher Sterbehilfe« ein:

Diese bringe ich im folgenden deshalb ausführlich, weil sie deutlich machen, daß ich bereits vor über drei Jahren auf die Mängel der damaligen Rechtsprechung aufmerksam gemacht habe, ohne daß dies irgend etwas bewirkt hat.

»1. STERBEHILFE – eine der vier wichtigsten Arztaufgaben – ist das ›Stiefkind der Medizin‹.

Begründung:
  a) Die Berufsaufgaben für Patientenärzte lassen sich als Programmpunkte unterteilen: 1. GESUNDHILFE, 2. HEILHILFE, 3. NOTHILFE und 4. STERBEHILFE.
  b) Letzere wurde schon immer zu Lasten der Patienten vernachlässigt. Zu einem besonders schwerwiegenden Problem wurde diese Vernachlässigung aber erst im Weltraumflugzeitalter mit seinen erheblich erweiterten Möglichkeiten der Technischen Medizin, insbesondere der Intensivmedizin. Einerseits wird zu wenig zur Abkürzung von körperlichen und seelischen Folterqualen unheilbar Kranker getan. Andererseits gibt es einen zu großen Freiraum für unkontrolliertes ›Totspritzen‹ ohne ausdrückliche Zustimmung des Patienten. Ärzte sind ohne Zweifel in einem sehr weiten Umfange ›Herr über Leben und Tod‹ ihrer Patienten. Das kann nichts anders sein. Und es wird auch für immer in einem bestimmten Ausmaße unkontrollierbar bleiben. Aber eine überschaubarere und besser kontrollierbare Regelung der Ärztlichen STERBEHILFE ist dringend wünschenswert.

2. Die Hauptursache für die ungenügende Ärztliche STERBEHILFE sind die geltenden Berufsordnungen für Ärzte.

Begründung:
  a) Die Qualität der ärztlichen Versorgung allgemein steht und fällt mit der Arztmoral. Die besten Medizintechniker bringen für ihre Patienten mehr Unheil als Heil, wenn ihre Arztmoral schlecht ist.
  b) Die Richtlinien für die allgemeine Arztmoral sind in den Berufsordnungen für Ärzte festgelegt. Sie stützen sich auf den 2500

Jahre alten EID DES HIPPOKRATES. Patienten glauben, der sei vor allem zu ihrem Schutz. Das ist falsch, wie kritische Patientenärzte nachgewiesen haben *(Paul Lüth* und viele andere). In meinem Buch NACHOPERATION (Gustav Lübbe Verlag GmbH, Bergisch Gladbach 1995) habe ich das im Kapitel ›Treuegelöbnis statt Kollegialverschwörung‹ erläutert.

c) Die Arztmoral zu vieler Ärzte in der Bundesrepublik ist nicht gut genug. Das glaube ich in meinen sechs medizinkritischen Büchern bewiesen zu haben. Die geltenden Berufsordnungen für Ärzte in den einzelnen Bundesländern müssen dringend geändert werden. Dabei sollte klar unterschieden werden zwischen Grundsatzrichtlinien und (bürokratischen) Ordnungsregelungen. Beide sind in den Berufsordnungen so vermischt, daß das Wichtige nicht vom Unwichtigen unterschieden werden kann (31 Paragraphen!).

3. Eine Änderung der Berufsordnungen für Ärzte im Sinne des ›EUBIOS-Arztgelöbnisses‹ würde auch ohne Gesetzesänderung schlagartig eine Verbesserung der STERBEHILFE durch Ärzte bewirken.

Begründung:
a) Einzelheiten des EUBIOS-Arztgelöbnisses siehe Anlage. Dieses Gelöbnis ist aus einer fast 40 Jahre alten ärztlichen Berufserfahrung und gründlicher Beschäftigung mit Fragen der Arztmoral gewachsen.

b) Der wichtigste Leitsatz des EUBIOS-Arztgelöbnisses ist das ausdrückliche Versprechen ›Jeden Patienten wie den besten Freund zu behandeln oder gar nicht‹. Meines Erachtens kann es keine andere Maxime für ärztliches Verhalten geben. Zur Zeit ist es leider so, daß schätzungsweise die Ärzte der Bundesrepublik bei sich und ihren nächsten Angehörigen bzw. ihren besten Freunden nur etwa zehn Prozent von dem an Diagnostik und Therapie selbst tun oder tun lassen, was sie bei Patienten praktizieren, verordnen und empfehlen. Das ist nach meiner Überzeugung eine unerträgliche Situation.

c) Arztfunktionäre haben behauptet, das EUBIOS-Arztgelöbnis unterscheide sich nicht wesentlich vom Grundinhalt der Berufsordnung für Ärzte. Das ist nicht wahr. Ich würde mir wünschen, daß es von sachverständigen Juristen überprüft wird.

d) Im Hinblick auf die STERBEHILFE gilt der Punkt 3 des EUBIOS-Arztgelöbnisses.

e) Falls das Gelöbnis, ›Jeden Patienten wie den besten Freund zu behandeln oder gar nicht‹, in die Berufsordnungen aufgenommen wird, erledigen sich viele Fragen der ärztlichen Sterbehilfe von selbst.

4. Zusätzlich zu den Berufsordnungen für Ärzte ist eine gesetzliche Regelung zur Beseitigung der derzeitigen Rechtsunsicherheit für Ärzte im Hinblick auf ›Behilfe zum (erlösenden) Freitod‹ notwendig, insbesondere des § 323 c StGB (Unterlassene Hilfeleistung).

Begründung:
a) Nach dem StGB gibt es für ›Freitod‹ und ›Beihilfe zum Freitod‹ keine Strafandrohung. Da vor dem Gesetz alle gleich sind, müßte dies auch für Ärzte gelten. Tatsächlich hat aber die höchstrichterliche Rechtsprechung andersartige Grundsätze entwickelt. So soll der Wille eines ›Selbstmörders‹ grundsätzlich unbeachtlich sein. Ein versuchter Freitod wird als ›Unglücksfall‹ gewertet, bei dem der Arzt verpflichtet ist, alles in seiner Macht Stehende zur Lebensrettung zu tun – auch gegen die ausdrückliche Willenserklärung eines Patienten bzw. eines lebensmüden Menschen. Erschwerend kommt für den Arzt hinzu, daß für ihn eine ›Garantenpflicht‹ bestehen soll, die ihn mehr noch als andere zu einer Hilfeleistung verpflichtet.

b) Tatsächlich bringt sich in dieser Situation jeder Arzt in die Gefahr, wegen eines Vergehens mit Gefängnis bis zu einem Jahr oder Geldstrafe bestraft zu werden, wenn er STERBEHILFE leistet. Die barmherzigen Ärzte, die sich dazu leichter entschließen, sind in größerer Strafverfolgungsgefahr als andere.

c) Dringend wünschenswert wäre ein Zusatz zum § 323 c, der klarstellt, daß eine Hilfeleistung zur Lebensrettung nicht gegen den ausdrücklichen Willen eines unheilbar Kranken, eventuell sogar eines ›Lebensmüden aus wichtigem Grund‹ geleistet werden darf.

d) ›Patiententestamente‹ sollten unter bestimmten Bedingungen für Ärzte und Gerichte verbindlich sein. Das Kalifornische Gesetz dazu ist nach meiner Überzeugung ein großer Fortschritt in der Rechtsprechung.

e) Es ist dringend wünschenswert, daß die Beihilfe eines Arztes zum Erlösungstod auch dann straffrei bleibt, wenn der Arzt für den Patienten alles so vorbereitet, daß er sich durch einen einfachen Handgriff – wie das Umlegen eines Hebels an einem Infusionssystem – selbst zu einem sanften Tod verhelfen kann. Zyankali – zur Zeit für bestimmte Fälle ein notwendiges Übel – sollte aus dem Katalog der STERBEHILFE-Möglichkeiten durch Ärzte völlig verschwinden.

5. Dringend wünschenswert wäre über die Änderung des § 323 c hinaus die Lockerung des § 216 (Tötung auf Verlangen) für unheilbar Kranke im Sinne einer Legalisierung.

Begründung:
  a) Das unter Punkt 4 e angesprochene Umlegen eines Hebels an einem Infusionssystem ist für manche Patienten (wegen Lähmung usw.) nicht möglich. Für diese sollte es eine Ersatzlösung geben.
  b) Einem Mißbrauch könnte nach meiner Überzeugung weitgehend vorgebeugt werden, wenn eine aktive Erlösungstodhilfe an folgende Bedingungen geknüpft wird:
    1. Der Patient muß die Erlösungstodhilfe ausdrücklich wünschen, nachdem alles versucht wurde, um ihm anderweitig zu helfen.
    2. Er muß hoffnungslos krank sein.
    3. Er muß ausreichend lange in Behandlung bei dem Arzt stehen, der Erlösungstodhilfe geben soll.
    4. Es müssen andere Ärzte als Zeugen zur Verfügung stehen.
    5. Jeder Fall muß – auf einem noch zu entwickelnden Fragebogen – der Staatsanwaltschaft gemeldet werden.
    6. Für eine Erlösungstodhilfe darf niemals ein Honorar verlangt werden.
  c) Die zur Zeit praktizierte Unterscheidung zwischen Aktiver und Passiver Ärztlicher Sterbehilfe fördert Rechtsunsicherheit und Unkontrollierbarkeit. ›Totspritzen‹ von Patienten durch die Gabe stark wirkender Betäubungsmittel in rascher zeitlicher Folge ist immer aktive STERBEHILFE, gleich unter welchem Vorwand es geschieht.

6. Eine Sonderregelung ist für alle übrigen ›Lebensmüden aus wichtigem Grund‹ wünschenswert.

Begründung:

a) Unter ›Lebensmüden aus wichtigem Grund‹ verstehe ich solche, die nicht aus einer Kurzschlußreaktion heraus oder aus niedrigen Beweggründen ihr Leben beenden wollen.

b) Es gibt ohne Frage auch andere wichtige Gründe als die körperlichen und seelischen Qualen einer hoffnungslosen Krankheit, ein Menschenleben selbst zu beenden. Wer das bezweifelt, sollte recherchieren, wie viele ehrenwerte und kluge Menschen in den letzten Jahrzehnten und Jahrhunderten Suizid gemacht haben.

c) Das Selbstbestimmungsrecht des Menschen auch im Hinblick auf eine selbsttätige Lebensbeendigung sollte in unserer Gesellschaft mehr geachtet und auch – wo immer es geht – gesetzlich geschützt werden. Gerade bei älteren Menschen ist die tägliche Angst vor dem Weiterlebenmüssen gegen ihren Willen stark verbreitet. Sie greifen in ihrer Angst öfters zu untauglichen und für sie letztlich die Lage verschlechternden Mitteln. Das sollte ihnen durch vernünftige Regelungen erspart bleiben.

d) Natürlich muß Vorsorge getroffen werden, daß Suizidenten aus einer Kurzschlußreaktion heraus oder aus mehr vordergründiger Seelennot die notwendige ärztliche Hilfe zur Lebensrettung zuteil wird. Aber es darf nach meiner Überzeugung nicht sein, daß das Selbstbestimmungsrecht aller durch strenge Gesetzesbestimmungen in unangemessenem Umfang eingeengt wird, nur weil es die Möglichkeit eines Suizidversuchs aus nicht wichtigem Grund gibt.«

Bei der Anhörung am 15.5.1985 gab ich dann folgende Erklärung ab, in der ich die Problematik im Falle *Hermy E.* vor dem Urteil des OLG München im Falle *Hermy E.* ausführlich darstelle. Deshalb bringe ich sie im Wortlaut:

»Meine Damen und Herren!

Danke für die Einladung zu dieser Anhörung trotz des Zwielichtes, in das ich durch zwei spektakuläre Sterbehilfeaktionen gestellt bin. Vor ein paar Tagen bekam ich einen Brief aus Wien. Von einem sehr prominenten Österreicher: Konsul, Kommerzienrat, Professor. (Ich weiß nicht, ob die Reihenfolge richtig ist.) Er schreibt nur einen Satz mit Anhängsel: ›Es bleibt mir unvergeßlich und bleibt für mich bedrückend, die letzten Worte, die meine

Mutter vor dem Tode zu mir sprach: ›Bub, wenn wir nicht so viel Geld gehabt hätten, hätte ich nicht so lange leiden müssen.‹« Das Anhängsel: ›Jeder Kommentar überflüssig.‹

Schlimmer kann man manche Intensivstationsärzte nicht anklagen.

Ein zweites Zitat: Es stammt von *Sophokles,* griechischer Denker, Dichter und Staatsmann des fünften Jahrhunderts vor Christus, einem der Weisesten unserer Weltgeschichte: ›Doch das Sterben ist das größte nicht der Übel. NEIN: Das Sterbenwollen und Nichtkönnen!‹

Damals gab es noch keine Intensivstationen. Sonst hätte er gesagt: ›Sterbenwollen und Nichtdürfen!‹

Und als drittes zur Einleitung ein erklärender Satz von mir: ›Zyankali, das unblutige Fallbeil unter den Sterbehilfen, ist ein von unserer Rechtsprechung aufgezwungenes Übel, von dem ich mir sehnlichst wünsche, daß es durch klarere Gesetzesbestimmungen als Erlösungstodhelfer überflüssig wird.‹

Ich stehe hier vor Ihnen mit einer Hypothek von 63 Lebens- und 40 chirurgischen Patienten-Arzt-Jahren belastet. Der Begriff ›Patientenarzt‹ ist keine Qualitätsaussage, sondern eine Unterscheidungshilfe. Zur anderen Arztart gehören die Labor- und Totenärzte (die Anatomen, Pathologen und Gerichtsmediziner), die Schreibtischärzte vom Medizinfunktionär bis zum Medizinjournalisten und schließlich die hauptberuflich in Forschung und Lehre tätigen Mediziner, bei denen das Wohl der Patienten nicht die Hauptsache ist.

In 40 Patienten-Arzt-Jahren als Chirurg habe ich in Klinik und Praxis mehr als 100 000 Patienten direkt ärztlich versorgt. Ich rede und schreibe also aus dem unmittelbaren Erleben einer großen Zahl von Patientenschicksalen zwischen 1945 und 1985. Das möge man mir gelegentlich auch zugute halten, wenn ich meine Sorgen um unser Arzt- und Gesundheitssystem deutlicher und lauter sage, als es feine englische und vielleicht auch bundesdeutsche Art sein soll. Ich will, daß mich möglichst viele der Patienten von heute und morgen verstehen. Leider sind zu viele begriffsstutzig und/oder schwerhörig. Nicht durch eigene Schuld, sondern durch falsche Erziehung, insbesondere durch falsche Gesundheitserziehung.

Unsere Tätigkeit als Patientenarzt – mit ihren vier Hauptaufgaben: Gesundhilfe und Heilhilfe, Nothilfe und (auch!) Sterbehilfe – basiert in erster Linie auf moralischen Pflichten und in zweiter Linie auf Gesetzeszwängen. Auch letztere sind notwendig. Wir Ärzte müssen sie kennen und damit leben.

Ich bin kein Jurist und erst recht kein Rechtssachverständiger. Aber es mag trotzdem interessieren, wie ich das als Patientenarzt sowie mitdenkender und mitfühlender Staatsbürger sehe, was im Gesetzbuch steht und wie es von den Gerichten ausgelegt wird.

Probleme für ›Lebensmüde aus respektablem Grund‹ – unter dieses Kennwort möchte ich alle die stellen, die aus der Sicht redlich denkender und rechtschaffen Handelnder keinen bösen oder leichtfertigen Grund zum Sterbenwollen haben –, Probleme für solche ›respektabel Lebensmüden‹ einerseits und für barmherzige Patientenärzte andererseits bringen nicht unsere Gesetze, sondern ihre Auslegung durch unsere Gerichte.

Im Falle meiner Patientin *Hermy E.* hatte ich am 18.4.1984 zwei Möglichkeiten: entweder ihr Zyankali zu besorgen oder etwas anderes zu tun und damit zu riskieren, selbst ins Gefängnis zu wandern. Daß ich sie von ihren schrecklichen körperlichen und seelischen Qualen erlösen helfen mußte und diese Hilfe nicht mehr verschieben durfte, stand spätestens am 18.4. fest. Ich verspreche allen meinen Patienten, sie wie den besten Freund zu behandeln oder gar nicht. Den besten Freund läßt man nicht in schrecklichen Folterqualen weiterleben, wenn er sterben will und die Stunde gekommen ist.

Es gibt Moralgesetze, die Staatsgesetze brechen, vor allem für Ärzte. Leider. Vielleicht können Sie das heute zum Teil ändern helfen.

Als ich das Gift um 5 nach halb 9 Uhr abends dem Überbringer, dem Mann der Ziehtochter, übergeben hatte und auf die telefonische Todesnachricht wartete, habe ich 20 Minuten an meinem Schreibtisch Blut und Wasser geschwitzt. Von 5 nach halb 9 bis 5 vor 9 – 20 endlose Minuten. Warum?

Weil ich das Gift nicht probieren konnte, das mir Herr *Atrott* geliefert hatte. Es hätte ja Zahnpulver sein können, zum Beispiel. Und dann hätte ich etwas anderes tun müssen. Ja: müssen! Ich hatte es fest versprochen beim Abschiednehmen im Krankenzimmer. Die Patientin nötigte mich in ihrer Not, in ihrer Angst vor Intensivstation und Irrenanstalt. Aus Feigheit gab ich ihr Zyankali, statt ihr einen Tropf anzuhängen mit einer Nährlösung auf der einen und einem tödlichen Narkosemittel auf der anderen Seite. Wo sie nur den Hebel selbst herumzudrehen brauchte, was sie konnte und getan hätte.

Aber: Dann hätte sie noch eine Viertelstunde oder länger gelebt. Und im Moment nach dem Einschlafen hätte ich gegen ihren Willen den Tropf herausziehen und sie wiederbeleben müssen – oder Gefängnis und Berufsverbot zu riskieren. Dazu war ich zu feige. Feigheit vor dem ›Patientenfeind Folterqual‹ ist nicht strafbar, leider. Sie gilt sogar moralisch als Ausrede. Unsere richtlinienkompetente höchstrichterliche Rechtsprechung fördert diese Feigheit. Und das sollte aufhören.

Ich weiß, daß es eine unendlich große Zahl von denkenden Menschen gibt, insbesondere von älteren, denen die Angst vor einem qualvollen Sterben ohne ärztliche Sterbehilfe einerseits und die Angst vor Intensivstation und Irrenhaus bei einem mißlungenen Erlösungstodversuch andererseits ständige Begleiter sind.

Nach dem Gesetz bleiben Freitodversuch und Beihilfe zum Freitod straffrei. Tötung auf Verlangen ist dagegen strafbar. Das wußte ich vor der Erlösungstodhilfe bei meiner Patientin *Hermy E.* Nicht gewußt habe ich, was unsere Rechtsprechung daraus gemacht hat. Das erfuhr ich erst nach und nach hinterher. Ich will versuchen, es in vier Punkten einigermaßen klar zu formulieren. Verzeihen Sie es mir um der Klarheit willen bitte, wenn manches etwas hart klingt.

Nach der richtlinienkompetenten höchstrichterlichen Rechtsprechung gilt folgendes:

1. Ausnahmslos jeder, der Selbsttötung versucht, ist nicht zurechnungsfähig, gehört als Verrückter in psychiatrische Behandlung oder in eine Irrenanstalt.

2. Wenn sich ›Verrückte‹ vorsätzlich selbst verletzen, ist das keine Handlung im Rahmen des Selbstbestimmungsrechtes, sondern ein ›Unglücksfall‹. Denn sie sind ja nicht bei Verstand.

3. Bei einem Unglücksfall macht sich jeder nach § 323 c strafbar, der nicht alles tut, um das Leben des Verunglückten zu erhalten.

4. Noch mehr als der normale Staatsbürger gilt für Ärzte die Rettungspflicht, weil sie – ebenso wie die nächsten Angehörigen – eine ›Garantenstellung‹ gegenüber einem Patienten haben (sollen).

Die zitierte Rechtsprechung ist aus ärztlicher Sicht nicht in Ordnung. Warum nicht? Erstens weil die weitaus meisten ›Akzeptabel Lebensmüden‹ voll zurechnungsfähig sind. Die makabre Irren-Deklaration für Freitodwillige ist eine Fehlkonstruktion bestimmter Irrenärzte, nicht die erste und einzige. (Ich halte überhaupt Ärzte, die vorwiegend mit schwer Geisteskranken zu tun haben, auf keinen Fall für kompetenter, ein Urteil über die Zurechnungsfähigkeit eines Menschen abzugeben, als andere Patientenärzte. Im Gegenteil!) Im Laufe der Zeitgeschichte sind sehr viele hochintelligente und grundanständige Menschen durch Selbsttötung aus dem Leben geschieden. Ich nenne hier nur ein paar: *Heinrich von Kleist* (1811), *Kurt Tucholsky* (1935), *Sigmund Freud* (1939), *Stefan Zweig* (1942), *Ernest Hemingway* (1961), *Jean Améry* (1978).

Ich komme auf den zweiten Punkt, in dem aus ärztlicher Sicht die Rechtsprechung nicht in Ordnung ist: Der § 323 c ›Unterlassene Hilfeleistung‹ wird von den Gerichten lapidar parteiisch ausgelegt, nämlich immer zu Lasten der Menschen – juristisch auch Partei genannt – die sterben wollen. Muß nicht jede Hilfeleistung am Wohl und Willen des Betroffenen gemessen werden? Ist es wirklich eine ›Hilfeleistung‹, wenn durch lebensverlängernde Maßnahmen körperliche und/oder seelische Folterqualen eines Kranken gegen seinen erklärten Willen verlängert werden?

Ich habe mich jetzt zwangsläufig etwas näher mit dem Strafgesetzbuch befassen müssen. Dabei bin ich auf den § 223 b ›Mißhandlung von Schutzbefohlenen‹ gestoßen. Wieso eigentlich wird dieser Paragraph nie auf Ärzte angewendet? Darin ist doch ausdrücklich festgelegt, daß zu Schutzbefohlenen auch – ich zitiere wörtlich – ›wegen Gebrechlichkeit und Krankheit Wehrlose, die seiner Fürsorge und Obhut unterstehen‹ rechnen – also Patienten im Verhältnis zu ihren Ärzten. Wörtlich steht in § 223 b: ›Wer diesen Schutzbefohlenen quält oder roh mißhandelt oder ... wird mit Freiheitsstrafe von drei Monaten bis zu fünf Jahren bestraft.‹ *Wer Folterqualen eines Patienten passiv oder aktiv verlängert, quält ihn natürlich!*

Warum eigentlich wird dieser Paragraph nicht in die rechtlichen Überlegungen einbezogen, wenn Ärzte Sterbehilfe leisten oder verweigern? Als Patientenarzt habe ich folgende Bitte an unsere Gesetzgeber und ihre Berater: Machen Sie mindestens einen Zusatz zum § 323 c ›Unterlassene Hilfeleistung‹. Er könnte etwa lauten: ›Ausgenommen sind ›Hilfeleistungen‹ gegen den erklärten Willen eines Menschen oder des von ihm Bevollmächtigten.‹

Im übrigen würde ich mir wünschen, daß Einordnung und Erklärung eines Menschen als nicht zurechnungsfähig bzw. irre ohne stichhaltigen beweisbaren Grund als ›Verleumdung‹ gewertet und verfolgt werden.

Bislang habe ich über die Rechtsprechung im Zusammenhang mit meiner Erlösungstodbeihilfe gesprochen. Mir liegt aber ein anderer Aspekt der Sterbehilfe seit vielen Jahren noch mehr am Herzen: der viel zu große und unkontrollierte Ermessensspielraum der Ärzte für oder wider eine Lebensverlängerung ohne vertragliche Ermächtigung, also ohne ausdrückliche Willenserklärung des Patienten für oder wider.

Christian Barnard, der begnadete Herzverpflanzer und aus Neid sowie Geschäftemacherei (mit Schlagzeilen) mediengeschändete *Auchmensch* hat sich viele respektable Gedanken für ärztliche Sterbehilfe gemacht. Er sieht die Aufgabe der Medizin darin, die Lebensqualität zu verbessern, nicht aber das Leben um jeden Preis zu verlängern. Darin ist ihm meines Erachtens voll zuzustimmen. Aber er schwebt wohl zu hoch im Ärzteolymp, um sich des ärztlichen Alltags zu erinnern. (Es mag in Südafrika ein bißchen anders sein als bei uns. Ich habe davon nichts bemerkt, als ich *Christian Barnard* vor fünf Jahren [1980] in seiner Klinik besuchte.) Jedenfalls sehe ich ihn in einem für Patienten verhängnisvollen Irrtum, wenn er glaubt, ein Ärztegremium sei der beste Garant für ärztliches Handeln zum Wohle des Patienten, insbesondere des Todkranken.

Ich habe in sechs medizinkritischen Büchern insgesamt ca. 100 schlimme bis schreckliche Patientenschicksale durch ärztliche Schuld beschrieben. Nicht in einem einzigen Falle hat sich ein Arzt zu den anonym gehaltenen Vorwürfen bekannt, das Gegenteil bewiesen und mich zum Widerruf aufgefordert. Wenn es nur diese 100 Fälle der letzten Jahre gäbe, müßte der Entscheidungsspielraum der Ärzte eingeengt werden. Auch sonst sind ja Strafgesetze nicht für die vielen rechtschaffenen Staatsbürger, sondern für die wenigen potentiellen Gesetzesbrecher gemacht.

Es darf um Gottes willen nicht länger den Ärzten der Intensivstationen so unkontrolliert wie bisher überlassen werden, was sie tun und lassen dürfen. Weder den Ärzten, die auf Intensivstationen arbeiten, noch denen, die sonst schwerkranke Patienten versorgen.

Erinnern Sie sich bitte an mein einleitendes Zitat: ›Bub, wenn wir nicht so viel Geld gehabt hätten, hätte ich nicht so lange leiden müssen.‹ Es ist nicht der Götze MAMMON allein, der Ärzte zur Lebensverlängerung trotz Folterqualen verführt. Noch viel gefährlicher für Patienten ist die Götzin WISSENSCHAFT, auf deren Altar nicht nur Folteropfer gebracht werden.

Die gräßlichste Errungenschaft der Neuzeitmedizin aus der Sicht eines ›Patientenarztes aus Liebe‹ - das hört sich geschwollen an, charakterisiert aber am deutlichsten das wichtigste Handlungsprinzip für Ärzte - ist die Einführung der ›Klinischen Studie‹ mit doppeltem Blindversuch und Losentscheidung über Patientenschicksale. Sie hat die letzten berufsethischen Hürden gegen die Benutzung von Patienten als Versuchskaninchen ausgeräumt. Und die Gesetzeshüter schauen zu, als ob sie das alles nichts anginge.

Lassen wir offen, bei wieviel Prozent der Ärzte die Berufsmoral schlecht ist. Ich möchte hier meine Schätzung nicht wiederholen. Es genügte doch, wenn es nur für fünf Prozent gelten würde, um gesetzlich etwas zu tun. Die Ärzteschaft wird freiwillig nichts ändern.

Man muß hier auch daran erinnern, daß es Ärzte wie Dr. Dr. *Josef Mengele* in nicht kleiner Zahl gab und immer geben wird. Bitte beachten Sie auch, was Prof. *Yehuda Bauer* auf dem Jerusalemer Tribunal anklagend gesagt hat: *Mengele* war der Typ des modernen Wissenschaftlers ohne Moral und Reflexion, der besessene Forscher mit deutlich narzistischen Zügen, wie ihn nicht nur das Dritte Reich hervorbrachte. Er steht für ein gewissenloses Medizinertum, das unter kritischen Wissenschaftlern auch nach Auschwitz die Frage aufwirft, ›ob wir nicht einen gut ausgerüsteten Barbarismus produzieren‹.

Sie mögen fragen: Was hat das mit der Sterbehilfe zu tun? Alles! In der schlechten Moral zu vieler Ärzte liegt die Wurzel allen Patientenübels, auch und gerade was die Sterbehilfe anbetrifft. Wenn es einen besseren Moralkodex, eine funktionierende Kontrolle und eine konsequente Bestrafung schlechter Ärzte gäbe - also eine bessere Berufsordnung -, brauchten wir uns heute hier nicht die Köpfe zu zerbrechen.

Der EID DES HIPPOKRATES - hochgelobt und verhätschelt als Patientenschützer - ist alles andere als eine brauchbare Grundlage für ein Arztgelöbnis der Neuzeit. Bitte lassen Sie es mich deutlich sagen: Kollegialverschwörung und Medizinlehrerkult mit Absicherung gegen kritische Kollegenschelte, Geheimbündelei und Geheimniskrämerei, Altersrentengarantie und Überheblichkeitspflege sind die Hauptanliegen. Kein Wunder, daß unsere darauf gegründeten Berufsordnungen für Ärzte mehr Geschäftsordnungen als Moralgaranten sind.

Es kann nur *einen* akzeptablen Leitsatz für ärztliches Tun und

Lassen geben: *jeden Patienten wie den besten Freund zu behandeln oder gar nicht*. Eine solche Richtschnur schließt die ›Klinische Studie‹ ebenso aus dem Versorgungsprogramm aus wie die Verlängerung von Folterqualen Todkranker. Den besten Freund benutzt man weder als Versuchskaninchen, noch überläßt man ihn einem qualvollen Sterben.

Es darf nicht in die Therapiehoheit der Ärzte gestellt werden, bei wem, wann und wie was zu tun ist oder nicht. Nur der betroffene Patient oder der von ihm Bevollmächtigte dürfen darüber entscheiden, nachdem sie ausreichend aufgeklärt wurden.

Gott sei Dank gibt es keine gesetzlich verankerte Therapiehoheit für Ärzte. Nach dem Gesetz ist jede Operation, jede Verordnung eines rezeptpflichtigen, also relativ giftigen Medikaments und ähnliches ohne ausdrückliche Einwilligung des rechtswirksam informierten Patienten vorsätzliche oder fahrlässige Körperverletzung, evtl. Tötung. Trotzdem akzeptieren unsere Gerichte ärztliche Versorgungswillkür in beängstigendem Umfange.

Dazu gehört auch, daß die Verordnung einer Morphiumserie bei Schwerkranken, also die Anordnung, in kurzen Zeitabständen ohne neuerliche Indikationsprüfung das Narkotikum Morphium oder ähnliches zu spritzen, ›Indirekte Sterbehilfe‹ genannt werden und dann auf dem Totenschein ›natürlicher Tod‹ angekreuzt werden darf. Derartige Serienverordnungen starker Schmerzmittel wirken bei Schwerkranken immer lebensverkürzend. Solches ›Totspritzen‹ – wie ich es zur besseren Verdeutlichung nenne – geschieht oft aus Barmherzigkeit, sollte aber deshalb trotzdem nicht als ›Indirekte Sterbehilfe‹ verniedlicht werden dürfen. Denn es ist natürlich direkte aktive.

Auch sonst gibt es meines Wissens in der Rechtsprechung den Grundsatz, voraussehbare Nebenfolgen einer Tat nicht als nebensächlich zu werten. So gilt als ›Mörder‹ zum Beispiel auch, wer es nur in Kauf nimmt, daß eine Tat zum Tod führen kann.

Aus eigenem Erleben vorwiegend an Universitätskliniken weiß ich: Es gibt nicht nur ein Totspritzen aus Barmherzigkeit, sondern auch aus bösem Grund. Nur zwei möchte ich nennen: das Allzulästigwerden ewig stöhnender, stark pflegeaufwendiger Patienten, und das Drängen ungeduldiger Angehöriger, die den Tod des Erblassers nicht erwarten können. Ich behaupte gar nicht, daß beides in unseren Kliniken täglich ein Grund für Lebensverkürzung durch Ärzte ist. Aber es gibt ihn. Davor muß man Patienten schützen.

Um sicherzustellen, daß wir bei unserer ärztlichen Versorgung *Wohl und Willen des einzelnen Patienten* – die beiden Siamesischen Zwillinge als oberstes Leitmotiv für uns Ärzte – bestmöglich berücksichtigen, habe ich neuerdings eine PATIENTENANWALTVERFÜGUNG erarbeitet und probeweise eingeführt. Wir bitten jeden Patienten bei Klinikaufnahme, eine solche Verfügung auszufüllen und zu unterschreiben. Ein Exemplar davon kommt dann in die Krankenakte.

In die PATIENTENANWALTVERFÜGUNG setzt der Patient Namen, Telefonnummer und genaue Anschrift der Vertrauensperson ein, die er bevollmächtigt, über seine ärztliche Versorgung zu entscheiden. Dies gilt nicht nur für den Fall der Geschäftsunfähigkeit eines Patienten (durch Bewußtlosigkeit, starke Verwirrung usw.), sondern generell. Es gibt viele Patienten, insbesondere ältere Menschen, aber auch in Gesundheitsfragen schlecht informierte jüngere, die sich wünschen, daß ihnen die Entscheidung über ihre bestmögliche ärztliche Versorgung von einer Vertrauensperson abgenommen wird. In Frage kommen vor allem: der Ehepartner, der Lebensgefährte, erwachsene Kinder, ein enger Freund oder auch ein Arzt, insbesondere der Hausarzt.

Interessenten überlasse ich gern ein Exemplar dieser PATIENTENANWALTVERFÜGUNG. Grundsätzlich wollen wir mit der Unterwerfung unter derartige PATIENTENANWALTVERFÜGUNGEN anderen Krankenhäusern mit gutem Beispiel vorangehen. Wir betrachten eine solche Verfügung nicht als Ausdruck mangelhaften Vertrauens in unser ärztliches Können und Wollen, sondern als Entlastung in unserer Verantwortlichkeit, bestmöglich im Interesse des Patienten zu handeln.

Mit der Annahme der PATIENTENANWALTVERFÜGUNG verpflichten wir uns, den Bevollmächtigten gründlich über die Krankheit, die gegebenen Versorgungsmöglichkeiten und den geplanten Versorgungsplan sowie eventuelle Änderungen rechtzeitig und ausreichend zu informieren und die Entscheidungen des PATIENTENANWALTS so auszuführen, als ob sie der Patient selbst getroffen hat. In dringenden Fällen rufen wir den PATIENTENANWALT an oder schicken ihm ein Telegramm. Außerdem machen wir mit ihm stellvertretende Beratungssprechstunden.

Natürlich muß sich der PATIENTENANWALT verpflichten, seine Entscheidungen über die ärztliche Versorgung nach bestem Wissen und Gewissen sorgfältig im Interesse des Patienten zu treffen. Andererseits darf der PATIENTENANWALT selbstverständlich nicht für eine irrtümliche Fehlentscheidung haftbar gemacht werden können. Falls wir der Auffassung sind, daß unser Entscheidungsspielraum gegen unsere Überzeugung und zu Lasten des Patientenwohls durch die Entscheidungen des PATIENTENANWALTS zu stark eingeengt wird, können wir jederzeit den Versorgungsauftrag an den Patienten zurückgeben.

Unsere PATIENTENANWALTVERFÜGUNG ist nicht als Konkurrent zu der PATIENTENVERFÜGUNG der Gesellschaften für Humanes Sterben gedacht. Im Gegenteil würde ich mir wünschen, daß diese Gesellschaften ihren Aufgabenbereich erweitern und damit zu Gesellschaften für HUMANE PATIENTENVERSORGUNG und HUMANES STERBEN werden.

Gestatten Sie mir auch ein Wort aus ärztlicher Sicht zur Frage: Brauchen wir Gemeinnützige Gesellschaften für Humanes Sterben?

JA, unbedingt. In vielen Ländern der Erde gibt es inzwischen gut geführte Gesellschaften dieser Art. Meistens nennen sie sich EXIT. Vorbildlich handelt nach meinen Feststellungen die Schweizer Gesellschaft für Humanes Sterben EXIT, deren Mitglied ich bin. Ihr wichtigstes Anliegen sind rechtswirksame Patientenverfügungen zur Absicherung gegen ärztliche Lebensverlängerung bei hoffnungsloser Krankheit, zu erwartendem Dauersiechtum usw. EXIT hat nicht nur solche Patientenverfügungen erarbeitet, sondern ist auch ein Kontrollorgan für Verstöße gegen diese Verfügung. Darüber hinaus steht EXIT seinen Mitgliedern mit Rat und Tat zur Seite. Dabei ist ihr ein wichtiges Anliegen, ›Akzeptabel Lebensmüde‹ vor einem unwürdigen und qualvollen Freitod einerseits und einem mißlungenen Selbsttötungsversuch mit bösen Folgen andererseits zu bewahren. Freitod durch Erhängen oder Ertrinken, durch Herunterspringen aus großer Höhe, durch Sich-vor-den-Zug-Werfen usw. ist aus humaner Sicht ein unwürdiges Sterben.

Wir brauchen Gesellschaften für Humanes Sterben schon deshalb unbedingt, weil sie für das Selbstbestimmungsrecht des Menschen kämpfen. Eines der wichtigsten Rechte, das wir Menschen haben. Es ist jedem unbenommen, aus religiösen oder anderen Gründen alles dem lieben Gott zu überlassen. Aber niemand hat das Recht, das Selbstbestimmungsrecht Andersdenkender zu mißachten.

Unser Justizminister sollte das Kind nicht mit dem Bade ausschütten mit seiner Schelte auch für Humane Sterbegesellschaften. Mir scheint das nicht ganz zu dem wichtigsten Leitziel der Liberalen zu passen: möglichst viel Freiheit für möglichst viele Einzelne.

Selbstverständlich dürfen mit Hilfestellungen zum Freitod keine Geschäfte gemacht werden, vor allem keine ganz üblen. Ebenso selbstverständlich sind behutsame Regelungen zur Verhinderung von Kurzschlußfreitod.

Das Wirken der Schweizer Gesellschaft für Humanes Sterben EXIT und der Kalifornischen Gesellschaft, das ich aus eigener Anschauung kenne, ist sehr segensreich. Ich wünsche mir sehr, daß man das auch bald in vollem Umfange von unserer Deutschen Gesellschaft für Humanes Sterben sagen kann. Mein Rat an alle denkenden Menschen: Werden Sie rechtzeitig Mitglied einer guten Gesellschaft für Humanes Sterben. Das kann Ihnen eines Tages viel Kummer ersparen.

Ich komme zum Schluß. Auch wenn es utopisch klingt, möchte ich Ihnen abschließend sagen, was ich mir für die Patienten am allermeisten wünschen würde: *einen Strafparagraphen zum ›Schutz vor unwürdigem Sterben‹.* Er könnte lauten: ›Wer durch Handlung oder Unterlassung vorsätzlich oder fahrlässig dazu beiträgt, einem Menschen mit einer schweren körperlichen und/oder seelischen Krankheit gegen seinen erklärten Willen sein Leben zu verlängern, wird mit Gefängnis von ... bis ... Jahren bestraft.‹

Ein solches Gesetz wäre eine für alle Welt beispielhafte Großtat der Menschlichkeit. Danke!«

Die *Anhörung* einer großen Zahl von *Sachverständigen* aus vielen Gesellschaftsbereichen – Theologen, Juristen, Soziologen usw. – ging aus wie das *Hornberger Schießen: Nichts wurde bewirkt,* keinerlei Fortschritt für humane Sterbehilfemöglichkeiten.

Einen *großen Lichtblick* und *viel Hoffnung* für mich in dem Mordanklageermittlungsverfahren *Hermy E.* brachte eine Veröffentlichung des Bochumer Strafrechtsgelehrten Prof. Dr. *Rolf D. Herzberg* in NEUE JURISTISCHE WOCHENSCHRIFT am 2.7.1986. Titel: »Der Fall *Hackethal:* Strafbare Tötung auf Verlangen?«

Darin setzt sich *Rolf D. Herzberg* mit dem Inhalt der Anklageschrift sehr kritisch auseinander. Zur gleichen Zeit etwa bekam ich »Schützenhilfe« von dem Giessener Strafrechtsgelehrten Prof. Dr. *Kreutzer* in DIE ZEIT. Ich kannte damals weder den einen noch den anderen.

Der Journalist *Joachim Wagner* behauptet in seinem Buch STRAFPROZESSFÜHRUNG ÜBER DIE MEDIEN unter der Überschrift »Strafrechtslehrer helfen Prof. *Hackethal*«, daß ich die Einstellung des Ermittlungsverfahrens vor allem den Veröffentlichungen der beiden Rechtsgelehrten in den angesehenen Papiermedien zu verdanken habe.

Tatsächlich werden die beiden Autoren, insbesondere *Rolf. D. Herzberg,* in beiden Gerichtsurteilen zur Mordanklage häufig zur Urteilsbegründung zitiert.

Wir heißen Euch hoffen, Staatsbürger: *Nicht die »guten Sitten«* längst vergangener Zeiten, sondern an den Menschenrechten orientierte *scharfsinnige Beweisführung* wird zum *Rechtswegweiser.*

Im August 1986 gab es weitere Unterstützung für mich durch einen Artikel von Prof. Dr. Dr. *Norbert Hoerster* (NJW 29/1986). In der Zusammenfassung steht:

»Die rechtsethische Zulassung der Sterbehilfe muß im Zusammenhang mit der Frage nach dem Sinn eines rechtlichen Schutzes des menschlichen Lebens überhaupt erörtert werden. Die Geltung eines generellen rechtlichen Tötungsverbots kann – was häufig nicht erkannt wird – durchaus auf eine weltanschaulich neutrale Basis gestellt werden. Dabei gibt es gute Gründe, ein solches Tötungsverbot grundsätzlich auch auf die Tötung mit Einwilligung auszudehnen. Die Tötung mit Einwilligung zum Zweck der Sterbehilfe ist jedoch durch besondere Merkmale charakterisiert, die eine Ausnahme vom Tötungsverbot rechtfertigen. Die gängigen Einwände gegen eine Freigabe der Sterbehilfe erweisen sich bei konsequenter Befolgung eines weltanschauungsfreien Ansatzes nicht als stichhaltig.«

Als Schlußfolgerung von *Norbert Hoerster* ergibt sich folgender »Vorschlag zur Neufassung des § 216 StGB: § *216: Tötung mit Einwilligung.* (1) Die Einwilligung des Getöteten schließt die Rechtswidrigkeit der Tötung nicht aus, es sei denn, er leidet an einer Krankheit, die nach ärztlicher Erkenntnis unheilbar ist und sein weiteres Leben derart beeinträchtigen wird, daß es nach gewöhnlichen Maßstäben nicht mehr als lebenswert erschiene. (2) Die mit Einwilligung des Getöteten begangene, rechtswidrige Tötung wird mit Freiheitsstrafe von sechs Monaten bis zu fünf Jahren bestraft. (3) Der Versuch ist strafbar.«

Auf dem *56. Deutschen Juristentag Berlin 1986* war am 10. und 11.9.1986 das »Recht auf den eigenen Tod?« ein *Hauptthema.* Auf Einzelheiten kann hier nur begrenzt eingegangen werden.

Wichtig scheint mir das ärztliche Hauptreferat des Chirurgen Prof. Dr. *Hans-Dieter Hiersche,* das den *Standpunkt der Ärzteführer* wiedergibt. Seine abschließenden »Thesen« sprechen für sich. Einzelheiten sind dem Tagungsbericht zu entnehmen. Man kann nur erschrecken über die kaltschnäuzige Mitleidlosigkeit, die aus den Thesen vor dem Hintergrund des ärztlichen Hauptauftrags »Krankheitsleidminderung« spricht.

Wie weit sich der Chefchirurg als Arzt *von seinem Menschsein* entfernt hat, kann man folgenden Sätzen seines Referats entnehmen: »*Als Arzt* würde ich niemals einen Menschen töten. *Als Mensch* kann ich mir jedoch vorstellen, daß ich bei meiner Frau und meinen Kindern in deren tiefster Not und bei unabwendbarem physischem Schmerz auf Verlangen töten würde, selbst eingedenk der bestehenden Rechtslage und der existentiellen Folgen für mich.«

Die Quintessenz des Juristentages war die Bekanntgabe des Abstimmungsergebnisses über 26 Rechtsfragen zur Sterbehilfe. *Schlußfolgerung: Nichts ändern, alles beim alten lassen.*

Die Juristen sollten öfters Intensiv- und Schwerkrankenstationen besuchen. Für Hoch- und Höchstrichter über behauptete Straftaten gegen Gesundheit und Leben müßten solche *Mit-Visiten* zur *Pflicht* werden, mindestens einmal pro Jahr.

5.3 URTEIL DES OBERLANDESGERICHTS MÜNCHEN ZUR MORDANKLAGE WEGEN *HERMY E.*

Die *Begründung* zu dem Beschluß des I. Strafsenats des OLG München vom 31.7.1987, die Eröffnung eines Hauptverfahrens, also eines Strafprozesses wegen meiner Erlösungstodhilfe für *Hermy E. abzulehnen*, war – vor dem Hintergrund früherer höchstrichterlicher Rechtsprechung – ein *Traumurteil*. Die Hochrichter legen sich fest: Eine *indirekte aktive Mitleidstötung* der Art, wie bei *Hermy E.* geschehen, kann *nicht* als *Straftat* gewertet werden. Davon konnte man vorher nur träumen, auch wenn es das Optimum der Mitleidstötungsrechtsprechung aus humaner Sicht noch nicht ist.

Mir scheint wichtig, das Urteil vollständig zu bringen und in ganzer Länge zur Diskussion zu stellen. Ich empfehle aber sehr, die kritische Stellungnahme dazu von Prof. Dr. *Rolf D. Herzberg* im Kapitel 5.6 zu lesen.

Der Beschluß lautet:

»I. Die sofortige Beschwerde der Staatsanwaltschaft gegen den Beschluß des Landgerichts Traunstein vom 22.12.1986 wird mit der Maßgabe *als unbegründet verworfen, daß der landgerichtliche Beschluß wie folgt ergänzt wird: ›Die Kosten des Verfahrens und die notwendigen Auslagen der Angeschuldigten trägt die Staatskasse.‹*

II. *Die Staatskasse trägt auch die Kosten des Beschwerdeverfahrens einschließlich der den Angeschuldigten erwachsenen notwendigen Auslagen.*

Gründe:
I.
Die Staatsanwaltschaft legt dem Angeschuldigten Prof. *Hackethal* zur Last, am 18.4.1984 Frau *Hermine Eckert* unter Mithilfe

der übrigen Angeschuldigten getötet zu haben, wobei er hierzu durch ihr ausdrückliches und ernstliches Verlangen bestimmt worden sei, und erhob gegen Prof. *Hackethal* am 23.12.1985 Anklage wegen eines Vergehens der Tötung auf Verlangen nach § 216 Abs. I StGB sowie gegen die übrigen Angeschuldigten wegen je eines Vergehens der Beihilfe zu einem Vergehen der Tötung auf Verlangen nach den §§ 216 Abs. I, 27 StGB.

Das Landgericht Traunstein hat mit Beschluß vom 22.12.1986 die Eröffnung des Hauptverfahrens abgelehnt. Gegen den der Staatsanwaltschaft am 23.12.1986 zugestellten Beschluß richtet sich die am selben Tag eingegangene sofortige Beschwerde der Staatsanwaltschaft, die mit Schriftsatz vom 29.12.1986 begründet worden ist.

II.

Das Rechtsmittel der Staatsanwaltschaft ist zulässig (§ 210 Abs. 2 StPO), jedoch nicht begründet. Es führt allein zur Ergänzung des landgerichtlichen Beschlusses hinsichtlich des Kostenausspruchs. Die Angeschuldigten sind nach den Ergebnissen des vorbereitenden Verfahrens einer Straftat *nicht hinreichend verdächtig*. Das Erstgericht hat deshalb zu Recht das Hauptverfahren nicht eröffnet (§§ 203, 204 StPO).

1. Der Senat geht in der Überzeugung, daß weitergehende Erkenntnisse in einer Hauptverhandlung nicht zu erwarten sind, aufgrund der bisherigen Ermittlungen von folgendem Krankheitsverlauf (a) und Tatgeschehen (b) aus.

a) 1977 wurde Frau *Eckert* erstmals ein Basaliom (von embryonalen Keimanlagen ausgehende und aus Zellen vom Basalzelltyp bestehende Geschwulst der Haut) an der Nase festgestellt und mit Bestrahlung behandelt. Im April 1978 wurde nach erneutem Auftreten eines Basalioms in der Universitätshautklinik in München nach mehreren Operationen der gesamte linke Nasenflügel entfernt. Im Mai und Juli 1978 und Februar 1979 folgten Operationen zur Rekonstruktion des Nasenflügeldefekts im Klinikum Großhadern in München. Wegen eines Plattenepithelcarcinoms (bösartige Geschwulstbildung von den Deckzellen der Haut ausgehend) wurde im Oktober 1979 eine plastische Operation mit Teilresektion der Oberlippe vorgenommen. Da es nicht im Gesunden entfernt werden konnte, wurde Frau *Eckert* 1980 nochmals operiert und bestrahlt. Die narbigen Verziehungen des Mundes aufgrund der Operationen und der Bestrahlung führten zu einer so engen Mundstellung, daß das Gebiß nicht mehr paßte und Frau *Eckert* nur sehr schwer Nahrung zu sich nehmen konnte. Sie wurde deshalb im Klinikum rechts der Isar in München 1982 zweimal operiert, wobei u. a. eine Munderweiterung durchgeführt wurde.

1982 erfolgte eine neue Metastasierung (Bildung von Tochtergeschwülsten) in der Lippen- und Nasenregion sowie im Oberkiefer, die zu einer weiteren Operation durch Prof. Dr. *Scherer* im Klinikum Großhadern führte. Danach traten schwerste Gesichtsneuralgien (Nervenschmerzen) auf. Die Wunden heilten nicht, die Augen tränten und Frau *Eckert* konnte kaum essen, da die Nahrung seitlich aus dem Mund herauslief.

Zur Linderung der Schmerzen erhielt sie zweimal täglich Injektionen.

Im November 1982 erfolgte in Göttingen bei Prof. Dr. *Chilla* eine kryochirurgische Behandlung. Sie blieb jedoch erfolglos.

Frau *Eckert* erkannte ihre Situation als ausweglos und reagierte depressiv. In langen therapeutischen Gesprächen mit ihrer Hausärztin äußerte sie, sie könne so nicht weiterleben.

Am 6.9.1983 suchte Frau *Eckert* erstmals Prof. *Hackethal* in der Privatklinik Chiemseewinkel in Bernau auf. Seine Krankenblattunterlagen weisen in der Zusammenfassung durch den Sachverständigen Prof. Dr. *Spann* im Gutachten vom 11.7.1986, soweit dies für das Verfahren von Bedeutung ist, folgendes aus:

›Frau *Eckert* gab keinerlei Organbeschwerden an. Sie habe seit März 1978 ein Basaliom im Gesicht und deshalb ca. 10 bis 15 Gesichtsoperationen bis 1982 durchgemacht. An Medikamenten gab sie an, ca. 18 Gelonida (Schmerzmittel) pro Tag zu nehmen, außerdem ca. 40 Tropfen Valoron (Schmerzmittel) pro Tag und unregelmäßig Dolviran-Zäpfchen ... Das Körpergewicht betrug 58,5 kg bei 161 cm Körperlänge. Anläßlich der Untersuchung klagte Frau *Eckert* über starke Schmerzen am linken Auge, Stirn-Schläfen-Kopfschmerzen rechts und eine Behinderung des Mundschlusses. Als Befund wird mitgeteilt, daß ein mittlerer Allgemein-, Ernährungs- und Kräftezustand vorliege. Es bestehe ein stark vernarbtes Gesicht mit offenen Wunden am rechten und linken Naseneingang und neben dem linken Nasenflügel. Das rechte Auge sei verschlossen, unter beiden Unterlidern bestünden starke Schwellungen ... Frau *Eckert* wurde zu Dr. *Spitalny* überwiesen mit der Bitte um Stellungnahme zu den plastisch-chirurgischen Möglichkeiten ...‹

Dr. *Spitalny,* bei dem sich Frau *Eckert* noch am 6.9.1983 vorstellte, kam zu der Auffassung, daß man von plastisch-chirurgischer Seite her lediglich die tiefen Geschwürbildungen entfernen, zwei Schwenklappenplastiken zur Deckung einbringen und ansonsten eine intensive Allgemeinbehandlung durchführen sollte.

Am 28.11.1983 war Frau *Eckert* wiederum in der Sprechstunde von Prof. *Hackethal.* Über die Befunde anläßlich des Arztbesuchs ist in den Krankenblattunterlagen aufgeführt, daß das ›Krebsid‹ inzwischen fortgeschritten sei. Frau *Eckert* klage über heftige Schmerzanfälle um das linke Auge herum. Es liege ein mittlerer Allgemein-, Ernährungs- und Kräftezustand vor. Die Zerfallshöhle an der linken Nasenseite und am Oberkiefer habe sich gegenüber dem 6.9.1983 vergrößert. Frau *Eckert* befand sich dann vom 4.2.1984 bis 2.3.1984 stationär in der Privatklinik Chiemseewinkel. Zur Zwischenanamnese seit der Untersuchung am 28.11.1983 ist angegeben, daß Frau *Eckert* bei starken Schmerzen nun Temgesic nehme. Sie klage über ständige Schmerzen am linken Auge, auch lasse die Sehkraft links nach. Zum Aufnahmebefund ist vermerkt, daß ein reduzierter Allgemein-, Ernährungs- und Kräftezustand vorliege. Das rechte Auge sei geschwollen, das linke Lidgewebe abnorm weit, die Oberlippe weitgehend zerstört und es liege eine Geschwürbildung im Gaumenbereich mit teilweiser Zerstörung vorderer Anteile vor.

Eine Computertomographie des Kopfes am 2.3.1984 in der Praxis Dr. *Linke,* Dr. *Pummerer* ergab eine weitgehend homogene Weichteilverschattung der Nasennebenhöhlen, wobei die vordere knöcherne Begrenzung der linken Oberkieferhöhle fehlte und die seitliche und hintere Begrenzung der rechten Oberkieferhöhle im knöchernen Anteil teilweise aufgelöst war. Auch die angrenzenden Pyramidenstrukturen zeigten destruktive Veränderungen. Die ganze Region war von einem weichteildichten Gewebe ausgefüllt, das auch in die Orbitaspitze (Augenhöhlenspitze) rechts hinein wuchs. Links war die Augenhöhle unauffällig.

Die Schädelbasisstrukturen waren in der hinteren Schädelgrube sonst ebenfalls unauffällig. Die mitdargestellten Hirnanteile zeigten bei symmetrischen Verhältnissen im Ventrikelsystem in der rechten Parietalregion eine Aufhellungszone, die so gedeutet wurde, daß es offenbar zu einem Substanzverlust infolge chronischer Minderdurchblutung gekommen sei. Die übrigen

Hirnanteile seien unauffällig. Der Befund wurde folgendermaßen beurteilt: offenbar rezidivierender Oberkieferhöhlentumor rechts mit destruktivem Wachstum in die Schädelbasis und die Orbita (Augenhöhle) hinein.

In seinem Gutachten führt der Sachverständige Prof. Dr. *Spann* weiter aus:

›Über den Zustand bei der Entlassung wurde vermerkt, daß das Allgemeinbefinden reduziert und im Vergleich zum Aufnahmebefund schlechter sei. Die Schmerzen seien wechselnd stark, wobei z. T. erhebliche Gesichtsneuralgien bestünden. Der Oberkieferbereich sei weitgehend zerstört, ebenso der Gaumen durch knotige Wucherungen. Das rechte Auge sei geschlossen und geschwollen, das linke Augenlid abnorm weit und nicht voll schließbar, mit Tränenfluß. Es bestehe kein Hinweis auf Fernmetastasen. Die letzte stationäre Aufnahme vor dem Tode erfolgte am 6.4.1984 (richtig: 16.4.1984) ... Zur Zwischenanamnese wird angeführt, daß nach der Entlassung am 2.3.1984 die Sehkraft des linken Auges stark nachgelassen habe. Frau *Eckert* klage über ständige Schmerzen, könne sich nicht unter andere Menschen begeben, die Schmerzen seien sehr stark und unerträglich, weshalb sie bis zu 20 Tabletten GELONIDA und 3 TEMGESIC sublingual pro Tag nehme. Die Schmerzen beträfen vor allem Kopf und linkes Auge, das dauernd schmierig träne. Seit zwei bis drei Wochen zögen die Schmerzen am Hals entlang. Sie könne mit jedem Tag schlechter reden und habe zunehmende Schwierigkeiten mit dem Essen und Trinken. So könne sie z. B. beim Trinken nur einen Bruchteil der Flüssigkeit schlucken, während die übrige Flüssigkeit am Mundwinkel hinunter laufe. Sie könne so nicht mehr weiterleben, jeder weitere Tag sei für sie eine Qual.

Zum Befund ist vermerkt, daß der Ernährungs- und Allgemeinzustand reduziert sei. Es bestehe eine schwere körperliche Schwäche und unerträgliche Gesichtsschmerzen, außerdem ein starker Gewichtsverlust ... Als Lokalbefund bestehe eine Mittelgesichtszerstörung mit Fehlen des Oberkiefers mit Oberlippe und unteren Nasenanteilen und eine starke beidseitige Unterlidschwellung mit völligem Verschluß des rechten Auges und starkem Ektropium links. Die Wundränder seien unscharf, nässend und gerötet, so daß eine großflächige geschwürige Wunde bestehe. In einem gesonderten sog. Meßblatt wird aufgeführt, daß Frau *Eckert* eine Körpergröße von 159,5 cm und ein Körpergewicht von 44,9 kg habe ... ‹

Am 18.4.1984 schied Frau *Eckert* im Alter von 69 Jahren aus dem Leben. Den Obduktionsbefund und das Ergebnis der neuropathologischen Zusatzuntersuchung des Gehirns faßt der Sachverständige wie folgt zusammen:

›Bei der Obduktion am 19.4.1984 fand sich außer den Anzeichen der später nachgewiesenen tödlichen Vergiftung eine weit fortgeschrittene bösartige Geschwulstbildung im Bereich der Weichteile des Gesichts, die über die mittlere Schädelgrube bis in das Gehirn reichte. Im rechten Schläfenlappen bestand ein Erweichungsbezirk. Außer zahlreichen alten reizlosen Narbenbildungen im Bereich des gesamten Gesichts fanden sich ein Zustand nach weitgehender Entfernung von Teilen der Nase, des Oberkiefers sowie der Ober- und Unterlippe und beidseitige Lidödeme ... Als Todesursache wurde eine Vergiftung mit einem Gift aus der Reihe der Zyanverbindungen in Betracht gezogen. Durch die nachfolgende chemisch-toxikologische Zusatzuntersuchung konnte festgestellt werden, daß der Tod Folge einer Aufnahme von Kaliumzyanid war.

Bei der neuropathologischen Zusatzuntersuchung des Gehirns konnte festgestellt werden, daß Infiltrate eines Plattenepithelcarcinoms in den weichen Hirnhäuten und in der Rinde des rechten Schläfenlappens basal sowie im Bereich des Brückenfußes vorhanden waren. Es bestand ein mäßiges Hirnödem. Im Gutachten wurde ausgeführt, daß die Tumorinfiltrate im Bereich des Schläfenlappens eine größere Ausdehnung gehabt hätten, bezüglich der Überlebenschancen der Frau *Eckert* aber die Absiedelung im Bereich des Hirnstammes wegen der Nähe lebenswichtiger Strukturen von größerer Bedeutung sei. Ein chirurgischer Eingriff zur Entfernung dieser Tumorinfiltrate wäre nicht riskiert worden. Auch eine Strahlentherapie des Hirnstammes wäre mit erheblichen Risiken und zweifelhaftem Erfolg verbunden gewesen. Absiedelungen von Tochtergeschwülsten, die nicht hirneigene Geschwülste seien, seien vorwiegend an ihrem Sitz umschrieben wirksam und würden lediglich durch das Hirnödem und die Raumforderung zu allgemeinen Reaktionen des Gehirns und zu Fernwirkungen führen können. Die Infiltrationen am Rande der Brücke seien nicht tiefgreifend und würden nur den seitlichen Brückenfuß erfassen, sie hätten keine wesentliche Schädigung des benachbarten Gewebes hervorgerufen, seien aber prospektiv gefährlich gewesen. Auch am Schläfenlappen habe der Tumor eine relativ eng begrenzte Ausdehnung und habe nur zu relativ geringer Zerstörung der Hirnrinde geführt. Allerdings ließen die Reaktionen in der Umgebung der geschädigten Rinde den Schluß zu, daß es in einem eng begrenzten Areal zu Störungen der Gefäßhirnschranke und zu Ödembildungen gekommen sei. In der Detailbeschreibung der Befunde wird, wie auch im Bildmaterial erkennbar, geschildert, daß die Tumorzellverbände teilweise entlang der Gefäßwände vorwachsen.‹

Bei der Beurteilung des allgemeinen Gesundheitszustandes kommt der Sachverständige abschließend zu dem Ergebnis, daß man ohne jede Einschränkung sagen könne, daß es sich bei Frau *Eckert* um eine schwerstkranke Patientin gehandelt habe, die in den Krankenblattunterlagen geschilderten subjektiven Beschwerden seien ohne Einschränkung glaubhaft, es sei bei diesem Befund sowohl mit schwersten Schmerzzuständen wie auch mit einer starken Einbuße der Funktion der Organe der Mundhöhle, speziell beim Schluckakt, zu rechnen. Bezüglich der Lebenserwartung führt der Sachverständige aus:

›Sektion und neuropathologische Zusatzuntersuchung haben ergeben, daß das Geschwulstgewebe bereits auf das Großhirn und die Brücke übergegriffen hatte. Obwohl das Vordringen des Geschwulstgewebes im Hirngewebe noch nicht weit fortgeschritten war, stellte doch der Befall der Brücke eine in prospektiver Hinsicht äußerst gefährliche Entwicklung dar. Die Brücke zählt zum sog. Stammhirn, in dem die automatischen Steuerungen lebenswichtiger Funktionen lokalisiert sind. Außerdem verlaufen alle Nervenbahnen, die vom Gehirn zum Rückenmark verlaufen, durch das Stammhirn. Vorwachsendes Geschwulstgewebe kann hier durch direkten Druck wichtige Zentren und Bahnen zerstören, außerdem durch Ödembildung zu Funktionsstörungen führen. Insofern könnte von diesem Befund her auch ein Ableben innerhalb weniger Tage nach dem tatsächlich eingetretenen Tod nicht ausgeschlossen werden.‹

b) Frau *Eckert* hatte sich am 6.9.1983 nach der Behandlung in Göttingen in die von Prof. *Hackethal* geleitete Klinik begeben, wo sie zunächst ambulant untersucht und behandelt sowie ein erstes Mal vom 4.2.1984 bis 2.3.1984 stationär aufgenommen wurde.

Etwa vier bis sieben Tage nach der Aufnahme in die Klinik klagte sie Frau Dr. *Pfeiffer,* zu der sie Vertrauen gewonnen hatte, ihr Leid. Sie äußerte, ihr Leben sei nicht mehr lebenswert, sie könne sich nicht mehr unter die Leute begeben und habe große Schmerzen. Sie wolle sterben, wisse aber nicht, wie sie an Tabletten komme, aus dem Fenster vom fünften Stock zu springen, fehle ihr der Mut, zudem sei sie nicht sicher, ob sie dann auch wirklich tot sei.

Sie drängte die Ärztin, die nach ihrem Bekunden noch nie einen so entstellten Menschen gesehen hatte, geradezu, ihr in irgendeiner Weise zu helfen, damit sie mit Sicherheit nicht mehr aufwache. Sie weinte öfters, klammerte sich an sie und bat sie: ›Helft mir doch, helft mir doch, ich kann nicht mehr!‹ Frau Dr. *Pfeiffer* verständigte Prof. *Hackethal* vom Todeswunsch seiner Patientin, der jedoch zurückhaltend reagierte.

Als sich aber vor ihrer Entlassung aus der Klinik abzeichnete, daß mit einer Besserung nicht mehr zu rechnen war, daß die Krankheit vielmehr schnell fortschreiten würde, ließ sich Frau *Eckert* von Prof. *Hackethal* das Versprechen geben, ihr, wenn sie den Entschluß fassen sollte, aus dem Leben zu scheiden, dabei mit seinen Möglichkeiten zu helfen.

Nachdem sie wieder zu Hause in Gauting war, verschlechterte sich der Zustand täglich. Die Möglichkeit, Essen und Trinken aufzunehmen, war noch weiter eingeschränkt, sie sah kaum noch etwas und litt an unerträglichen Schmerzen.

Frau *Eckert* rief in dieser Zeit öfters bei Dr. *Pfeiffer* und Prof. *Hackethal* in Bernau an, schilderte ihren Zustand und erinnerte an das Versprechen, ihr zum Sterben zu verhelfen. Sie wandte sich ebenso an die Angeschuldigte *von Kracht*. Prof. *Hackethal* erklärte sich schließlich bereit, sein Versprechen einzulösen. Prof. *Hackethal,* Frau *von Kracht* und Frau *Eckert* verständigten sich darauf, daß Frau *Eckert* zunächst noch einige Tage in der Klinik verbringen sollte; als Sterbetag war der 18.4.1984 vorgesehen. Als sich aus für Frau *Eckert* nicht erkennbaren Gründen die Aufnahme in die Klinik verzögerte, bat sie in großer Sorge, Prof. *Hackethal* werde sein Versprechen nicht einhalten, Frau *von Kracht* täglich fernmündlich, sich darum zu kümmern, daß sie möglichst bald in die Klinik käme.

Am 16.4.1984 schließlich brachte die Angeschuldigte Frau *Eckert* in die Klinik nach Bernau. Dort besprach Frau *von Kracht* mit Prof. *Hackethal* die näheren Einzelheiten, insbesondere welche Gifte in Betracht kämen und wie diese wirkten. Hiervon unterrichtete sie Frau *Eckert,* die sich spontan für Kaliumcyanid entschied, da sie ein sicheres und schnell wirkendes Gift wünschte. Die Angeschuldigte fuhr anschließend nach Hause, telefonierte aber in der Folgezeit mehrfach mit Frau *Eckert*.

Am 17.4.1984 erhielt Prof. *Hackethal* in seinem Sprechzimmer vom Angeschuldigten *Atrott* das zur Einnahme durch Frau *Eckert* vorgesehene Kaliumcyanid.

Am nächsten Tag zeichnete der Zeuge *Betke* mit Einverständnis von Frau *Eckert* ein zwischen ihr und Prof. *Hackethal* geführtes Gespräch mit einer Kamera auf, bei dem sie zum Ausdruck brachte, nicht mehr leben zu wollen.

Am selben Tag verständige Frau *Eckert* die Angeschuldigte davon, daß als Zeitpunkt für den Suizid 19.30 Uhr vorgesehen war, und bat sie mit Dr. *Erlenwein* zu sich in die Klinik. Bei ihrer Ankunft um 18.30 Uhr trafen beide Prof. *Hackethal*. Er teilte ihnen mit, daß er das Gift besitze, jedoch noch etwas erledigen müsse und später erscheinen werde.

Frau *von Kracht* und Dr. *Erlenwein* suchten Frau *Eckert* in ihrem Zimmer auf, die befürchtete, es könne nicht zur Giftübergabe kommen. Sie nahm ihnen deshalb das Versprechen ab, ja bei ihr zu bleiben und dafür zu sorgen, daß alles nach ihrem Wunsch verlaufe. In der Folgezeit unterhielten sie sich, und Dr. *Erlenwein* las ihr noch eine Geschichte aus einem Buch vor, das sie sehr gerne hatte.

Gegen 20.00 Uhr kamen die Zeugin *Waltraud Pfeffer* und Prof. *Hackethal* hinzu. Er führte mit Frau *Eckert* nochmals ein kurzes Gespräch unter anderem darüber, wie gefährlich das Gift sei und welche Vorsichtsmaßnahmen getroffen werden müßten, damit keine fremden Personen Schaden erleiden. Frau *Eckert* umarmte schließlich Prof. *Hackethal*, verabschiedete sich von ihm und dankte für seine Hilfe. Während Prof. *Hackethal* mit Dr. *Erlenwein* in das Sprechzimmer ging, um ihm dort das Gift auszuhändigen, verblieb die Zeugin *Pfeffer* auf Wunsch von Frau *Eckert* noch im Krankenzimmer, bis Dr. *Erlenwein* mit dem Gift in einem Pappbecher zurückkam, das ihm Prof. *Hackethal* mit dem Hinweis übergeben hatte, daß der Becher mit Wasser etwa halbvoll aufzufüllen sei und es sich um die mehrfache Dosis dessen handle, was zum Tode eines Menschen erforderlich wäre. Den Anweisungen entsprechend füllte die Angeschuldigte den Becher mit Wasser und brachte ihn Frau *Eckert*. Diese nahm ihn in die Hand. Nachdem sie sich erkundigt hatte, ob es reiche, wenn sie den Becher in Abständen austrinke, oder ob sie ihn auf einmal leeren müsse, führte sie den Giftbecher zum Mund und trank ihn in mehreren Schlucken aus. Nach kurzer Zeit verlor sie in den Armen der Angeschuldigten *von Kracht* das Bewußtsein, die sie daraufhin auf das Bett zurücksinken ließ, wo sie entspannt liegend ohne einen für die Anwesenden erkennbaren Todeskampf verstarb.

Über den *Zeitraum* zwischen Gifteinnahme und Eintritt des Todes gehen die Schätzungen der Beteiligten auseinander. *Sie reiche von 10 bis 15 Minuten.*

2. In Übereinstimmung mit der Strafkammer kommt der Senat zu dem Ergebnis, daß ein hinreichender Tatverdacht eines Vergehens der *Tötung auf Verlangen* nach § 216 StGB und der Beihilfe hierzu *nicht vorliegt.*

a) Nach geltendem Recht erfüllt die eigenverantwortlich gewollte und verwirklichte Selbsttötung nicht den Tatbestand eines Tötungsdelikts, so daß *ohne Rücksicht auf die Lauterkeit* der Motive *nicht als Anstifter oder Gehilfe* bestraft werden kann, *wer sich lediglich hieran beteiligt* (vgl. BGHSt 32, 267, 371 f. mit Nachweisen).

Wie die straflose Beihilfe zur Selbsttötung von der strafbaren Tötung auf Verlangen abgegrenzt werden kann, ist umstritten.

Mit dem Bundesgerichtshof (BGHSt 19, 135, 137) ist der Senat der Auffassung, daß die Abgrenzung nach den *Grundsätzen der Teilnahmelehre* vorzunehmen ist und dabei *subjektiv bestimmte Kriterien,* ob nämlich der Handelnde die Tat als eigene wollte, ob er den Täterwillen, den Willen zur Tatherrschaft oder eigenes Interesse an der Tat hatte, *nicht geeignet sind,* sinnvolle Ergebnisse zu gewährleisten. *Es kommt allein darauf an, wer das zum Tode führende Geschehen tatsächlich beherrscht.*

Im Einzelfall ist dafür entscheidend die Art und Weise, wie der Tote über sein Schicksal verfügt hat. Hat er sich in die Hand des anderen begeben, weil er duldend von ihm den Tod entgegennehmen wollte, dann hatte dieser die Tatherrschaft. *Behielt er dagegen bis zuletzt die freie Entscheidung über sein Schicksal, dann tötete er sich selbst, wenn auch mit fremder Hilfe* (BGHSt 19, 135, 139 f.).

Nach diesen Kriterien der Rechtsprechung scheidet eine unmittelbare Begehungstäterschaft aus.

Das Gift wurde Frau *Eckert* nicht eingeflößt. Sie hat den Giftbecher vielmehr ohne Hilfe Dritter selbst zum Mund geführt und das Gift getrunken. Damit hat sie den lebensvernichtenden Akt eigenhändig ausgeführt.

Trotz eigenhändiger Tötung *kann* jedoch ein Tötungsdelikt vorliegen, wenn der Suizident als *unfreies Werkzeug* eines das

Geschehen beherrschenden Hintermannes tätig geworden ist. Eine solche Tötung in *mittelbarer* Täterschaft liegt *danach* vor, wenn der Suizident *nicht eigenverantwortlich* gehandelt hat (vgl. Herzberg, NJW 86, 1635, 1636; ders. JA 85, 131, 134, 336 ff.; *Eser* in *Schönke-Schröder*, 22. Aufl., 1985. Vorbem. §§ 211 ff. StGB RdNr. 36, 37 mit Nachweisen), wenn er als Werkzeug gegen sich selbst benutzt wurde.

Wo die Grenze der Verantwortungsunfähigkeit liegt, ist umstritten.

Teils werden die §§ 20, 35 StGB § 3 JGG analog angewandt und die Auffassung vertreten, daß die Mitwirkung beim Suizid unter dem Gesichtspunkt der Tötung straflos ist, solange der Suizident seine Tat *nicht* im Sinne des § 20 StGB aufgrund ›*einer krankhaften seelischen Störung*‹, einer ›*tiefgreifenden Bewußtseinsstörung*‹, ›*Schwachsinns oder einer schweren anderen seelischen Abartigkeit*‹ begeht oder im Sinne des § 35 StGB ›in einer gegenwärtigen, nicht anders abwendbaren Gefahr für Leben, Leib und Freiheit‹ zum Suizid gezwungen wird, um die drohende Gefahr ›von sich, einem Angehörigen oder einer anderen, ihm nahestehenden Person abzuwenden‹. Auch wird unter entsprechender Heranziehung des § 3 JGG beim Selbstmord *Jugendlicher* oder von vornherein verantwortungsunfähiger *Kinder* die aktive Förderung und die Nichthinderung durch einen ›Garanten‹ als Totschlag beurteilt (so Roxin in: Festschrift für *Dreher*, 1977, 331, 349; ders. NStZ 84, 71; vgl. auch *Dölling*, GA 84, 71, 76 ff.; *Bottke*, GA 83, 22, 36; *Hirsch*, JR 79, 429, 432; *Charalambakis*, GA 86, 485, 498 ff.).

Teils wird Eigenverantwortlichkeit nur dann angenommen, wenn der Entschluß zum Selbstmord Ausdruck eines freien und ernstlichen Verlangens nach dem eigenen Tod ist. Ein selbst zu verantwortender Suizid wird daher erst dann bejaht, wenn dieser *den Voraussetzungen der Einwilligung in eine fremde Tat gerecht wird* (vgl. *Jähnke* in LK vor § 211 StGB RdNr. 25 ff.; *Eser* in *Schönke/Schröder* Vorbem. §§ 211 ff. StGB RdNr. 36; *Horn* in SK StGB, § 212 RdNr. 15; *Lackner* StGB 17. Aufl., 1987, vor § 211 Anm. 3 b), wenn der *Todeswunsch*, gedacht als ein an den mittelbaren Täter gerichtetes Verlangen, z. B. nach einer tödlichen Injektion, *beachtlich*, ›*ernstlich*‹ im Sinne von § 216 StGB wäre (vgl. *Herzberg*, JA 85, 336 ff.; ders. NJW 86, 1635, 1637).

Welcher der beiden Meinungen der Vorzug zu geben ist, braucht nicht entschieden zu werden, da Frau *Eckert* nach dem

Ergebnis der Ermittlungen bis zuletzt nach den Kriterien beider Auffassungen im Zustand freier Willensentscheidung eigenverantwortlich gehandelt hat.

Davon, daß bei der Suizidentin ein ernstliches und unbedingtes Tötungsverlangen vorgelegen hat, geht auch die Staatsanwaltschaft aus, da sie die Tat als Tötung auf Verlangen wertet.

Es liegen zudem auch *keinerlei Anhaltspunkte dafür vor, daß die natürliche Einsichts- und Urteilsfähigkeit* bei Frau *Eckert* am 18.4.1984 *nicht vorgelegen hat.* Wie sich aufgrund der Zeugenaussagen und der Sachverständigengutachten ergibt, verblieb Frau *Eckert bis zuletzt die Fähigkeit, die verschiedenen Möglichkeiten gegeneinander abzuwägen* und ohne Beurteilungs- oder Willensmängel die Entscheidung zum Sterben zu treffen.

So kommt der Sachverständige Prof. Dr. *Spann* in seinem Gutachten vom 13.6.1985 zu dem Ergebnis, daß sich *nicht der geringste Hinweis* dafür finde, daß am 18.4.1984 *eine krankhafte seelische Störung,* eine tiefgreifende Bewußtseinsstörung oder eine andere seelische Abartigkeit *die Einsichts- und Urteilsfähigkeit von Frau Eckert beeinträchtigt haben könnte.* Aus medizinischer Sicht sei von dem Ausnahmefall des eigenverantwortlichen Handelns der Lebensmüden auszugehen.

Der *Senat vermag* aufgrund der Beweisergebnisse die *Auffassung der Staatsanwaltschaft nicht zu teilen,* der Angeschuldigte Prof. *Hackethal* sei als Täter eines Vergehens der Tötung auf Verlangen nach § 216 StGB anzusehen, da er das zum Tode führende Geschehen tatsächlich beherrscht, das Ob, Wann und Wie der Tat bestimmt habe, er das Geschehen bis zuletzt in der Hand gehabt und die Getötete nicht mehr die alleinige volle Freiheit zur Entscheidung darüber besessen habe, die gesetzte Ursachenkette zu beenden, und daß Frau *Eckert* bis auf das Schlucken des Giftes nichts zur Tatplanung und zum Tatgeschehen beigetragen habe.

Daß sie bis auf das Schlucken des Giftes nicht mitgewirkt habe, trifft nach dem Ermittlungsergebnis schon deshalb nicht zu, weil die Initiative von ihr ausging, sie beharrlich in der Klinik anrief, um Prof. *Hackethal* an sein Versprechen zu erinnern, ihr zum Sterben zu verhelfen, und sie schließlich die Klinik aus eigenem Entschluß aufsuchte.

Die *Wertung der Staatsanwaltschaft,* die Lebensmüde habe bis auf das Schlucken des Giftes nichts beigetragen, enthält überdies eine *unzureichende Gewichtung des Vorganges der Gifteinnahme,* die seiner überragenden Bedeutung im Gesamtgeschehen nicht gerecht wird. Daß kein von den Angeschuldigten ausgehender psychischer Zwang auf der Lebensmüden lastete und ihr Handeln bestimmte, belegt nicht zuletzt deren Äußerung kurz vor dem Tode gegenüber der Zeugin *Pfeiffer.* Nachdem sich Prof. *Hackethal* von Frau *Eckert* verabschiedet, sie ihn umarmt, ihm für seine Hilfe gedankt und er den Raum verlassen hatte, verblieb die Zeugin *Pfeffer* noch im Sterbezimmer, wo ihr Frau *Eckert* eine Schale mit Orchideen schenkte. Als die Zeugin zu weinen begann, tröstete Frau *Eckert* sie mit den Worten, sie brauche doch nicht zu weinen, ihr (Frau *Eckert*) könne es drüben nur besser gehen als hier.

Zusammenfassend läßt sich daher feststellen, daß die Überlassung des Giftes es Frau Eckert zwar ermöglichte, die Selbsttötung eigenhändig vorzunehmen. Da sie aber bis zuletzt die freie Entscheidung darüber hatte, ob sie das Gift einnimmt oder nicht, *beherrschte allein sie und nicht Prof. Hackethal noch sonst wer das zum Tode führende Geschehen.* Der Beitrag der Angeschuldigten ging damit über den von Gehilfen nicht hinaus und ist deshalb als straflose Beihilfe zur Selbsttötung zu werten.

Die berufliche Stellung des Angeschuldigten Prof. *Hackethal* als Arzt ändert hieran nichts. *Auch ein Arzt bleibt jedenfalls straflos, soweit er sich lediglich als Gehilfe aktiv an einer freiverantwortlich verwirklichten Selbsttötung beteiligt.* Der Kreis der potentiellen Sterbehilfer wird, wie Eser (MedR 85, 6, 9) darlegt, vom Gesetz weder umgrenzt noch differenziert.

(Straflose Beihilfe zur Selbsttötung im Falle der Überlassung von Tötungsmitteln an einen freiverantwortlich handelnden Suizidenten durch einen Arzt nehmen u. a. an: *Herzberg*, NJW 86, 1635, 1638; ders. JA 85, 336, 339, FN 135; *Hirsch*, ZRP 86, 239, 241, 242; *Schmitt*, JZ 85, 365, 367; *Roxin*, NStZ 84, 412; *Eser*, MedR 85, 6, 9; *Helgerth*, JR 76, 45, 46; *Zippelius*, JuS 83, 659, 661; *Leonardy*, DRiZ 86, 281, 288; *Wassermann*, DRiZ 86, 291, 296; *Otto*, GUTACHTEN D FÜR DEN 56. DEUTSCHEN JURISTENTAG, S. 65; *Schreiber* in Schriftliche Stellungnahme zur öffentlichen Anhörung zum Thema STERBEHILFE im Rechtsausschuß des Deutschen Bundestages, Sten. Prot., 10. Wahlperiode, 51. Sitzung, Anl. 85; s. auch *Narr*, ÄRZTLICHES BERUFSRECHT, Stand: Januar 1987, RdNr. 719.)

b) *Prof. Hackethal wurde auch nicht deshalb zum Täter eines Tötungsdelikts, weil er nach Einnahme des Giftes durch die Suizidentin keine ärztlichen Hilfsmaßnahmen ergriffen hat.*

aa) Wegen eines Tötungsdelikts kann zwar bestraft werden, wer es unterläßt, den Tod des Opfers abzuwenden, obwohl er rechtlich dafür einzustehen hat, daß dieser Erfolg nicht eintritt (§ 13 StGB). Der Senat hält jedoch den hinreichenden Tatverdacht bezüglich eines durch Unterlassen begangenen Tötungsdelikts nicht für gegeben.

Zur Frage, ob und gegebenenfalls wann Prof. *Hackethal* verpflichtet war, tätig zu werden, vertritt die Staatsanwaltschaft in ihrer Beschwerdebegründung die Auffassung, daß Frau *Eckert* bereits nach Gifteinnahme hinsichtlich des weiteren Geschehens machtlos gewesen sei und deshalb für die Erfolgsabwendungspflicht auf diesen Zeitpunkt und nicht erst auf den nach Eintritt der Bewußtlosigkeit der Suizidentin abzustellen sei.

Dem vermag sich der Senat nicht anzuschließen. *Solange Frau Eckert bei Bewußtsein war, konnte sie die Einwilligung zur ärztlichen Behandlung erteilen* und damit die Voraussetzungen dafür schaffen, daß die Ärzte das zur Rettung Erforderliche veranlassen. Diese Möglichkeit verlor sie erst mit Eintritt der Bewußtlosigkeit. Von Bedeutung ist daher allenfalls dieser Zeitpunkt, auf den auch der Bundesgerichtshof abstellt. Im Urteil vom 4.7.1984 (BGHSt 32, 374/75) legt er dar, daß, solange der Suizident noch Herr des Geschehens ist, die Tatherrschaft bei ihm liegt und der Garant mangels eigener Tatherrschaft nicht aus dem rechtlichen Gesichtspunkt der Garantenhaftung verpflichtet ist, einzuschreiten.

Verliert der Suizident, so der Bundesgerichtshof, infolge Bewußtlosigkeit endgültig die tatsächliche Möglichkeit der Beeinflussung des Geschehens (›Tatherrschaft‹), so hängt der Eintritt des Todes jetzt allein vom Verhalten des Garanten ab. In dessen Hand liegt es nunmehr, ob das Opfer gerettet wird oder nicht. *In diesem Stadium hat nicht mehr der Suizident, sondern nur noch der Garant die Tatherrschaft.*

Gleichwohl ist jedoch festzuhalten, daß der Verlust der Handlungsfähigkeit *nicht ohne weiteres* den Übergang der Tatherrschaft auf den Garanten zur Folge hat und daß nach diesem Zeitpunkt das Unterlassen von Rettungsmaßnahmen nicht unbedingt kausal für den Todeseintritt sein muß.

Voraussetzung für den Übergang der effektiven Tatherrschaft und für das Vorliegen der Kausalität ist jedenfalls, daß der Garant *die tatsächliche Möglichkeit besitzt, durch sein Eingreifen dem Geschehen* die entscheidende Wende zu geben (BGHSt 2, 150, 156; 13,

162, 166) und daß der Tod bei sofortiger ärztlicher Hilfe *mit einer an Sicherheit grenzenden Wahrscheinlichkeit nicht oder erheblich später eingetreten* wäre (BGH NStZ 85, 26, 27).

Daß Prof. *Hackethal* als Arzt die tatsächliche Möglichkeit gehabt hätte, *den Tod mit einer an Sicherheit grenzenden Wahrscheinlichkeit zu verhindern, läßt sich nicht feststellen.*

Nach dem Gutachten des Sachverständigen Prof. Dr. *von Clarmann* vom 12.8.1986 hätten zwar innerhalb von *drei bis fünf Minuten* nach Eintritt der Bewußtlosigkeit vorgenommene Maßnahmen gute Rettungsaussichten hinsichtlich der Cyanidvergiftung trotz bereits eingetretener Bewußtlosigkeit gehabt, wobei er die Rettungschance auf ca. 66 Prozent schätzte.

Damit ist jedoch zugunsten von Prof. *Hackethal* nicht auszuschließen, daß auch bei sofortigem Tätigwerden der Tod nicht hätte verhindert werden können. Die Tatherrschaft ging deshalb nicht auf ihn über. Zugleich scheitert aber auch der gebotene Nachweis der Kausalität des unterlassenen Eingreifens für den Tod.

bb) Der Senat kommt daher mit der Strafkammer zu dem Ergebnis, daß allenfalls der *Tatbestand eines versuchten Vergehens nach § 216 StGB für die Zeit nach Eintritt der Bewußtlosigkeit vorliegen kann.*

Die Eröffnung des Hauptverfahrens hierwegen setzt voraus, daß der Angeschuldigte *vorsätzlich handelte,* daß er also wußte oder zumindest damit rechnete, daß sein sofortiges Eingreifen nach Eintritt der Bewußtlosigkeit geeignet gewesen wäre, den Tod zu vermeiden und er dennoch für einen von ihm für möglich gehaltenen Fall der Rettung hat untätig bleiben wollen (vgl. BGHSt 32, 367, 370). Hinreichende Anhaltspunkte hierfür liegen jedoch nicht vor.

Welche Kenntnisse der Angeschuldigte Prof. *Hackethal* zum damaligen Zeitpunkt über die Heilungschancen bei einer Vergiftung mit hohen Kaliumcyanidgaben hatte, ist nicht bekannt. Da die Beteiligten sich für Kaliumcyanid ausgesprochen hatten, weil damit ein schneller und schmerzloser Tod herbeigeführt werden sollte, ist anzunehmen, daß der Vorstellung des Angeschuldigten die vom Sachverständigen Prof. Dr. *von Clarmann* in seinem Gutachten *als fulminant, apoplektisch* bezeichnete Verlaufsform zugrundelag, die ernsthafte Chancen zur Rettung nach Eintritt der Bewußtlosigkeit nicht mehr ermöglicht hätte. Sie ist dadurch gekennzeichnet, daß der Tod nach sehr großen Gaben des Giftes nahezu hundertprozentig und blitzartig unter krampfähnlichen Zuckungen und Atemlähmung erfolgt. Für die Annahme, daß sich die Beteiligten einen solchen Geschehensverlauf vorstellten, spricht auch, daß der Angeschuldigte der Suizidentin *4 g Kaliumcyanid* verschaffte, eine Menge, die nach seiner – zutreffenden – Meinung die mehrfache Dosis dessen darstellte, was zur Tötung eines Menschen erforderlich ist.

Bei dieser Sachlage kann nicht davon ausgegangen werden, daß Prof. *Hackethal* eine Rettung der Suizidentin nach Eintritt der Bewußtlosigkeit noch für möglich gehalten hat, so daß ein hinreichender Tatverdacht für eine versuchte vorsätzliche Tötung auf Verlangen nicht gegeben ist.

cc) Die *Verkennung der Giftwirkung und der Rettungschancen mag auf Fahrlässigkeit beruhen.* Dadurch wird indes nicht schon der hinreichende Verdacht eines Vergehens der fahrlässigen Tötung begründet, da der Nachweis der Kausalität, wie bereits dargestellt, nicht geführt werden kann.

dd) Selbst wenn man jedoch annehmen würde, daß nach Eintritt der Bewußtlosigkeit der Suizidentin bei sofortigem ärztlichen Handeln der Tod mit einer an Sicherheit grenzenden Wahrscheinlichkeit nicht oder erheblich später eingetreten wäre und der Angeschuldigte Prof. *Hackethal* dies auch angenommen hätte, dann stünde der Eröffnung des Hauptverfahrens wegen eines Tötungsdelikts entgegen, daß er *nach Auffassung des Senats bei der gegebenen Situation strafrechtlich nicht verpflichtet war, den Tod der freiverantwortlich handelnden Suizidentin zu verhindern.*

Eine Verpflichtung zur Erfolgsabwendung vom Eintritt der Bewußtlosigkeit an könnte für ihn daraus abgeleitet werden, daß er *als Arzt die Behandlung* der Patientin übernommen (also aus dem Arzt-Patienten-Verhältnis) oder durch die Überlassung des tödlichen Giftes eine Gefahrenlage für das Leben der Patientin herbeigeführt hatte (durch sog. Ingerenz).

Aus beiden rechtlichen Gesichtspunkten läßt sich jedoch eine auf die Verhinderung des Todes der Suizidentin gerichtete Garantenstellung nicht begründen.

Die Strafkammer leitet die *Rechtspflicht* zur Erfolgsabwendung aus dem durch die Übernahme der ärztlichen Behandlung entstandenen Arzt-Patienten-Verhältnis ab.

Dem vermag der Senat nicht zu folgen, da einer Zwangsbehandlung *der erklärte Wille* der freiverantwortlich handelnden, einsichtsfähigen Suizidentin – wie bei einem ›Normalpatienten‹ – entgegenstand und *die auf den Lebensschutz zielende Garantenstellung entfallen ließ.*

Daß das *Selbstbestimmungsrecht einer Zwangshandlung entgegensteht, wird von der Rechtsprechung für den ›Normalpatienten‹ anerkannt* ([RGZ 151, 349, 352; BGHZ 29, 46, 49; 176, 179; 90, 103, 105/106; BGHSt II, III, 114; BVerGE 52, 131, 170]; aus dem Hinweis des Bundesgerichtshofs im Urteil vom 26.10.1982 [BGH NJW 83, 350, 351]: ›Der entgegenstehende Wille der Kranken war unbeachtlich, weil ihr Leben bedroht war und sie hierüber nicht verfügen konnte‹, kann nichts Gegenteiliges geschlossen werden, wie die anschließende Einschränkung in diesem Urteil zeigt, daß dies ›zumindest‹ für die vom damaligen Angeklagten zu treffenden Maßnahmen gelte, die selbst noch keinen körperlichen Eingriff enthielten, nämlich die Verständigung der Angehörigen und des Hausarztes, um mit deren Hilfe eine Sinnesänderung der lebensbedrohlich Erkrankten zu erreichen [vgl. hierzu auch *Kutzer,* MDR 85, 710, 711 FN 13]).

Die Auffassung der Rechtsprechung wird auch von der Lehre geteilt (vgl. u. a. *Dreher/Tröndle,* 43. Aufl. 1986, § 233 StGB RdNr. 9t; *Giesen,* JZ 87, 282, 287; *Kaufmann,* MedR 83, 121, 122; *Schmitt,* JZ 84, 866, 869; *Uhlenbruck,* ZRP 86, 209, 212; *Kutzer,* MDR 85, 710, 712; *Jähnke* in LK Vor § 211, RdNr. 13; *Dölling,* MedR 87, 6, 8; *Hirsch,* ZRP 86, 239, 240; *Otto,* GUTACHTEN D FÜR DEN 56. DEUTSCHEN JURISTENTAG, S. 37 ff.; *Geiger,* JZ 83, 153; *Schreiber* sowie *Deutsch* jeweils in Schriftliche Stellungnahme zur Öffentlichen Anhörung zum Thema ›STERBEHILFE‹ im Rechtsausschuß des Deutschen Bundestages, Sten. Prot., 10. Wahlperiode, 51. Sitzung, Anl. 90 bzw. 126; aus ethischer Sicht: *Gründel,* MedR 85, 2, 4; *Winkler, Rössler* und *Reiter* jeweils in Schriftliche Stellungnahme zur öffentlichen Anhörung zum Thema ›STERBEHILFE‹ im Rechtsausschuß des Deutschen Bundestages, Sten. Prot., 10. Wahlperiode, 51. Sitzung, Anl. 17/18, Anl. 77 und Anl. 153; aus medizinischer Sicht: *Hiersche,* MedR 87, 83, 84; *Opderbecke,* MedR 85, 23, 26; *Fritsche* in Schriftliche Stellungnahme zur öffentlichen Anhörung zum Thema ›STERBEHILFE‹ im Rechtsausschuß des Deutschen Bundestages, Sten. Prot., 10. Wahlperiode, 51. Sitzung, Anl. 29).

Das Selbstbestimmungsrecht des Patienten schließt auch die Selbstbestimmung zum Tode ein (Leonardy, DRiZ 86, 281, 285; BGHSt II, III, 113/14; BGHZ 90, 103, 105/106).

Hinsichtlich lebensverlängernder Maßnahmen bindet der vom urteilsfähigen Patienten ausgesprochene Verzicht den Arzt auch dann, wenn der Patient im voraussehbaren Verlauf der Krankheit das Bewußtsein verliert und keine wesentliche Veränderung der seiner Erklärung zugrundeliegenden tatsächlichen Umstände erkennbar ist *(Kutzer,* MDR 85, 710/712; *Dreher/Tröndle,* § 233 StGB RdNr. 9t), weil die Entscheidung gerade auch für dieses Stadium getroffen wurde, wie auch umgekehrt die Einwilligung zum Heileingriff nicht ihre rechtfertigende Wirkung mit Eintritt der Bewußtlosigkeit verliert.

Ob dabei die Entscheidung des freiverantwortlichen Patienten aus der Sicht des Arztes *vernünftig oder unvernünftig* ist, ist kein Maßstab für die Gültigkeit oder Ungültigkeit der Entscheidung des Patienten, weil, wie der Bundesgerichtshof in BGHSt II, 113, 114 zutreffend ausgeführt hat, sich niemand zum Richter in der Frage aufwerfen darf, unter welchen Umständen ein anderer vernünftigerweise bereit sein sollte, seine körperliche Unversehrtheit zu opfern, um dadurch wieder gesund zu werden.

Verweigert der freiverantwortliche, in Todesgefahr schwebende Patient in Ausübung seines Selbstbestimmungsrecht die Einwilligung in die Vornahme dringend gebotener ärztlicher Eingriffe, so entfällt das aus dem Arzt-Patienten-Verhältnis abgeleitete Behandlungsrecht und die auf den Lebensschutz zielende Behandlungspflicht des Arztes, er wird zum Begleiter im Sterben und bleibt nur noch Garant für die Basisversorgung des Patienten (vgl. *Hiersche,* MedR 87, 83, 84).

Das Selbstbestimmungsrecht des Patienten begrenzt damit die prinzipiell vereinbarungsabhängige Garantenschutzverantwortung des Arztes (vgl. *Herzberg,* JA 85, 339, FN 135; *Otto,* Gutachten für den 56. Deutschen Juristentag, S. 40; *Schultz,* JuS 85, 270, 273; *Gropp,* NStZ 85, 97, 101; *Jähnke* in LK Vor § 211 StGB RdNr. 13; *Leonardy,* DRiZ 86, 285).

Eine zwingende rechtliche Begründung dafür, *daß anders als beim ›Normalpatienten‹* die mit der Verweigerung der Einwilligung in lebensverlängernde Maßnahmen auf Aufhebung der Lebensschutzverantwortung des Arztes gerichtete Willenserklärung eines urteilsfähigen, freiverantwortlich handelnden Suizidpatienten rechtlich unbeachtlich sei, vermag der Senat nicht *zu erkennen.*

Der Bundesgerichtshof hatte über einen vergleichbaren Fall bisher noch nicht zu entscheiden. Im Urteil vom 4.7.1984 (BGHSt 32,

367, 378) läßt der 3. Strafsenat des Bundesgerichtshofs zwar ausdrücklich offen, ob das Verbot ärztlicher Eingriffe gegen den Willen des Patienten auch dann gilt, wenn es sich um einen zu rettenden Suizidenten handelt und ob es in der Konsequenz der Entscheidungen in BGHSt 6, 147 und 13, 162, 169 liegt, das Recht, über die Vornahme medizinischer Eingriffe selbst zu bestimmen, auch bei dem bewußtseinsklaren, aber schwer verletzten Suizidenten aus übergeordneten Gründen einzuschränken. Jedenfalls dann jedoch, wenn der ohne ärztlichen Eingriff dem sicheren Tod preisgegebene Suizident schon bewußtlos sei, dürfe sich nach Ansicht des Bundesgerichtshof der behandelnde Arzt nicht allein nach dessen vor Eintritt der Bewußtlosigkeit erklärten Willen richten, sondern habe in eigener Verantwortung eine Entscheidung über die Vornahme oder Nichtvornahme auch des nur möglicherweise erfolgreichen Eingriffs selbst zu treffen.

Zur Frage, ob der freiverantwortliche Suizident den Garanten aus seiner Garantenstellung entlassen könne, nahm der 3. Strafsenat keine Stellung. Er schloß sich jedoch im Ergebnis der Entscheidung des Großen Senats für Strafsachen des Bundesgerichtshof (BGHSt 6, 147, 153) an, der den Willen des Selbstmörders für unbeachtlich erklärt hatte, und begründet dies damit, daß dann, wenn § 323 c StGB seine dem solidarischen Lebensschutz dienende Funktion auch in Selbstmordfällen erfüllen solle, die jedermann treffende allgemeine Hilfspflicht nicht davon abhängig gemacht werden könne, ob im konkreten Einzelfall der Selbstmörder aufgrund eines freiverantwortlich gefaßten oder eines auf Willensmängeln beruhenden Tatentschlusses handelt oder gehandelt hat. Dies könne innerhalb der kurzen Zeitspanne, die für die unter Umständen lebensrettende Entscheidung am Unglücksort zur Verfügung stehe, kaum jemand ohne psychiatrisch-psychologische Fachkenntnisse und ohne sorgfältige Abwägung der äußeren und inneren Motivationsfaktoren zuverlässig beurteilen. Aus der neueren Suizidforschung ergebe sich auch, daß häufig ein ursprünglich durchaus ernsthafter Selbsttötungswille nach Beendigung des Suizidversuchs verfalle.

Die Erwägungen des Bundesgerichtshofs sind allenfalls geeignet, die Unbeachtlichkeit des Verzichts auf die von jedermann zu erbringende Nothilfe (§ 323 c StGB) zu begründen, reichen aber nicht aus, dem auf die Entpflichtung des Arztes als Lebensschutzgaranten gerichteten Willen eines freiverantwortlichen Suizidenten die rechtliche Wirksamkeit zu versagen.

Letzterer verliert weder aufgrund des Entschlusses zum Suizid noch infolge des Suizidversuchs seine Rechts- und Geschäftsfähigkeit (vgl. *Otto*, GUTACHTEN D FÜR DEN 56. DEUTSCHEN JURISTENTAG, S. 66). Ist der Mensch nicht befugt, aus eigenem Willensentschluß über sein Leben zu verfügen (so BGHSt 6, 147, 153), kann dies allenfalls für die allgemeine Nothilfepflicht aus § 323 c StGB von Bedeutung sein (so beziehen sich die entsprechenden Ausführungen des Bundesgerichtshofs in BGHSt 6, 147, 153; 13, 162, 169; NJW 83, 351 jeweils nur auf diese Pflicht), nicht aber für die Wirksamkeit der Entlassung des Arztes aus den besonderen vereinbarungsabhängigen und kündbaren Rechtsbeziehungen zum Patienten, da eine aus der Unverfügbarkeit des Lebens für den einzelnen ableitbare Verpflichtung zum Weiterleben allenfalls gegenüber der Rechtsgemeinschaft, nicht aber gegenüber seinem Arzt besteht. Somit verfügt der Suizident mit der Entpflichtung des Arztes aus dem Arzt-Patienten-Verhältnis weder über sein Leben noch über die jedermann treffende allgemeine Nothilfepflicht, sondern lediglich über die zwischen ihm und dem Arzt bestehenden Rechtsbeziehungen.

Auch die von *Kutzer* (MDR 85, 713/714) angeführten Gründe einer Behandlungsbedürftigkeit eines Suizidenten, die nach seiner Meinung eine unterschiedliche Beurteilung der beiden Fallgruppen – Behandlungsverzicht trotz lebensbedrohlicher Krankheit und behandlungsbedürftiger Zustand nach einem Selbstmordversuch – jedenfalls im Ansatzpunkt rechtfertigen, haben nur für die allgemeine Nothilfepflicht aus § 323 c StGB Bedeutung. Die Behandlungsbedürftigkeit des Suizidenten begründet *Kutzer* u. a. damit, daß dieser mit seiner Tat einen Höchstwert negiere, daß die psychische Einstellung des Normalpatienten sich von der eines Suizidenten unterscheide, daß der Wegfall einer strafbewehrten Hilfspflicht fatale Wirkungen hätte und in der Praxis erhebliche Schwierigkeiten bestünden, rechtzeitig und zuverlässig die freie Verantwortlichkeit festzustellen.

Alle diese Gesichtspunkte mögen ausreichen, eine Behandlungsbedürftigkeit des Suizidenten zu begründen. *Aus der Behandlungsbedürftigkeit kann aber noch nicht auf eine entsprechende Behandlungspflicht geschlossen werden.* Selbst wenn man aber eine Behandlungspflicht des Arztes annehmen wollte, kann es sich dabei allenfalls um die allgemeine, jedermann treffende Hilfspflicht handeln. Eine darüber hinausgehende, spezielle ärztliche Erfolgsabwendungspflicht vermag selbst ein Unglücksfall *nicht zu begründen.* Dem entspricht die ständige Rechtsprechung des Bundesgerichtshofs, daß aus § 323 c StGB weder eine Sonderpflicht für Ärzte, noch die Rechtspflicht zur Erfolgsabwendung abgeleitet werden könne (BGH NJW 83, 351).

Gegen eine Ungleichbehandlung spricht auch, daß eine Abgrenzung zwischen Normal- und Suizidpatienten nur willkürlich vorgenommen werden kann (vgl. *Schmitt*, MDR 86, 617, 619, *Eser*, MedR 85, 615), und daß sich beide Fallgruppen in Grenzsituationen einander nähern oder gar überschneiden, wie das von *Gropp* (NStZ 85, 103, FN 65) genannte Beispiel eines herzkranken, lebensmüden Patienten zeigt, der sich entschließt, seine lebenserhaltenden Tropfen nicht mehr zu nehmen.

Wie problematisch der Differenzierungsversuch zwischen Normal- und Suizidpatienten ist, zeigt überdies das von *Eser* (MedR 85, 15) aufgeführte Beispiel jener Lebensmüden, die einen Suizid unternommen haben, wieder zu Bewußtsein gekommen oder dazu gebracht worden sind und nunmehr eine lebensnotwendige Operation verweigern. Zu Recht stellt *Eser* die Frage: ›Sollen diese – weil Suizident und deshalb hinsichtlich ihres Sterbewillens nicht zu respektieren – *nun gleichsam ›zur Strafe‹ auch gegen ihren fortbestehenden Sterbewillen* durch entsprechende ärztliche Maßnahmen zum Leben zurückgezwungen werden? Oder – nunmehr wie jeder andere Terminalpatient – auf Wunsch *in Ruhe sterben dürfen?‹*

Der Senat kommt damit zusammenfassend zu dem Ergebnis, daß die Entbindung des Angeschuldigten Prof. Hackethal von seiner Lebensschutzverantwortung nicht anders als bei einem ›Normalpatienten‹ beurteilt werden kann. Dem von Frau *Eckert* geäußerten freien Willen kann somit die rechtliche Wirksamkeit nicht abgesprochen werden. Mangels einer aus dem Arzt-Patienten-Verhältnis resultierenden, auf den Lebensschutz zielenden Garantenpflicht des Angeschuldigten kann daher das Unterlassen einer Behandlung nach Eintritt der Bewußtlosigkeit nicht als strafbare Tötung nach den §§ 216, 13 StGB angesehen werden.

Eine rechtliche *Verpflichtung zur Erfolgsabwendung* vom Eintritt der Bewußtlosigkeit an ergibt sich *auch nicht daraus,* daß Prof. *Hackethal* Frau *Eckert* das tödliche Gift überlassen und damit eine Gefahrenlage für das Leben der Patientin herbeigeführt hat (Garantenstellung aus Ingerenz). Das ›Unrecht‹ des Handelns verwirklichte sich hier bereits im Tun. Aus der Straflosigkeit von Anstiftung und Beihilfe zur Selbsttötung folgt rechtslogisch zwingend, daß die vom Gesetz gewollte Straflosigkeit der Beteiligung an der Selbsttötung unmöglich sogleich wieder als Strafbarkeit zufolge der in eben dieser Beteiligung liegenden Ingerenz in Erscheinen treten kann; so zutreffend *Engisch* (FESTSCHRIFT FÜR DREHER 1977, 309, 310 und FN 1 und 13), der außerdem zu Recht darauf hinweist, daß man andernfalls wieder nehmen würde, was man eben gegeben habe, nämlich die Straflosigkeit (vgl. auch *Jähnke* in LK Vor § 211 StGB RdNr. 24; *Schultz*, JuS 85, 270, 275; *Herzberg*, JA 1985; *Eser*, MedR 85, 9; ders. in *Schönke/Schröder*, Vorbem. §§ 211 ff. StGB RdNr. 43; *Roxin*, NStZ 84, 412; *Amelung/Weidemann*, JuS 84, 595, 600; *Stree*, JuS 85, 170, 184).

Daß Prof. *Hackethal* mit der Überlassung des Giftes an Dr. *Erlenwein* zur Weitergabe an Frau *Eckert möglicherweise gegen ärztliche, berufsrechtliche Pflichten verstoßen hat,* etwa die, das Leben seiner Patientin zu erhalten (§ 1 Abs. 2 S. 1 der *Berufsordnung* für die Ärzte Bayerns), ändert an der strafrechtlichen Beurteilung nichts, da die mit der Giftübergabe geschaffene Gefahrenlage sich weder dadurch erhöhte, daß es sich bei dem Angeschuldigten um einen Arzt handelte, noch dadurch, daß er möglicherweise gegen berufsrechtliche Vorschriften verstieß.

Im übrigen ist von entscheidender Bedeutung, daß der *Unrechtsgehalt* seines Handelns sich in der *(aktiven) Weitergabe des Gifts verwirklicht hat.* Die Folgen dieses Handelns für das Lebensrisiko des Suizidenten werden, wie die gesetzgeberische Entscheidung zeigt, die Beihilfe gegenüber dem freiverantwortlich handelnden Suizidenten straflos zu stellen, nicht dem Verantwortungsbereich des Helfers, sondern dem des Suizidenten zugeordnet. Angesichts dieser gesetzgeberischen Wertung wäre es *wertungswidersprüchlich*, dem Helfer wegen des im aktiven Tun zugleich enthaltenen Verstoßes gegen die Verpflichtung, etwas zu unterlassen, eine Lebensschutzverantwortung aufzubürden und ihn im Falle des Eintritts des Todes wegen eines Tötungsdeliktes zu verfolgen. Dies schließt es jedoch nicht aus, Handlungen des Gehilfen, die einen *zusätzlichen Unrechtsgehalt* aufweisen (z. B. Verstöße gegen das WaffG, BtMG, eine Berufsordnung), nach den entsprechenden Bestimmungen zu ahnden.

Zu Recht weist im übrigen *Eser* (JZ 86, 786, 789) darauf hin, daß *berufsrechtliche Pflichten* weiter reichen können als die sich aus dem Strafrecht ergebenden allgemeinen Pflichten, daß dem Arzt aus berufsethischen Gründen untersagt sein könne, was – wie derzeit die Beihilfe zur Selbsttötung – vom Strafrecht toleriert werde und damit in die moralische Verantwortung des einzelnen gestellt sei. Er fährt dann fort: ›Diese unterschiedlichen Wertungsebenen, die dem Mediziner ›als Mitmensch‹ erlauben, was ihm ›als Arzt‹ untersagt ist, aufzuheben, würde bedeuten, die Arztethik zur allgemeinen Richtschnur und das Strafrecht *zum Büttel einer sektoralen Berufsethik* zu machen. Damit würde – zum anderen – verkannt, daß das Recht – über Lebenserhaltung und Schmerzlinderung hinaus – auch noch von anderen oder ergänzenden Prinzipien geleitet sein kann, wie etwa von einer – im Vergleich zu der primär am ›Wohl‹ des Patienten orientierten Arztethik – höheren Respektierung des Patientenwillens.‹

Die aus dem Wertungszusammenhang abgeleitete Straflosigkeit der aktiven Förderung der freiverantwortlich verwirklichten Selbsttötung durch einen Arzt kann von der Rechtsordnung auch hingenommen werden, weil die berufsrechtlichen Sanktionsmöglichkeiten eine ausreichende Ahndung etwaiger darin liegender Verstöße gewährleisten.

c) Selbst wenn man mit der Strafkammer von einer *fortbestehenden Garantenpflicht* für die Zeit nach Eintritt der Bewußtlosigkeit ausgehen würde und annimmt, daß ein vorsätzliches Handeln in einer Hauptverhandlung nachgewiesen werden könnte, fehlt der hinreichende Tatverdacht hinsichtlich einer versuchten Tötung auf Verlangen, weil der Angeschuldigte Prof. *Hackethal* – wie die Strafkammer zutreffend ausführt – nicht rechtswidrig handelte, wenn er sich beim Leidenszustand und unter Berücksichtigung des *flehentlichen Bittens* von Frau *Eckert,* sie von ihren Leiden zu erlösen, dafür entschied, nichts mehr zu ihrer Rettung zu unternehmen, sondern ihr Selbstbestimmungsrecht zu respektieren.

Mit der Strafkammer ist auch der Senat an die *überzeugenden Ausführungen von Herzberg* in NJW 86, 1639 ff. der Auffassung, daß bei der Würdigung des Verhaltens des Angeschuldigten das Vorliegen von Rechtfertigungsgründen nach § 34 StGB zu prüfen und bei der Rechtsgüterabwägung darauf abzustellen ist, ob der Wert der Erlösung den der Erhaltung des qualvollen, vom Kranken selbst nicht mehr gewollten Lebens wesentlich überwiegt, was der Fall sein kann, wenn der Kranke selber sein Leben nur noch als quälende Last erleidet und es preisgeben will.

d) Der Senat stimmt der Strafkammer auch darin zu, daß *selbst dann,* wenn Prof. *Hackethal* kein Rechtfertigungsgrund zur

Seite stünde, er zumindest *nicht schuldhaft* gehandelt hätte, weil ihm eine Lebensrettung in Anbetracht der von ihm vorgefundenen außergewöhnlichen Situation nicht zuzumuten gewesen wäre. Die Strafkammer hat hier zur Begründung ausgeführt, daß Frau *Eckert* schon vor der Einnahme des Giftes jahrelang unter unerträglichen Schmerzen gelitten hatte und ihr Zustand beklagenswert war. Die Strafkammer fährt dann fort: ›Das war dem Angeschuldigten aufgrund der früheren Behandlungen bekannt. Er wußte auch, daß Frau *Eckert* unter keinen Umständen mehr in diesem Zustand weiterleben wollte und daß eine Heilung nicht zu erwarten war. Er mußte davon ausgehen, daß wegen der weit fortgeschrittenen, schon in das Gehirn vorgedrungenen Krebserkrankung der Rest des Lebens der Frau *Eckert* nur noch in schwersten Leiden bestanden hätte. Wenn er in dieser Grenzsituation den Widerstreit zwischen der Pflicht zum Schutz des Lebens einerseits und der Pflicht zur Achtung des Selbstbestimmungsrechts der schwerkranken Frau andererseits dadurch gelöst hat, daß er nichts mehr unternahm, um sie zum Leben zurückzuholen, so kann seine ärztliche Gewissensentscheidung schon aus diesem Grunde ›nicht von Rechts wegen als unvertretbar angesehen werden (BGH 32, 380/381)‹.

Dem schließt sich der Senat an.

e) Die Strafkammer hat zu Recht auch hinsichtlich der übrigen Mitangeschuldigten die Eröffnung des Hauptverfahrens wegen Beihilfe zur Tötung auf Verlangen abgelehnt.

Nach § 27 StGB kann als Gehilfe nur bestraft werden, wer vorsätzlich einem anderen zu dessen vorsätzlich begangener rechtswidriger Tat Hilfe leistet. Wie jedoch festgestellt, fehlt es am hinreichenden Verdacht für das Vorliegen einer vom Angeschuldigten Dr. *Hackethal* begangenen rechtswidrigen versuchten Tötung auf Verlangen, so daß eine Beihilfe der Mitangeschuldigten nicht in Betracht kommt. Im übrigen wäre ihr Verhalten wie bei Dr. *Hackethal* gerechtfertigt und entschuldigt.

3. Im Ergebnis zu Recht wurde auch der hinreichende Tatverdacht eines Vergehens der unterlassenen Hilfeleistung (§ 323 c BGB) verneint.

a) Die Strafkammer *bejaht* in Übereinstimmung mit der ständigen Rechtsprechung des Bundesgerichtshofs (vgl. BGHSt 6, 147; 13, 162, 169; 32, 375) *das Vorliegen eines Unglücksfalles* im Sinne dieser Vorschrift und nimmt an, daß die Angeschuldigten Prof. *Hackethal, von Kracht* und Dr. *Erlenwein* bereits zu dem

Zeitpunkt verpflichtet waren, das ihnen Mögliche und Zumutbare zur Verhinderung des Selbstmordes zu leisten, als sich das Gift in Reichweite der Suizidentin befand, da schon zu diesem Zeitpunkt für Frau *Eckert* eine konkrete Gefahrenlage entstanden war. Sie erachtet aber die Unterlassung von Rettungsversuchen nach § 34 StGB für gerechtfertigt, hilfsweise für entschuldigt, da das Untätigwerden auf einer von der Rechtsordnung hingenommenen Gewissensentscheidung beruhte.

b) Der Senat ist der Auffassung, daß der Tatbestand der unterlassenen Hilfeleistung entfällt, weil die Verhinderung des Suizids bei den gegebenen außergewöhnlichen Umständen *nicht mehr als erforderliche ›Hilfe‹* i. S. des § 323 c StGB *gewertet werden kann.*

Das Geschehen ist dadurch gekennzeichnet, daß die Suizidentin bis zuletzt freiverantwortlich gehandelt hat, sie schwerst und unheilbar erkrankt war, sie im nunmehr weit fortgeschrittenen Stadium der Krankheit unerträgliche Schmerzen auszuhalten hatte, erheblich unter ihrer Entstellung litt, sie selbst in der Nahrungsaufnahme zunehmend eingeschränkt war und sie mit ihrem Leben abgeschlossen hatte. Sämtliche Beteiligte waren mit dieser Situation vertraut, hatten keine Zweifel an der Ernstlichkeit der Sterbeabsicht und an der Freiheit des Willens von Frau *Eckert* und mußten solche auch nicht haben.

Bei dieser Sachlage hätte die Verhinderung der Selbsttötung die unannehmbare Folge gehabt, daß Frau *Eckert* statt der Beendigung die Verlängerung ihrer Leiden aufgezwungen worden wäre. Die vermeintliche Hilfe hätte lediglich zu einer inhumanen Quälerei geführt.

Ein hinreichender Tatverdacht hinsichtlich eines Vergehens der unterlassenen Hilfeleistung ist auch deshalb zu verneinen, weil der auf Verhinderung des Suizids gerichteten *›Hilfeleistung‹ der Wille der Suizidentin entgegenstand* und *dieser Wille ausnahmsweise zu beachten war.*

Daß die Hilfeleistungspflicht entfällt, wenn der Bedrohte sich weigert, Hilfe anzunehmen, wird für den Fall anerkannt, daß der Gefährdete über das bedrohte Rechtsgut verfügen kann (vgl. BGH JR 56, 348; *Geiger*, JZ 83, 153; *Cramer* in Schönke/Schröder § 323 c StGB RdNr. 26; *Rudolphi* in SK StGB § 323 c RdNr. 22; *Maurach-Schroeder*, STRAFRECHT, BESONDERER TEIL, Teilband 2, 6. Aufl., S. 37).

Aufgrund der vorliegenden extremen Ausnahmesituation *konnte Frau Eckert über ihr Leben verfügen.* Dieser Beurteilung steht die Rechtsprechung des Bundesgerichtshofs nicht entgegen.

Der Große Strafsenat des Bundesgerichtshofs bejaht zwar eine jedermann treffende Rettungspflicht, wenn durch einen Selbstmordversuch eine ernsthafte Gefahrenlage für den Selbstmörder entstanden ist. Dem entgegenstehenden Willen des Suizidenten mißt er keine Bedeutung bei, weil der Selbstmörder nicht befugt sei, aus eigenem Willensentschluß über sein Leben zu verfügen. Da das *Sittengesetz* jeden Selbstmord – von äußersten Ausnahmefällen vielleicht abgesehen – *streng mißbillige*, da niemand selbstherrlich über sein eigenes Leben verfügen und sich den Tod geben dürfe, könne das Recht nicht anerkennen, daß die Hilfepflicht des Dritten hinter dem sittlich mißbilligten Willen des Selbstmörders zu seinem eigenen Tode zurückzustehen habe (BGHSt 6, 153). Im Urteil vom 4.7.84 läßt der Bundesgerichtshof zwar offen, ob die vom Großen Senat gegebene Begründung für die Unbeachtlichkeit des Willens des Selbstmörders heute noch im vollen Umfang anerkannt werden könne, er hält jedoch am Ergebnis der Entscheidung fest (BGHSt 32, 375, 376). *Das Prinzip der Unverfügbarkeit des Lebens gilt nach Auffassung des Senats aber keineswegs absolut und ausnahmslos*, wie dies bereits in der Begründung des Urteils des Großen Senats des Bundesgerichtshofs anklingt und wie die Zulassung der tödlichen Notwehr, der Tötung bei Notstand und die Anerkennung des Selbstbestimmungsrechts des eine lebensrettende Behandlung ablehnenden Normalpatienten zeigt (vgl. hierzu *Eser*, JZ 86, 789; *Herzberg*, NJW 86, 1643; *Hoerster*, NJW 86, 1786, 1788) und die Anerkennung der Aufopferung des Lebens für andere zum Ausdruck bringt.

Nichts anderes als einen Eingriff in das Leben eines Dritten stellt auch die allseits als zulässige angesehene *indirekte Sterbehilfe* dar, bei der der Arzt im Einverständnis mit dem todkranken unter erheblichen Schmerzen leidenden Patienten in Kenntnis der lebensverkürzenden Wirkung schmerzlindernde Medikamente verabreicht und damit einen früheren Todeseintritt bewirkt.

Rechtfertigt man diese als Tötung auf Verlangen zu qualifizierende Handlung des Arztes aufgrund einer Güterabwägung nach § 34 StGB (vgl. *Schreiber*, NStZ 86, 337, 340 f.; *Otto*, Gutachten D für den 56. Deutschen Juristentag, S. 56, 57 m. w. N. in Fußnote 135; *Kutzer*, MDR 85, 714), *so führte es zu einem Wertungswiderspruch*, wenn man bei Vorliegen der Voraussetzungen des rechtfertigenden Notstandes zwar die Verfügung über fremdes, nicht aber die über das eigene Leben als gerechtfertigt ansehen würde. Kann in dieser Situation von Rechts wegen über fremdes Leben verfügt werden, dann muß bei vergleichbarer Lage auch eine Verfügung über das eigene Leben zulässig sein.

Wägt man in entsprechender Anwendung der Bestimmung über den rechtfertigenden Notstand (§ 34 StGB) die widerstreitenden Interessen hier gegeneinander ab, so zeigt sich, daß – wie bereits ausgeführt – durch die Selbsttötung zwar der Wert ihres Lebens geopfert wurde, dieser aber ausnahmsweise wesentlich weniger als der Wert der Erlösung wog, weil die Todkranke ihr Leben nur noch als quälende Last erlitt (vgl. *Herzberg*, NJW 86, 1639). Die Verfügung über ihr Leben war damit auch bei Annahme seiner grundsätzlichen Unverfügbarkeit ausnahmsweise gerechtfertigt. Konnte sie aber von Rechts wegen über ihr Leben verfügen, dann war ihr Wille nicht unbeachtlich. Einer irgendwie gearteten ›Hilfeleistung‹ in Form einer Zwangsbehandlung stand – wie bei einem Normalpatienten – ihr Selbstbestimmungsrecht entgegen.

Eine abweichende rechtliche Beurteilung vermögen auch nicht die von der Rechtsprechung und Lehre herangezogenen Argumente zu rechtfertigen, mit denen eine Pflicht zur Hilfeleistung aufgrund einer durch einen Selbstmordversuch verursachten Gefahrenlage begründet wird.

Soweit der Bundesgerichtshof sich bei seiner Argumentation auf die empirischen Schwierigkeiten beruft, rechtzeitig und zuverlässig festzustellen, ob im konkreten Einzelfall der Selbstmörder aufgrund eines freiverantwortlich gefaßten oder eines auf Willensmängeln beruhenden Tatentschlusses handelt oder gehandelt hat (BGHSt 32, 376), ist diese im Normalfall auftretende Schwierigkeit hier ohne Belang, da feststeht, daß Frau *Eckert* freiverantwortlich das Gift einnahm und auch die Beteiligten hiervon Kenntnis hatten.

Daß nach den Erkenntnissen der neueren Suizidforschung häufig ein ursprünglich durchaus ernsthafter Selbsttötungswille nach Beendigung des Suizidversuchs ›verfällt‹ (vgl. BGHSt 32, 376), mag zutreffen; ernsthafte Anhaltspunkte für einen Verfall des Todeswunsches haben sich bei Frau *Eckert* jedoch nicht ergeben und waren bei der besonderen Situation auch nicht zu erwarten. Im übrigen kann, worauf *Eser* (MedR 1985, 14) zu Recht hinweist, selbst eine noch so hohe Häufigkeit von pathologischem Sterbewillen kein hinreichender Grund dafür sein, einem Suizidenten die Respektierung seines Willens *auch dann zu verweigern, wenn dessen Freiverantwortlichkeit nach menschlichem Ermessen außer Zweifel steht.* Kutzer (MDR 85, 713) weist des weiteren darauf hin, daß das Recht hinsichtlich der Beachtlichkeit des Todeswunsches des Suizidenten jedenfalls im Grundsatz nicht zwischen einem jungen gesunden und einem alten leidenden Menschen, sofern beide im juristischen Sinne entscheidungsfähig seien, unterscheiden könne. Die generelle Hilfspflicht bei Selbstmordversuchen könne also *nicht davon abhängig gemacht werden, ob das Opfer, dessen Rettung noch möglich ist, ein Mensch ›in den besten Jahren‹, der aus objektiv nichtigem oder unverhältnismäßigem Anlaß – etwa aus Verzweiflung über eine zerbrochene Partnerschaft oder aus verletzter Ehre – den Tod gesucht habe oder ein gebrechlicher, ohnehin am Ende seines Lebens stehender Mensch sei, dessen Pflege der Gesellschaft nur noch Mühe und Kosten verursache.* Dem ist zuzustimmen. Dies schließt jedoch *nicht aus,* daß in Ausnahmefällen – wie hier – eine abweichende Beurteilung von Rechts wegen geboten ist.

Bei *Kutzer* findet sich als weiteres Argument (MDR 85, 714), daß der Wegfall einer strafbewehrten Hilfspflicht in Selbstmordfällen fatale Wirkungen hätte. Viele alte Menschen, die unter schwierigen Bedingungen in Heimen oder zu Hause gepflegt werden, könnten sich einem *Erwartungsdruck ihrer Umwelt* ausgesetzt sehen, der, sei es mittelbar oder unmittelbar, ausgesprochen oder unausgesprochen, von dem Pflegepersonal, dem Heimträger oder den die Pflege leistenden oder sie bezahlenden Verwandten ausgehen könne. Den Gebrechlichen könnte – wenn auch diskret und zurückhaltend – die Auffassung vermittelt werden, daß ihr weiteres Leben sinnlos geworden sei und nur noch unverhältnismäßigen Aufwand verursache, den sie durch den sog. Erlösungstod im Interesse der jüngeren Generation vermeiden könnten. Dieses *ernstzunehmende Argument* wäre aber *nur dann von Bedeutung,* wenn die Freiverantwortlichkeit des Willens des Suizidenten bereits hinreichende Bedingung für den Wegfall der Hilfspflicht des Dritten wäre, was aber nicht der Fall ist. Die Freiverantwortlichkeit ist nur eine notwendige, allein jedoch nicht genügende Bedingung für das Entfallen der Hilfspflicht. Hinzukommen muß, daß – wie hier – der Suizident, für die Beteiligten klar erkennbar, so hoffnungslos leidet, daß seine Verfügung über das eigene Leben in entsprechender Anwendung der Grundsätze des rechtfertigenden Notstands (§ 34 StGB) als gerechtfertigt anzusehen ist, die vorzunehmende Abwägung also ergibt, daß der Wert des geopferten Lebens wesentlich weniger wiegt als der der Erlösung von seinen Qualen. Dies bietet ausreichende Gewähr dafür, daß die genannten fatalen Wirkungen nicht zu befürchten sind.

Hinsichtlich des Angeschuldigten *Atrott*, der lediglich das Gift beschafft hat, scheidet unterlassene Hilfeleistung bereits deshalb aus, weil er zum Zeitpunkt der Überlassung des Giftes an Frau *Eckert* nicht anwesend war.

Im übrigen wäre die Hilfeleistung den Angeschuldigten nicht zuzumuten und ihr Untätigbleiben auch nach § 34 StGB gerechtfertigt gewesen.

4. Die Kostenentscheidung für beide Instanzen beruht auf den §§ 464, 467 Abs. 1, 473 Abs. 1 und Abs. 2 S. 1 StPO.

Dr. Metzger	Kley	Dr. Pongratz
Vorsitzender Richter	Richter am Oberlandesgericht«	

5.4 MITLEIDSTÖTUNGSANTRÄGE FÜR *DANIELA* AN BUNDESVERFASSUNGSGERICHT, STAATSANWALTSCHAFT UND POLIZEI SOWIE IHR ERGEBNIS

Ende März 1987 hatte *Daniela* das Tonband mit ihrem Hilferuf geschickt. Bis Ende Mai versuchte ich, sie *zum Weiterlebenwollen zu drängen*. Ich bot ihr eine kostenlose Behandlung an. Einerseits wollte ich ein Programm zur Bekämpfung der Schmerzen, notfalls mit Operation durchführen. Andererseits sollte versucht werden, mit Hilfe elektronisch gesteuerter Sprech-, Seh- und Hörgeräte ein zufriedenes »Leben ohne Körper«, nur mit Geist und Seele – besser gesagt: aber ja doch mit Geist und Seele – zu erreichen.

Daniela schien einverstanden. Also organisierte ich alles. Auch die Krankenkasse hatte die Übernahme der Transportkosten schließlich zugesagt. Bei uns sollte – wie gesagt – alles kostenlos sein.

Dann *lehnte Daniela* ab, und zwar so *bestimmt und endgültig*, daß jeder weitere Versuch, sie umzustimmen, *sinnlos* war. Ich versprach die Erlösungstodhilfe. Dies geschah aber *nur unter der Bedingung, daß ich rechtlich abgesichert sei*, weil ich anderenfalls den sofortigen Entzug meiner Arztzulassung befürchten mußte. *Daniela* wußte, daß das längere Zeit dauern könne. Das wolle sie hinnehmen, wenn sie auf einen qualfreien Tod hoffen dürfe, erklärte sie.

Ich fragte meinen Rechtsanwalt um Rat. Er riet, die zuständige *Staatsanwaltschaft* schriftlich von der geplanten Mitleidstötung *in Kenntnis zu setzen*. Dann müsse die sich äußern.

Am 29.5.1987 schrieb Rechtsanwalt Prof. Dr. *Karl Egbert Wenzel* folgenden Brief an die Staatsanwaltschaft beim

Landgericht Karlsruhe. Darin mußte der richtige Name von *Daniela* angegeben werden, der inzwischen allgemein so bekannt wurde, daß ich ihn nicht mehr verbergen muß.

»Sehr geehrte Damen und Herren,
namens und in Vollmacht von Professor Dr. *Hackethal* teile ich folgendes mit (schriftliche Vollmacht wird nachgereicht):
Professor *Hackethal* behandelt Frau *Dinah Friedmann,* Fritz-Erler-Straße 14, 7500 Karlsruhe, Telefon 0721/37 58 64. Frau *Friedmann* (27) hat im April 1983 als Beifahrerin einen Autounfall erlitten und sich dabei den fünften und sechsten Halswirbel gebrochen. Seither ist sie querschnittsgelähmt. Bis auf Kopf und Mund ist sie bewegungsunfähig. Sie leidet unter ständigen qualvollen Schmerzen. Wegen dieses medizinisch nicht zu ändernden Zustandes hat sie bei völlig klarem Bewußtsein nur noch einen Wunsch, nämlich so schnell wie möglich aus dem Leben zu scheiden.
Frau *Friedmann* kennt den Tatbestand des § 216 StGB. Deswegen weiß sie, daß sie von keinem Arzt eine Tötungshandlung verlangen kann. Ein Arzt kann nur Hilfestellung leisten. Deswegen möchte sie an einen Tropf gehängt werden, in dessen einer Kammer sich Traubenzuckersaft befindet, in der anderen eine tödlichwirkende Narkoselösung. Da sie wegen ihrer Bewegungsunfähigkeit eine andere Möglichkeit nicht hat, will sie den Hebel mit der Zunge selbst auf die Narkoselösung umstellen.
Aus Barmherzigkeit wäre Professor *Hackethal* bereit, seiner Patientin diesen letzten Dienst zu erweisen. Er sieht sich aber der Gefahr einer erneuten strafrechtlichen Verfolgung ausgesetzt, die eventuell dazu benutzt werden könnte, ihm die Approbation zu entziehen. Das wäre für Professor *Hackethal* selbst dann unerträglich, wenn sich im nachhinein, eventuell erst nach Jahren herausstellen würde, daß die dargestellte Sterbehilfe nicht nur zulässig, sondern notwendig ist. Um dieses rechtliche Risiko zu vermindern, wollte Professor *Hackethal* die Einladung zu einem Vortrag anläßlich des Gesundheitstages 1987 in Kassel dazu nutzen, den Fall in anonymisierter Weise vorzutragen und die anwesenden Ärzte um ihre Meinung bitten. Eine Abschrift des vorbereiteten Redemanuskriptes, aus dem sich alles weitere ergibt, füge ich bei. Der für den 28.5.1987 vorgesehene Vortrag ist dann

aber seitens der Veranstalter abgesagt worden, weil kein Redner gefunden worden sei, der eine Gegenposition vertritt.

Nachdem die Chance der Befragung einer Vielzahl von Ärzten sich nicht hat realisieren lassen, hat Professor *Hackethal* sich an mich gewandt, weil ich ihn in einer zivilrechtlichen Auseinandersetzung vertrete. Seine Frage war, ob eine Möglichkeit bestehe, das Bundesverfassungsgericht im Eilwege mit der Problematik des § 216 StGB zu befassen.

Ich habe ihm sagen müssen, daß Grundvoraussetzung für die Möglichkeit der Anrufung des Bundesverfassungsgerichtes eine beeinträchtigende hoheitliche Maßnahme ist, die sich anfechten läßt. Deswegen habe ich ihm vorgeschlagen, die Staatsanwaltschaft und eventuell die Polizei von den Erwägungen zu unterrichten und abzuwarten, ob eine anfechtbare hoheitliche Maßnahme getroffen wird.

Professor *Hackethal* hat daraufhin telefonisch mit Frau *Friedmann* gesprochen. Sie ist damit einverstanden, daß in der erwähnten Weise verfahren wird und auch damit, daß ihr Name und ihre Anschrift gegenüber Staatsanwaltschaft und Polizei genannt werden. Sie bittet nur darum, ihre Identität gegenüber der Öffentlichkeit geheimzuhalten, um zu vermeiden, daß eventuell die Presse auf den Vorgang aufmerksam wird und ihre Angehörigen dann u. U. einem Ansturm von Journalisten ausgesetzt sind. Anschließend habe ich mich auch selbst mit Frau *Friedmann* telefonisch in Verbindung gesetzt. Sie hat, wie ich anwaltlich versichere, ihr Einverständnis auch mir gegenüber bestätigt.

Nach meiner Überzeugung ist die geplante Sterbehilfe jedenfalls dann rechtlich unangreifbar, wenn § 216 StGB unter Berücksichtigung des dem unheilbar Kranken nach Art. 1 und 2 GG zustehenden Grundrechtsschutzes verfassungskonform interpretiert wird. Sollten Sie hierzu anderer Auffassung sein, bitte ich, eventuell *unter Einschaltung der Polizei, eine* vorbeugende Maßnahme zu treffen, gegen die ein Rechtsmittel möglich ist. Ich würde mich dann um raschestmögliche gerichtliche bzw. verfassungsgerichtliche Klärung bemühen. Wegen der Einzelheiten werde ich mich auch noch telefonisch mit Ihnen in Verbindung setzen.

Mit vorzüglicher Hochachtung
Prof. Dr. *Wenzel*
– Rechtsanwalt –«

Die *Staatsanwaltschaft* erklärte sich *für nicht zuständig*. Ihr gesetzlicher Auftrag sei nicht Straf*vorsorge,* sondern Bestrafungsaktion *hinterher.* Erst wenn das Kind in den Brunnen gefallen ist, dürfe sie nach dem Schuldigen suchen. Diese Antwort gab sie nicht wörtlich, aber sinngeäß.

Wie von uns beantragt, schickte die Staatsanwaltschaft den *Straftatvorsorgebrief* mangels Zuständigkeit an die *zuständige Polizeibehörde* weiter, an den Oberbürgermeister der Stadt Karlsruhe.

Bei der fragte dann Rechtsanwalt *Wenzel* telefonisch nach, was man denn zu tun gedenke. »*Gar nichts*«, war die überraschende Antwort. Denn gegen die geplante Erlösungstodhilfe sei ja *aus menschlicher Sicht* nichts einzuwenden!

Also traf ich alle Vorbereitungen für die »Operation Erlösungstodhilfe *Daniela*« am 10.6.1987. Sie sollte nachmittags stattfinden, im Anschluß an einen Gerichtstermin in Stuttgart vormittags. Von Stuttgart bis Karlsruhe ist es ja nicht weit.

Doch es kam anders. Während einer Pressekonferenz nach dem Gerichtstermin in Stuttgart kam ein *Telefax* des Oberbürgermeisters von Karlsruhe: *Inhalt:* Erlösungstodhilfe polizeilich verboten, *10 000 Mark Geldstrafe* bei Zuwiderhandlung!

Nun hatte ich zwar keine Erlaubnis zur Erlösungstodhilfe, aber immerhin eine *Möglichkeit zur Klage* auf Rücknahme der Polizeiverfügung.

Am 2.7.1987 legte mein Rechtsanwalt für *Daniela* und mich bei der Stadt Karlsruhe *Widerspruch* dagegen ein, daß es mir untersagt wurde, *Daniela* »Sterbehilfe dergestalt zu leisten, daß er« – gemeint bin ich – »Vorrichtungen schafft, die es der Antragstellerin« – also *Daniela* – »ermöglichen, ihren Tod herbeizuführen«.

Mein Widerspruch wurde vom Oberbürgermeister zurückgewiesen, der Weg zur Klage beim Verwaltungsgericht war frei. Sie wurde sofort erhoben. Es dauerte *fünf Monate* bis zum Urteil, obwohl das Gericht über die schwere Krankheitsfolterung von *Daniela* informiert war!

Am 11.12.1987 wies das Verwaltungsgericht meine Klage ab. Auf die Wiedergabe der 18 Seiten langen Begründung kann ich hier verzichten, weil *Rolf D. Herzberg* in seiner Stellungnahme (s. Kapitel 5.6) darauf ausführlich eingegangen ist.

Gleichzeitig mit der Klage beim Verwaltungsgericht erhob Prof. *Wenzel* für *Daniela* und mich eine *Verfassungsbeschwerde* gegen die Polizeiverfügung *beim Bundesverfassungsgericht.* Diese Möglichkeit, in Eilfällen das Bundesverfassungsgericht direkt anzurufen, ist ja im Grundgesetz verankert.

Es dauerte *nur 20 Tage* vom Eingang der Verfassungsbeschwerde bis zum Urteil des allerhöchsten Gerichtes am 23.7.1987! Das Urteil war enttäuschend. Die Verfassungsbeschwerde wurde für »unzulässig« erklärt. Lesen Sie bitte selbst, mit welcher Begründung:

»Die Verfassungsbeschwerde ist unzulässig.
1. *§ 90 Abs. 2 Satz 1 BVerfGG bestimmt,* daß eine Verfassungsbeschwerde *erst erhoben werden kann,* nachdem der Beschwerdeführer den *Rechtsweg erschöpft hat.* Dem liegen folgende Erwägungen zugrunde: Nach Möglichkeit soll der von dem Beschwerdeführer geltend gemachte Grundrechtsbeschwer schon durch die Gerichte des zuständigen Gerichtszweiges abgeholfen werden; außerdem soll dem Bundesverfassungsgericht *vor seiner Entscheidung* Gelegenheit gegeben werden, die Fallanschauung und die Rechtsauffassung der Gerichte, insbesondere des jeweiligen obersten Bundesgerichts *kennenzulernen* (vgl. BVerfGE 68, 376 [380] m. w. N.) Das Bundesverfassungsgericht *kann* allerdings gemäß § 90 Abs. 2 Satz 2 BVerfGG über eine vor Erschöpfung des Rechtswegs eingelegte Verfassungsbeschwerde *sofort entscheiden,* wenn sie *von allgemeiner Bedeutung ist* oder wenn dem Beschwerdeführer ein schwerer und unabwendbarer Nachteil entstünde, falls er zunächst auf den Rechtsweg verwiesen würde. *Diese Voraussetzungen sind nicht gegeben.*

Der beschwerdeführende Arzt hat nicht vorgetragen, worin für *ihn* der schwere und unabwendbare Nachteil liegen soll, wenn er auf den Rechtsweg verwiesen wird. Er beruft sich vielmehr auf die Beschwerdeführerin, die sofortiger Hilfe bedürfe.

Nach seiner Ansicht ist die Rechtswegerschöpfung ferner deshalb *nicht zu verlangen,* weil die Problematik der aktiven Sterbehilfe im Hinblick auf § 216 StGB und die Rechtsprechung des Bundesgerichtshof *von allgemeiner Bedeutung sei.*

Es kann dahingestellt bleiben, ob dem zu folgen ist; denn jedenfalls ist die ›allgemeine Bedeutung‹ auftretender Fragen im Sinne des § 90 Abs. 2 Satz 2 BVerfGG stets nur *ein* Moment der Abwägung für und wider die sofortige Sachentscheidung des Bundesverfassungsgerichts (vgl. BVerfGE 71, 305 [349] m. w. N.). Das Bundesverfassungsgericht ist auch beim Vorliegen einer der Voraussetzungen des § 90 Abs. 2 Satz 2 BVerfGG *nicht verpflichtet,* vor Erschöpfung des Rechtsweges zu entscheiden. Es kann vielmehr auch andere, für oder gegen eine vorzeitige Entscheidung sprechende Umstände pflichtgemäß gegeneinander abwägen (vgl. BVerfGE 8, 222 [226 f.]). Dabei ist hier von folgendem auszugehen: Die Verfassungsbeschwerde richtet sich *gegen eine Polizeiverfügung,* die das beabsichtigte Vorgehen des Beschwerdeführers als Störung der öffentlichen Ordnung ansieht. Es geht demnach um die Anwendung von Polizeirecht und *nicht* um die strafrechtliche Beurteilung von Tatbeständen. Entsprechend wird in der Begründung des Verwaltungsakts ausdrücklich betont, daß die *Frage nach der Strafbarkeit dahingestellt bleibe.* Wie sich aus der Begründung der Verfassungsbeschwerde ergibt, will der Beschwerdeführer im Ergebnis auch nicht eine verfassungsrechtliche Beurteilung der polizeilichen Maßnahme und der dieser zugrunde liegenden Vorschriften erreichen; er möchte vielmehr das Bundesverfassungsgericht veranlassen, ein *Gutachten* zur Frage der Auslegung und Anwendung des § 216 StGB zu erstellen. Zudem will der Beschwerdeführer eine Korrektur der Entscheidung des Bundesgerichtshofs vom 10.3.1954 (BGHSt 6, 147) erreichen. Damit *will der Beschwerdeführer* durch das Bundesverfassungsgericht unter Ausschaltung der Strafgerichte ›*freigesprochen*‹ *werden,* bevor er überhaupt die beabsichtigte Sterbehilfe geleistet hat. Zu dieser will er sich erst entschließen, wenn die Rechtsfragen zu § 216 StGB in seinem Sinne entschieden worden sind. *Deren Vorabklärung ist aber nicht Aufgabe des Bundesverfassungsgerichts* (vgl. BVerfGE 29, 304 [310]).

2. Die Beschwerdeführerin ist nicht Adressatin der angegriffenen Polizeiverfügung. Sie könnte daher nur ausnahmsweise und nur dann zur Erhebung der Verfassungsbeschwerde legitimiert sein, wenn sie durch die Polizeiverfügung in eigenen Rechten betroffen wäre. Dies wäre aber nur dann der Fall, wenn die Beschwerdeführerin einen verfassungsrechtlich verbürgten Anspruch auf aktive Sterbehilfe durch Dritte hätte und wenn ferner die Überprüfung der Polizeiverfügung zur Klärung dieser Problematik geeignet wäre. Die zuletzt genannte Voraussetzung liegt – wie dargelegt – nicht vor, so daß es nicht geboten ist, von der Möglichkeit einer Vorabentscheidung Gebrauch zu machen.

Dr. *Herzog*   Dr. *Simon*   Dr. *Katzenstein*
Dr. *Niemeyer*   Dr. *Heußner*   Dr. *Henschel*
                 Dr. *Grimm*«

Man beachte:

1. Der Krankheitsfolterung von *Daniela* und ihrem eventuellen Recht auf Mitleidstötung werden *keine »allgemeine Bedeutung«* zugemessen, so daß eine Sofortentscheidung rechtlich nicht möglich sei. *Meine Meinung:* Die Allgemeinbedeutung ist *riesig!*

2. Das BVG sieht sich »*nicht verpflichtet*«, vor Erschöpfung des Rechtsweges zu entscheiden«. *Meine Kritik:* Berechtigt aber anscheinend doch? Warum wurde dieses Recht zu einer Mitleidsrechtsprechung nicht genutzt? Immerhin bedeutete »Erschöpfung des Rechtsweges« wohl mindestens *fünf Jahre Folterungsverlängerung* für *Daniela.*

3. Das BVG unterstellt: »Damit will der Beschwerdeführer durch das Bundesverfassungsgericht unter Ausschaltung der Strafgerichte ›*freigesprochen*‹ werden, bevor er überhaupt die beabsichtigte Sterbehilfe geleistet hat.« *Meine Antwort:* NEIN, falsch! Ich wollte wissen, ob die Polizeiverfügung *zur Folterungsverlängerung* aus Höchstrichtersicht *rechtens* ist. Es war kein Wunsch nach einem *Blankofreispruch,* sondern die Bitte eines rechtsbraven Staatsbürgers um eine Entscheidungshilfe für eine *ärztli-*

che Mitleidstat. Vorsorge soll es nur für Krankheiten geben, nicht für Verbrechen?

4. *Daniela* ist laut BVG-Urteil »nicht Adressatin der angegriffenen Polizeiverfügung« und »durch eine Polizeiverfügung in eigenen Rechten« *nicht* »betroffen«, weil sie »einen verfassungsrechtlichen verbürgten Anspruch auf aktive Sterbehilfe durch Dritte« *nicht* habe. *Meine Fragen:* Wieweit darf das Rechtslabyrinthisch getrieben werden? War im Grunde nicht *nur Daniela* das Opfer der Polizeiverfügung, nicht aber ich? Gibt es nicht die Art. 1 und 2 des Grundgesetzes, die eine *Folterung* indirekt verbieten? War die Polizeiverfügung nicht *Nötigung zu unterlassener Hilfeleistung* bei *Daniela,* die vom Hals an abwärts gelähmt war?

5.5 BERUFUNGSSCHRIFT GEGEN URTEIL DES VG KARLSRUHE VOM 29.12.1987

Gegen das Urteil des Verwaltungsgerichts Karlsruhe legte mein Rechtsanwalt Prof. Dr. *Karl Egbert Wenzel* am 29.12.1987 Berufung beim Verwaltungsgericht Baden-Württemberg ein. Seine Begründung dürfte von allgemeinem Interesse sein. Deshalb folgt sie hier ausführlich:

»Gegenstand des Verfahrens ist der Fall *Daniela*. Er ist im Vorverfahren ausführlich dargestellt worden. Es ging darum, einer seit April 1983 infolge eines verkehrsunfallbedingten Halswirbelbruches irreversibel total gelähmten, unabänderbar an ständigen, fürchterlichen Schmerzen leidenden Frau das von ihr sehnlichst erwünschte humane Sterben zu ermöglichen.

Die Beklagte hat dem Kläger die Beihilfe zur Selbsttötung aufgrund diesseitiger Selbstanzeige unter Androhung eines Ordnungsgeldes untersagt. Diese zunächst erwünschte Verbotsverfügung hat es ermöglicht, das Bundesverfassungsgericht anzurufen. Der Erste Senat hat binnen drei Wochen einen Senatsbeschluß erlassen. Damit hat er zwar der Verfassungsbeschwerde nicht entsprochen, weil dem formelle Gründe entgegenstünden. Immerhin hat das BVerfG aber die Frage nach einem grundrechtlich gesicherten Anspruch aufgeworfen, Sterbehilfe durch Dritte zu erhalten.

Nach dieser Entscheidung des BVerfG war der Zweck der Verbotsverfügung erfüllt. Es wäre zu erwarten gewesen, daß schon das Regierungspräsidium, jedenfalls aber das Verwaltungsgericht sie aufhebt. Mit einem der Klage stattgebenden Urteil des VG Karlsruhe war um so mehr zu rechnen, als der Vertreter des öffentlichen Interesses sich nachdrücklich dafür eingesetzt hat, der ursprünglichen Klägerin dieses Verfahrens den von ihr erwünschten humanen Tod nicht zu verwehren.

Unverständlicherweise hat das VG Karlsruhe sich nicht dazu entschließen können, im Sinne des Menschen und der Menschlichkeit zu entscheiden. Es glaubt irrig, die Rechtsordnung der

Bundesrepublik sei so inhuman, daß sie es ermögliche, einen humanen Tod mit polizeilichem Zwang zu unterbinden. Dazu weiß es nichts anderes anzuführen, als sogar in einem Fall wie dem vorliegenden werde die ›öffentliche Sicherheit‹ gestört, wenn ein gesundheitlich zerschlagener Mensch seinem unerträglichen Leiden innerhalb seiner eigenen Wohnung ein Ende setzt. Diese ›Störung‹ zu verhindern, sei ›im öffentlichen Interesse geboten‹ (Urteil Seite 11). Die Polizei sei gewillt, eine ›aktive Sterbehilfe‹ zu unterbinden (Urteil Seite 18).

Die Unzulänglichkeit dieses Subsumptionsversuches hat das VG Karlsruhe offenbar auch selbst erkannt. Anders läßt es sich nicht erklären, daß es bemerkt, sein Urteil werde ›dem Schicksal der Klägerin schwerlich gerecht‹ (Urteil Seite 18). Wenn ein erkennendes Gericht sein eigenes Urteil als dem Schicksal des Betroffenen nicht gerecht werdend betrachtet, hat es auch eigener Einschätzung nach falsch geurteilt. Die Verfehltheit des am 21.12.1987 zugestellten Urteils wird eindrucksvoll auch durch das belegt, was sich im Anschluß ereignet hat.

Wie das inzwischen durch Pressemeldungen und die Nachrichtensendungen der ARD und des ZDF vom 28.12.1987 bekannt geworden ist, hat die Klägerin zwei Tage nach der Zustellung des unglücklichen Urteils Zyankali genommen, woran sie gestorben ist – ohne Beihilfe oder sonstige Mitwirkung des Klägers. Nachdem der Kläger die ursprüngliche Klägerin zu 1 im unmittelbaren Anschluß an die Urteilszustellung von der unbegreiflichen Erkenntnis unterrichtet hatte, hat *Daniela* anscheinend die Hoffnung aufgegeben, der Kläger werde ihr innerhalb eines für sie noch tragbaren Zeitraumes helfen. So hat *Daniela* sich, soweit bislang bekannt, an die Deutsche Gesellschaft für Humanes Sterben (DGHS) in Augsburg gewandt, deren Mitglied sie im November 1987 geworden sein soll. Daraufhin hat ihr eine Mitarbeiterin oder Beauftragte der DGHS am 23.12.1987 Zyankali zur Verfügung gestellt.

Dieser Vorgang belegt zunächst einmal die Verfehltheit der Ansicht des VG Karlsruhe, eine solche Selbsttötung bedeute eine ›Störung der öffentlichen Sicherheit‹. Die Selbsttötung der Klägerin hat die öffentliche Sicherheit ebensowenig gestört wie vorangegangene Selbsttötungen in Fällen ähnlicher Art. Die Behauptung, eine solche Selbsttötung bedeute eine ›Störung der öffentlichen Sicherheit‹, kann auch wirklich nur aufstellen, wer, weil ihm sonst überhaupt nichts mehr einfällt, nur irgend etwas daherredet. Wie die zitierte Schlußbemerkung des VG Karlsruhe zeigt, glaubt es ersichtlich auch selbst nicht daran, seine Erkenntnis diene dem Ziel, das der Rechtsprechung gesetzt ist, nämlich den Interessen der Parteien gerecht zu werden.

Sich damit zu beruhigen, das Urteil habe keinen Schaden angerichtet, nachdem *Daniela* inzwischen anderweitig Sterbehilfe erhalten hat, ist bedauerlicherweise nicht möglich. Entsprechend den bisherigen Pressemeldungen hat die Vertreterin der DGHS *Daniela* Zyankali zur Verfügung gestellt. Es ist richtig, daß der Kläger aufgrund der Empfehlung des Präsidenten der DGHS, des Herrn *Atrott*, im Falle *Hermy E.* auch seinerseits Zyankali bereitgestellt hat. Während die unheilbar an Krebs erkrankte, bereits völlig entstellte und schwer leidende *Hermy E.* das von Herrn *Atrott* gelieferte Zyankali eingenommen hat, war der Kläger nicht anwesend. Anwesend waren die Ziehtochter von *Hermy E.* und deren Lebensgefährte. Die Ziehtochter hat gegenüber dem Kläger behauptet, *Hermy E.* sei bereits nach einer Minute bewußtlos und nach weiteren zwei Minuten tot gewesen. Inzwischen hat sich herausgestellt, daß diese Darstellung der Ziehtochter nicht der Wahrheit entsprochen hat.

Im Herbst 1986 hatte der Kläger Gelegenheit, die über tausend Seiten umfassende Ermittlungsakte zu lesen, die im Anschluß an den Tod von *Hermy E.* entstanden ist. Dabei ist der Kläger auf das Protokoll der Vernehmung der Ziehtochter gestoßen. Dadurch ist ihm zu seiner größten Überraschung und zu seinem Entsetzen bekannt geworden, daß *Hermy E.* keineswegs bereits nach drei, sondern erst nach 15 Minuten tot gewesen ist. Anschließendes Befragen der Tochter hat ergeben, daß *Hermy E.* in Wirklichkeit einen über Minuten andauernden Erstickungstod erlitten hat, der qualvoll gewesen sein muß. Die Einzelheiten hat der Kläger in dem Aktenvermerk festgehalten, der beigefügt ist – als Anlage K II 1 –.

Die Erkenntnis, daß Zyankali entgegen den Behauptungen *Atrotts* kein gutes, sondern ganz im Gegenteil ein schlechtes Sterbemittel ist und man von seiner Verwendung dringendst abraten muß, hat der Kläger häufig genug mitgeteilt. Dementsprechend hat der Kläger auch für *Daniela* eine wesentlich andere, bessere Sterbehilfe entwickelt. Man hat ihm aber die Hilfeleistung durch polizeilichen Zwang verwehrt. So ist *Atrott* tätig geworden, der die gewonnenen Erkenntnisse in den Wind geschlagen hat. Es muß davon ausgegangen werden, daß auch *Daniela* einen qualvollen Tod hat erleiden müssen. Das ist das unmenschliche praktische Resultat der Fehlentscheidung des Verwaltungsgerichts Karlsruhe.

Zur rechtlichen Seite ist im Rahmen der Verfassungsbeschwerde und der Vorinstanzen ausführlich Stellung genommen worden. Darauf wird Bezug genommen. Eine Ergänzung bleibt vorbehalten, und zwar insbesondere für den Fall, daß die Beklagte sich der Mühe unterziehen sollte, etwas vorzubringen, worüber man wenigstens diskutieren kann.

Im Augenblick sei zusätzlich nur erwähnt, daß die strafrechtlichen Erwägungen des Verwaltungsgerichts Karlsruhe nicht weniger unzutreffend sind als seine polizeirechtlichen. Dazu ist an den vom Verwaltungsgericht Karlsruhe offenbar übersehenen Beschluß des OLG München vom 31.7.1987 betreffend die Nichtzulassung der Anklage gegen den Kläger und andere im Falle *Hermy E.* zu erinnern. In diesem Beschluß stellt der 1. Strafsenat des OLG München zutreffend fest, daß sich in dem in den wesentlichen Punkten gleichgelagerten Fall *Hermy E.* weder der Kläger noch andere strafbar gemacht haben. Das VG Karlsruhe schiebt diese Entscheidung auf Seite 14 seines Urteils zu Unrecht mit der Begründung beiseite, auch wenn eine Sterbehilfe der geplanten Art nach dieser Entscheidung nicht strafbar ist, werde die ›öffentliche Sicherheit‹ dennoch ›gefährdet‹. Das erstinstanzliche Gericht führt erst gar nicht an, inwiefern das der Fall sein könnte.

Verwiesen sei auch auf ein Urteil der 3. Großen Strafkammer des Landgerichts Ravensburg vom 3.12.1986. Es betrifft zwar einen anders gelagerten Sterbehilfefall. Im Gegensatz zum angefochtenen Urteil gibt diese Entscheidung aber die menschliche Auffassung wieder, die längst herrschend geworden ist. Die Entscheidung wird vorgelegt als – Anlage K II 2 –.

Schließlich sei erwähnt, daß sich mittlerweile auch der Bundesgerichtshof von der Entscheidung getrennt hat, an die das VG Karlsruhe sich klammert, nämlich von der Entscheidung BGHSt 32, 374. In dem Anfang Dezember 1987 unter dem Aktenzeichen 2 StR 298/87 ergangenen Urteil macht der BGH deutlich, daß auch ein Arzt den Sterbewunsch eines unheilbar Kranken zu respektieren hat und daß sich daran nicht mit der begriffsequilibristischen Konstruktion rütteln läßt, ab Eintritt der Bewußtlosigkeit gehe die Tatherrschaft auf den obhutspflichtigen Arzt mit Garantenstellung über, weswegen er, wenn schon nicht nach § 216, so doch zumindest nach § 323 c StGB zu bestrafen sei.

Diese vom VG Karlsruhe zitierte frühere Rechtsprechung ist überholt durch die erwähnte neuere Entscheidung.

Nach allem wird gebeten, dem Berufungsantrag zu entsprechen. *Daniela* kann das zwar nichts mehr helfen. Es wird aber immer wieder Menschen geben, die in eine für sie unerträgliche gesundheitliche Situation geraten, die sich mit menschlichen Mitteln nicht bessern läßt. In Fällen dieser Art kann es nur wie Hohn wirken, wenn ärztliche Standesvertreter oder andere die Ansicht verbreiten, statt Sterbehilfe solle Lebenshilfe geleistet werden. Von einem bestimmten Punkte an geht das nicht mehr. Irgendwann muß jeder sterben. Das Todesmuß ist unabweislich. Demzufolge ist es die Aufgabe einer zivilisierten menschlichen Gesellschaft, dem unabwendbaren Tod seinen Schrecken so weit wie möglich zu nehmen. Die Konsequenz daraus ist die Forderung einer humanen Sterbehilfe. Sie sollte nicht durch Laien oder sogar durch Pfuscher, sondern durch den Arzt gewährt werden. Das hat das Verwaltungsgericht Karlsruhe leider verkannt.«

Soweit die Berufungsbegründung.

Über diese Berufung gegen das Verwaltungsgerichtsurteil wird voraussichtlich im Herbst 1988 entschieden. Hoffentlich kommt es dazu und damit der *Rückschritt ins Sterberechtsmittelalter* aus der Welt.

Die Gegenseite will kein Urteil, weil *Daniela* ja tot und ihr damit nicht mehr geholfen sei. Aber: Es gibt noch viele *Danielas*. Die Gerichte dürfen sich nicht länger »drücken« und die barmherzigen Ärzte *weiter im Stich lassen.*

5.6 NEUESTER STAND DES RECHTSGELEHRTEN-STREITS: FRÜHJAHR 1988

Die beste Übersicht zum neuesten Stand des Rechtsgelehrtenstreits geben die kürzlich erschienenen Artikel der Rechtsgelehrten Prof. Dr. Dr. *Norbert Hoerster* und Prof. Dr. *Rolf D. Herzberg*.

Norbert Hoerster ist die juristische *Speerspitze* für eine Gesetzesänderung im Sinne des *Patienten- und Arztrechts* Mitleidstötung. *Rolf D. Herzberg* kämpft für eine *humanere* Sterbehilferechtsprechung auf dem Boden der heutigen Strafgesetze, *für mehr* Rechtssicherheit barmherziger Ärzte.

»Prof. Dr. Dr. *Norbert Hoerster*
Warum keine aktive Sterbehilfe

Die aktive Form der Sterbehilfe ist nicht nur nach unserem geltenden Strafrecht verboten (siehe § 216 StGB). Es herrscht auch unter unseren strafrechtspolitisch argumentierenden Autoren bis heute sehr weitgehende Einigkeit darüber, daß es bei diesem Verbot grundsätzlich bleiben soll. Die Argumente, die für diese Position vorgebracht werden, sind allerdings mehr als dürftig. Im folgenden werden die in der jüngsten Diskussion gängigsten und einflußreichsten dieser Argumente kritisch geprüft. Sodann wird positiv begründet, warum nicht eine passive und eine indirekte, sondern auch eine aktive, direkte Sterbehilfe zugelassen werden sollte.

I. Die unzureichenden Argumente der herrschenden Meinung

1. Die Dogmen des Alternativentwurfs
   Betrachten wir zunächst die Stellungnahme in dem Alternativentwurf eines Gesetzes über Sterbehilfe (AE-Sterbehilfe). Dieser Entwurf lehnt eine Freigabe der Tötung auf Verlangen und damit

eine Zulassung aktiver Sterbehilfe gründlich ab. Zur Begründung wird einfach hingewiesen auf die ›*Unantastbarkeit fremden Lebens*‹ sowie auf die ›Bedeutung, die der strafrechtlichen Sicherung des Lebensschutzes zukommt‹. Eine halbe Seite später stellen die Verfasser freilich – in Abwehr gegen Kritik an ihren eigenen spezifischen Reformvorschlägen – fest, ›daß auch nach geltendem Recht eine Tötung straflos bleiben kann (z. B. im Wege einer rechtfertigenden Pflichtenkollision oder eines entschuldigenden Notstands)‹. Sie wollen also in Wahrheit gar keine ›Unantastbarkeit fremden Lebens‹ – die allerdings (man denke auch noch an das Töten in Notwehr) einigermaßen absurd wäre. Natürlich kann man auch die ›Unantastbarkeit fremden Lebens‹ sowie die ›Bedeutung, die der strafrechtlichen Sicherung des Lebensschutzes zukommt‹, von vornherein so definieren bzw. so verstehen, daß genau das, was die Verfasser des AE-Sterbehilfe für strafwürdig halten (insbesondere also die aktive Sterbehilfe), unter diese Begriffe fällt. Wenn man diese Strategie allerdings *offen* verfolgen würde, würde wohl auch der Letzte merken, was die zitierten Formeln an Begründung leisten: absolut nichts.

Im übrigen weisen die Verfasser des AE-Sterbehilfe noch darauf hin, daß sie die Beibehaltung der Strafbarkeit aktiver Sterbehilfe ›nach eingehender Diskussion‹ und ›mit ganz überwiegender Mehrheit‹ fordern. Wer die Szene der deutschen Strafrechtswissenschaft in den letzten Jahrzehnten auch nur entfernt kennt, weiß: Einem derartigen Diktum unserer Alternativprofessoren wird in Zukunft nicht widersprochen; wer hier noch auf der Forderung nach Begründung insistieren würde, würde sich nur ins Abseits stellen. Ja, wer wird *Eser*, dem deutschen Strafrechtspapst in Sachen Lebensschutz, der nach eigenem Bekunden den AE-Sterbehilfe ›im wesentlichen selbst mitgetragen‹ hat, *nicht* zustimmen wollen, wenn er für diesen Entwurf der Erwartung Ausdruck gibt, daß ›seine Begründung hoffentlich für sich selber spricht‹? Sie tut es.

Ich fahre mit meiner Kritik der herrschenden Meinung fort und berufe mich hierfür auf *Eser* selbst, der trotz der für sich selber sprechenden Begründung des AE-Sterbehilfe in einem ›Ausblick‹ am Ende seines Aufsatzes Großzügigkeit walten läßt (›Das soll nicht heißen, daß wir für unseren Entwurf letzte [!] Vollkommenheit in Anspruch nehmen wollen‹) und Kritik sogar für willkommen erklärt, ›solange sie sich nicht mit vordergründigen Einwänden begnügt‹. Wenden wir uns also in diesem Sinne weiteren Argumenten gegen die Zulassung aktiver Sterbehilfe zu. Da ich bereits bei früheren Gelegenheiten die wichtigsten mir damals bekannten Argumente so hintergründig wie möglich behandelt habe, beschränke ich mich im folgenden auf einige Veröffentlichungen aus der jüngsten Zeit, denen wiederum eine deutliche Absage an die aktive Sterbehilfe gemeinsam ist.

2. Die Pseudobegründungen der Wissenschaft

Langer versucht in seinem Aufsatz, der Problematik mit rein begrifflichen Mitteln beizukommen. Und zwar behauptet er, es sei begrifflich verfehlt, in dem fraglichen Fall überhaupt von ›Sterbehilfe‹ zu sprechen, da eine gezielte Lebensverkürzung nicht als ›Hilfe‹ verstanden werden könne. Hilfe nämlich sei nach allgemeinem Sprachgebrauch ›das unterstützende Fördern einer Person‹, jedoch ›nie gegen deren Existenz, gegen das Leben gerichtet‹. Das ist alles andere als einleuchtend. Warum soll ›das unterstützende Fördern einer Person‹ in einer Situation, in der das künftige Leben für sie ohne Wert ist und in der sie deshalb selbst ihren Tod wünscht, nicht gerade darin bestehen können, diese Person gezielt zu töten? Trotzdem sei es *Langer* unbenommen, seine Begriffe so zu verwenden, wie es ihm beliebt, also in dem fraglichen Fall, wie er es wünscht, nicht von ›Sterbehilfe‹, sondern von ›Euthanasie‹ zu sprechen – solange er nur offen und anhand normativer Argumente begründet, daß gerade dieser Fall Strafe verdient.

An einer solchen Begründung aber läßt *Langer* es fehlen. Statt dessen behauptet er, bereits seine ›Begriffserklärung‹ habe ergeben, daß Sterbehilfe einerseits und gezielte Lebensverkürzung (›Euthanasie‹) andererseits ›im Phänomen wie in der Wertstruktur voneinander verschiedene Verhaltensweisen gegenüber einem Sterbenden sind‹. Doch selbst wenn der fragliche Fall tatsächlich nach allgemeinem Sprachgebrauch nicht unter den Begriff ›Sterbehilfe‹, sondern unter den Begriff ›Euthanasie‹ fallen sollte und selbst wenn dem Begriff ›Euthanasie‹ nach allgemeinem Sprachgebrauch eine negative Bewertung anhaften sollte: Von normativer Argumentation fehlt jede Spur, man begnügt sich hier mit dem bloßen Hinweis auf eine herrschende Konvention. Das Argument ist bestenfalls so gut, als wenn jemand behauptet, Geschlechtsverkehr gegen Geld sei schon deshalb verwerflich, weil es sich dabei nach allgemeinem Sprachgebrauch nicht um ›Liebe‹, sondern um ›Prostitution‹ handle, also um ›im Phänomen wie in der Wertstruktur voneinander verschiedene Verhaltensweisen‹. Daß dieses Argumentationsniveau inzwischen sogar die kirchliche Traktatliteratur weitgehend überwunden hat, scheint die Vertreter der deutschen Strafrechtswissenschaft nicht zu beunruhigen!

Immerhin scheint es *Langer* an späterer Stelle seines Beitrags doch noch aufzugehen, daß die Streitfrage nicht begrifflicher, sondern normativer Natur ist. Er erkennt an dieser Stelle nämlich ausdrücklich an, daß ›von Zeit zu Zeit von einzelnen Autoren‹ Forderungen nach Freigabe der aktiven Sterbehilfe erhoben worden sind. Eine Auseinandersetzung mit diesen Forderungen erübrige sich aber, da sie ›im medizinischen, im theologischen und im juristischen Schrifttum aufgrund sehr fundierter Analysen immer nahezu einmütig zurückgewiesen worden seien. In der zugehörigen Fußnote beruft *Langer* sich auf drei solcher Analysen. Ich empfehle dem Leser, diese zu studieren. Ich selbst vermag in ihnen kein Argument zu finden, das sich nicht auch – eher zusammenhängender und schlüssiger präsentiert – in den Schriften *Esers* zu diesem Thema findet. *Esers* Argumente habe ich jedoch bereits an anderer Stelle im einzelnen kritisiert, darf den Leser daher auf diese Kritik verweisen. Ich habe damals aus den ›sehr fundierten Analysen‹, in denen die aktive Sterbehilfe ›immer nahezu einmütig zurückgewiesen‹ worden ist, gerade deshalb in erster Linie die Analysen *Esers* für meine kritische Gegenargumentation ausgewählt, weil ich sie noch vergleichsweise für die besten hielt. Ich vertrete diese Einschätzung auch heute noch.

Werfen wir schließlich noch einen Blick auf zwei 1986 in derselben Nummer der ZRP erschienene Beiträge. Der Strafrechtsprofessor *Schöch* erklärt zu unserem Thema im Rahmen seines Aufsatzes ›Menschenwürdiges Sterben und Strafrecht‹, welcher der Erläuterung und Verteidigung des von ihm mitverfaßten AE-Sterbehilfe dient, schlicht, aber definitiv: ›An der Strafbarkeit der Tötung auf Verlangen wird festgehalten, weil es prinzipiell kein Recht auf Tötung fremden Lebens geben darf. Nur durch uneingeschränkten staatlichen Lebensschutz können Gefahren des Mißbrauchs ... abgewehrt werden.‹ Dieser ›uneingeschränkte staatliche Lebensschutz‹ wird merkwürdigerweise durch eine Zulassung der vom AE-Sterbehilfe gebilligten *indirekten* Sterbehilfe in keiner Weise beeinträchtigt. Eine Zulassung indirekter Sterbehlfe empfiehlt sich vielmehr schon deshalb, weil man sich damit ›in Übereinstimmung mit der christlichen Ethik und mit verbreiteter ärztlicher Praxis‹ befindet.

Immerhin: In diesem speziellen Punkt (unterschiedliche Bewertung von direkter und indirekter Sterbehilfe) ist *Schöchs* ›Begründung‹ sogar derjenigen *Esers* vorzuziehen. Dieser verschweigt nämlich das entscheidende Attribut ›christlich‹, wenn er diese unterschiedliche Bewertung auf das sogenannte Prinzip von der Doppelwirkung gründet und von diesem schreibt, es sei ›auch in der Ethik im Grundsatz schon seit längerem anerkannt‹. Hier wird ›die Ethik‹ einfach mit der *christlichen* Ethik stillschweigend gleichgesetzt. Daß das Prinzip von der Doppelwirkung von den Vertretern einer *weltanschauungsfreien* Ethik seit je überwiegend abgelehnt wird, verschweigt *Eser*. So lassen sich in der deutschen Strafrechtswissenschaft Grundsatzdiskussionen bestreiten!

Der Ministerialrat im Bayerischen Staatsministerium der Justiz *Hirsch* argumentiert in seinem Beitrag ›Der sterbende Mensch‹ gegen die Zulassung der aktiven Sterbehilfe im wesentlichen wie folgt: Es könne ›wohl kaum als Beweis für die besondere Humanität einer Gesellschaft gewertet werden, wenn es ihr Recht zuläßt, daß Menschen auf ihren Wunsch hin professionell getötet werden‹. Außerdem: ›Die Vorstellung von Tötungskliniken, in denen sozusagen gewerbsmäßig Menschen auf ihren Wunsch hin getötet werden, bis hin zu einer Gebührenziffer in der Gebührenordnung für Ärzte für eine solche ›ärztliche Leistung‹ sollte gerade bei uns all diesen Überlegungen ein Ende setzen.‹ Das Euthanasieprogramm der *Nazis* (›gerade bei uns‹) war nun zwar nicht gerade dadurch charakterisiert, daß hier Menschen auf ihren Wunsch hin und gegen Entgelt nach der Gebührenordnung getötet wurden; aber darauf kommt es dem *Autor* offensichtlich gar nicht an. Simple Appelle an unreflektierte Vorurteile und die Herstellung vager Assoziationen mit dem Teufel sind seine Devise.

Im übrigen behauptet *Hirsch*, ›daß es eben doch einen erheblichen Unterschied macht, ob das Recht dem Lebensmüden die Selbsttötung gestattet, oder ob es auch das Verbot aufhebt, einen anderen – sei es auch mit seiner Einwilligung – zu töten‹. Diese Einsicht verdankt *Hirsch*, wie er angibt, dem Strafrechtsprofessor *Hanack*. Wenn man allerdings die zitierte Stelle bei *Hanack* nachliest, findet man nichts weiter als die obige, von *Hirsch* fast wörtlich wiedergegebene, nackte Behauptung. Nun besteht natürlich zwischen einer Teilnahme an der Selbsttötung und einer Fremdtötung mit Einwilligung ein gewisser Unterschied. Auch zwischen der Tötung etwa eines weißen und der Tötung eines schwarzen Menschen besteht ohne Zweifel ein gewisser Unterschied: Das eine Tötungsopfer ist weiß, und das andere ist schwarz. Die in diesen Fällen entscheidende Frage ist aber doch wohl, ob der betreffende Unterschied auch *rechtsethisch relevant* ist. Und um das zu zeigen, muß man ein *normatives Argument* ins Feld führen und darf nicht nur, wie das Parallelbeispiel deutlich macht, an die gerade gängigen Vorurteile appellieren! Auch die Berufung auf unsere diese Vorurteile unablässig wiederholenden Strafrechtskoryphäen kann eine solche sachorientierte, normative Argumentation nicht ersetzen.

Es ist fast unglaublich, was auf dem Gebiet der Sterbehilfe seit Jahren aus der Feder von Juristen neu gedruckt wird: zum wohl fünfzigsten Male dasselbe. Dreierlei, nämlich: zu etwa 30 Prozent eine korrekte Darstellung der *zweifelsfreien* Konsequenzen des geltenden Rechts; zu etwa 60 Prozent Lösungsangebote für die fraglichen Konsequenzen des geltenden Rechts, basierend auf persönlichen Billigkeitsentscheidungen des Autors und/oder herrschenden Meinungen seiner Fachkollegen; und schließlich zu etwa zehn Prozent die immer von neuem (oft wörtlich) wiederholten Schlagworte, Dogmen, Leerformeln und Pseudoargumente zu der rechtsethisch-rechtspolitischen Dimension. Und das alles als Beitrag zu einer angeblich zu führenden *Reform*diskussion!

II. Argumente für eine Zulassung aktiver Sterbehilfe

1. Tötungsverbot und Selbstbestimmung

Die Frage nach Legitimität und Grenzen der Sterbehilfe wird gewöhnlich als Frage des Ausgleichs zwischen der ›Heiligkeit‹ oder ›Unverfügbarkeit‹ des Lebens auf der einen Seite und dem ›Selbstbestimmungsrecht‹ des Patienten auf der anderen Seite aufgefaßt. Diese Sichtweise ist verfehlt. Die Legitimation des allgemeinen Tötungsverbotes ist bei weltanschauungsfreier, rationaler Betrachtung nicht in irgendwelchen metaphysischen oder religiösen Vorgaben zu erblicken, sondern in den Lebens- und Überlebensinteressen menschlicher Individuen. Nur eine solche, interessenorientierte Sichtweise kann im übrigen auch plausibel machen, daß dieses allgemeine Tötungsverbot etwa im Fall der Notwehr durchbrochen ist.

So wenig wie die Unverfügbarkeit des Lebens ist das Selbstbestimmungsrecht des einzelnen eine a priori vorgegebene normative Größe. Auch das Selbstbestimmungsrecht muß vielmehr auf der Basis einer interessenorientierten Sichtweise erst begründet und in seinem Umfang bestimmt werden. Dabei zeigt sich folgendes: Nicht nur *Fremd*schädigungen müssen vom Selbstbestimmungsrecht ausgeschlossen bleiben. Es gibt viele gute Gründe, auch *Selbst*schädigungen jedenfalls dann zu verbieten, wenn sie für den Betreffenden besonders gravierend und zudem irreversibel sind. Denn die Interessen, d. h. die *aufgeklärten,* nicht nur kurzfristig orientierten Wünsche des Individuums werden in der Regel dahin gehen, auch vor freiwillig, aber leichtsinnig und übereilt vorgenommenen Selbstschädigungen (bzw. Fremdschädigungen mit Einwilligung) von der Rechtsordnung geschützt zu werden.

In keinem Bereich sind nun aber diese Gründe so gewichtig wie im Bereich der Tötung. Denn keine andere Schädigung ist im Normalfall so gravierend und so irreversibel wie die Tötung. Eine Regelung, die jede einverständliche Tötung – etwa die Tötung eines aus Liebeskummer Lebensmüden – zulassen würde, wäre mit den (im oben definierten Sinn verstandenen) Interessen des durchschnittlichen Individuums in der Tat unvereinbar. Das weitere Leben ist ja nicht schon deshalb für seinen Träger *insgesamt* wertlos, weil es *vorübergehend* von schweren physischen und/oder psychischen Schmerzen oder Unzuträglichkeiten beeinträchtigt wird.

2. Die Besonderheiten der Sterbehilfe.

Ein Sonderfall ist unter diesem Gesichtspunkt jedoch die Sterbehilfe, sofern die folgende Voraussetzung erfüllt ist: *Der Betreffende leidet an einer unheilbaren Krankheit, die das weitere Leben für ihn wertlos macht.* Es entspricht offensichtlich *nicht* dem Interesse eines Menschen, ein Leben, das ihm auch langfristig, ja bis zu seinem natürlichen Ende überwiegend Schmerz und Frustration bereiten wird, weiterzuführen.

Also entspricht es auch *nicht* dem Interesse des Betreffenden, daß sein Selbstbestimmungsrecht über sein Leben unter dieser Voraussetzung eingeschränkt wird.

In diesem Zusammenhang muß mit aller Deutlichkeit gesagt werden: Natürlich gibt es so etwas wie ›lebensunwertes‹ Leben. Ich vermag keineswegs notwendig etwas Inhumanes oder Verwerfliches darin zu erblicken, über das Leben eines bestimmten Menschen zu sagen, es sei ›nicht lebenswert‹. Anstößig, ja empörend ist ein solches Urteil allein dann, wenn es – wie bei den Nazis – auf der Basis von Kriterien etwa der Rassenzugehörigkeit oder der sozialen Nützlichkeit gefällt wird. Das aber ist weder zwingend, noch in irgendeiner Weise ethisch begründet. Ob ein bestimmtes Leben lebenswert ist oder nicht, kann nur vom Wertungsstandpunkt jenes Menschen aus entschieden werden, dem dieses Leben gehört! Ebenso, wie es Leben gibt, die *für ihre Träger* in hohem Maße *lebenswert* sind, kann es Leben geben, die *für ihre Träger* in hohem Maße *lebensunwert* sind.

Daß der Wert eines Lebens stets auf der subjektiven Wertungsbasis seines Trägers zu ermitteln ist, bedeutet freilich nicht, daß es nicht gewisse Lebensaspekte oder gewisse Lebenskomponenten gäbe, die nach einer *allgemein geteilten*, d. h. nach einer *inter*subjektiven Enschätzung den Lebenswert in hohem Maße zumindest *mit*bestimmen. Zwei in diesem Sinne wohl für jedermann relevante Bewertungsfaktoren sind der (positive) Faktor der Gesundheit und der (entsprechend negative) Faktor der Krankheit. Genau das ist der Grund, warum ein krankes Leben relativ sehr viel häufiger für seinen Träger nicht (mehr) lebenswert ist als ein gesundes Leben.

Es läßt sich nach alledem sehr gut rechtfertigen, gerade für die Fallgruppe »lebensunwertes Leben wegen unheilbarer Krankheit« im Interesse des Individuums eine *Ausnahme von dem allgemeinen Tötungsverbot* zuzulassen: Erstens ist eine ›Krankheit‹ die nach allgemeiner Lebenserfahrung weitaus häufigste und ohne weiteres nachvollziehbare Ursache einer negativen Lebensqualität. Zweitens sorgt die ›Unheilbarkeit‹ dafür, daß diese Ursache nicht bloß vorübergehend, sondern dauerhaft wirksam wird. Und drittens stellt die Voraussetzung des ›Unwertes‹, d. h. die Voraussetzung, daß das weitere Leben für seinen Träger alles in allem keinen Wert mehr hat, sicher, daß die Tötung für denjenigen, auf den es ankommt, kein Übel, sondern eine Wohltat ist, daß sie im umfassenden Sinn seinen Interessen dient. Offensichtlich gibt es auch unheilbare Krankheiten, die die Lebensqualität zwar *mindern*, aber keineswegs sein weiteres Leben für ihn *alles in allem wertlos* machen.

Ich betone noch einmal: Ob ein bestimmtes Leben lebensunwert oder wertlos ist, kann nur vom Standpunkt der Wertung, d. h. der Ziele, Ideale und Präferenzen seines Trägers aus beurteilt werden. Daraus folgt vor allem, daß gegebenenfalls auch höchstpersönliche, nicht allgemein geteilte Ideale oder Präferenzen des Betreffenden den Ausschlag geben müssen. So kann beispielsweise von zwei Leben, die in gleichem Maße wegen unheilbarer Krankheit von Schmerzen etc. geprägt sind, das eine Leben für seinen Träger wertlos sein, weil dieser sein Leben nicht in einem religiösen Bezugsrahmen sieht, das andere Leben dagegen für seinen Träger *nicht* wertlos sein, weil dieser seinem Leiden etwa als Teilnahme am Leiden Christi einen speziellen Sinn zu geben vermag.

Natürlich darf auch von dem hier vertretenen individuellen Interessenstandpunkt aus eine Sterbehilfe unter den genannten drei Voraussetzungen nur dann als gerechtfertigt gelten, wenn der Betreffende selbst in diese Tötung *einwilligt*. Denn selbst eine *Wohltat* darf dem Individuum nicht aufgezwungen werden – was durchaus damit vereinbar ist, daß das Individuum an einer *Selbstschädigung* (wie oben argumentiert) unter bestimmten Voraussetzungen gehindert werden darf. Ebenso verfährt unsere Rechtsordnung ja etwa auch im Fall einer medizinischen Operation: Diese ist dann und nur dann zulässig, wenn sie 1. zum Wohle des Patienten indiziert ist und 2. von der Einwilligung des Patienten getragen ist. Warum sollte im Fall einer dem Wohl des Patienten dienenden *Sterbehilfe* anders verfahren werden?

III. Ein Gesetzgebungsvorschlag

Nach alledem bin ich der Auffassung, daß sich eine humane und sachgerechte Lösung der Sterbehilfeproblematik durch die folgende Neufassung des § 216 StGB erreichen läßt.

§ *216, Tötung mit Einwilligung.* (1) Die Einwilligung des Getöteten schließt die Rechtswidrigkeit der Tötung nicht aus, es sei denn, er leidet an einer unheilbaren Krankheit, die das weitere Leben für ihn wertlos macht.

(2) Die mit Einwilligung des Getöteten begangene rechtswidrige Tötung wird mit Freiheitsstrafe von sechs Monaten bis zu fünf Jahren bestraft.

(3) Der Versuch ist strafbar.

Dieser Vorschlag beruht, wie ausgeführt, auf der Einsicht, daß es Formen des Lebens geben kann, die zu durchleben den Interessen der Betroffenen offensichtlich zuwiderläuft. Die in dem Vorschlag zum Ausdruck kommende normative Bewertung erweist sich damit als besonderer Anwendungsfall eines Grundgedankens, der auch in der allgemeinen Rechtfertigungsnorm des § 34 StGB seinen Niederschlag gefunden hat. In diesem Zusammenhang verdient Beachtung, daß in unserer Strafrechtsdogmatik die Meinung vertreten wird, § 34 StGB sei bereits unmittelbar, also ohne besondere gesetzgeberische Transformation, auf die Sterbehilfe anwendbar und führe insofern schon de lege lata zu durchaus befriedigenden Ergebnissen. Diese Meinung ist jedoch nicht nur umstritten; sie wird selbst von ihren Anhängern nur hinsichtlich der passiven und der indirekten, nicht aber hinsichtlich der aktiven Sterbehilfe vertreten: Diese sei kein gemäß § 34 StGB ›angemessenes Mittel‹.

Auch ohne auf die Auslegungsproblematik des § 34 StGB im einzelnen einzugehen, darf man aus Vorstehendem den Schluß ziehen, daß die Sterbehilfeproblematik offenbar Besonderheiten aufweist, die ihre Subsumption unter den Wortlaut dieser infrage kommenden allgemeinen Rechtfertigungsnorm fraglich macht. Ich meine, daß schon diese Tatsache – angesichts der unbestreitbaren *Wichtigkeit* der Sterbehilfeproblematik – die Forderung legitimiert, für diese Problematik eine Sonderregelung zu schaffen, und zwar eine Sonderregelung, die einerseits für eine möglichst klare Rechtslage sorgt und die andererseits den für unser gesamtes Strafrecht zentralen Grundgedanken des § 34 StGB den Besonderheiten der Sterbehilfe anpaßt.

Ohne Zweifel besitzt mein obiger Reformvorschlag – durch Verweis auf Begriffe wie ›unheilbare Krankheit‹ und ›für den Betreffenden wertloses Leben‹ – ein gewisses Maß an Vagheit. Ich frage jedoch: Sind die Kernbegriffe in § 34 StGB, selbst abgesehen von der Frage der unmittelbaren Anwendbarkeit dieser Vorschrift auf die Sterbehilfe, etwa weniger vage und unbestimmt? Läßt sich wirklich in intersubjektiv nachprüfbarer Form etwa leichter feststellen, ob eine bestimmte Form der Sterbehilfe ein ›angemessenes Mittel‹ ist, als ob unter bestimmten Umständen das weitere Leben ›für den Betreffenden wertlos‹ ist?

Wer es mit dem Einwand zu vager Kriterien wirklich ernst meint, sollte einmal die gegenwärtige Rechtslage (etwa unter dem Stichwort: Voraussetzungen für die Zulässigkeit passiver Sterbehilfe) oder auch den AE-Sterbehilfe mit seiner enormen Komplexität im einzelnen überprüfen. Diese Regelungen sind gewiß nicht bestimmter gefaßt und leichter anzuwenden als mein obiger Vorschlag. Ja, abgesehen von ihrer Unbestimmtheit und

Komplexität sind sie zudem noch – insbesondere in ihrer grundsätzlichen Ablehnung der aktiven Sterbehilfe – unbegründet und inkonsequent.

IV. Schlußbemerkung

Ich rechne nicht damit, daß seitens der deutschen Strafrechtswissenschaftler eine Auseinandersetzung mit den Argumenten dieses Aufsatzes oder meiner früheren Beiträge zum Thema ›Sterbehilfe‹ erfolgen wird. Diese Wissenschaftler interessieren sich für eine grundsätzliche Infragestellung überkommener Tabus offenbar gar nicht und für die Ausarbeitung von Reformvorschlägen nur insoweit, als bereits eine ›konsensfähige Basis für ein Tätigwerden des Gesetzgebers zu sehen‹ ist. Wenn ich meine kritischen Gedanken hier trotzdem publiziere, so deshalb, weil ich darauf hoffe, daß es unter den Lesern dieser Zeitschrift Personen gibt, die wichtigen Gestaltungsfragen unseres Strafrechts mit größerer Offenheit gegenüberstehen als unsere Strafrechtsprofessoren.«

Zu diesem Artikel von *Norbert Hoerster* gibt es eine langatmige Stellungnahme von *Heiner Wilms* und *York Jäger* aus der Juraschule von Prof. Dr. *Martin Kriele* (Köln), einem sehr einflußreichen Rechtsgelehrten. Darin wird der Standpunkt der *juristischen KONTRAS* gegen eine Legalisierung der Mitleidstötung *verteidigt* – aus meiner Sicht ohne Überzeugungskraft. *Norbert Hoerster* hat in seinem *Schlußwort* die Thesen von *Wilms* und *Jäger* in allen wesentlichen Punkten *widerlegt*.

»Prof. Dr. *Rolf D. Herzberg*
Straffreie Beteiligung am Suizid und gerechtfertigte Tötung auf Verlangen

I. Der Beschluß des OLG München

Zum Fall *Hackethal* macht der 1. Strafsenat des *OLG München* in rechtlicher Hinsicht hauptsächlich folgende Aussagen:
(1) Der Angeschuldigte (Prof. *H)* ist nicht als unmittelbarer Be-

gehungstäter nach § 216 StGB strafbar, weil er das tödliche Gift Frau E nur verschafft, sie selbst aber den Becher zum Mund geführt und leergetrunken hat.

(2) Er hat auch keine mittelbar-täterschaftliche Tötung auf Verlangen begangen, weil Frau E sich eigenverantwortlich selbst getötet und darum nach dem Tatherrschaftskriterium nicht als unfreies Werkzeug gehandelt hat.

(3) Dies gilt gleichviel, ob man die Eigenverantwortlichkeit mit dem Maßstab der Entschuldigungsgründe (§§ 19, 20, 35 StGB, 3 JGG) oder der Einwilligungslehre prüft. Beides führt hier zum selben Ergebnis.

(4) Prof. H hat auch kein vollendetes Tötungsdelikt (§ 216 StGB oder § 222 StGB) durch Unterlassen (§ 13 StGB) begangen, als er nach dem Bewußtseinsverlust bei Frau E der Entwicklung ihren Lauf ließ. Denn es ist nicht sicher, ob er zu dieser Zeit den Tod überhaupt noch hätte abwenden können.

(5) Bestrafung wegen Versuchs (§§ 216, 22, 13 StGB) scheitert schon an der Unerweislichkeit von Tötungsvorsatz: Prof. H hat vermutlich angenommen, das Gift wirke so schnell, daß nach dem Bewußtseinsverlust keine Lebenserhaltung mehr möglich sei.

(6) Aber selbst, wenn diese Begründungen (4 und 5) nicht trügen, käme kein Tötungsdelikt in Betracht. Denn obwohl Frau E sich dem Angeschuldigten als Patientin anvertraut hatte, war doch keine Lebensbetreuung vereinbart, so daß insoweit die Garantenstellung zu verneinen ist.

(7) Würde man auch dies anders beurteilen, wäre die Unterlassungstäterschaft nach § 34 StGB gerechtfertigt. Denn Frau E sterben zu lassen war notwendig, um ihren Qualen ein Ende zu machen und ihren Willen zu achten. Erlösung und Willensrespektierung hatten hier Vorrang vor der Lebenserhaltung, die Frau E nicht wollte, weil ihr Weiterleben nur noch ein Weiterleiden gewesen wäre.

(8) Wer eine Rechtfertigung ablehnen würde, müßte jedenfalls eine Entschuldigung zubilligen, weil dem Angeschuldigten unter den gegebenen Umständen die Lebensrettung nicht zuzumuten war.

(9) Für § 323 c StGB bedeutet dies, daß schon der Tatbestand entfällt. Wegen der eigenveranwortlichen Entscheidung für den Tod und der Höherrangigkeit des Wertes der Erlösung hätte die Verhinderung Frau E nicht holfen. Prof. H hat also keine ›erforderliche Hilfe‹ unterlassen.

I. Vorsätzliche Tötung in unmittelbarer oder mittelbarer Begehungstäterschaft?

Der Aussage 1 ist zuzustimmen. Daß Prof. *H* die todkranke Frau *E* als aktiv-unmittelbarer Täter getötet habe, hatte wohl nicht einmal die Staatsanwaltschaft sagen wollen, als sie ihm mit Anstrengung die Tatherrschaft zuschrieb und dabei vorsichtig vermied, sich auf eine Täterschaftsform festzulegen. Wenn jemand das Tötungsmittel nur besorgt und erst der Empfänger es gezielterfolgreich einsetzt, dann kann man vom Verschaffer nicht sagen, daß er ›die Straftat selbst begeht‹, wie es § 25 Abs. 1 StGB in seiner ersten Alternative verlangt. Dies scheint mir auch theoretisch unstrittig. Sogar eine extrem subjektive Lehre, die die Täterschaft allein vom Täter-sein-Wollen des ursächlich Beteiligten abhängig machen würde, wäre doch nur so zu verstehen, daß sie bei solchem Ablauf für den Helfer eine Mit- oder mittelbare Täterschaft in Betracht zöge.

Die Aussage 2 verdient jedenfalls Beifall, soweit sie die mittelbare Täterschaft von der Tatherrschaft und diese wiederum von der Frage abhängig macht, ob Frau *E* eigenverantwortlich gehandelt hat. Dieser Ansatz zur Begrenzung der straffreien Suizidbeihilfe darf als gesichert gelten. Fraglich ist aber, ob daraus konkret folgt, was der Senat annimmt. Er bejaht die Eigenverantwortung der Suizidentin und glaubt sich dabei im Einklang mit beiden Parteien des Grundsatzstreites (Aussage 3).

a) Analoge Anwendung des § 35 StGB?

Das ist zwar praktisch zutreffend, weil wohl in der Tat niemand hier eine hinreichend freie Entscheidung der Suizidentin bestreiten würde. Es ist aber theoretisch falsch, weil die Schuldregelanalogie eigentlich Unfreiheit bei Frau *E* und also Tatherrschaft des Angeschuldigten annehmen müßte. Der Drang zur Selbsttötung erwuchs aus gegenwärtigen und zukünftigen Qualen. Frau *E* suchte Erlösung aus dem Notstand unerträglicher körperlicher Leiden. Hätte sie zu deren Beendigung eine Straftat begangen, z. B. einen Schrank aufgebrochen, worin das Gift vor ihr verschlossen war, so wäre § 35 StGB zweifellos anzuwenden. Wer die Verantwortlichkeit für die Selbsttötung entsprechend beurteilen will, kann sie also nur verneinen. Diese Konsequenz ist vielleicht überraschend, aber unbestreitbar. Das erste, weil niemand sie zieht. Das zweite, weil jene Lehre von einer Art *Ver-*

sündigung des Selbstmörders ausgeht und dann gleichsam fragt, ob die Tat wegen großer Drangsal *nicht vorwerfbar,* ob sie *entschuldigt* sei – worauf es hier nur die Antwort geben kann, daß die Drangsal dafür wahrlich genüge.

b) Relative Freiverantwortlichkeit bei Preisgabe eigener Güter

Der Senat hätte das herausarbeiten und sodann Partei für die herrschende Gegenmeinung ergreifen müssen. Diese kann nämlich das richtige Ergebnis schlüssig begründen. Statt nach einer Entschuldigung für etwas Straftatähnliches zu suchen, nimmt sie den Suizid als das, was er ist, d. h. als Entscheidung, etwas Eigenes preiszugeben, und fragt dann, ob man diese Entscheidung im Verhältnis zum Beteiligten als beachtlich, als ›ernstlich‹ i. S. des § 216 StGB werten muß. Damit ist zweierlei gewährleistet. Erstens, daß die Eigenverantwortung des Suizidenten nicht schon wegen des normalen Notstandes entfällt, aus dem der Suizid hervorgeht. Denn ein extremer Leidensdruck mag Übergriffe entschuldigen, er nimmt aber der Entscheidung, etwas *Eigenes* zu opfern, nicht die rechtliche Geltung und Beachtlichkeit. Zweitens hat es ein Ende mit der falschen Absolutheit der Bewertung. Der Entschluß, vor drohendem Leid in den Tod zu fliehen, ist nicht entweder als frei oder als unfrei zu beurteilen. Vielmehr kommt es darauf an, ob der jeweilige Suizidbeteiligte das Leid *beherrscht.* Ein Beispiel: Gangster halten zu Erpressungszwecken zwei Männer gefangen, deren einem sie fortschreitende Verstümmelung ankündigen. Will dieser dem durch ein tödliches Gift zuvorkommen, so macht es offenbar einen Unterschied, ob ihm dazu der Mitgefangene verhilft oder, aus einem Anflug von Mitleid, einer der Gangster, der ihn ohne weiteres auch freilassen könnte. Diesem gegenüber hat das Selbsttötungsbegehren als unfrei, weil durch Drohung erzwungen, zu gelten, während es im Verhältnis zu jenem eine eigenverantwortlich getroffene Entscheidung für den schützenden Tod darstellt, genau wie das Verlangen, das Frau *E* an Prof. *H* gerichtet hat. Es ist schade, daß der Senat die Gelegenheit versäumt hat, sein Wort in die Waagschale zu werfen. Zwar ist die Schuldanalogielehre ohnehin im Rückzug begriffen. Aber man weiß, wie schwer sich viele tun, eine veröffentlichte Fehlansicht zu widerrufen, zumal wenn ihr anfangs die meisten gefolgt sind. So bleibt es unnötig lange bei einem Streit, der in jedem Beitrag zum Thema, wie jetzt wieder hier, Beachtung verlangt, den Lernstoff lästig vermehrt und, bei allem

Ausgleich durch gefühlsmäßig-unbewußte Korrektur, doch die ständige Gefahr auch sachlich falscher Entscheidungen birgt.

2. Tatherrschaftswechsel nach dem Verlust des Bewußtseins?

Der Senat legt das Schwergewicht auf die Frage, ob Prof. *H* ein Tötungsdelikt durch *Unterlassen* begangen habe. Das ›Nein‹ enthält viele Begründungen, von denen zwei die Prämisse des *BGH* übernehmen, daß dem rettungsfähigen Garanten eine prinzipiell strafbarkeitsbegründende Tatherrschaft zuwachse, sobald der Suizident das Bewußtsein verliere (Aussagen vier und fünf).

Das *OLG* läßt also zunächst offen, ob den Angeschuldigten eine Garantenpflicht traf, und argumentiert mit anderen Defiziten: Es sei davon auszugehen, daß im allenfalls relevanten Zeitraum die Rettung sowohl objektiv wie in der Sicht des Angeschuldigten nicht mehr möglich war; schon darum kommen weder ein vollendetes (§ 222 StGB!) noch – mangels Vorsatzes – ein versuchtes Unterlassungsdelikt (§§ 216, 22, 13 StGB) in Frage.

Dem ist zu widersprechen. Zwar kann man mit gutem Grund, wie es viele auch tun, für den Unterlassungstäter neben der Garantenstellung noch ›Tatherrschaft‹ fordern. Der Vater, der seine Frau an der Tötung des Kindes absichtlich nicht hindert, beginge nur *Beihilfe* durch Unterlassen – es sei denn, die Ausführende handelte nicht eigenverantwortlich (z.B. § 20 StGB). Diese Lehre sieht also den unterlassenden Garanten in untergeordneter Rolle gegenüber dem vollverantwortlichen Aktivtäter. Ihr Konzept ist aber nur stimmig, wenn sie an der Unterordnung auch bis zum Schluß und unabhängig vom Zufall der letzten Erfolgsabwendungsmöglichkeit festhält. Wer dem Attentäter für dessen Zeitbombe nur Sprengstoff verschafft hat, bleibt auch dann bloßer Gehilfe, wenn er noch eingreifen kann, während der Bombenleger eingeschlafen oder gar tödlich verunglückt ist. Ich habe noch kein Urteil gelesen, das bei Straftatgehilfen die obligatorische Strafmilderung von derartigen Nachforschungen abhängig gemacht hätte. Die abweichende Behandlung des Suizidgehilfen (für den es um völlige Straffreiheit geht) ist unerklärlich und beruht offenbar auf der falschen Gleichsetzung von Abwendungsmacht und Tatherrschaft.

Allerdings ist folgendes zu bedenken: Der Fehler steckt in einem Zusammenhang, wo er als zweiter einen ersten zum Teil aufhebt. Denn es ist dogmatisch statthaft und sachlich durchaus geboten, auch bei freiverantwortlichem Suizid der Haftung aus Tötungsdelikten prinzipiell Raum zu geben (s. u. II). Dies hat die höchstrichterliche Rechtsprechung bislang immerhin für die Phase nach dem Besinnungsverlust getan. Das war besser als gar nichts, wenn auch schlechter als eine tatherrschaftsgelöste Haftung, die durch Androhung von Strafe aus §§ 216, 13 StGB dem Beschützergaranten *schon vorher* ein Einschreiten befohlen hätte; z. B. das Entreißen des Giftes, das die Ehefrau schlucken will. So ist der Gedanke des Tatherrschaftswechsels zwar falsch, aber nützlich, weil gut für die Resultate, und mit zwiespältigem Gefühl liest man neuestens eine Entscheidung des *BGH*, die, noch unentschieden, die Neigung bekundet, entgegen *BGHSt* 32, 367 = JZ 1984, 893 die Haftung auch für die zweite Phase auszuschließen. Ehe das Gericht dies tut, möge es die Folgen bedenken! Ließe es bei freiverantwortlichem Suizid die Tätigkeitspflicht und Unterlassungstäterschaft des Beschützergaranten entfallen, auch wenn das wahre Wohl des Suizidenten die Rettung gebietet, dann müßte das auch im Extremfall gelten. Also z. B., wenn jemand den eigenverantwortlichen Suizid seiner Frau ungerührt sich vollenden läßt, obwohl sie, schon hilflos, um Rettung fleht. Denn hinreichender Grund für die Straflosigkeit soll ein zurechenbares, frei beschlossenes Handeln des Suizidenten sein, und daran ändert sich nichts durch dessen spätere Reue. Ein Bombenleger z. B. bleibt vollverantwortlicher Täter, auch wenn er zuletzt verzweifelt und vergeblich den am Tatort wohnenden Helfer anfleht, die Bombe zu entschärfen. Natürlich droht die falsche Entscheidung nicht wirklich. Aber doch nur deshalb nicht, weil man sich, wieder einmal, um die Konsequenz herummogeln und weiterhin dogmatische Flickschusterei betreiben würde! Hier mal ein Zugeständnis und dort eine Teilkorrektur – damit ist nichts gewonnen. Das Ganze muß stimmen und sich widerspruchsfrei zusammenfügen.

3. Tatherrschaftsgelöste Unterlassungstäterschaft

Dabei ist in der Literatur das richtige Fundament längst gelegt. Denn die wohl h. L. hat erkannt, daß es für bestimmte Garanten richtiger ist, ihre Unterlassungstäterschaft von Tatherrschaft unabhängig zu machen. Für diese Ansicht ist also in unserem früheren Beispiel der Vater schon darum Täter eines Mordes durch Unterlassen, weil er vor und während der Tötungstat rettend hätte eingreifen können und dies vorsätzlich unterlassen hat. Wer dem zustimmt, muß freilich auch Konsequenzen ziehen. Zunächst die, daß der Garant, im Beispiel der Vater, der strengeren Haftung als Unterlassungstäter selbstverständlich auch unterliegen muß, wenn er überdies dem Begehungstäter aktiv hilft; wer sein Kind nicht rettet, obwohl er es könnte, darf keinen Vorteil davon haben, daß er dem Mörder sogar noch zur Hand geht. Sodann die grundsätzliche Unabhängigmachung der Unterlassungstäterschaft von der Eigenverantwortlichkeit des Aktivtäters auch in Suizidfällen: Kann sich der Ehemann nicht darauf berufen, daß seine Frau freiverantwortlich das Kind getötet habe, so kann ebensowenig die Freiheit ihres anschließenden Selbstmordes ein hinreichender Grund sein, seine Garantenstellung und Unterlassungstäterschaft (§ 216 StGB) zu verneinen. Die anerkannte Straflosigkeit der aktiven Suizidteilnahme erlaubt keinen Gegenschluß, weil es ja gerade die Frage ist, ob wirklich nur Teilnahme vorliegt, wenn *Angehörige* den Selbstmord fördern, statt ihn zu unterbinden.

Ich lasse beiseite, daß die meisten zu dem, was sie lehren, kein rechtes Zutrauen haben, den Folgen ausweichen und dadurch natürlich schlimme Widersprüche und Fehllösungen heraufbeschwören. Das *OLG* jedenfalls scheint dies und die Brüchigkeit einer Begründung gespürt zu haben, die entscheidend sein ließe, daß Prof. *H* aktive (und als solche straflose) Beihilfe zu einem freiverantwortlichen Suizid geleistet hat. Weil er den Tod in seiner Klinik, schon durch Verweigerung des Giftes, hätte verhindern können, empfanden die Richter die Nähe einer Unterlassungstäterschaft und das Bedürfnis des Lesers nach materieller Argumentation, d. h. nach einer Antwort auf die Frage, ob Prof. *H verpflichtet* war, das Leben der unheilbar Kranken zu erhalten.

a) Die tatbestandsbezogene Argumentation (keine Garantenstellung)

Was die Garantenstellung betrifft – entscheidend für §§ 216, 13 StGB –, so verneint der Senat sie (Aussage 6), entgegen der Strafkammer, die das Delikt erst über einen *Rechtfertigungsgrund* (§ 34 StGB) ausgeräumt hatte. Das *OLG* bestätigt damit eine Einschränkung, die das Schrifttum gerade mit Blick auf die Fälle *Wittig* und *Hackethal* für richtig befunden hat: Ein Arzt, der einen Patienten in seine Obhut nimmt und eine Vertrauensbeziehung herstellt, wird dadurch nicht notwendig zum Garanten der *Le*-

bensbewahrung. Ich selbst habe das so begründet und für den konkreten Fall ausgewertet: Die besondere Verantwortung des Arztes für seinen Patienten ist nicht vorgegeben und umfassend (wie z. B. die der Eltern für ihre Kinder), sondern nach Dauer und Umfang prinzipiell *vereinbarungsabhängig*. Sie umfaßt nur, was der Patient der ärztlichen Fürsorge anvertraut hat. Frau *E* hatte sich dem Angeschuldigten nicht aus Angst um ihr Leben anvertraut. Ihr Hilfesuchen richtete sich von Anfang an und ausschließlich auf Sterbehilfe. Mag diese zu leisten Prof. *H* nun rechtlich erlaubt oder verwehrt gewesen sein, eine *Lebens*schutzverantwortung konnte angesichts der entgegengesetzten Entscheidung der Kranken nicht entstehen.

So einleuchtend das sein mag, eine erschöpfende und zufriedenstellende Begründung ist damit noch nicht geleistet. Schon der Umstand, daß im Fall Dr. *Wittig*, wenngleich unreflektiert, der *BGH* und jetzt ganz bewußt das *LG Traunstein* die Garantenstellung des Arztes auch gegenüber dem ausdrücklich suizidentschlossenen Patienten *bejaht* haben, macht es ratsam, weiterzuargumentieren. Aber selbst wenn man die Verneinung für zwingend hielte, bliebe Entscheidendes offen. Man nehme an, die Kranke wäre die Tochter des Angeschuldigten gewesen. Dann trüge die Begründung nicht (›unkündbare‹ Garantenverantwortlichkeit des Vaters!), und Haftung nach §§ 216, 13 StGB käme in Frage. Ja selbst im gegebenen Fall ist nicht alles gesagt. Wer die Garantenposition verneint, stellt an sich nur fest, daß der *Tatbestand* des unechten Unterlassungsdeliktes entfalle. Die Annahme einer *Pflicht* zur Lebensrettung, auch einer rechtlichen und sogar einer strafbewehrten (§ 323 c StGB!), ist damit durchaus vereinbar.

b) Rechtfertigender Notstand (§ 34 StGB)
Schon bei Würdigung der Anklage habe ich deshalb versucht, die juristische Aufmerksamkeit auf den *Notstand* der Lebensmüden zu lenken und den Schwerpunkt der Argumentation mit einer materiellen Güterabwägung zu setzen, die dem Angeschuldigten nicht nur die Straffreiheit, sondern, in Anwendung des § 34 StGB, positiv ein *erlaubtes*, ein *rechtmäßiges* Verhalten bescheinigt. Beide Gerichte haben das übernommen und meine Beweisführung ›überzeugend‹ genannt. Für das *LG* war sie sogar entscheidend, weil es tatbestandlich eine durch Unterlassen versuchte Tötung auf Verlangen bejaht hatte.«

6 NOTHILFEN GEGEN DIE VERWEIGERUNG DER MITLEIDSTÖTUNG DURCH ÄRZTE

6.1 PATIENTENTESTAMENT GEGEN FOLTERHOHEIT DER ÄRZTE

In der Bundesrepublik war es ein *Richter*, der die Folterhoheit der Ärzte nicht mehr länger hinnehmen wollte: Dr. *Wilhelm Uhlenbruck*. 1979 schuf er das »*Patiententestament*«, dessen Inhalt in der NEUEN JURISTISCHEN WOCHENSCHRIFT veröffentlicht wurde. Dieses Testament ist ein *Markstein* in der Entwicklung zu humanerem Sterben.

Später hat *Wilhelm Uhlenbruck* eine Broschüre mit dem Titel DAS RECHT AUF EINEN MENSCHENWÜRDIGEN TOD verfaßt, die sehr lesenswert ist.

Darin stellt er drei Fragen:

1. Wo endet die Pflicht des Arztes, Lebenserhaltung mit allen Mitteln und um jeden Preis zu erreichen?
2. Wo endet sein Recht, die Behandlung fortzusetzen?
3. Welche Rolle spielt dabei der Wille des Patienten?

Diese beantwortet er *zusammenfassend* wie folgt:

1. Eine unbedingte Pflicht des Arztes zur Lebenserhaltung mit allen Mitteln und um jeden Preis gibt es nicht.
2. Das Recht des Arztes endet dort, wo keine Einwilligung des Patienten in die Behandlung (mehr) vorliegt.
3. Der Wille des Patienten ist oberstes Gebot. Aufgrund seines Selbstbestimmungsrechtes legt er den Rahmen für seine Behandlung fest. Kann er dieses Recht aufgrund seines Zustandes im Einzelfall nicht mehr ausüben, so ist auf seinen im Patiententestament erklärten Willen zurückzugreifen.

Leider kann ich das *Patiententestament* hier nicht abbilden und diskutieren. Es wurde in das Programm von mehreren Notgemeinschaften gegen inhumanes Sterben aufgenommen.

Große Verdienste um das humane Sterben hat sich auch *Luis Kutner* erworben, Chairman der Weltorganisation WORLD HABEAS CORPUS, die sich um eine weltweite Anerkennung der Menschenrechte *sehr verdient* gemacht hat. Auf ihn geht die US-amerikanische *Patientenverfügung »Living will«* zurück. Sie ist inzwischen in 35 US-Bundesstaaten durch spezielle Gesetze *rechtsverbindlich* geworden. Bei uns sind wir leider davon weit entfernt.

Luis Kutner verbrachte die meiste Zeit seines Erwachsenenlebens damit, Ungerechtigkeit zu bekämpfen. Als international anerkannter Anwalt hat er sich auf Menschenrecht spezialisiert. Er ist Mitbegründer von Amnesty International. Seit 1927, als sein Freund und Mentor Dr. *Geo Thilo* attackiert wurde und *jämmerlich sterben* mußte, kämpfte er für die Idee der Sterbehilfe.

6.2 NOTGEMEINSCHAFTEN GEGEN INHUMANES STERBEN

Die ärztliche Verweigerung der Mitleidstötung hat dazu geführt, daß sich Notgemeinschaften von Nichtärzten für humane Sterbehilfe gebildet haben. Es begann 1936 in England. In diesem Jahr gründete eine Gruppe prominenter Briten die VOLUNTARY EUTHANASIA SOCIETY. Sie beantragte im Parlament, die Mitleidstötung zu legalisieren. Das Gesetz wurde verweigert.

Ein Vorkämpfer für humane Sterbehilfe war *Derek Humphrey,* der später in Kalifornien Präsident der HEMLOCK SOCIETY wurde.

1975 gründete der Berliner Kaufmann *Harry Toste* (69) mit 18 Gleichgesinnten die DEUTSCHE LIGA LETZTE HILFE. Damals kostete die Mitgliedschaft vier 50-Pfennig-Briefmarken, 2,– DM also, mehr nicht. Das Ziel beschrieb *Harry Toste* am 10.12.1975 in der »BZ« so: »Wir wollen den Staat dazu bringen, daß Sterbehilfe durch Ärzte straffrei wird.« Großartig! Vorbildlich! Das war sieben Jahre vor der Gründung der DGHS.

Erst ab 1976 begann eine Welle von Vereinsgründungen für humane Sterbehilfe, die fast alle westeuropäischen Länder erfaßte. Das Anliegen solcher Humansterbevereine ist *edel*. Ohne ihre Aktivitäten wären wir von dem *Traumziel »Arztpflicht Mitleidstötung«* jahrzehntelang entfernt.

Die Notgemeinschaften gegen inhumanes Sterben wegen ärztlicher Mitleidlosigkeit haben sich unterschiedliche Ziele gesetzt. Allen gemeinsam ist der Kampf für eine bessere gesetzliche Regelung der humanen Sterbehilfe und die Anerkennung des Patiententestaments als verbindliche Verfügung gegen eine Lebensverlängerung bei end- und hoffnungslosem Krankheitsleid. Auch die Sterbehospizbewegung ist den meisten ein wichtiges Anliegen. In der Regel helfen sich die Vereinigungen auch mit Ratschlägen für eine qualfreie Sichtötung.

Beispielhaft möchte ich hier die »*Sterbehilfepostulate*« von Dr. jur. *Walter Baechi,* dem Präsidenten der Schweizer Vereinigung für humanes Sterben »EXIT« aus dem *Jahre 1983* anführen, der ich selbst angehöre. Die 1982 gegründete Vereinigung »EXIT« befaßte sich zur Hauptsache mit den folgenden Problemen:

1. Gewährung der *passiven Sterbehilfe* durch Patientenverfügung.
2. *Freitodhilfe* für Schwerstkranke.
3. *Aktive Sterbehilfe für Schwerstkranke.*
4. *Sterbebegleitung.*

Die Sterbehilfepostulate von EXIT lauten:

1. Passive Sterbehilfe

Passive Sterbehilfe ist die Unterlassung oder Absetzung von Maßnahmen, welche den natürlichen Ablauf der Krankheit zum Tode verzögern oder verhindern.

Wer bei Bewußtsein ist, hat ein gesetzliches Recht auf die passive Sterbehilfe, d. h. er kann ablehnen, operiert, mit Medikamenten behandelt, ins Spital gebracht zu werden. Er kann jederzeit den Abbruch jeder begonnenen Behandlung oder den Spitalaustritt verlangen. Sein Wille ist verbindlich, die Mißachtung rechtswidrig. Das ist heute unbestritten.

Trotzdem scheint es da und dort noch Ärzte zu geben, die sich eine *Befehlsgewalt* über den *Patienten anmaßen.* Vielfach fehlt es auch an der gründlichen Aufklärung des Patienten über sein Leben und über die Art und die Aussichten der Therapie.

Das aktuellste Problem aber ist die passive Sterbehilfe für den bewußtlosen Patienten. Die technisierte moderne Medizin ermöglicht oft, einen bewußtlosen Kranken mit künstlichen Mitteln während vieler Monate, ja während Jahren ›am Leben‹ zu erhalten. Diese Möglichkeit wird von manchen Ärzten bis zum Letzten ausgenutzt. Davor fürchten sich viele, denn solche Fälle sprechen sich herum.

Der Arzt *ist berechtigt,* die künstliche Lebensverlängerung *abzubrechen,* wenn die Aussicht auf Wiedererwachen *zu einem menschenwürdigen Leben schwindet.* Das ist bestätigt worden im Fall *Haemmerli.* Aber der Arzt steht in einem Dilemma. Wann ist der Moment gekommen, wo die passive Sterbehilfe richtig ist?

Da greifen nun die ›Patientenverfügungen‹ ein. Es sind Erklärungen, die man als Gesunder oder mindestens noch Urteilsfähiger abgibt. Es wird darin festgelegt, daß der Unterzeichner unter bestimmten Umständen die passive Sterbehilfe verlangt. Dem Arzt wird damit die Entscheidung erleichtert.

In den *USA* sind diese ›Patientenverfügungen‹ durch spezielle Gesetze der einzelnen Bundesstaaten als *verbindlich erklärt worden.* In der Schweiz ist ein Spezialgesetz nicht nötig. Wenn ein Arzt nämlich einen Bewußtlosen oder Urteilsunfähigen behandelt, so liegt eine *Geschäftsführung ohne Auftrag* vor, die in Art. 419 und folgenden des Obligationenrechtes geregelt ist. Dabei ist es *unzulässig, einem zum voraus erklärten Willen* des Geschäftsherrn zuwiderzuhandeln. Der Arzt, welcher einer Patientenverfügung zuwiderhandelt, begeht also eine Rechtswidrigkeit, für die er zivilrechtlich belangt werden kann, nach dem Tod des Patienten durch seine Angehörigen bzw. Erben.

Wenn der Arzt willens ist, sich der Patientenverfügung zu unterziehen, so bleibt ihm die Verantwortung der Diagnose. Er muß beurteilen, ob die in der Patientenverfügung genannten Voraussetzungen, z. B. geringe Aussicht auf Wiedererlangung des Bewußtseins, gegeben sind.

Bei dieser Gelegenheit ist anzumerken, daß bei Bewußtlosigkeit und Urteilsunfähigkeit des Patienten *seine Verwandten kein Recht haben,* dem Arzt verbindliche Weisungen zu geben, da nur der Patient selbst Geschäftsherr im Rechtssinne ist. Der Arzt zieht in der Praxis allerdings die Wünsche der Angehörigen in Betracht, *ohne daran gebunden zu sein.* Die offizielle Ärzteschaft war anfänglich zu den Patientenverfügungen negativ eingestellt, wollte sie nur als unverbindlich betrachten und nur als Indiz bewerten. Die richtige Einsicht aber wirkte bahnbrechend.

Wir erwarten, daß zwischen den Ärzteorganisationen und EXIT Gespräche über eine beidseitig genehme Formulierung der Patientenverfügungen zustande kommen. Einstweilen verwenden wir eigene, unter Berücksichtigung ausländischer Vorlagen erarbeitete Formulare.

Einer der anfänglichen ärztlichen Einwände lautete, man

wisse im Falle einer vor Monaten oder Jahren unterschriebenen Patientenverfügung nicht, *ob der* Unterzeichenr *nicht* inzwischen *seine Meinung geändert* habe. Wenn diese Überlegung stichhaltig wäre, könnte man damit auch *jedes erbrechtliche Testament* zu Fall bringen. Da es um Leben oder Tod geht, darf angenommen werden, daß ein Mensch eine solche einmal geschriebene Verfügung nicht vergißt und sie bei Meinungsänderung *vernichtet bzw. widerruft.* Um diesen Einwand vollends zu entkräften, wird EXIT nun der Patientenverfügung die Form eines Mitgliedsausweises geben, wobei *alljährlich die Quittungsmarke* des Mitgliederbeitrages aufgeklebt werden soll. Damit wird die Verfügung jedesmal aktualisiert.

2. Freitodhilfe

Es gibt Schwerkranke, die ihr Leiden abkürzen und aus dem Leben scheiden möchten. Natürlich bleibt es jedem Einzelnen überlassen, ob er einen solchen Entschluß faßt oder ob er aus religiösen oder anderen Gründen das Leiden bis zum Ende durchstehen will.

Der Freitod – das Wort ›Selbstmord‹ ist falsch, weil dabei niemand ermordet wird – der Freitod ist in der Schweizerischen Gesetzgebung nicht verboten, anders als in den angelsächsischen Ländern, wo nach einem mißlungenen Freitod der Täter bestraft werden kann. Damit ist in diesen Ländern auch die Hilfeleistung zum Freitod strafbar. In der *Schweiz ist sie erlaubt,* wenn sie nicht aus eigensüchtigen Motiven (z.B. Beerbungsabsicht, Beseitigung der ungeliebten Gattin usw.) erfolgt.

EXIT leistet den Mitgliedern Freitodhilfe in der Weise, daß von ihnen auf Verlangen eine Freitodanleitung abgegeben wird, welche die ungeeigneten Methoden bezeichnet und geeignete Methoden darlegt. Die Schrift versteht sich nur als *Freitodhilfe für Schwerstkranke.* Sie wird erst nach dreimonatiger Mitgliedschaft abgegeben und nur gegen Unterzeichnung eines Revers, der Mißbrauch verhindern soll.

Gerade der Schwerstkranke hat aber u.U. Schwierigkeiten, einen Freitod richtig durchzuführen, besonders auch, wenn er im Spital ist. Da ist nun die *Feststellung wichtig, daß auch der Arzt zur Freitodhilfe berechtigt ist.*

Es gibt vernünftige Ärzte, die zugeben, daß sie Schwerstkranken auf Verlangen schon Sterbemedikamente ausgehändigt haben. *Wir erwarten* von den Ärzten, daß sie auch in einer solchen Lage unsere Helfer sind.

An manchen Orten wird dazu allerdings das Tabu des Freitodes, das auf religiösen Anschauungen beruht, abgebaut werden müssen, besonders wenn auch in Spitälern solche Freitodhilfe geleistet werden soll. Einsichtige Theologen sind heute auch soweit, daß sie den Freitod Schwerstkranker nicht verdammen.

Merkwürdig ist, daß in der ganzen Sterbehilfediskussion die *Freitodhilfe* bisher nicht beachtet, geschweige denn behandelt wurde. Sie ist aber von zentraler Bedeutung, wie sich im folgenden sogleich zeigen wird.

3. Aktive Sterbehilfe

Aktive Sterbehilfe ist die Beschleunigung des natürlichen Ablaufes der Krankheit zum Tod, Tötung auf Verlangen des Patienten. Sie ist als vorsätzliche Tötung strafbar.

1977 haben sich *zwei Drittel* der Stimmenden im Kanton Zürich *für die aktive Sterbehilfe am Schwerstkranken ausgesprochen*. Eine Meinungsumfrage in der BRD ergab eine *60prozentige* Zustimmung zu diesem Postulat. Für Ärzte, Politiker und Behörden ist aber die aktive Sterbehilfe ›ein rotes Tuch‹.

Dabei war und ist man sich offensichtlich nicht bewußt, daß die aktive Sterbehilfe überflüssig wird, wenn der Arzt Freitodhilfe leistet und der Patient noch in der Lage ist, das Freitodmittel selber anzuwenden, das Medikament selber einzunehmen.

Vorausgesetzt, daß eine verantwortungsbewußte ärztliche *Freitodhilfe* sich durchsetzt, bleiben nur noch ganz seltene Fälle, in denen aktive Sterbehilfe nötig wäre. es sind Fälle völlig Bewegungsloser (Tetraplegie, multiple Sklerose usw.). Hier könnte nur eine Gesetzesrevision helfen, die wohl nur durch eine Volksinitiative zustande käme.

Es ist zu hoffen, daß die Anerkennung der ärztlichen Freitodhilfe sich ausbreitet und damit das ›rote Tuch‹ der ›Euthanasie‹ an Interesse verliert.

4. Sterbebegleitung

Jeder an einer Krankheit Dahinwelkende sollte nicht nur Pflege erhalten, sondern er sollte auch die Möglickeit einer seelischen Betreuung haben. In Altersheimen, Pflegeheimen und Spitälern sterben viele, denen keine Angehörigen diesen Dienst leisten können. Das Personal hat meist nicht die nötige Zeit.

In England gibt es bereits *Sterbekliniken,* welche den Sterbenden bis zum Ende *seelisch begleiten.* In den USA gibt es spitalexterne Betreuergruppen, welche solche Aufgaben übernehmen.

EXIT studiert gegenwärtig die Möglichkeit, auch in der Schweiz ein allgemeines Angebot der Sterbebegleitung für Alleinstehende zu schaffen.«

Leider hat sich die Einstellung von EXIT zur »*aktiven Sterbehilfe*« inzwischen geändert. Wahrscheinlich geschah es *aus taktischen Gründen,* um im Konsens mit der Schweizer Ärzteschaft rascher weiterzukommen. Immerhin konnte hier schon viel mehr erreicht werden als bei uns in der Bundesrepublik: Das Patiententestament gegen eine künstliche Lebensverlängerung wird zumindest auch *offiziell* in den Richtlinien der »Schweizerischen Akademie der Medizinischen Wissenschaften« als ein »für die Ermittlung des Willens *gewichtiges Indiz*« zur Arztentscheidung *gewertet.* Es soll inzwischen auch öfters vorgekommen sein, daß Schweizer Ärzte dieses Testament respektiert haben.

Auch das Patiententestament der EXIT geht auf *Wilhelm Uhlenbruck* zurück.

Von anderen Sterbegesellschaften ist mir die kalifornische HEMLOCK SOCIETY in besonders guter Erinnerung. Im Februar 1985 habe ich an einem Kongreß des »SCHIERLINGSBECHER-VEREINS« in Los Angeles teilgenommen. Die *Gespräche* mit den Mitgliedern waren für mich noch eindrucksvoller als die *Vorträge.*

Derek Humphrey ist der *Schrittmacher* derer, für die HEMLOCK = der Schierlingsbecher zur großen Hoffnung und zum wichtigen Trost *gegen* die Angst vor inhumanem Sterben wurde.

7 MITLEIDSTÖTUNG AUS EIGENER SICHT – EIGENE BEWEISFÜHRUNG FÜR DIE MITLEIDSTÖTUNG ALS PATIENTENRECHT UND ARZTPFLICHT

7.1 VORBEMERKUNG

Im Vorangehenden ging es darum, die Sichttötung vom *Makel der Sünde und Schande,* von der gesellschaftlichen Ächtung also befreien zu helfen, die *Standpunkte* zur Mitleidstötung von GESTERN UND HEUTE zu erläutern sowie die *Ursachen und Folgen* ihrer Verweigerung als Patientenrecht zu diskutieren.

Im folgenden soll nun ergänzend *Beweis geführt werden,* daß die Mitleidstötung in einer humanen Gesellschaftsordnung als Patientenrecht und Arztpflicht *unverzichtbar* ist, und zwar aus folgenden Gründen:
  1. Das *Menschenrecht auf ein Eigenleben in Würde und Freiheit* schließt die *Gesundheitshilfehoheit des Patienten ein* und die des *Arztes (total) aus.*
  2. *Die Gesundheitshilfehoheit* (= Therapiehoheit) *des Patienten reicht bis zum Tode,* läßt dem Arzt *keinerlei* Entscheidungsspielraum *gegen* den erklärten Willen des Patienten.
  3. Die als *Arztrecht* geduldete *Folterungs-/Tötungsgrauzone* von heute ist eine *ständige Gefahrenquelle* für unnötige Qual und auch für Tötung von Patienten. »Tötung *ohne* Verlangen« wohlbemerkt.
  4. Die *Mißbrauchsmöglichkeiten* durch die Folterungs-/Tötungsgrauzone sind riesig, die einer kontrollierten Mitleidstötung minimal.
  5. Der Strafgesetzparagraph »*Tötung auf Verlangen*« unter Einschluß der ärztlichen Mitleidstötung *verstößt gegen das Menschenrecht* auf Eigenleben in Würde und Freiheit.

6. Die gesetzliche straffreie Duldung der *Beihilfe* zur Sichtötung durch *Nichtärzte* ist – insbesondere wegen der großen *Mißbrauchgefahr* durch *Tötungsgifthandel* – nur als *Notlösung* akzeptabel und nur solange, wie die Mitleidstötung noch nicht zur Arztpflicht geworden ist.

7.2 ERGÄNZENDE BEGRIFFSKLÄRUNG

»Über Worte läßt sich trefflich streiten«, hat *Johann Wolfgang von Goethe* gesagt. Wer sich verständlich machen will, muß *seine Begriffswertung* zum *trefflichen Streit anbieten*. Das habe ich im Vorangehenden schon vielfach getan. Es sind aber ein paar wichtige Begriffe übriggeblieben, die ich ausführlich erläutern muß.

Die Juristen und Philosophen mögen es nicht als ungebührliche Einmischung in *ihren Kompetenzbereich* sehen. Aber Begriffe müssen sich doch wohl aus dem Lebensbereich heraus entwickeln, auf den sie sich beziehen. Deshalb meine ich: Für *Leben und Gesundheit* sind weithin *wir Ärzte* zuständig. Es sollte somit einem erfahrungsgeläuterten Patientenarzt gestattet sein, *seine Begriffswertung* in die Diskussion einzubringen. Dies geschieht ohne namentliche Bezugnahme auf die Begriffsdeutungen anderer, die aber selbstverständlich die Grundlage meiner Gedanken dazu sind.

Meine Gedankenspiele müssen sich auf einige wenige Begriffe beschränken, damit aus dem Buch kein Lexikon wird. Hier sind es: Tötung, Folterung, Wille und Hilfe.

1. Tötung

Töten kann man nur *Lebendes*, ein *Lebe*wesen, das *Leben* eines Menschen zum Beispiel. Leben ist regelmäßiger zweckgerichteter *Formwandel* aus innerer und äußerer Kraft nach den Naturgesetzen, *bedingtes Leben* also. *Ohne äußere Lebenskräfte* wie Luft, Wasser, Nahrung, Sonne und *innere Lebenskräfte* wie Atmung, Herzschlag, Verdauung, Stoffwechsel *kein Leben*. In besonderen Fällen *ohne* Maschine als Lebenskraft zur Beatmung, Ernährung und dergleichen *kein Leben*.

Tötung ist alles, was Lebenskräfte todbringend hemmt, schwächt, unwirksam macht. Sogar *Alterung* ist insoweit Tötung und ohne jede Frage das Abstellen einer Beatmungsmaschine.

Da jedes Leben zum Tod führt – früher oder später – ist Tötung immer nur *Lebensverkürzung.* Umgekehrt muß *alles* als *Tötung* gewertet werden, was ein Leben (nachweisbar) *verkürzt,* also auch jede Morphiumspritze kurz vor dem Tode.

Weil man den Todeszeitpunkt nicht vorausberechnen kann, nennt man Tötung nur, was nach einer geeigneten Ursache *bald,* also rasch zum Totsein führt. Der Zeitabstand zwischen tödlichem Tun und Nichttun bzw. Unterlassen und Tod muß *kurz genug* sein, so kurz, daß man aus dem *zeitlichen* auf einen *ursächlichen* Zusammenhang schließen kann.

Also ist Tötung: den vorzeitigen raschen Tod eines Lebewesens verursachen, ein Leben stark verkürzen? Nein! Nach dem derzeitigen Sprachverständnis: JA, aber bei kritischer Sicht – schon wegen der Unmöglichkeit einer Grenzziehung zwischen rasch und langsam –: NEIN! Doch Weiteres später.

Jede Tötung ist das Ergebnis eines Kampfes zwischen zwei Kräften mit dem *Sieg der Tötungskraft über die Lebenskraft.*

Es gibt Menschen, die »nicht totzukriegen« sind, mit weit *überdurchschnittlicher Lebenskraft* also. Und es gibt andere, bei denen nur noch ein *winziges Lebensflämmchen* brennt. Für den Lebensstarken bedarf es einer *starken Tötungskraft,* für den Lebensschwachen manchmal nur einer *Winzigkeit.*

Dieser Gesichtspunkt der Wertung einer Tötungskraft im Verhältnis zur Lebenskraft bleibt im Strafrecht ebenso weitgehend unberücksichtigt wie die Wertung der voraussichtlichen Lebenserwartung als Maßstab für die Größenordnung der Lebensverkürzung. Leider!

Tötung ist das, was den Tod des *ganzen* Lebewesens oder *jenes Teilstückes* bzw. Körperteiles bewirkt, an dem das Leben des Restkörpers *total* und unersetzbar *hängt*. Fast scheint es, daß es *Ganztötung durch Teiltötung* heute nicht mehr gibt, daß durch Maschinen oder Fremdorganverpflanzung jeder Körperteil zumindest für Tage und Wochen lebenserhaltend ersetzt werden kann.

Man hat ja Menschen über Tage und Wochen am Leben halten können, bei denen das ganze Hirn nur noch ein verfaulender Brei war. Hirntod ist durch Maschinen ausgleichbar, ebenso wie der des Herzens und der Lungen. Aber Lebertod bedeutet nicht Ganztod. Es gibt zwar noch keine Leber*maschine* zur Lebenserhaltung, aber gelungene Leber*verpflanzungen*.

Doch da ist auch ein *Teiltod,* der *nicht ausgleichbar* ist: Ein Zyankalitod kann mit keiner Maschine, mit nichts verhindert werden. Weil das Gift gleichzeitig in so kurzer Zeit so viele Zellen tötet, daß es absolut tödlich wirkt. Und weil eine Wiederbelebung dieser Zellen nicht möglich ist.

Die Tötung der Zellatmung bei einer Mindestzahl von Zellbürgern ist und bleibt wohl für immer die *absolute Tötung*.

Warum dieses Philosophieren? Um deutlich zu machen: So geht es nicht, wie heute mit dem Tötungsbegriff in Rechtsprechung und Medizin umgegangen wird. Da bedarf es einer *wissenschaftlichen Begriffsklärung* durch Biologen (einschließlich Ärzte), Juristen und Theologen gemeinsam *unter Federführung der Biologen*.

Vor allem muß besser geklärt werden, wieweit Teiltod doch bereits als *Ganztod* und wieweit *Maschinenleben* noch als *Leben* bewertet werden darf, soll oder muß. Bezogen auf den Menschen wäre besser als heute zu klären: Wann wird aus dem Leben des menschlichen Keimlings ein *Menschenleben?* Darf man wirklich als Mensch werten, was noch kein (funktionierendes) Großhirn hat? Darf man *Denktiere* – wie es die meisten Haustiere und mindestens alle Großtiere sonst sind – *töten, großhirnlose Keimlinge aber nicht?*

Meine Meinung dazu: Tod ist *persönlicher* Tod, Totsein des Ich, des Ichbewußtseins. Der Sitz des Bewußtseins ist die *Großhirnrinde.* Ohne Beatmung ist die Hirnrinde bei normaler Körpertemperatur nach 15 bis 20 Sekunden tot. Beim Hirnstamm dauert es dreimal so lange, 60 Sekunden.

Tötung ist alles, was erkennbar zum *Tod des Ichbewußtseins* führt, was die Lebenszeit des Ichbewußtseins verkürzt.

Noch ein Problem: die sichere *Bestimmung des Todeszeitpunktes.* Hier werden Ideologien hinter angeblichen Unsicherheiten versteckt.

Es ist richtig, daß die Zeichen für den sicheren Tod des Ichbewußtseins trügerisch sein können. Aber bei der Bewertung muß man mit den gleichen Maßstäben messen wie auch sonst im Leben: *mit Wahrscheinlichkeitsgraden,* mit dem Fürwahrhalten nach Stufen. Eine an Sicherheit grenzende Wahrscheinlichkeit sollte für eine Beurteilung genügen, oft sogar die hohe, die weit überwiegende Wahrscheinlichkeit, das *Fehlen »jedes vernünftigen Zweifels«.*

Man darf die – im Leben allgemein stets gültige – Forderung nach der *Verhältnismäßigkeit der Mittel* für Todeserklärungen, Tötungszeitpunkt usw. *nicht* außer Kraft setzen. Vor allem scheint mir bei allem Sicherheitsdenken zur Tötungsfrage der Gesichtspunkt der *Folterungsmöglichkeit* eines Bewußtlosen zu stark vernachlässigt. Auch im Schlaf sind wir nach außen bewußtlos, aber trotzdem oft *von bösen Alpträumen* geplagt. Erzählen können wir davon nur, wenn wir wieder aufgewacht sind!

2. Folterung

Folterung ist als Lebensereignis viel *wichtiger* als *Tötung.* Getötet werden kann man nur einmal, gefoltert hunderttausendmal. Eigentlich sollte die Begriffserklärung der Folterung am Anfang stehen. Daß ich die Tötung voranstelle, ist eine Konzession an den Zeitgeist von gestern und (noch) heute.

Folterung ist *alles, was Qual verursacht.* Bezogen auf Patienten ist Folterung: *Zufügung oder Duldung von quälerischem Krankheitsleid* durch Tun oder Unterlassen. Krankheitsleid ist meistens, aber nicht immer, durch seelischen und/oder körperlichen *Schmerz* verursacht.

Nicht jeder Schmerz ist eine Folter. Ob ein Schmerz als Folter empfunden wird, kann niemand anderes entscheiden als der *Patient.*

Arzthilfe gegen Krankheitsleid ist *Bekämpfung der Krankheitsfolter.* Unterlassen einer Folterbekämpfung läuft im Ergebnis auf *unterlassene Hilfeleistung gegen Folterei,* also auf *indirekte Folterung* hinaus.

Wie wiederholt erwähnt, ergab sich aus dem Schwursatz Nummer vier und dem Fehlen einer Mitleidsverpflichtung im *Hippokrates*-Eid zwangsläufig das *Arztrecht auf (indirekte) Patientenfolterung.* Dies scheint mir der Hauptgrund für die seit fast 2500 Jahren von den Staatsführern weltweit geduldete *Verweigerung der selbstverständlichen Mitleidstötungspflicht* zu sein. Eine Sterbehilfediskussion *ohne Bezug* auf die als Arztrecht geduldete *Folterungs-/Tötungsgrauzone* wird einer *humanen* Sicht nicht gerecht.

Es kann auch nicht länger hingenommen werden, daß

den Patienten die Mitleidstötung auch bei end- und hoffnungsloser Krankheitsfolter verweigert wird.

Der Strafrechtsgelehrte Prof. Dr. jur. *Albin Eser* hat in seinem Buch über EUTHANASIE darauf verwiesen, daß sich im Strafrecht die Frage stelle, »inwieweit etwa der *Patient vor einem Arzt zu schützen* sei, der – aus welchen Gründen auch immer, sei es aus ethischer Überzeugung, sei es aus wissenschaftlichem Forschungsinteresse oder anderen Gründen – eine *Hinauszögerung des Todes* um jeden Preis glaubt versuchen zu dürfen oder gar zu müssen.« *Eser* mahnt weiter: »Diese paradox erscheinende Gegenläufigkeit lebensverlängernder Interessen einerseits und eines lebensbeendenden Abbruchwunsches andererseits hat einen ihrer vielfältigen Gründe sicherlich darin, daß im heutigen Krankenhausbetrieb der Patient (unter Umständen) nur noch *Objekt einer Behandlungsmaschinerie,* nicht mehr aber Subjekt einer persönlichen Arzt-Patient-Partnerschaft zu sein scheint, wo das *gesamtpersönliche Wohlergehen* des Kranken *verdrängt* zu werden droht von einem *Erfolgsprinzip,* dessen primäres Ziel in der *Effizienz des medizinischen Verfahrens,* in der Gewinnung oder Betätigung neuer objektiver Erkenntnisse zu sehen ist ... Diese ›Janusköpfigkeit‹ des ärztlichen Entscheidens zwischen Lebensverlängerung oder Sterbenlassen wird man künftig viel bewußter im Auge behalten müssen, als dies bislang im medizinischen wie im juristischen Schrifttum geschehen ist.«

Im Strafrecht fehlt eine *Strafandrohung für Folterung* durch Tun oder Nichttun. Die *indirekte* Strafdrohung mit den Paragraphen über Körperverletzung, Vergiftung, Mißhandlung Schutzbefohlener ist zu unbestimmt, erfaßt vor allem nicht die *Folterung durch Unterlassen.*

3. Wille

Für die *Wertung* einer Tötung von böse bis gut spielt die Beurteilung des *Willens* von Töter und Getötetem die entscheidende Rolle.

Was ist Wille?

Das *Wollen* eines Menschen *kraft seines Verstandes,* seines Denkvermögens, seines Denkens.

Was gut oder böse ist, mißt sich in der Regel an der Bewertung durch den *Empfänger* – nicht aber durch den »Spender« oder Macher – solange es nicht in Rechte anderer eingreift.

Man kann Gutes wollen und Böses tun. Wird das Böse dadurch weniger böse? JA und NEIN. Eine mißglückte Operation bleibt für den Patienten eine böse Operation.

Vieles, was wir anderen antun, wollten wir gar nicht. Deshalb sind die Folgen oft nicht weniger böse. Und dann stellt sich die Frage: War das *bei gutem Wollen,* bei gutem Willen vermeidbar? Im Kern: Hat der Täter oder Unterlasser *genügend nachgedacht,* um das durch Nichtwollen zu verhindern, was geschah?

Wollen und Nichtwollen sind also gleichermaßen für die Wertung einer Tötung von böse bis gut wichtig. Wer durch *ungenügendes Denken* etwas Böses bewirkt, kann sich *mindestens so schuldig* machen wie jemand, der ein kleineres Böses will. Für böses Tun oder Unterlassen, ohne es zu wollen, bei gegebenem Nichtwollen also, haben die Juristen den Begriff *Fahrlässigkeit* und *Grobe Fahrlässigkeit.*

Für *Wollen* benutzen die Rechtshüter das Wort *Vorsatz.* Wer etwas bewirkt, was er wollte – durch Tun oder Nichttun – handelte *vorsätzlich.* Das Wollen eines Täters wird von den Richtern als straftatverschlimmernd bewertet.

Nicht nur durch (ganzes) Wollen kann man schuldig werden, sondern auch durch Halb-Nichtwollen / Halb-Wollen. Die Juristen nennen das *bedingten Vorsatz,* wenn man jemanden nur halbtot schlagen wollte, der dann dadurch gestorben ist. Das Fachwort heißt: *dolus eventualis = hinterlistiger Gedanke,* daß etwas Schlimmeres passieren könnte. Meistens läuft es auf die List hinaus, so zu tun, als ob man mit dem Schlimmeren nicht gerechnet hat.

Wollen ist schwer durchschaubar, jedenfalls hinterher. Wer nicht lügt, hat es vor Gericht meistens schwerer. Wer lügt, darf die Lüge *Schutzbehauptung* nennen.

Ein Arzt, der eine tödliche Morphiumspritze gibt und *lügt,* er habe den Tod nicht gewollt und auch nicht damit gerechnet, wird nicht angeklagt. Wenn er *nicht lügt,* kommt er ins Kittchen. Lüge macht aus direkt indirekt, aus aktiv passiv und umgekehrt.

Wollen und Nichtwollen setzen *Willenskraft* voraus. Eine Willenskraft kann groß und klein sein. Zu groß nie, aber zu klein öfters. Wenn das Denkvermögen nicht ausreicht, kann das die Willenskraft so schwächen, daß Wollen und Nichtwollen eines Ich für andere unbeachtlich werden. Hier sind dem Ermessen des anderen aus der Sicht des Ich oft *zu weite* Grenzen gesetzt. Maßstab darf nur das sein, was der einzelne Mensch aus seiner Weltanschauung heraus *für sich* wirklich will, *nicht aber* irgendeine *Sitte* und *Religion*. Zur Willensfeststellung Wollensgestörter ist die *Befragung von Nahestehenden* wichtiger als die Orientierung an allgemeinen Richtlinien.

Wunsch ist Wollen, *Wunschwohl* des Patienten das, was er für sich (vom Arzt) als *Wohltat* will. *Arztpflicht* ist es, seine Arzthilfe nur nach dem Wunschwohl des Patienten zu leisten, nicht aber nach seinen Vorstellungen über menschliches Wohl oder Glaubenslehren dazu, wie zum Beispiel das heute – wie lange noch? – wissenschaftlich Anerkannte aus schulmedizinischer Sicht.

4. Hilfe

Auch *Hilfe* ist – als Tun und auch Nichttun eines anderen für jemanden – ein zweisinniger, ein *dualistischer Begriff*. Bezogen auf das Ich ist Hilfe *nur*, was jemand von einem anderen *für sich* an *Hilfe und Nichthilfe*, im Spielraum zwischen absoluter Nichthilfe und maximaler Hilfeleistung, *will*. Der entscheidende Maßstab ist der *Wille*, also wieder das Wollen und Nichtwollen des Empfängers, *nicht aber* die Wertung der Tat oder Untat durch eine *Ideologie* religiöser, medizinischer, juristischer oder staatlicher Art.

Hilfe kann angeboten werden, zum Beispiel als Gesundheitshilfe und Sterbehilfe. Das *Angebot* adelt das in Aussicht gestellte Tun oder Unterlassen *noch nicht* zur Hilfe. Erst das *Ergebnis* entscheidet, genau gesagt: die (eventuell auch mutmaßliche) *Ergebniswertung* des Hilfeversuchs *durch den Empfänger*.

Unterlassene Lebensrettung auf Wunsch des Patienten ist keine *Unterlassene Hilfeleistung* – wie merkwürdigerweise von Höchstrichtern geurteilt wurde – sondern das Gegenteil: *praktizierte Hilfeleistung*. Lebensrettung *gegen* den Willen eines Patienten muß man dagegen als *Unterlassene Hilfeleistung, meistens als Folterung einstufen*.

Die Verweigerung einer Mitleidstötung auf Wunsch eines end- und hoffnungslos Leidenden sollte *als Unterlassene Hilfeleistung und Folterung bestraft* werden!

7.3 DER ARZT ALS RETTER UND WIEDERHERSTELLER, ALS TÖTER UND VERSTÜMMELER

Vor zwölf Jahren, am 21.3.1976, bekam ich den Brief eines praktischen Arztes, der mir wie kein anderer die *Problematik unseres Arztberufes* ins Bewußtsein rief.

Vorher war im »Schleswig-Holsteinischen Ärzteblatt« ein Artikel erschienen, der meine Absicht kritisiert, ein Buch mit dem Titel: CHIRURGIE – HANDWERK ZUM HEILEN UND TÖTEN zu veröffentlichen. Das Buch erschien dann im September 1976 mit dem vom Verleger *Rowohlt* geschönten Titel AUF MESSERS SCHNEIDE – KUNST UND FEHLER DER CHIRURGEN.

Darauf bezog sich der Brief, in dem unter anderem steht:

»In einem nun langen Leben als Arzt, als Arztsohn eines praktischen Arztes in einer mecklenburgischen Kleinstadt und nach einer mehrere Jahre währenden Tätigkeit an sehr verschiedenen Krankenhäusern nach dem Staatsexamen, habe ich viele Fälle gerade aus chirurgischer Tätigkeit heraus gesehen, die vielleicht das von Ihnen verarbeitete Material in vielfacher und überzeugender Weise ergänzen würden.

Nun seit mehreren Jahren im Ruhestand lebend, wird doch durch Berichte und Lektüre der mir immer noch zugehenden zahlreichen Zeitschriften das Bild unseres Berufsstandes weiterhin getrübt.

Daher kommen mir oft recht traurige Empfindungen, in einem Beruf gearbeitet zu haben, dem von der leidenden Menschheit ein *unendlich großes Vertrauen* entgegengebracht wird, welches in oft *leichtfertigster Weise mißachtet* wird und durch Leichtsinn und Überheblichkeit in nicht wieder gutzumachendes Unglück führt.

Dazu kommt bedrückend die Erinnerung an die durch eigenes Versagen, infolge eigener Unvollkommenheit und mangelnder

Erfahrung unglücklich ausgelaufenen Krankheitsfälle. *Ein im Alter so wünschenswertes Gefühl gut erfüllter Lebensaufgaben in einem schönen Beruf will sich daher nicht einstellen.«*

Der Briefschreiber war ein Patientenarzt mit zirka fünfzigjähriger Tätigkeit, zuletzt in einer großen Allgemeinpraxis in einer schleswigholsteinischen Stadt. Er genoß in der Bevölkerung größtes Ansehen.

Kann es einen stärkeren Beweis für die Schwächen unseres Arztberufes geben? Und gegen die Berechtigung jener Überheblichkeit, mit der Ärzteführer sich als *Heilgötter* gebärden und ihre untertanen Berufsgenossen zu *Halbgöttern* in Weiß hochloben?

Wie wohltuend ist da der selbstkritische Rückblick und die Bescheidenheit dieses Patientenarztes aus Liebe.

Ein ähnlich beklemmendes Gefühl beschleicht mich, wenn ich an meine 43 Arztjahre zurückdenke. War sie wirklich *positiv,* die *Kosten-Nutzen-Bilanz* des Chirurgen *Julius Hackethal aus der Sicht seiner Patienten?* Ich will es nicht nachrechnen!

Sicher gab es unzählige Erfolgserlebnisse. Immerhin waren es ja zwischen 30 000 und 40 000 Operationen, selbstgemacht und/oder letztverantwortlich geleitet. Darunter einige tausend *besonders schwierige Eingriffe:* große Bauchoperationen, sehr komplizierte Knochen- und Gelenkbrüche, künstliche Gelenke, diffizile Hand- und plastische Korrektureingriffe, Wirbelsäulenreparaturen.

Internisten können von den *Erfolgserlebnissen* eines Chirurgen nur träumen. Aber auch ihre *Alpträume* müssen *weit hinter denen* jener Ärzte zurückbleiben, die mit Messer, Schere, Säge, Bohrer, Meißel und Hammer im buchstäblichen Sinne des Wortes *behandeln.*

Jeder Arzt, unter Einschluß der wenigen besonders Begnadeten – zu denen ich mich bei weitem nicht rechne –, hat am Ende seines Arztlebens *mindestens vielen tausend*

Patienten *ihr Krankheitsleid verstärkt* und *mindestens vielen hundert* Patienten das *Leben verkürzt*. Er war also für eine große Zahl von Menschen nicht Retter und Helfer, sondern *Töter und Verderber. Wer das bezweifelt, möge in den vielen dicken Lehr- und Handbüchern über operative und sonstige Fehler,* über *Arzneivergiftungen* und viele andere böse Auswirkungen unserer »Arzthilfe« nachlesen. Raritäten gehen in solche Warnwerke nicht ein, nur sich oft wiederholende Fehler.

In dem Buch von *B. Tschirren:* DER NARKOSEZWISCHENFALL (*Huber*-Verlag, Bern 1976) schreibt Prof. Dr. *G. Hossli* im Vorwort:

»Jede Anästhesie ist, wie die meisten ärztlichen Behandlungen, mit einem gewissen Risiko verbunden. Da bei einer Narkose stets potente Medikamente und oft differenzierte Techniken zur Anwendung gelangen, ist hier die latente Gefahr besonders groß. In der Anästhesie bedeutet der Zwischenfall meist akute Lebensbedrohung ... Ungenügende Ausbildung und Mangel an Erfahrung sind immer wieder die Ursachen von Narkosezwischenfällen ... Starkwirkende Arzneimittel sind allein in den Händen des Ausgebildeten gerechtfertigt. Gegen diesen Grundsatz wird immer wieder und mit unverständlicher Leichtfertigkeit verstoßen.

Weitaus die meisten Zwischenfälle könnten wahrscheinlich vermieden werden, wenn man die Gefährdungsmöglichkeiten jederzeit überdenken und die zweckmäßigen Verhütungsmaßnahmen ergreifen würde ... Erinnern wir uns immer wieder an die Tatsache, daß es ein sicheres Anästhesie-Verfahren nicht geben kann, sondern höchstens den zuverlässigen und mit Kenntnissen genügend ausgestatteten Anästhesie-Arzt, der die zahlreichen Pharmaka, Methoden und Techniken mit größter Sicherheit versteht.«

In der *Einleitung* schreibt Prof. Dr. *B. Tschirren:*

»Seit der ersten erfolgreichen Äthernarkose durch *Morton* am 16.10.1846 hat die Anästhesiologie der operativen Medizin ungeahnte Möglichkeiten erschlossen und den leidenden Menschen ein großes Maß an Schmerz und Qual erspart. Doch ist als Preis für diesen Fortschritt die Narkose von Anfang an mit der Drohung erheblicher Lebensgefahr verbunden geblieben. Und der erste geschichtlich festgestellte Narkosetodesfall ereignete sich schon am 28.1.1848, als ein fünfzehnjähriges Mädchen bei der Narkoseeinleitung mit Chloroform für die Operation eines eingewachsenen Zehennagels plötzlich verstarb. Seither ist jede Narkosestatistik mit tragischen Todesfällen belastet worden, und *Sykes* schätzt die Zahl der tödlichen Narkosekomplikationen, die sich *allein in England und Wales* von 1846 bis 1946 im ersten Jahrhundert der modernen Anästhesiologie ereigneten, auf mehr als 24000. *Beecher* und *Todd* fanden während einer Zeitspanne von fünf Jahren (1948–1953) in zehn amerikanischen Universitätsspitälern auf 600000 Narkosen deren 384 mit letalem (= tödlichem) Ausgang. Daraus ergibt sich eine Relation von einem Anästhesietodesfall auf etwa 1500 Narkosen, was auch in neueren Untersuchungen bestätigt worden ist ...

Im weiteren ist zu bedenken, daß eine Narkose durch die Einwirkung von Substanzen erzielt werden kann, die letzten Endes Gifte sind, welche die Funktionen *jeder lebenden Zelle* mehr oder weniger stark beeinträchtigen ...

Eine weitere Gefahrenquelle für den Patienten bergen die technischen Einrichtungen und Hilfsmittel, wobei in erster Linie an O2-Mangel im Narkosegemisch und an Intubations-, Lagerungs- und Explosionsschäden zu denken ist. Durch die Operation und Narkose können auch pathologische Vorgänge ausgelöst werden, die primär damit nichts zu tun haben, zum Beispiel Schizophrenieschübe, epileptische Anfälle, Status-Asthmaticus usw.«

Im Kapitel 2 »Nebenreaktionen und Zwischenfälle bei der Allgemeinanästhesie« werden 71 verschiedene Möglichkeiten aufgeführt und dann in Einzelkapiteln behandelt: Aspiration (= Verstopfung der Luftröhre durch Erbrochenes, Fremdkörper usw.), reflektorischer Atemstillstand, Exitationszustände (= Erregungszustände), Venenentzündungen, Verblutung, Luftembolie, Augenverletzungen, Intubationsverletzungen, Schizophrenieschub, Lungenembolie und und und.

Für die *Chirurgie* gibt es ein vielbändiges Werk über INTRA- UND POSTOPERATIVE ZWISCHENFÄLLE, herausgegeben von *G. Brandt, H. Kunz* und *R. Nissen (Thieme*-Verlag, Stuttgart), in dem die gewaltigen Gefahren von Operationen und allem Drumherum beschrieben werden. Im Vorwort schreiben die Herausgeber: »Trotz der großen Fortschritte, die gerade auf dem Gebiet der operativen Medizin in den letzten zwei Jahrzehnten erzielt wurden, ereignen sich, selbst bei größter Erfahrung des Operateurs, doch *immer wieder derartige Zwischenfälle* ... Da in zunehmendem Maße komplizierte und nicht ungefährliche diagnostische Eingriffe vorgenommen werden, war es naheliegend, auch die dabei möglichen Zwischenfälle zu besprechen. Dasselbe gilt für die modernen Verfahren der Anästhesie, für die Infusionen und Transfusionen, die, so große Vorzüge sie auch besitzen, keineswegs gegen Komplikationen gefreit sind.«

Kapitel über Bluttransfusionen, intravenöse Infusion, die verschiedenen Formen der Endoskopieverfahren, der Angiographie (= Gefäßdarstellung), die Wundinfektion (als Riesengefahr), die operativen Psychosen und anderes zeigen die *Gefährlichkeit der Arzthilfe* im *allgemeinen Bereich*. Hinzu kommt das, was in unzähligen weiteren Kapiteln über die *speziellen* Gefahren bei den Eingriffen an den verschiedensten Körperorganen passieren kann.

Es gibt ein weiteres Buch zu dem Thema VORSICHT ARZT: »POSTOPERATIVE KOMPLIKATIONEN«, herausgegeben von *R. Pichlmayr (Springer*-Verlag, Heidelberg 1976). Hier geht es um jene Risiken, die sich, durch falsche Operationstechnik verursacht, erst *nach* den Operationen zeigen, die aber großenteils ihre Ursache auch in zusätzlichen Fehler im Anschluß an die Operation haben.

Der Herausgeber schreibt dazu: »Von den drei großen und weitgefaßten chirurgischen Bereichen – Indikation, Operationstechnik, Nachbehandlung – sind für das Erreichen eines ungestörten postoperativen Verlaufs die ersten beiden weit wichtiger als die Nachbehandlung.

Postoperative Komplikationen entstehen ... vor allem durch Fehler bei der Operation. Im Rahmen der korrigierenden Behandlung aber gibt es wieder *unzählige Fehlermöglichkeiten mit entsprechenden Risiken* für die Qualität des Weiterlebens und für das Überleben überhaupt.«

Die Gefahren *internistischer* Versorgung sind nicht viel kleiner als die im chirurgischen Bereich. Wenn man allein an die Möglichkeit gefährlicher Nebenwirkungen bei *diagnostischen* Eingriffen denkt, wird das bewußt. Es kommen aber vielfältige sonstige Gefahren hinzu, insbesondere solche, die von *Arzneimitteln* ausgehen können.

Ich habe schon bei anderer Gelegenheit die Vermutung ausgesprochen, daß trotz teilweise *gewaltiger Fortschritte* durch bestimmte Medikamente wie Antibiotika, Kortison usw. in der Summe die *Gefahren und die Nachteile* der modernen Chemotherapie im weitesten Sinne – also mit Arzneichemikalien der verschiedensten Art, von Aspirin über Tranquilizer und Schlafmittel bis hin zum Stickstofflost (gegen Krebs) – den Gewinn insgesamt *weit überwiegen*.

Warum schreibe ich das hier?
Weil all diese Gefahren keinen Zweifel lassen, daß für die *Gesundheitshilfehoheit* (= Therapiehoheit) *des Arztes nicht der kleinste Raum* bleibt. Wie darf man angesichts dieser Gefahren die Patienten zwingen, sich einem noch so sorgfältig erarbeiteten Katalog sogenannter wissenschaftlich allgemein anerkannter Heilhilfen zu unterwerfen?!

Nichts ist zwingender in der staatlichen Gesundheitspolitik, als das immer noch weithin geduldete *therapeutische Privileg* der Ärzte endgültig und bis ins kleinste hinein durch die *totale Therapiehoheit des Patienten* zu ersetzen.

Therapiehoheit des Patienten bedeutet selbstverständlich auch *Lebenshoheit bzw. Sterbehoheit.* Es darf nicht länger sein, daß die Patienten an der Selbstbestimmung ihres Todeszeitpunktes gehindert werden, wenn end- und hoffnungsloses Krankheitsleid besteht.

Der Arzt ist zur *größten kontrollierbaren Gefahr der Neuzeit* für den einzelnen Menschen geworden! Das ist der Preis für eine Schulmedizin, der die *Technik über den Kopf gewachsen ist.* Und dieser Preis hat sich in den letzten vier Jahrzehnten vervielfacht.

Natürlich gibt es auch große Fortschritte und eine Verkleinerung der Risiken: durch technische Verbesserungen in vielen Bereichen und mehr Sicherheit bei Anästhesien und Operationen, durch bessere Erkenntnisse der Nebenwirkungen und anderes. Aber die Flut *an Neuem und Unerprobtem ist zu groß.* Das größte Problem: Sowohl bei den Volkskillerkrankheiten Aderenge und Krebs als auch bei den *Volkskrüppelkrankheiten* Rheuma und Gicht ist die Schulmedizin keinen Schritt weiter. Hier wird mit Arzneichemikalien und Wahnsinnsoperationen herumexperimentiert, daß es einem kalt den Rücken herunterläuft.

Wissenschaft wird in einem Umfange zu *Patientenbetrug* und *Patientennötigung* mißbraucht wie nie zuvor. *Wir Ärzte sind Herren über Leben und Tod, über Wiederherstellung und Verkrüppelung,* über Glück und Unglück unserer Patienten wie *kein Berufsstand* sonst. Und diese Herrschaft verdanken wir weniger jener Unkontrollierbarkeit, die es immer geben wird, als der von den Ärzteführern gepflegten und *geschützten Unkontrolle* in Bereichen, die *kontrollierbar wären.* Das geht von der Unkontrolle der Krankenscheinabrechnungen bis hin zur Unkontrolle von Folterung und Tötung.

Was ergibt sich daraus?
In einer humanen Welt hat nur ein Arztberuf Berechtigung, der die totale Therapiehoheit des Patienten respek-

tiert, sich feste Kontrollierbarkeitsgesetze gibt und aus einem verschworenen Geheimhaltungsbund zu einer breit geöffneten, durchschaubaren Arzt-Patient-Freundesgemeinschaft (gesetzlich gezwungen) wird.

7.4 RECHTSBEGRIFFE UND GESETZE AUS ÄRZTLICHER SICHT

Rechtsbegriffe sind die Grundlage einer Verständigung über *Rechte und Pflichten* der Menschen im Umgang miteinander. Das Recht des einen ist die Pflicht des anderen. Recht auf Leben bedeutet: Pflicht, dieses Leben nicht zu töten und so weiter.

Wer von Recht spricht, denkt dabei in der Regel an die *Rechtsgesetze des Staates,* die in *Rechtssätze* gefaßt und nach Paragraphen geordnet sind. Sie fallen in den Zuständigkeitsbereich der *Rechtshelfer,* der Rechtsanwälte im weiteren Sinne: vom Ankläger über den Rechtsbeistand bis zum Richter.

Dieses Staatsrecht gründet sich in einem Rechtsstaat auf den *Willen des Volkes.* Rechtsurteile werden »*im Namen des Volkes*« verkündet. Im Kern bedeutet das: nach dem Willen der *Mehrheit* eines Volkes. Die *Mehrheit eines Volkes* sind *nicht* die *Rechtshelfer,* sondern die anderen, auch *Laien* genannt.

»*Laie*« stammt von dem griechischen Wort »Laos« = Volk. Gemeint ist: das *einfache Volk,* im Gegensatz zum *Kleros,* jenen, die durch ein glückliches Los (= »kleros«) *mehr* als das einfache Volk geworden sind.

Besonders gepflegt wurde die Unterscheidung zwischen Laien und »Klerus« von den Kirchenführern. Sie nannten die Angehörigen ihres »*Geistlichen Standes*«*, die »Geistlichen«,* in ihrer Gesamtheit *Klerus* und kennzeichneten sie mit einer *Tonsur,* der Mönchsglatze als Statussymbol.

Der Begriffswandel das Laien zum *Ungelehrten,* zum *Nicht-Sachverständigen,* zum Dummkopf also – bezogen auf das Wissen des Klerus – war vorprogrammiert.

Hier steckt das Problem unserer Rechtswelt: Es gibt in allen Bereichen unserer Gesellschaft einen *Kleros*, eine Gruppe, die sich zu einem »Stand« zusammengeschlossen hat, der *die anderen als Dummköpfe einordnet und so behandelt.*

Das gilt auch für den *Rechtshilfekleros,* die Juristenschaft und den *Gesundheitshilfekleros,* die Ärzteschaft. Aus Rechtshelfersicht sind die Ärzte rechtsdumm und aus Medizinersicht Juristen medizindumm. Das Bedenkliche: Beide Stände *tolerieren gegenseitig* die daraus gewachsenen *Sonderrechte.* Die Folge: *Das Recht wurde medizinfremd und die Medizin rechtsfremd,* jedenfalls weithin.

Dabei sollte es umgekehrt sein: Für die Rechtshilfe sollte als Maßstab und Richtlinie gelten, was der *Rechtslaie* will, aber nicht der Rechtskleros, und für die Gesundheitshilfe das, was der Gesundheitslaie will, der *Patient* also, aber nicht der Gesundheitskleros, die Ärzteschaft.

Ich schreibe dieses Buch aus der Sicht eines Patientenarztes, der seinen Patienten – im EUBIOS-Patientenarztgelöbnis – verspricht: jeden Patienten *wie den besten Freund* zu behandeln oder gar nicht. Nur eine *freundschaftliche Beziehung* gewährleistet nach meiner Überzeugung die wünschenswerte *Ausgewogenheit* von Rechten und Pflichten einer Arzt-Patient-Partnerschaft.

Dabei ist der *Patient* – rechtlich gesehen – in der Rolle des *Herren,* des Auftraggebers, und der *Arzt* in der Rolle des *Dieners,* des Auftragnehmers. Bei dem heutigen Stand von Rechtshilfe- und Arzthilfegesetzen wird der Patient in seinen Rechten stark behindert. Zu stark! Viel zu stark!

Wenn ich im folgenden versuche, das Gesundheitshilferecht zu überdenken, so mögen das die Juristen nicht als Rechthabereisucht eines Rechtslaien werten, sondern als ein Bemühen, ihnen als *Gesundheitshilfefachmann* eine *Entscheidungshilfe* zu geben.

Mir scheint, daß die Rechtsprechung – jedenfalls bezogen auf Gesundheit und Krankheit, Leben und Sterben – die *im Gesetz verankerten Rechtssätze* – mit ihrem zwangsläufigen Ermessensspielraum für Richter und Rechtsgelehrte – in mancher Beziehung *anders wertet,* als es *aus der Sicht des Patienten,* des EUBIOS-Patientenarztes und auch aus biologischer Sicht allgemein *rechtens* ist.

Das Patient-Arzt-Rechtsverhältnis ist in *Standesordnungen* und *Gesetzbüchern* geregelt: Da gibt es das *Bürgerliche Gesetzbuch* als Vertragsgrundlage, die Bundesärzteordnung, das (Ärzte-)Kammergesetz, die Berufsordnung für Ärzte, das Gesetz über Kassenarztrechte, die Satzungen der Ärztlichen Kreisverbände als *Standesgesetze für Ärzte und Kassenärzte* und schließlich das *Grundgesetz- und das Strafgesetzbuch* als übergeordneten Rechtsschutz. Die einzelnen Gesetzesarten sind nur teilweise aufeinander abgestimmt. Es gibt eine gesetzliche *Gesundheitsrechtsdisharmonie.* Ich hoffe, daß dieses Buch mithilft, bald zu mehr Gesundheitsrechtharmonie zu kommen.

In den folgenden Kapiteln sind vor allem die *Rechts- und Gesetzeslücken* zum *Nachteil der Patienten* aus meiner Sicht dargestellt.

7.5 PATIENT-ARZT-VERHÄLTNIS: (STILLSCHWEIGENDER) BÜRGERLICH-RECHTLICHER VERTRAG MIT MANGELHAFTEM RECHTSSCHUTZ DES PATIENTEN

Arzthilfe ist »*Gesundheitshilfe auf Verlangen*«, auf Wunsch und im Auftrag des Patienten.

Was will der Patient? *Arzthilfe gegen Krankheitsleid* in Form von Gesund- und Heilhilfe, Not- und Sterbehilfe. JA, jeder Patient wünscht sich im Falle des Falles von seinem Arzt *auch Sterbehilfe,* das heißt wirksame Hilfe gegen ein qualvolles Sterben.

Jeder Patient will auch, daß die Arzthilfe nach *seinem Wunschwohl* geschieht, aber nicht nach einem genormten Wunschwohl aus der Sicht einer schulmedizinischen, religiösen oder staatlichen Ideologie.

Schließlich schließt die »Gesundheitshilfe auf Verlangen« auch den Patientenwunsch ein, nach dem *neueren Stand von Wissenschaft und Technik* versorgt zu werden. Er möchte wissen, was möglich und mit welchen Erfolgsaussichten und Gefahren die empfohlene Arzthilfe verbunden ist, bevor er sich nach seinem Wunschwohl entscheidet. Der Patient will also *ausreichend informiert* werden.

Von alledem darf und muß man vernünftigerweise heute ausgehen, wenn ein Patient-Arzt-Verhältnis begonnen wird.

Leider ist es nicht üblich, vor Beginn eines Patient-Arzt-Verhältnisses einen *schriftlichen Vertrag* zu machen. Also entscheidet über die Vertragsauslegung nur *»wie Treu und Glauben mit Rücksicht auf die Verkehrssitte es erfordern«* (§ 157 BGB). Genau hier steckt das Problem.

Die *»Verkehrssitte«* für die Pflichten und Rechte aus dem stillschweigenden Patient-Arzt-Vertrag sollte sich an den

Menschenrechten orientieren, bei uns also am Grundgesetz. *Das tut sie aber weithin nicht.* Vielmehr sind trotz der durch das Grundgesetz von 1949 in *vielfacher Weise veränderten Rechtslage* noch immer jene Standes- und Sonstigen Gesetze Richtschnur, die aus humaner Sicht *längst außer Kraft* gesetzt sein müßten. Das gilt für die praktizierte Gesetzes*auslegung* noch mehr als für den Gesetzes*text,* der zum Teil – wie beim Kassenarztrecht – sogar eine Auslegung zuläßt, die eine humane Arzthilfe in vorbildlicher Weise sichern würde.

Von der Rechtsprechung *geduldete Verkehrssitte* ist seit dem *Hippokrates*-Eid: das Arztwissen über Gesundheitshilfe vor Patienten und Nichtärzten *geheimzuhalten* (Schwursatz 2), das Heilverfahren durch den Arzt *anzuordnen* (Schwursatz 3), Mitleidstötung zu *verbieten* (Schwursatz 4), die *Schweigehoheit zu sichern* (Schwursatz 7) und den eidbrüchigen Arzt aus der Kollegengemeinschaft *auszustoßen* (Nachsatz).

Da gab es zwar in den letzten Jahren ein paar juristische Einbrüche in das Geheimhaltungsrecht und die Therapiehoheit der Ärzte, in den USA stärker als bei uns. Aber im großen und ganzen werden *Nichtinformation* und *Therapiehoheit der Ärzte* zum Nachteil des Patienten *in einem Umfange* praktiziert und von den Rechtshütern geduldet, wie er aus neuzeitlicher Menschenrechtssicht als *inhuman* zu werten ist, weil er eklatant gegen Menschenwürde und Selbstbestimmungsrecht des Patienten verstößt.

Extreme Ausmaße hat dies dort, wo es eine *gesetzliche Zwangsversicherung* mit Sondervorschriften für Kassenpatienten gibt, weil für fast alle Patienten eine zeitgemäße Ausübung der Therapiehoheit des informierten Patienten *ohne Kostendeckung* durch die Krankenversicherung nicht durchführbar ist. Bei den Privatversicherten ist der Therapiezwang nicht ganz so extrem, aber schlimm genug. Auch sie stecken in der *Zwangsjacke »Wissenschaftlich allge-*

mein anerkannt«, maßgeschneidert von den Heilgöttern der Schulmedizin weithin für das eigene Wohlergehen.

Solche patientenfeindliche Verkehrssitte wäre durch einen *schriftlichen* Patient-Arzt-Vertrag zumindest weitgehend außer Kraft zu setzen. Eine Empfehlung dafür steht im Kapitel 8.3.

7.6 MISSBRAUCH DER STANDESGESETZE ALS WURZEL VERWEIGERTER MITLEIDSTÖTUNG

Richtschnur und Ausrede Nummer 1 für die weithin inhumane Arzthilfe von GESTERN UND HEUTE sind die *Standesgesetze*. Es gibt deren vier: die Bundesärzteordnung, das Kammergesetz für Ärzte, die Berufsordnung für Ärzte und das Gesetz über Kassenarztrechte.

Die *Bundesärzteordnung* bestimmt. »Der Arzt dient der Gesundheit des einzelnen Menschen und des gesamten Volkes.« Dient!!

Sie regelt die Voraussetzungen für die »Approbation« als Arzt, die »Erlaubnis« zur Berufsausübung und Unwichtiges anderes. Seit 1985 muß man mindestens sechs Jahre an einer wissenschaftlichen Hochschule studieren, von denen »mindestens acht, höchstens zwölf Monate praktische Ausbildung in Krankenanstalten« sein dürfen und danach die »ärztliche Prüfung« bestehen.

Höchstens ein *Sechstel* der Ausbildung darf in Praxis und Klinik abgeleistet werden. Kein Wunder, daß der Jungarzt trotz Abitur und sechs Jahren Ausbildung weniger als selbständiger Heilhelfer einsatzfähig ist als ein Heilpraktiker nach einem Jahr Abendschule! Das Verhältnis von Theorie und Praxis müßte 1:1, wenn nicht 1:2, also 1/3 Theorie, 2/3 Praxis sein, aber nicht 6:1. Doch darüber mehr in dem Buch HEILGÖTTERDÄMMERUNG.

Das *Kammergesetz für Ärzte* als Nummer 2 der Standesgesetze macht die Ärztekammerherren zum *Herrscher aller Reußen*. Ihnen obliegt die Aufsicht über die ärztlichen Kreis- und Bezirksverbände. Sie erlassen die »Berufsordnung für Ärzte« mit der Hoheitsgewalt einer öffentlich-rechtlichen Körperschaft. Sie schlagen nur die vor, die im

Berufsgericht über Aufmüpfige rechtskräftig richten. Die Ärztekammerpräsidenten haben eine *ungeheure Macht* über die Gesundheit des Volkes. Sie sollen laut Kammergesetz die gesetzliche Arztpflicht sicherstellen, den Arztberuf *»gewissenhaft auszuüben«* und dem den Ärzten »in Zusammenhang mit dem Beruf entgegengebrachten *Vertrauen* zu entsprechen«.

Tun sie das? NEIN, nach meiner Überzeugung wird dieser gesetzliche Auftrag, eine gewissenhafte, vertrauenswürdige Arztberufausübung durch entsprechende Richtlinien und Kontrollen zu gewährleisten, von den Ärzteführern nicht entfernt angemessen erfüllt.

Das standesrechtliche *Gesetz der Gesetze* ist die *»Berufsordnung für Ärzte«*. Sie wird von den Ärzteführern in den Kreis-, Bezirks- und Landesverbänden beschlossen und von den Regierungen abgesegnet.

Die Berufsordnungen der einzelnen Bundesländer stimmen weitgehend überein. Erst in jüngster Zeit bahnen sich Unterschiede an, erzwungen von fortschrittlichen Politikern. So sollen in Hamburg in Zukunft Ärzte auch Kollegen wegen Kunstfehlern anzeigen – eine traumhafte Entwicklung aus Patientensicht.

Die »Berufsordnung für Ärzte«, die eigentlich vor allem sicherstellen soll, daß die Ärzte ihren Beruf *gewissenhaft und vertrauenswürdig* ausüben, enthält weithin *nur* Vorschriften zur Wahrung *ärztlicher Sonderrechte* zu Lasten des Patienten.

Im »Gelöbnis« der Berufsordnung werden alle Ärzte auf die Tradition verpflichtet. Früher stand hier der *Hippokrates*-Eid. Heute wird dieser aber aus taktischen Gründen – manche Passagen sind nicht mehr vorzeigbar – nur noch unter dem Tisch gehandelt. In ihm steckt aber die *Kraft der ungeschriebenen Gesetze,* jener Rituale also, die in der feinen Gesellschaft der Mächtigen *weit stärker* sind als alle geschriebenen.

Wörtlich steht im »Gelöbnis«: »Ich werde meinen Beruf mit ... *Würde* ausüben ... Ich werde mit allen meinen Kräften die *Ehre* und die *edle Überlieferung* des ärztlichen Berufes aufrechterhalten ...« Würde, Ehre und edle Überlieferung als Berufsgesetz, *kein Wort von Barmherzigkeit und Mitleid* in der gesamten Berufsordnung mit ihren 31 Paragraphen!

Man muß sich mit dem erbarmungslosen *Hippokrates*-Arzteid und seinen Folgen im einzelnen auseinandersetzen, um an die *Wurzel der Mitleidlosigkeit* zu kommen, die in der Verweigerung der Mitleidstötung steckt.

Tatsächlich stammt der böse Arzteid gar nicht von dem begnadeten »Heilpraktiker aus Liebe« *Hippokrates.* Vielmehr ist er die Verschwörungsformel einer geschäftstüchtigen Clique von Quacksalbern, Flickschustern, Dreckapothekern und Hokuspokusmedizinern, die sich für was Besseres hielten. *Hippokrates* war das Alibi für die patientenfeindliche Geheimbündelei derer, die sich die Berufsbezeichnung »iatros« = Retter, und »archiatros« = König der Retter – Arzt (auf deutsch) gaben.

Es gibt mehrere Übersetzungen des griechischen Textes ins Deutsche. Sie stimmen weitgehend überein. Deshalb ist es nicht wichtig, welche als Prüfstein für ein Werturteil genommen wird.

Das Werturteil der Ärzteführer in aller Welt scheint einheitlich: der beste aller Arzteide! Dazu drei Stimmen prominenter Mediziner:

1. Prof. Dr. med. *Franz Büchner* – einer der berühmtesten deutschen Pathologen – schrieb 1947: »Die Grundgesetze ärztlicher Sittlichkeit haben in der Antike, ja in der ganzen abendländischen Medizin, ihre edelste und zugleich einfachste Prägung in dem Eide des griechischen Arztes *Hippokrates* gefunden.«

2. Prof. Dr. med. *Karl Deichgräber* schreibt in seinem Buch DER HIPPOKRATISCHE EID *(Hippokrates*-Verlag, Stuttgart

1983) in der Einleitung: »Dieser Eid erscheint überall, wo von ihm die Rede ist, als Inbegriff höchster ärztlicher Ethik, als einziger Wegweiser zu einem idealen Arzttum.«

3. Prof. Dr. med. *Charles Lichtenthaeler* hat neuerdings ein 392 Seiten dickes Lobesbuch DER EID DES HIPPOKRATES verfaßt, herausgegeben von *Deutscher Ärzte-Verlag*, Köln (!). Es gibt sich kritisch, strotzt aber vor antikem Eigenlob ärztlicher Moral. Schlußsatz der Einführung: »Es wird seiner wahren Größe keinen Abbruch tun« (S. 31). Gemeint ist das Umdeuten mancher Sätze durch »Eid-Forscher«. »Ungeeignet für die ›Eid-Deutung‹ sind die naiven, unkritischen Enthusiasten, die zornigen ›Schlechtmacher‹, die Rationalisten und allgemein die Sektierer jedes Schlages (S. 334). »Das *Hippokratische* Gelöbnis hat in mehr oder weniger veränderter Form, je nach den äußeren Umständen, die sittliche Haltung der Ärzte während Jahrtausenden mitbestimmt und damit den Charakter einer Institution gewonnen« (S. 28).

Charles Lichtenthaeler (geboren 1915), Medizingeschichtsordinarius in Hamburg 1963–1983, nutzt sein Buch, um seinem heiligen Zorn Luft zu machen. Ihn traf mein Ordinarienschmäh 1963/64 und die spätere Studentenrevolution (Jargon: »Es staubt aus den Talaren der Muff von tausend Jahren«) in das frischgebackene Ordinariusherz.

Das konnte es bis heute nicht verwinden:

»Aktuell ist der ›Eid‹ heute, wie ich meine, hauptsächlich aus zwei Gründen. Erstens ist das für uns alle verbindliche ethische Wertsystem des christlich-abendländischen Äons nach 1945 mit diesem zusammen allmählich in Trümmer gefallen. Die Welt um uns herum gleicht mehr und mehr einem Heidenland mit wenigen christlichen Restbeständen. Zur selben Zeit bricht in dieses wahre ›Mittelalter‹ und Interregnum eine neue Massenzivilisation ein mit ihrem typischen Agnotizismus und mystischen Pluralismus. Darauf folgt notwendigerweise ein ethisches Vakuum, das bald als ein ethisches Nichts, bald als ein ethisches Chaos empfunden wird. Die alten Tabus sind gefallen, wie man sagt, jedes moralische Bezugssystem wird angezweifelt; alles soll erlaubt sein, nichts kategorisch verboten.

Tölpelhaftes Anspruchsdenken drückt Pflichtbewußtsein an die Wand. Die Gesetze unserer demokratischen Rechtsstaaten verlieren an Gewicht und Geltung oder werden legalistisch pervertiert, wie *Alexander Solschenizyn* es in seiner berühmten Harvardrede entlarvt hat.

Wir sprechen unbeschwert von unserer ›permissiven‹ Gesellschaft, obgleich es eine ›Gesellschaft‹ strenggenommen in unseren Breiten gar nicht mehr gibt: sie ist zu einem Abstraktum entartet. Daß nun wir Ärzte unter diesen neuen und umstürzlerischen Verhältnissen zu leiden haben und vielfach in Gewissenskonflikte geraten, versteht sich von selbst: Wo liegen fortan für uns die Kriterien für Gut und Böse? Mit dem Abgang der älteren Ärztegenerationen, die noch einen ethischen Fixpunkt besaßen, kann sich diese Notlage nur verschlimmern. Wir haben es hier mit einem der vielen Faktoren der heutigen medizinischen Krise zu tun.«

Er macht es sich einfach, der sechs Jahre ältere Kollege. Als gebürtiger Schweizer kommt er nicht in den Verdacht, ein Nazimitläufer gewesen zu sein. Wie ich es war, denn 1939 wurde ich 18 und im Mai 1941 begann ich (als Kriegsgewinnler) mit dem Medizinstudium. Als akademischer Mitläufer der Naziinhumanität hat man keine Ausrede. Aber Mitläufer der Inhumanität waren und sind nicht nur Deutschstämmige. Und die Wurzeln der Inhumanität stecken weniger in den Jungen als in uns Alten. Deshalb habe ich meine sechs medizinkritischen Bücher geschrieben. Ich will nie wieder Mitläufer der Inhumanität sein, schwor ich mir 1945. Und aus diesem Vorsatz wuchs meine Rebellion gegen die praktizierte Schulmedizin.

In meinem zweiten Buch NACHOPERATION heißt das letzte Kapitel »Treuegelöbnis statt Kollegialverschwörung«. Darin steht: »Fast weltweit leisten die Ärzte zu Beginn ihrer ärztlichen Tätigkeit einen Schwur, den sogenannten Eid des *Hippokrates*. Auch die deutschen Berufsordnungen stellen diese Eidesformel an den Anfang. Sie hat inzwischen vielfache Abwandlungen erfahren. Wörtlich zitiert paßt der Urtext nicht mehr in die heutige Zeit. Deshalb wird nur noch der wesentliche Sinn, meist mündlich vom Lehrer zum Schüler weitergeben. Und dieser Inhalt hat sich seit mehr als 2000 Jahren kaum geändert. Zwei entscheidende Dinge stehen im Mittelpunkt: die Alterssicherung und die Kollegialverschwörung gegen die Patienten.«

Mein Werturteil damals: »Einen schlimmeren Ärzteeid kann es eigentlich gar nicht geben. Man muß an die biblischen Pharisäer denken.«

Hippokrates zur Ehre sei's nochmals gesagt: Nicht er selbst, sondern die Asklepiadengilde formulierte den Schwur. Die Mitglieder einer exklusiven ärztlichen Genossenschaft im alten Griechenland taten es. Es ist nicht das erste Mal in der Geschichte, daß Medizinschüler den Namen ihres Medizinlehrers mißbraucht haben. Das Ziel der Asklepiadengilde war, sich durch einen imposanten Eid von anderen abzugrenzen. Sie fühlten sich als Elite der griechischen Ärzteschaft. Ursprünglich waren alle Blutsverwandte, später nahmen sie auch Mitglieder aus anderen Familien auf.

Und nun lassen Sie mich den *Hippokrates*-Eid Satz für Satz zitieren und kommentieren. Er besteht aus sieben Schwursätzen sowie einer Ouvertüre und einem angstmachenden Nachsatz.

Die Ouvertüre lautet: »*Ich schwöre bei APOLLON, dem Arzt, und ASKLEPIOS und HYGIEIA und PANAKEIA und allen Göttern und auch allen Göttinnen, sie zu Zeugen anrufen, daß ich nach meinem Vermögen und Urteil erfüllen werde diesen Eid und diesen Vertrag.*«

Alle namentlich Genannten waren griechische Götter. *Apollo* – Sohn des Zeus, vom Gottvater. Er steht für

Macht, Geist, Größe und Schönheit. *Asklepios – Äskulap* ist der griechische Gott der Heilkunde, ein Heilheros, der in Gestalt eines heiligen Tieres – einer Schlange – 293 v. Chr. anläßlich einer Pest nach Rom kam. In der frühen römischen Kaiserzeit wurde *Äskulap* als Allheiler zu einem der meistverehrten Götter. Seit Ausgang des 5. Jahrhunderts v. Chr. wird *Äskulap* als bärtiger, in einen Mantel gehüllter Mann mit gütigem Gesichtsausdruck dargestellt, den meist von der heiligen Schlange umringelten Stab (*Äskulap*stab) in die Achsel gestützt. *Hygieia* war die Tochter des Heilgottes *Asklepios*. Ihr Name steht Pate für die Hygiene, die Gesundheitslehre. *Panakeia* war eine andere Tochter des *Asklepios*. Ihr Name steht Pate für die Panazee, das Heilmittel für jede Krankheit, das Allheilmittel, von den Alchemisten auch als Stein der Weisen angepriesen. Von den »Iatrochemikern«, den Urahnen der Chemieärzte von heute.

Gewiß: Der Eid wurde vor fast 2500 Jahren formuliert. Und es wäre geradezu frevelhaft, aus dem Wissen von heute von oben herab zu schauen, den Wert der Tradition zu schmähen. Voller Ehrfurcht verbeuge ich mich vor *Hippokrates*, vor seinem Wissen und Können als Arzt der Antike. Mir scheint, er war ein *Superpaul*, ein Patientenarzt *aus* Liebe großen Formats, wie später *Paracelsus, August Bier, Albert Schweitzer* und auch mein Lehrer *Franz Rose*, dem ich all mein Patientenglück und Kollegenunglück verdanke.

Nein, nicht das Bekenntnis zu einer Tradition verurteile ich, sondern die Nichtanpassung von alten Weisheiten an die Erkenntnisse des ZIS, des Zeitalters der Informationsschwemme, die Benutzung von Altehrwürdigem als Deckmantel für moderne Inhumanität. Hier haben die Hohenpriester von Kirche und Medizin die gleichen Unarten. Die Ouvertüre des *Hippokrates*-Eides klingt mir zu stark nach Halbgottwahn, Gehorsamkeitsanspruch und Überheblichkeit. Genau das wird in den folgenden Schwursätzen stark unterstrichen.

Der Schwur der Schwüre des *Hippokrates*-Eides heißt: »Sonst aber niemandem!« Er steht am Schluß des zweiten Satzes. Er besiegelt die Therapiediktatur die Therapiehoheit des Arztes, das Grundübel für Patienten.

Schwursatz Nr. 1: »*Ich will meinen Lehrer dieser Kunst meinen Eltern gleich achten, das Notwendige im Leben mit ihm teilen, ihm auf Verlangen gewähren, wessen er bedarf, seine Nachkommen gleich meinen Brüdern halten und sie ohne Entgelt und ohne Verpflichtungsschein unterrichten, wenn sie diese Kunst erlernen.*«

Arzt ist kein Beruf, sondern KUNST. Medizinlehrer sind heilig, Zweifel an ihrer Lehre oder gar Tadel Todsünde. Am Anfang steht nicht die Bescheidenheit, das Bekenntnis, zwar einen schwierigen Beruf auszuüben, aber einen Handwerksberuf wie viele andere, der sich nicht dadurch unterscheidet, daß er mehr Wissen und Können verlangt als andere Berufe, sondern daß er mehr Pflichten hat als Rechte.

Das Kunst zu nennen, was Ärzte im allgemeinen tun und getan haben seit 2500 Jahren, seit *Hippokrates,* ist eine Überheblichkeit ohnegleichen. Wer's nicht glaubt, sollte sich für Medizingeschichte interessieren.

Das letzte Kapitel meines letzten medizinkritischen Buches OPERATION – JA ODER NEIN? hat die Überschrift: »Geschichte der Chirurgie von der Steinzeit bis zum Anfang des 19. Jahrhunderts.« Übertitel: »Es war schlimm bis furchtbar ...« Den Rest der Chirurgiegeschichte, vom Anfang des 19. Jahrhunderts bis heute, habe ich in Arbeit. An dem Übertitel wird sich nichts ändern.

Der *Hippokrates*-Eid stellt den Medizinlehrerkult an den Anfang. Am perfektesten haben ihn die Deutschen kultiviert. Die ersten Hohen Medizinpriester des Technikzeitalters der Schulmedizin trugen Generalsuniform mit Sporen.

Schwursatz Nr. 2: »*Die Vorschriften, die Vorträge und den ganzen übrigen Lernstoff will ich meinen und meines Lehrers Söhnen sowie den eingetragenen und auf das ärztliche Gesetz verpflichteten Schülern mitteilen. SONST ABER NIEMANDEM.*«

Das ist er, der Schwur der Schwüre: »Sonst aber niemandem!« Also: Kollegialverschwörung zur Geheimwissenschaft, Therapiediktatur über die Medizindummen, die man dumm lassen muß. Sonst aber niemandem! Dazu Verpflichtung auf das »Ärztliche Gesetz«, Eidgenossenschaft, mit dem Schutzwall »Ärztliches Gesetz«. Man nennt es auch Berufsordnung für Ärzte. Das sind Fußtritte gegen die Patienten.

Wie hätte der Schwursatz 2 lauten müssen?: Pflicht zur umfassenden Patienteninformation, zur gründlichen Aufklärung. Bereitschaft, sich angemessen kontrollieren zu lassen. Bußkatalog für Pfusch und Betrug.

Schwursatz Nr. 3: »*Ich will das Heilverfahren nach Vermögen und Einsicht zum Nutzen der Kranken anordnen und Gefährdung und Schädigung von ihnen abwehren.*«

Hört sich gut an, aber nur für die Nichtinformierten. Ein Heilverfahren »nach Vermögen und Einsicht« anordnen heißt: Unfähigkeit und Dummheit sind nicht vorwerfbar. Auch Hokuspokusmedizin nicht. »Zum Nutzen der Kranken« klingt ganz besonders gut. Aber was die meisten nicht wissen: Gemeint ist der Nutzen, das Wohl der Kranken aus medizinwissenschaftlicher Sicht, aber nicht aus Sicht des Patienten.

Die meisten Medizinwissenschaftler halten es noch heute für nützlich, bei einem erbsgroßen Krebsknoten in der Brust die ganze Brust zu amputieren und alle gesunden Lymphknoten auszuräumen. Das ist nicht zum Nutzen, sondern zum schweren Schaden der Patientinnen, wie inzwischen nachgewiesen wurde. Abgesehen davon: Viele Frauen wollen lieber sterben, als sich die Brust abnehmen lassen. Das ist der Grund, warum viele Frauen erst in die Praxis kommen, wenn die Brust zu einem riesigen Krebsgeschwür geworden ist. Sie verkriechen sich.

Das Wohl der Kranken aus medizinwissenschaftlicher Sicht ist sehr oft das Gegenteil vom Wunschwohl des Patienten und auch von jenem Wohl, daß ein *Paul* als Patientenwohl wertet.

Schwursatz Nr. 3 hätte heißen müssen: Ich verspreche eine Versorgung nach dem Wunschwohl meines Patienten, und ich verspreche, bei schuldhaftem Arztfehler (=Kunstfehler) zu haften und Kunstfehler meiner Kollegen nicht zu decken.

Schwursatz Nr. 4: »*Ich will keinem, der es verlangt, ein tödliches Mittel geben, noch sein Vorhaben mit Ratschlägen unterstützen, auch will ich keinem Weibe ein fruchtabtreibendes Zäpfchen geben, ohne Fehl und unbescholten will ich leben und meine Kunst ausüben.*«

Also: Totales Tabu ärztlicher Erlösungstodhilfe, Verurteilung zur Krankheitsfolter ohne Ende. Außerdem: Frau = Gebärmutter ohne Selbstbestimmungsrecht. Arroganz bis zum Gehtnichtmehr: »Ohne Fehl und unbescholten will ich leben und meine Kunst ausüben.«

Schwursatz Nr. 5: »*Ich will bei Steinkranken unter keinen Umständen den Schnitt machen, sondern das den Männern überlassen, deren Beruf es ist.*«

Nicht nur diese Eidesformel ist inzwischen total überholt!

Schwursatz Nr. 6: »*Wohin ich auch komme, will ich zum Heile der Kranken in die Häuser gehen, frei von jeder Schädigungsabsicht und Kränkung und frei, wie von jedem anderen Laster, so auch von fleischlicher Lust nach Frauen und Männern, Freien und Sklaven.*«

Hört sich sehr gut an: »Frei, wie von jedem anderen Laster.« Dem Reinen ist alles rein! »Heil der Kranken« ist natürlich auch aus medizinwissenschaftlicher Sicht gemeint. Der Rest: na ja!

Schwursatz Nr. 7: »*Was ich bei der ärztlichen Behandlung sehe und höre, aber auch außerhalb derselben im gewöhnlichen Leben erfahre, will ich als Geheimnis ansehen und verschweigen. WENN ES NICHT AN DIE ÖFFENTLICHKEIT GEBRACHT WERDEN MUSS.*«

Also: Schweigepflicht mit Offenbarungsrecht. »Wenn es nicht an die Öffentlichkeit gebracht werden muß«: Hoheit Arzt entscheiden! Nicht aber: Die Schweigepflicht der Ärzte ist – bezogen auf die Person des Patienten – dem Beichtgeheimnis gleichzusetzen, aber nicht ärztlichem Ermessen in die Hand gegeben. Davon kann auch kein bayerisches AIDS-Gesetz entbinden, wie ich glaube.

Am Schluß des *Hippokrates*-Eides kommt der angstmachende Nachschlag:

»*Wenn ich nun diesen Eid erfülle und nicht breche, so möge mir im Leben und in der Kunst Erfolg beschieden sein, dazu Ruhm unter allen Menschen für alle Zeit; wenn ich ihn übertrete und meineidig werde, dessen Gegenteil.*«

Zu deutsch: Wenn du brav bleibst, Kollege, immer das tust, was die Hohen Medizinpriester und die Ärztekammerpräsidenten predigen, wirst du ein erfolgreicher Mediziner, erwirbst du »Ruhm unter allen Menschen für alle

Zeit«. Aber wehe, du bleibst nicht brav: Dann machen wir dich fertig für alle Zeit!

Noch 'ne Frage zur Ehrbarkeit des *Hippokrates*-Eides?! Das soll die Grundlage für ärztliches Handeln sein?!: Ehre, Würde und edle Überlieferung statt Nächstenliebe, Barmherzigkeit, Menschenachtung und Redlichkeit?

Vorsicht Arzt! kann man nicht laut genug rufen, solange dieser Eid gilt.

Kritik ist nur erlaubt, wenn man einen besseren Vorschlag hat. Andernfalls hilft sie nicht, zerstört sie nur. Ich habe einen Vorschlag: Das *EUBIOS-Patientenarztgelöbnis*.

Hier ist der EUBIOS-Schwur der Schwüre: Ich verspreche, jeden Patienten *wie den besten Freund* zu behandeln oder gar nicht! Den besten Freund liefert man nicht endloser Krankheitsfolter aus!

Der Schwursatz Nummer 4 des *Hippokrates*-Eides wurde dem Patientenvolk von den Ärzteführern als *Edelgelübde* verkauft. Beschworene Ehrfurcht vor dem Leben, das hört sich gut an für Patienten. Der Bundesärzteführer *Karsten Vilmar* drückt es noch theatralischer aus: Wir Ärzte wollen und dürfen nicht Herr über Leben und Tod sein. Das imponiert den Medizindummen weithin. Und wer ist es nicht?

Vor dem Hintergrund des Brauchtums sonst im Alten Griechenland wird der Schwursatz Nummer 4, der die Mitleidstötung eiskalt und ohne Ausnahme verbietet, zum *scheinheiligen Täuschungsmanöver* für die Geschäftsdevise: Ein toter Patient ist ein schlechter Patient.

Die Zahl der durch unheilbare, hoffnungslos-quälerische Krankheit Leidenden war im Alten Griechenland sicher prozentual kleiner als heute, aber doch groß genug, um in ein Arztgesetz auch Richtlinien zur Leidensverkürzung aufzunehmen.

Nichts dergleichen steht im Eid, *kein einziges Wort* über

die wichtigsten Arzteigenschaften und -pflichten: *Barmherzigkeit und Mitleid.*

Keinem Berufsstand ist es gelungen, einen so *unanständigen Moralkodex* als *Edelverfassung hochzustilisieren* und das über mehr als 2000 Jahre dem Patientenvolk glaubhaft zu machen.

Es lohnt sich nicht, hier im einzelnen auf die 31 Paragraphen der *Berufsordnung* einzugehen. Mitleidstötung wird, wie gesagt, in dem mitleidlosen Standesgesetz nicht nur verboten, sondern – zumindest indirekt – *verteufelt.*

Als letztes der Standesgesetze muß noch *das für Kassenärzte* besprochen werden, weil es für die Kassenpatienten, immerhin nur 93 Prozent der Bevölkerung, einige *ergänzende Richtlinien der Arztpolitik* festlegt, welche die Therapiehoheit des Patienten bis in den Tod hinein *zusätzlich einengen.*

Die entsprechenden Paragraphen stehen im Sozialgesetzbuch. Dieses wiederum ist weltweit ein Abdruck der Reichsversicherungsordnung, der RVO von 1881.

Gemacht war die RVO *für die Ärmsten der Armen,* für einen kleinen Teil des Volkes. Ihnen traute man nichts zu, weder Primitivwissen über Gesundheit und Krankheit noch ein vernünftiges Urteil über ihr Wunschwohl. Also wurde der Kassenarzt zum *Befehlshaber* und der Patient zum *Untertanen.*

Die *Versicherungspflicht* macht das Kassenarztsystem zur *Gesundheitssklaverei über Kassenpatienten,* der kaum jemand entfliehen kann. Der Schweigeschwur der Ärzte läßt sie über Möglichkeiten, Gefahren und Alternativen der modernen Medizin weitgehend uninformiert. Dies geschieht ungeachtet der durch den Erlaß des Grundgesetzes im Mai 1949 *völlig veränderten Therapiehoheitslage* und in Mißachtung der Vorschriften des BGB und des StGB unter Duldung durch die höchstrichterliche Rechtsprechung.

Nach den Vorschriften des Sozialgesetzbuches wären

die Kassenärztlichen Vereinigungen gemeinsam mit den Krankenkassen verpflichtet, eine *bedarfsgerechte Versorgung* nach dem jeweiligen Stand von medizinischer Wissenschaft und Technik sicherzustellen. *Bedarfsgerecht* ist im Zeitalter der Menschenrechte nur, was der *informierte Patient* nach seinem *Wunschwohl* an ärztlicher Versorgung möchte.

Der gut informierte Patient möchte eine *behutsame* Gesund-, Heil- und Nothilfe mit Augenmaß und Liebe, aber keine *risikoreiche* Fließbandversorgung durch Medizingenieure in Reparaturwerkstätten und Krankenhausfabriken.

Und er möchte *auch Sterbehilfe* gegen die Qual bei end- und hoffnungslosem Krankheitsleid.

Selbstverständlich muß eine Arzthilfe immer bestmögliche wissenschaftliche Erkenntnisse zur Grundlage haben. Die Schulmedizin, grundsätzlich als »wissenschaftlich allgemein anerkannt« prämiert, stützt sich heute in weiten Bereichen *nicht* auf *Ganzheitsmedizin*wissenschaft, also auf die Leib-Geist-Seele-Einheit, *Heilsignale* werden als *Unheilsymptome* gewertet, wichtige Heilprozesse gestoppt und unterdrückt.

Arztpraxen und Krankenhäuser sind zu *Gefahrstellen* unseres Lebens geworden. Das Passieren einer Klinikpforte als gesunder Patient ist weit gefährlicher als ein Bergsteigerabenteuer im Himalaya.

Die *Gesundheitskosten* haben *katastrophale Höhen* erreicht, weil die Gesundheitshilfeinformation der Bevölkerung in den Händen der *Heilgötter* liegt, die nur nach ihren Interessen aufklären.

Wie das alles leicht besser gemacht werden könnte, werde ich im Buch HEILGÖTTERDÄMMERUNG erläutern.

Hier interessieren nur die Auswirkungen der inhumanen Standesgesetze auf die notwendige *Bereitschaft* der Ärzte zum Verzicht auf ihr geschichtlich gewachsenes *Fol-*

terungsrecht und Zug um Zug damit zur Mitleidstötung auf Verlangen. Es kann keine Zweifel geben, daß allein aus guter Sitte und mitmenschlichem Anstand heraus – also auch ohne Gesetzeszwang – aus der »Arzthilfe auf Verlangen« die *Therapiehoheit des Patienten* als selbstverständliches Menschenrecht wachsen müßte und damit auch die *Sterbehilfehoheit*. Für ein »Therapeutisches Privileg« der Ärzte ist in der Welt von heute kein Platz mehr. Und für ein Folterungsprivileg erst recht nicht!

7.7 MISSACHTUNG DES GRUNDGESETZES ZU LASTEN VON PATIENTENWÜRDE UND THERAPIEHOHEIT

Am 23.5.1949 wurde das Grundgesetz für die Bundesrepublik Deutschland erlassen. Es ist als *Gesetz der Gesetze* allen übrigen – wie sie im Bürgerlichen Gesetzbuch, im Strafgesetzbuch, im Sozialgesetzbuch usw. und auch in den Standesgesetzen für einzelne Berufe stehen – *übergeordnet.* Sein Zweck ist die Festlegung der *Grundrechte.*

Im Grundgesetz wurden die *allgemeinen Menschenrechte unserer Zeit* nach der Grundsatzerklärung der Vereinten Nationen vom 10.10.1948 für die Bundesrepublik Deutschland gesetzlich festgelegt.

Gesundheitsbezogen sind die Artikel 1 und 2, Art. 5, Abs. 3 und Art. 20, Abs. 2, von Bedeutung.

Hier zunächst der *Gesetzestext:*

»*Artikel 1:*
(1) Die *Würde* des Menschen ist unantastbar. Sie zu achten und zu schützen ist Verpflichtung aller staatlichen Gewalt.
(2) Das deutsche Volk bekennt sich darum zu unverletzlichen und unveräußerlichen Menschenrechten als Grundlage jeder menschlichen Gemeinschaft, des Friedens und der Gerechtigkeit in der Welt.
(3) Die nachfolgenden Grundrechte binden Gesetzgebung, vollziehende Gewalt und Rechtsprechung als unmittelbar geltendes Recht.

Artikel 2:
(1) Jeder hat das Recht auf die *freie Entfaltung seiner Persönlichkeit,* soweit er nicht die Rechte anderer verletzt und nicht gegen die verfassungsmäßige Ordnung oder das Sittengesetz verstößt.

(2) Jeder hat das Recht *auf Leben und körperliche Unversehrtheit.* Die *Freiheit der Person* ist unverletzlich. In diese Rechte darf nur aufgrund eines Gesetzes eingriffen werden.

Artikel 5:
 (3) *Kunst und Wissenschaft,* Forschung und Lehre *sind frei.*

Artikel 20:
 (2) Alle Staatsgewalt geht *vom Volke* aus. Sie wird vom Volke in Wahlen und *Abstimmungen* und durch besondere Organe der Gesetzgebung, der vollziehenden Gewalt und der Rechtsprechung ausgeübt.
 (3) Die Gesetzgebung ist an die verfassungsmäßige Ordnung, die vollziehende Gewalt und die Rechtsprechung sind an Gesetz und Recht gebunden.«

Art. 20 des Grundgesetzes zitiere ich nur, um allen ins Gedächtnis zu rufen, daß Gesetze »*im Namen des Volkes*«, also nach dem *Willen der Mehrheit* zu *machen* und sicher auch *auszulegen* sind. Hier besteht aufgrund des Ergebnisses vieler Meinungsumfragen kein Zweifel an einer vom Volk nicht *gewollten Rechtslücke* zu Lasten der Patienten durch das geduldete Arztrecht auf eine Folterungs-/Tötungsgrauzone. Zwei Drittel unserer Bevölkerung wollen die Mitleidstötung als Patientenrecht und Arztpflicht. Nach entsprechender Aufklärung über die wahre Situation wären es wahrscheinlich 90 Prozent. Nach Art. 20 des Grundgesetzes kann das Volk nicht nur durch Wahlen, sondern auch durch *Abstimmungen* – notfalls also durch *Volksentscheid* – ein Erlösungstodhilfegesetz beschließen.

Art. 5 des Grundgesetzes wird hier zitiert, weil er die *Freiheit von Kunst und Wissenschaft* garantiert. Was Ärzte tun, wird auch offiziell ärztliche *Kunst* genannt. Wie ist es mit dem Grundgesetz vereinbar, daß die Medizinwissenschaft *dogmatisch reglementiert* wird? Daß es zum Beispiel für Kassenärzte *verbindliche Kataloge* für wissenschaftlich Anerkanntes gibt, wo in der Medizinwissenschaft – nicht nur »alles fließt«, panta rhei – sondern alles im Düsentempo fliegt und zerfliegt.

Die Freiheit von Kunst und Wissenschaft gilt auch für den *einzelnen* »Patientenarzt aus Liebe«. Auch er hat ein Recht darauf, *künstlerisch und wissenschaftlich* tätig zu sein und das daraus gewachsene Können und Wissen seinen Patienten *als Arzthilfe anzubieten* und bei Einverständnis zu praktizieren. Das gilt auch für die Sterbehilfe.

Wichtiger noch als Art. 20 und 5 des Grundgesetzes sind für den Medizinbereich der *Art. 1* über das staatlich geschützte *Menschenrecht auf Würde* sowie *Art. 2* (1) über *Freiheit der Person* und Art. 1 (2) über *Recht auf Leben und körperliche Unversehrtheit*.

Über *Würde und Freiheit* ist in der Weltgeschichte unendlich viel philosophiert worden, wohl von jedem der *berühmten Philosophen* von der Antike bis heute und von jedem Philosophen sonst, der auf sich hält. Über die Art. 1 und 2 des Grundgesetzes gibt es dickbäuchige Kommentare von führenden *Rechtsgelehrten,* meist in Rechtsbabylonisch.

Aber *Ärzteführer* haben sich mit diesen Begriffen und der Problematik von Würde und Freiheit fast überhaupt nicht auseinandergesetzt, nur ein paar *Patientenärzte ohne Richtlinienkompetenz,* und auch die bei weitem nicht in jenem Umfange wie Philosophen und Rechtsgelehrte. Dabei dürften Umgang und Beschäftigung mit Würde und Freiheit als *Menschen- und damit Patientenrecht* für den Bereich der Gesundheitshilfe von ebenso großer Wichtigkeit sein wie die mit dem Recht auf Leben und körperliche Unversehrtheit.

Warum sparen Ärzteführer das Thema Würde und Freiheit aus der Diskussion aus?

Weil sie vor dem Hintergrund des jetzigen *riesigen Umfanges* an Gesundheitshilfe- bzw. Therapie*hoheit der*

Ärzte – und dem recht kleinen Entscheidungs- und Mitsprachespielraum der Patienten – um so mehr *Machteinbuße* befürchten müssen, je mehr die Themen öffentlich diskutiert werden. *Mehr Patientenwürde* bedeutet *weniger Arztwürde,* und *mehr Patientenfreiheit weniger Arztfreiheit* als gestern und heute. Das stört die *Hippokratie!*

Was ist Würde, insbesondere Menschenwürde? Jeder, der denken kann, fühlt es, ahnt es. Aber wenn er es begrifflich erklären soll, wird's problematisch. Die berühmtesten Philosophen konnten es nicht auf einen gemeinsamen Nenner bringen.

Im BROCKHAUS steht: »Würde (1) die einem Menschen kraft seines inneren Wertes zukommende Bedeutung; auch die dieser Bedeutung entsprechende, achtungsfördernde Haltung. (2) Rangstufe, Ehrenstelle, Amt.«

Bezogen auf Art. 1 hieße das: Die einem Menschen kraft seines inneren Wertes zukommende Bedeutung ist unverletzbar. Damit kommt man nicht weiter.

Deshalb möchte ich zunächst versuchen, es vom Wortursprung her zu deuten, dem Wortsinn in anderen Sprachen nachzuspüren. Hier bieten sich vor allem Griechisch und Latein an.

Im *Griechischen* gibt es für Würde nur *zwei Wörter:* »*axia*« und »*semnos*«. »*Axia*« bedeutet: Wert, Preis, Würde, Ehre, Rang, Ansehen, Gebühr, Verdienst.

»*Semnos*« heißt: Ehrwürdigkeit, Erhabenheit, Heiligkeit, Würde, Majestät, Feierlichkeit, Ehrbarkeit, Stolz, Selbstgefühl.

Die *alten Römer* hatten nicht weniger als *sieben Begriffe* für Würde:

»dignitas«, »honestas«, »gravitas«, »auctoritas«, »amplitudo«, »maiestas«, »decus«.

»*Dignitas*« = Würdigsein, Würdigkeit, Tüchtigkeit, Verdienst, Ehre, Achtung, Ansehen, Stellung, Rang, Ehrenhaftigkeit, ehrenhafte Gesinnung, innere Würde, würdevolle Haltung, Adel, Wert.

»*Honestas*« = Ehre, Ansehen (bei der Welt), Ehrbarkeit, Anständigkeit, äußerer Anstand, Schönheit, Tugend.

»*Gravitas*« = Schwere, Gewichtigkeit, Bedeutung, Bedeutsamkeit, Einfluß, Erhabenheit, Feierlichkeit, Majestät, Charakterstärke, Charakterfestigkeit, Konsens, Beständigkeit, Ernst, Bedächtigkeit, Besonnenheit, Strenge, Härte (im Benehmen).

»*Auctoritas*« = Geltung, Gewicht, Ansehen, Einfluß, Autorität.

Das mag genügen. Es wiederholen sich die Vokabeln immer wieder, ohne daß der Wortsinn, der Wortinhalt klar genug wird.

Auf die Sinnerklärungen anderer kann ich hier nicht eingehen. Man müßte *vor Sokrates* anfangen und *nach Schopenhauser* aufhören.

Ich biete hier *meine Version* zur Diskussion an und betone, daß sie das Kindeskind der geistigen Urahnen ist und am allerwenigsten mein eigenes Kind:

Hier meine Begriffserklärung: Würde ist jener Rang, jeder Grad an Ehrbarkeit und Achtungsanspruch eines Lebewesens innerhalb seiner Gesellschaft und darüber hinaus, der ihm aus der Summe der Rechte erwächst, die er sich aus der Erfüllung angeborener, anerzogener und selbst erworbener Pflichten verdient hat.

Dabei steht der *Begriff* Pflicht hier auch für *Pflichtmäßigkeit,* lat. »Officium« = (auch) Verpflichtung, Schuldigkeit und für Zweck (-bestimmung), griech. »telos« = (auch) Endzweck, Bestimmung.

Die *Mutter der Würde* ist die *Pflicht,* der *Vater* die *Pflichterfüllung,* das pflichtgemäße Tun und Unterlassen, und ihr *Kind* ist das *Recht auf Würde?*

Gibt es ein Recht auf Würde ohne *persönliche* Pflichterfüllung? JA, ausnahmsweise für ein Kind. Hier sind die Erzeuger, die Eltern, während der Reifezeit des Kindes in der Pflicht, zur Sicherstellung der zwei grundgesetzlichen Rechte bis zum Ende der biologischen Reifezeit: 1. Recht auf Leben und 2. Recht auf körperliche Unversehrtheit. Sie fließen – biologisch gesehen – in dem *Grundrecht auf gesundes Leben* – im Sinne von Pflege und Schutz für ein langes gesundes Leben – zusammen. Das angeborene Kindesrecht auf gesundheitliche Würde wächst aus stellvertretender Elternpflicht.

Das 2. (biologische) *Grundrecht auf persönliche Freiheit* wächst dagegen nur aus *persönlicher* Pflichterfüllung.

Würde ist also das legitime Kind der Pflichterfüllung. Der *Grad an Würde* ergibt sich letztlich aus dem *Maß an Pflichterfüllung.* Je mehr Pflichten man hat, man übernimmt, desto mehr Rechte können erworben werden, und um so größer ist das erreichbare Maß an Würde.

Im Grundgesetz ist immer nur von *Rechten,* aber nie von *Pflichten* die Schreibe, höchstens am Rande. Es kann aber m. E. nur aus Pflichten geborene Rechte geben.

Die Pflichten eines Lebewesens ergeben sich – banal ausgedrückt – aus den *Zutaten* der Natur oder des lieben Gottes, aus den *Extras* über das zur Lebensfähigkeit notwendige Primitivste hinaus. Je besser die *Ausstattung* eines Lebewesens, je mehr Zellen, Organe und Organsysteme, um so größer der *Aktionsspielraum* und die sich daraus zwangsläufig ergebenden *Pflichten*. Denn niemand lebt aus sich allein und für sich allein. Jeder *nimmt* und muß dafür auch *geben*.

Höherer Rang in der Lebewesenordnung beschert mehr Pflichten und damit mehr Rechte. Nur erfüllte Pflicht gibt Recht! Das ist ein Naturgesetz oder ein Gottesgeschenk, ganz wie man es sehen will.

Das *Lebewesen Mensch* hat mehr Pflichten und Rechte

als das *Lebewesen Pflanze* und auch das *Lebewesen Tier*, und zwar kraft *besserer Zutaten*.

Aber beginnen wir bei der Diskussion um Menschenwürde unten in der Lebewesengrundordnung. Das ist ganz unten die *Pflanzenwürde*.

Gibt es denn eine Pflanzenwürde?

Man liest nichts darüber. Aber es gibt sie. Nehmen wir als Beispiel die *Würde einer Rose*. Sie hat aus ihrer Ausstattung heraus die Pflicht, durch ihre Gestalt und Farbe die Augen ihrer Umwelt und durch ihren *Duft* die Nasen zu erfreuen. Daraus ergibt sich ihr rosiges Pflanzenrecht auf Leben und körperliche Unversehrtheit, aber nur solange sie ihre Pflichten erfüllt.

Vielleicht ist es sogar eine Pflanzenpflicht, sich von den Tieren fressen und von den Menschen verspeisen zu lassen. Möglicherweise erst nach der Reifezeit, gegen Ende des Lebens?

Jedenfalls ist das *Pflanzenrecht auf gesundes Leben* gut begründet, und man sollte es deshalb noch weit mehr schützen, als es geschieht. Nicht nur, weil es möglicherweise die Pflanzenpflicht gibt, Vitaminspender für Menschen zu sein.

Die *Pflanzenwürde* obliegt der Pflege, der Kontrolle und dem Schutz der *Botaniker* und der vielen *Auch-Botaniker* wie Gärtner, Landwirte, Hausfrauen. Um das vielfach mit Füßen getretene, verqualmte und vergiftete »Pflanzenrecht auf gesundes Leben« – als Summe aus dem Grundrecht auf Leben und körperliche Unversehrtheit – haben sich in den letzten Jahren die *Umweltschützer* besonders bemüht. Daß Pflanzen getötet werden dürfen, wenn sie unheilbar krank, hoffnungslos pflichtunfähig sind, bezweifelt niemand. Wenn man sie fragen könnte, wären sie sicher einverstanden. Die Frage des Pflanzenrechts auf persönliche Freiheit stellt sich fast nicht, weil Pflanzen fast immer am Geburtsort verwurzelt sind.

Nun zur *Tierwürde*.

Tiere haben *Muskeln und Gelenke* und können sich dadurch *fortbewegen*. Daraus ergeben sich besondere Pflichten in bezug auf die Umwelt.

Pflicht der Katzen ist es, Mäuse zu fangen, damit diese nicht zur Plage werden. Weil Katzen ein so weiches Fell haben, ergibt sich daraus auch eine *Schmusepflicht*. Und so weiter.

Tierrecht der Katze ist dafür nicht nur das auf gesundes Leben, sondern auch auf *persönliche Freiheit*. Einsperren darf man sie eigentlich überhaupt nicht, nur zu ihrem Schutze oder wenn sie bösartig geworden ist.

Der Schutz der *Tierwürde* ist ursprünglich den *Zoologen* und den vielen *Auch-Zoologen* wie Bauern, Schäfern, Jägern anvertraut. Hier hat die *Greenpeace-Bewegung* im Freiwildbereich ungeheuer segensreich gewirkt.

Um die *Haustierwürde* sollten sich zu allererst die *Haustierhalter* kümmern. Sie tun es leider nicht genug. Deshalb ist es gut, daß es die *Tierschutzverbände* gibt. Nicht nur deshalb!

Es gibt seit langem *staatlich geschützte Tierrechte*. Zum Beispiel das *Nicht-Folterungsrecht*, das Recht, nicht gequält zu werden. Tierquälerei wird bestraft. Wer grausam mit Tieren umgeht, riskiert Bestrafung. Wer ein Tier *mitleidslos* leiden läßt, zum Beispiel einen Hund nicht aus einer Falle befreit oder was auch immer, kann wegen *Tierquälerei* bestraft werden.

Das *Tierrecht auf qualfreies Leben,* auf Folterungsschutz, gegen Tierquälerei also, ist bei uns *seit 150 Jahren* durch Strafandrohung geschützt. 1838 gingen die Sachsen den Preußen von 1951 mit gutem Beispiel voran, nachdem in England schon 1821 ein Gesetz zur *Verhütung von Grausamkeiten an Tieren* erlassen wurde.

Nach dem bundesdeutschen Tierschutzgesetz vom 24.7.1972 »dürfen Tieren *ohne vernünftigen Grund ...*

Schmerzen, Leiden oder Schäden *nicht* zugefügt werden«. Tierversuche, die mit Schmerzen, Leiden oder Schäden verbunden sind, bedürfen der Genehmigung. In den letzten Jahren wurde der Rechtsschutz der Tiere gegen Quälerei noch mehr verbessert, wenn auch *nicht humanisiert.*

Die Tiere sind bei uns und in fast allen zivilisierten Ländern der Welt seit weit über 100 Jahren *besser dran* als wir Menschen, was den *Folterschutz* anbetrifft. Selbstverständlich ist auch *passive Folterung,* also Nichtstun, wenn ein Tier sich quält, gefoltert wird – zum Beispiel durch Krankheitsleid – *strafbare Tierquälerei.*

Gnadentod gilt als Tierrecht. *Mitleidstötung auf* (höchstwahrscheinliches) *Verlangen* eines hoffnungslos gequälten Tieres, das jeder aus dem Wehgeschrei und dem Anblick erkennen kann, ist allgemein anerkanntes *Tierrecht* und selbstverständliche *Menschenpflicht.*

Man mag über die Pervertierung, die Umkehrung der humanen Rechtsordnung und ihre Folgen, wie das Folterungsrecht der Ärzte und ihre Mitleidstodverweigerung, gar nicht länger nachdenken. Weil einem übel wird vor so viel *Bösartigkeit* der dafür Schuldigen.

Bei den Tieren wird unterschieden zwischen *niederen* und *höheren.* Höhere Tiere haben noch mehr Rechtsschutz. Wie im menschlichen Bereich!! Höheren Tieren unterstellt man mit Recht *mehr Verstand,* deshalb auch *mehr Gefühl.* Man geht davon aus, daß sie mehr leiden als niedere. Daß Tiere *denken* können, bezweifeln die meisten trotzdem. Sicher tun es aber nur die, welche mit höheren Tieren keinen Umgang haben.

Unsere beiden Katzen jedenfalls *können denken* und tun es auch. *Minka* bedankt sich fast jedes Mal durch einen ganz bestimmten Mieklaut, wenn ich ihr eine Tür öffne. Sie tut es aber nur, wenn sie vorher nicht geärgert wurde. *Ursula,* das Bärchen, ist weniger intelligent, aber keineswegs gedankenlos.

Was ist Menschenwürde? Die *höchste Stufe an Würde* eines Lebewesens, weit mehr als Pflanzenwürde, mehr als Tierwürde und ein bißchen mehr als Höchsttierwürde. Man kann es auch anders definieren: das Ergebnis jener Pflichten und Rechte, die über das hinausgehen, was Pflanzen und Tiere haben: die *Nur-Menschenpflichten* und deshalb *Nur-Menschenrechte*.

Begründet werden sie durch den *größeren Verstand, das größere Denkvermögen,* nicht nur, aber vor allem. Das bedeutet auch: Menschen mit *mehr Verstand* haben *größere Pflichten* und auch größere Rechte. Schon deshalb kann es keine totale Gleichberechtigung geben.

Zurück zum Grundgesetz:
Artikel 1 bedeutet: Die Menschenwürde ist die höchste aller Lebewesen. Sie umfaßt weit mehr Pflichten und deshalb weit mehr Rechte. Ihre *erste Grundwürde* ist ein gesundes Leben als Pflicht und Recht *aller* Lebewesen. Ihre *zweite Grundwürde* ergibt sich aus der Pflicht und dem Recht auf persönliche Freiheit, der zweiten Grundwürde auch der Tiere. Erst danach kommen jene *Sonderwürden,* jene Sonderpflichten und -rechte, die im Grundgesetz ab Art. 3 beschrieben sind, die aber in diesem Buch nicht zur Diskussion stehen – mit Ausnahme von Art. 5 (3) und Art. 20 (2 und 3).

Im Grundgesetz ist der *Grundwert persönliche Freiheit* in der Reihenfolge vor den *Grundwert Leben und körperliche Unversehrtheit* gestellt. Das hat für die Diskussion hier den Vorteil, daß die Verhältnisse im Umgange mit dem Grundwert »Freie Entfaltung der Persönlichkeit« weit besser geklärt sind. Allgemein anerkannt ist das *Recht auf Freiheit* in bezug auf Ernährung, Wohnung, Kleidung, Unterhaltung und vieles andere.

Es gibt *keine gesetzliche Beschränkung* gegen den übermäßigen Genuß von Alkohol, Tabak, Kaffee und was auch immer. Jeder darf sich so verrückt anziehen, wie er will, solange er nicht mit seinem Anblick andere beleidigt. Er darf sich durch zu leichte Kleidung eine tödliche Lungenentzündung holen. Er darf mit Skiern einen steilen Hang herunterfahren und sich ein Bein brechen. Er darf bergsteigen und dabei tödlich abstürzen. Er darf schwimmen bis zum tödlichen Herzinfarkt.

Die Palette der von Gesetz und Rechtsprechung geduldeten Möglichkeiten zur freien Entfaltung der Persönlichkeit ist *riesig groß* und greift stark in den Gesundheitszustand des einzelnen Menschen und damit in (die Pflicht und) das Recht auf gesundes Leben ein.

Damit sind wir beim Rest des Artikels 1: Recht auf Leben und körperliche Unversehrtheit. Soweit es die *Verbundsicht* anbetrifft, also das *Recht auf gesundes Leben,* habe ich meine Ansicht bereits dargelegt. Es bleibt aber noch die *getrennte* Betrachtung: Recht auf Leben und Recht auf körperliche Unversehrtheit.

Recht auf Leben? Die Kommentare zum Grundgesetz, die ich kenne, beschränken sich darauf, das Wort Leben als *Lebendigsein* im Gegensatz zum Todsein zu deuten.

Sicher kommt dem *Schutz des Menschen vor Tötung,* vor ungewollter Fremdtötung, eine hohe Bedeutung als Staatsaufgabe zu.

Umgekehrt darf sich niemals wiederholen, daß sich unser Staat das Recht nimmt, Menschen gegen ihren Willen zu töten, wie es in der Nazizeit auf die grausamste Art und Weise geschehen ist. Ob man das Recht eines Staates zur Bestrafung von teuflischen Verbrechen auch durch ein Todesurteil bejaht oder verneint, ist Geschmackssache. Ich bejahe es.

Es kann nicht der Wunsch der Verfassungsgeber gewesen sein, den *Wortsinn* Leben hier nur auf das *Lebendigsein* zu begrenzen und die Tötung schlechthin unter Strafe zu stellen, die »*Unverfügbarkeit*« eines Menschenlebens auch für den end- und hoffnungslos Leidenden *unter Gesetzeszwang* zu stellen.

Das menschliche Leben wird bürgerrechtlich vom Geburts- bis zum Todestage gerechnet. Es beginnt schon früher als menschliches Leben. In welchem Schwangerschaftsmonat, soll hier nicht diskutiert werden. Jedenfalls kann von den Grundgesetzverfassern unter Leben nur das *ganze Leben* verstanden worden sein. Folglich muß sich der Staatsschutz auf alles erstrecken, auf was jeder Mensch aus der Sicht eines anständig denkenden Menschen Anspruch hat. Und hier kommen wir an dem Begriff des *lebenswerten Lebens* nicht vorbei, der selbstverständlich vor allem aus der Sicht des betroffenen Menschen zu beurteilen ist. Alles läßt sich auf die Formel bringen: Jeder Mensch hat ein Recht auf ein aus seiner Sicht lebenswertes Leben mit einem Mindestmaß an Lebensglück im weitesten Sinne des Wortes. Von diesem so begrenzten Recht ist das Recht auf Beendigung eines nicht mehr lebenswerten Lebens nicht zu trennen.

Recht auf Leben kann nur heißen: *Recht auf ein lebenswertes Leben in Würde.* Genau gesagt: Pflicht und Recht darauf.

Zum Leben gehört das *Sterben*. Das Wort ist mehrdeutig. Es wird sowohl für das *Totsein* wie auch für den *Lebensvorgang* gebraucht, der dem Tod unmittelbar vorausgeht, in der Regel für die *Sterbekrankheit*.

Die alten Römer unterschieden zwischen *plötzlich* sterben = perire und (langsam) gestorben werden = mori.

Bezogen auf plötzliches Sterben, das heißt auf eine kurze Zeitspanne zwischen dem Einwirken der tödlichen Ursache, der nachfolgenden tödlichen Krankheit und dem Tod, läßt sich das »*Recht auf Sterben in Würde*« am einfachsten diskutieren.

Fast jedes *Sterben auf Intensivstation* verstößt gegen das Menschenrecht, in Würde zu sterben, weil ein *Sterben ohne Begleitung* durch Nahestehende, durch Ehepartner, Kinder, Enkelkinder und/oder Freunde in aller Regel *kein Sterben in Würde* ist. Vor diesem Hintergrund muß die Sterbegrauzone in den Krankenhäusern bis ins kleinste durchleuchtet, das Sterben im Krankenhaus allgemein unter staatliche Kontrolle und staatlichen Schutz gestellt werden.

Sterben in Unwürde gibt es nicht nur in Krankenhäusern. Noch grauenhafter und unwürdiger kann das Sterben aus Krankheitsleid zu Hause sein. Ich erinnere an das Schicksal von *Adalbert Stifter*.

Sterben in Unwürde ist auch die Sichtötung in der häufig praktizierten Form von Erhängen, Herunterspringen aus dem fünften Stock, Sich-vor-den-Zug-Werfen, Mit-dem-Fön-in-die-Badewanne-Gehen und was auch immer.

Ein Staat, der sich zum Schutz der Menschenwürde verpflichtet, darf es nicht zulassen, daß Menschen *aus unverschuldetem Schicksal*, insbesondere aus Krankheitsleid heraus, ihr *qualvolles Leben* unter *unwürdigen Umständen* selbst beenden müssen.

Die Würde eines Menschen ist auch *über seinen Tod hinaus* zu schützen. Und wenn es nur der *schreckliche Anblick* wäre, in dem die Angehörigen und Freunde einen Sichtöter unerwartet finden, so wäre das allein schon ein *schwerer Verstoß* gegen die Würde des Menschen.

Im allgemeinen Sprachgebrauch versteht man unter Sterben (als Vorgang) jenen *Lebensprozeß*, der *bald* zum Tod führt. Doch was ist bald? Heute? Morgen? Nächste Woche? In einem Vierteljahr? In einem Jahr? Vor Ablauf von fünf Jahren? Ich denke hier an die Fünfjahresüberlebenszeit als Maßstab für eine Krebsheilung.

Aus höherer Sicht, bezogen auf das Weltalter von zig Milliarden Jahren sind tausend Jahre bald und hundert Jahre sehr bald. Also beginnt das Sterben mit der Geburt, ist Leben gleich Sterben?

Woran erkennt man das Sterben? An (Erkennungs-)Zeichen, an *Signalen* für den baldigen Tod.

Sterbesignale sind *Todesvorzeichen* wie Bewußtlosigkeit, nicht fühlbarer Puls, nicht meßbarer Blutdruck, nicht hörbarer Herzschlag, solange noch ein anderes Lebenszeichen erkennbar ist.

Als *Todessignale* werten wir fehlende Lebenszeichen im Gehirn wie zum Beispiel die Nullinie im EEG. Diese gilt zur Zeit als erstes sicheres Todessignal, wenn sie mindestens 24 Stunden besteht, weil ein Hirn mit 24-Stunden-Nullinie niemals zum Leben »erweckbar« war.

Auch ein *Herzstillstand* ist ein sicheres Todeszeichen, wenn er eine bestimmte Mindestzeit überdauert. Gleiches gilt für andere Organe. Bei ihnen dauert es noch länger als bei Hirn und Herz, bis man des Totseins sicher werden kann.

Sterbesignale sind auch die *Zeichen für Altersschwäche* wie Herzschwäche, Kreislaufstörung, Zittern, Gedächtnisschwäche. Auch Alterssichtigkeit und Altersschwerhörigkeit.

Kein Mensch wurde 200 Jahre alt, auch *Methusalem* nicht, vielleicht nicht einmal 150 Jahre. Ich schätze das erreichbare Höchstalter auf 128 = 2 x 64 Jahre, das in absehbarer Zeit erreichbare Durchschnittsalter bei uns auf 96 = 64 + 32 Jahre. Zur Zeit beträgt es zirka 75 Jahre.

Folglich ist das Lebensalter für sich allein ein Sterbesignal, spätestens ab 50, vom letzten Drittel der Durchschnittszeit an.

Aus höherer Sicht – bezogen auf den Makrokosmos – ist der Ei-Samen-Hochzeitstag ein Sterbesignal.

Warum diese Denkspiele? Um den Rechtshütern und Rechtsgelehrten deutlich zu machen, daß sie *ohne Mitwirkung von Biologen keine Gesetze machen können* und dürfen, die in das *biologische Leben und Sterben eingreifen*. Daß die jetzige Rechtsunsicherheit und die Rechtslücken zum Schaden der Patienten auf *mangelhaftem biologischen Bezug* beruhen.

Recht auf körperliche Unversehrtheit? Auch das Wort *Unversehrtheit* ist vieldeutig. *Griechisch* heißt Unversehrtheit ablabeia. Es bedeutet das *Gegenteil* von Schaden, Verlust, Nachteil, Unheil, Verderben.

Lateinisch heißt unversehrt = integer, intactus, inviolatus, invulneratus, sanus, incolumnis. Wörtlich übersetzt: unangetastet, unverletzt, unverstümmelt, gesund und so weiter.

Körperliche Unversehrtheit übersetzt man wohl am besten mit *Gesundheit*. Gemeint ist also mit Art. 2 des Grundgesetzes, daß der *jeweilige Gesundheitszustand nicht* in die Gewalt eines anderen gegeben ist.

Selbstverständlich gilt das auch für das Patient-Arzt-Verhältnis. Der Arzt darf nichts, überhaupt nichts an Arzthilfe tun oder unterlassen, was der Patient *nicht will*. Er kann eine bestimmte Form der Arzthilfe anbieten und vorschlagen, muß aber über das *Nutzen-Schaden-Verhältnis* angemessen aufklären und darf nur das tun, was der Patient danach (noch) *will*. Das Recht des Patienten auf Unverletzlichkeit läßt uns Ärzten keinen Ermessensspielraum ohne Einwilligung.

Auch vor dem Hintergrund der grundgesetzlichen Unversehrtheitsgarantie muß die Frage diskutiert werden:

Was will der Patient vom Arzt? Die Antwort: *Hilfe gegen Krankheitsleid.* Der Patient *hat* eine Krankheit oder *fürchtet sich vor* Krankheit und will deshalb Hilfe vom Fachmann: *Abhilfe* bei ausgebrochener Krankheit und *Vorsorge* gegen die Entwicklung einer Krankheit.

Der Patient will durch eine Krankheit *nicht leiden*. Weil er in der Regel durch eine Krankheit leidet, nennt man Menschen, die Gesundheitshilfe suchen, *Patienten*. Das Wort leitet sich ab von (lat.) *»patiens«* = leidend.

Nicht alle, die Gesundheitshilfe – ärztlichen Rat, ärztliche Hilfe etc. – wollen, sind *leidend* im strengen Sinne des Wortes. Aber es hat sich als praktisch herausgestellt und allgemein so eingebürgert, alle Menschen, die Gesundheitshilfe wollen, *Patienten* zu nennen. So ist das Wort Patient jedenfalls in diesem Buch zu verstehen.

Die Bekämpfung von Leid und die Vorbeugung von Leid sind das *A und O jeglicher Arzthilfe*. Allein diese Tatsache beweist, daß auch Hilfe zum Sterben, *Mitleidstötung* eine *Arzthilfe* sein kann und in der Regel als solche gewertet werden muß. Dabei ist der *Begriff Hilfe* im Zusammenhang mit Gesundheit nur im *positiven Sinne* aus der Sicht des Patienten zu verstehen. Eine Gesundheitshilfe gegen den Willen des Patienten kann es nicht geben.

Der *Begriff Leben* ist mehr, weit mehr als das Gegenteil vom Totsein. Das Menschenrecht auf Leben kann sich nicht nur auf ein Lebendigsein in irgendeiner Form beziehen, sondern nur auf ein *Leben in Würde*, das heißt ein Leben unter ganz bestimmten Mindestvoraussetzungen.

Die Wertung des Lebens darf – wie gesagt – nicht an der *Selbstwertung* des eigenen Lebens durch einen Menschen vorbeigehen. Es gibt die Redensart: Das ist kein Leben mehr. Jeder weiß, wie sie gemeint ist: Der Mensch lebt zwar, manchmal recht lebendig, und trotzdem ist es kein Leben, kein lebenswertes Leben aus seiner Sicht.

Aus der Sicht des Grundgesetzes ist es sehr zweifelhaft, daß jener Strafrechtsparagraph, der *Tötung auf Verlangen* unter Strafe stellt, *rechtens* ist. Denn dies widerspricht dem Recht auf Selbstbestimmung über Gesundheit und Leben ebenso wie dem Recht auf Therapiehoheit des Patienten im Patient-Arzt-Verhältnis. Wenn allgemein anerkannt ist, daß es überzeugende Gründe für den sofortigen Sterbewunsch des Menschen gibt, darf der Gesetzgeber nicht seine Schutzpflicht für die Menschenwürde vernachlässigen, indem er es dem Menschen in schwerstem Krankheitsleid nur selbst gestattet, sich *recht und schlecht* zu töten. Entscheidend ist der *erklärte Wille* und nichts anderes. Wenn es den gibt und eine ausreichende Kontrolle besteht, muß auch *Tötung auf Verlangen* in einem Rechtsstaat *gesetzlich geschützt* sein.

Eine andere Frage ist, wie weit ein Arzt dabei mithelfen darf oder muß. Nach dem Standesgesetz »Berufsordnung für Ärzte« ist es ihm untersagt. Diese Vorschrift geht auf den *Hippokrates*-Eid zurück und wird seither von den Ärzteführern gehegt und gepflegt. Dies widerspricht dem ärztlichen Auftrag aus der Sicht des Patienten. Hilfe gegen Krankheitsleid kann zu endloser unerträglicher Folterei werden. Hier muß es nicht nur ein Arzt*recht*, sondern sogar eine (mindestens moralische) Arzt*pflicht* geben, ein solches quälerisches Leben auf Wunsch des Kranken unter kontrollierten Bedingungen zu beenden.

Das Argument der *Ärzteführer*, Ärzte dürfen sich nicht zu Herren über Leben und Tod erheben und deshalb keine Erlösungstodhilfe geben, ist *unlogisch* und deshalb *unglaubhaft*. Ärzte sind *immer auch* Herren über Leben und Tod ihrer Patienten. Sie haben die Möglichkeit, durch *gute Arzthilfe* Lebensqualität zu verbessern und Leben zu verlängern und durch *schlechte Arzthilfe* Lebensqualität zu verschlechtern und das Leben zu verkürzen. Sie sind also drastisch ausgedrückt für ihre Patienten Glück- und Unglückbringer, Lebensverlängerer und Töter. Und das liegt in Größenordnungen, die zur Zeit weithin unkontrolliert sind und zu einem kleinen Teil auch in Zukunft unkontrollierbar bleiben werden.

Wenn der Staat ausdrücklich die Menschenwürde und das Selbstbestimmungsrecht über Gesundheit und Leben schützt, so muß er auch dafür sorgen, daß die Berufsausübung derjenigen, die der Erhaltung der Menschenwürde, der Gesundheit und eines lebenswerten Lebens *berufsmäßig* verpflichtet sind, nicht in bezug auf die Erlösungstodhilfe behindert wird. Schließlich hat der Staat ja den

Arztberuf aus gutem Grund geschaffen und die Gesundheitshilfe *nicht zum Freiwildbret* für alle gemacht.

Darüber hinaus gehört es sicher zum Schutz des Lebens, die ärztliche *Beratung von Lebensmüden* zu fördern. Wenn die Mitleidstötung zu Arztpflicht und Arztrecht erhoben würde, kämen Lebensmüde zum Arzt, um sich von ihm beraten zu lassen. Natürlich kämen sie nur dann, wenn sie auch darauf hoffen dürften, im Fall des Falles von ihm eine Sterbehilfe zu bekommen. Aber die *Folgen wären traumhaft schön:* Die Ärzte würden zu *glaubhaften Beratern der Lebensmüden* und hätten dadurch die Möglichkeit, *vielen* ihre *Lebensmüdigkeit* durch entsprechende Hilfestellungen zu vertreiben!

7.8 MISSACHTUNG DER PATIENTENSCHUTZ-STRAFGESETZE ALS WURZEL DER FOLTERUNGS-/ TÖTUNGSGRAUZONE

Das im Grundgesetz festgelegte *Selbstbestimmungsrecht über Gesundheit und Leben* legt dem Rechtsstaat die *Verpflichtung* auf, Gesundheit und Leben seiner Bürger zu *schützen,* aber selbstverständlich nur, soweit es der Bürger *will.* Die Rechtssätze des Strafgesetzbuches müssen diesem Gesichtspunkt *untergeordnet* werden, denn das Strafgesetzbuch steht im Rang unter dem Grundgesetz, was der Gesetzgeber ausdrücklich so festgelegt hat. Betrachten wir aus dieser Sicht jene Paragraphen des Strafgesetzbuches, welche die Gesundheitshilfe direkt oder indirekt betreffen.

Beginnen wir mit dem, was der Gesetzgeber als »*Straftaten gegen das Leben*« bezeichnet. Es sind die §§ 211 (Mord) bis 222 (Fahrlässige Tötung).

Als *Oberbegriff* für alles bietet sich das Wort »*Tötung*« an. Alles, was von § 211 bis 222 abgehandelt wird, bezieht sich auf eine Tötung. Den Begriff habe ich bereits erklärt. Hier nur so viel:

Tötung bedeutet Lebensverkürzung. Dabei macht der Gesetzgeber *keinen Unterschied,* ob das Leben um Minuten oder um Stunden und Tage verkürzt wird. Und es gibt auch keinen Unterschied, ob es die Tötung eines *minimalen Restlebens,* eines verlöschenden Lebens war oder die Tötung eines Menschen mit einem *Höchstmaß an Lebenskraft und Lebenserwartung.* Man scheut sich, den *Lebenswert* abzuwägen. Ganz im Gegensatz zur Wertmessung in anderen Lebensbereichen, bei der es sehr wohl darauf ankommt, wieviel ein getötetes Tier wert war. Ich will diese Gedanken nicht weiterspinnen.

Wenn Tötung Lebensverkürzung ist, muß man einen

Menschen, der das Leben eines anderen verkürzt, *Töter* nennen, *ohne* daß damit eine Wertung der Tat oder der Unterlassung, die zum Tode führte, verbunden ist. Jeder, der eine lebenserhaltende Beatmungsmaschine abstellt oder eine lebenserhaltende Infusion, ist ein Töter, *begeht eine Tötung*. Sinngemäßes gilt für das Geben einer Morphiumspritze, nach der kurze Zeit später der Tod eintritt.

In der Rechtsprechung eingeführte Begriffe wie *passive Sterbehilfe* müssen um der Klarheit willen *abgelehnt* werden. Letztlich sollen sie nur dazu dienen, den Tatbestand der Tötung zu verheimlichen, zu verniedlichen oder zu unterdrücken. Aus der Sicht des Patienten gibt es nur die Unterscheidung zwischen *Fremdtötung* und *Sichtötung* sowie als dritte Möglichkeit *Tötung auf Verlangen*. Wobei Tötung auf Verlangen – bezogen auf den allein maßgeblichen Willen des Patienten – eine besondere Form der Sichtötung, aber keine Fremdtötung ist.

Insoweit kann aus ärztlicher und biologischer Sicht *kein Rechtsunterschied* zwischen Sichtötung und Tötung auf Verlangen gemacht werden, jedenfalls nicht im Hinblick auf die *Schuldfrage*. Nach dem Rechtsempfinden des Volkes verstößt es gegen Artikel 1 und 2 des Grundgesetzes, wenn der Gesetzgeber die Tötung auf Verlangen und sogar den Versuch einer Tötung auf Verlangen unter Strafe stellt. Umgekehrt ist es nach dem Grundgesetz selbstverständlich, daß die Sichtötung ein Menschenrecht ist, das niemals unter Strafe gestellt werden darf.

Der *Abbruch der Schwangerschaft* ist immer eine Tötung. Dabei muß nur offen bleiben, ob es tatsächlich die *Tötung eines Menschen* ist, also eines Lebewesens, das man bereits als *Mensch* bezeichnen kann. Wenn man an der Begriffsbestimmung festhält, daß sich der Mensch vom höchstentwickelten Tier, dem Menschenaffen, dadurch unterscheidet, daß er ein größeres Denkvermögen hat, wird es bereits problematisch.

Sicher kann man die *Entwicklungspotenz* nicht außer acht lassen, die in einem Lebewesen steckt. Es muß jedoch aus moralischer Sicht erlaubt sein, bei der *Keimlingsentwicklung zum Menschen* eine Grenze zu setzen.

Solange wir Menschen uns das Recht nehmen und es uns gesetzlich zugestanden wird, *höhere und höchstentwickelte Tiere zu töten,* muß es auch ein Menschenrecht geben, in der Keimlingsentwicklung zum Menschen *Unterscheidungen* zu treffen.

Ich habe mir viele Gedanken darüber gemacht, wie man den *menschlichen Keimling* in seiner Entwicklungszeit werten könnte. Es sprechen einige Gründe dafür, den Keimling bis zum 14. Tag als Pflanze, vom 15. bis zum 28. Tag als Pflanzentier, vom 29. bis zum 42. Tag als Tierpflanze, vom 43. bis zum 56. Tag als Tier, vom 57. bis zum 70. Tag als Tiermensch und erst vom 71. Tag als Menschtier zu werten.

Das würde bedeuten, daß der menschliche Keimling frühestens ab der *achten Woche mehr ist als ein Tier* allgemein und allerfrühestens nach der *zehnten Woche mehr ist als ein Menschenaffe.*

Ich bin mir dessen bewußt, daß mir jetzt insbesondere religiöse Eiferer schwere Vorwürfe machen werden, doch das nehme ich hin. Für mich ist der Unterschied zwischen Mensch und Tier nicht so groß, wie er im Rechtsleben gewertet wird. Für mich ist Tierquälerei genauso schlimm wie Menschenquälerei. Beides entspringt einer Denkweise, die aus guter Menschlichkeit, aus der Humanität heraus etwas *Böses* ist.

Genauso sieht es nach meiner Überzeugung »das Volk«, jene *Mehrheit des Volkes jedenfalls,* an deren Güte und Rechtschaffenheit ich glaube.

Sicher muß es in dieser Welt *Wertungsunterschiede* auch für die Tötung als gute oder böse Tat geben. Dabei steht das Wort Tat – wie auch nach dem Rechtsverständnis der

Juristen – auch für *Unterlassen*. Wer davon ausgeht, daß *Totsein* immer etwas Schreckliches, etwas Entsetzliches ist, weil es danach ein Weiterleben unter höllischen Bedingungen gibt, dürfte *überhaupt nicht töten,* auch kein Tier. Man kann das Töten nicht völlig loslösen von dem Glauben an das, was nach dem Tod ist.

Glaubenslehren, in denen die *Erde als Jammertal* hingestellt wird, müßten eine Tötung als *gute Tat* werten, aber niemals als Todsünde, denn nach dem Tode könnte es dann in der Regel nur besser werden; vielleicht nur für die schlechter, die sich im Leben nicht anständig benommen haben. Auf die sollte man ohnehin keine Rücksicht nehmen.

Rechtsgesetze dürfen sich nur *am Willen des Volkes* orientieren. Sie müssen an die *jeweilige Zeit* angepaßt werden. Für die heutige Zeit muß der *Wille des Volkes von heute* maßgeblich sein, nicht aber der *Wille der Volksvertretung* und auch nicht der *Wille von Hoch- und Höchstrichtern.* Er kann eine Zeitlang stellvertretend für den Volkswillen Maßstab sein, aber höchstens solange, wie es nicht möglich ist, eine Volksentscheidung herbeizuführen.

Damit hier kein Mißverständnis aufkommt, erkläre ich ausdrücklich: Ich unterwerfe mich unserem Grundgesetz und den Gesetzen, die nach meiner Überzeugung mit dem Grundgesetz harmonieren. Mein Bestreben ist es sogar, ein ganz besonders pflichtbewußter Staatsbürger zu sein, bezogen auf die Grundrechte und die Grundpflichten. Soweit ich dem Grundgesetz nachgeordnete Gesetze anders auslege, geschieht das selbstverständlich auf mein eigenes Risiko. Ob ich das tue und wie weit ich das tue, lasse ich hier ausdrücklich offen.

Die *Rechtsdisharmonie zwischen Grundgesetz und Strafgesetzbuch* läßt sich – bezogen auf Gesundheits- und Arzthilfe – auch am 17. Abschnitt des StGB »*Körperverletzung*« zeigen, von § 223 bis § 233. Hier werden vor allem unterschieden: Körperverletzung, Vergiftung und Mißhandlung von Schutzbefohlenen.

»§ 223. *Körperverletzung*
(1) Wer einen anderen *körperlich mißhandelt oder an seiner Gesundheit beschädigt,* wird mit Freiheitsstrafe bis zu drei Jahren oder mit Geldstrafe bestraft.
§ 229. *Vergiftung*
(1) Wer einem anderen, um dessen Gesundheit zu beschädigen, *Gift oder andere Stoffe* beibringt, welche die *Gesundheit zu zerstören geeignet sind,* wird mit Freiheitsstrafe von einem Jahr bis zu zehn Jahren bestraft.
(2) Ist durch die Handlung eine *schwere Körperverletzung* (§ 223) verursacht worden, so ist auf Freiheitsstrafe nicht unter fünf Jahren und, wenn durch die Handlung der Tod verursacht worden ist, auf lebenslange Freiheitsstrafe oder auf Freiheitsstrafe nicht unter zehn Jahren zu erkennen.
§ 223 b. *Mißhandlung von Schutzbefohlenen*
(1) Wer Personen unter 18 Jahren oder *wegen Gebrechlichkeit oder Krankheit Wehrlose,* die seiner Fürsorge oder Obhut unterstehen oder seinem Hausstand angehören oder die von dem Fürsorgepflichtigen seiner Gewalt überlassen oder durch ein Dienst- oder Arbeitsverhältnis von ihm abhängig sind, *quält oder roh mißhandelt,* oder wer durch *böswillige Vernachlässigung seiner Pflicht, für sie zu sorgen, sie an der Gesundheit schädigt,* wird mit Freiheitsstrafe von drei Monaten bis zu fünf Jahren bestraft.
(2) In besonders schweren Fällen ist die Freiheitsstrafe von einem Jahr bis zu fünf Jahren, in minder schweren Fällen Freiheitsstrafe bis zu drei Jahren oder Geldstrafe.«

Gesundheitsschädigung ist Körperverletzung. Das Grundgesetz garantiert das Recht auf Leben und körperliche Unversehrtheit.

§ 223 unterscheidet körperliche Mißhandlung und Gesundheitsschädigung. Letzteres muß sich demnach über den Körper hinaus auf den *Geist* beziehen, und wenn wir Seele = Geist setzen – was allgemein üblich ist – auch auf die *Seele.* Wer die *Seele* eines anderen beschädigt, begeht *Körperverletzung.*

Vergiftung ist selbstverständlich *Körperverletzung*. Aus dieser Sicht *dürfte kein* Rechtsunterschied zwischen Körperverletzung (= Gesundheitsbeschädigung) und Vergiftung gemacht werden, wie es im Strafgesetzbuch geschieht. Während nach § 229 nur die *vorsätzliche Vergiftung* bestraft wird, also derjenige, der »Gift oder andere Stoffe beibringt, welche die Gesundheit zu zerstören geeignet sind« in der Absicht »dessen Gesundheit zu beschädigen« mit Strafe bedroht wird, ist für die *Gesundheitsschädigung sonst* auch *bei Fahrlässigkeit* eine Strafe vorgesehen:

§ 230. *Fahrlässige Körperverletzung*

Wer durch *Fahrlässigkeit* die Körperverletzung eines anderen verursacht, wird mit Freiheitsstrafe bis zu drei Jahren oder mit Geldstrafe bestraft.«

Giftbeibringung und das Beibringen von Stoffen, welche die Gesundheit zu zerstören geeignet sind – geeignet ist fast alles, es kommt nur auf die Menge an – gilt als *Vergiftung*. Vergiftung als Körperverletzung, eventuell als schwere Körperverletzung (§ 229 Abs. 2).

Unter Körperverletzung im biologischen Sinne versteht man *jede Gewebsschädigung durch äußere Einwirkung*.

Zusammengefaßt ergibt sich: Die *Strafgesetze* stehen teilweise in *Disharmonie zum Grundgesetz*. Sie sind aus biologischer Sicht mehrfach unlogisch. Beides zwingt zu einer Gesetzesänderung.

Aber selbst wenn man nur von dem *gegebenen Gesetzestext* ausgeht, ergibt sich daraus die *absolute Gesundheitshilfehoheit* des Patienten bis in den Tod hinein und keinerlei Ermessensspielraum für eine »*Arzthilfe*« *gegen den Willen* und auch ohne ausdrückliche Zustimmung des ausreichend informierten Patienten.

Im übrigen ist auch aus dem jetzigen Gesetzestext – zumindest indirekt – die Arztpflicht und das Patientenrecht zu *umfassender Information* über alles Für und Wider angebotener Arzthilfe herauszulesen.

Schließlich das Wichtigste: Sogar aus dem (jetzigen) Text der entsprechenden Strafparagraphen ist m. E. *zwingend auf die Strafbarkeit unterlassener Leidensminderung durch Mitleidstötung dann zu schließen, wenn kein vernünftiger Grund mehr für die Erreichbarkeit eines qualfreien bzw. lebenswerten Lebens spricht.*

7.9 TODESBESCHEINIGUNG ALS GEHEIMWAFFE

Der Tod eines Patienten ist der zuständigen Staatsbehörde auf einem Formular zu melden, das im Amtsdeutsch »*Todesbescheinigung*« oder auch weniger pietätvoll »*Leichenschauschein*« genannt wird. Verantwortlich für den Inhalt ist der *Arzt*, der durch Unterschrift bescheinigt, daß er »die Leichenschau vorgenommen hat«. Dies ist in der Regel der behandelnde Arzt oder einer seiner ärztlichen Mitarbeiter.

Auf der Todesbescheinigung gibt es eine offene Vorderseite und eine verschließbare Rückseite, unterteilt in sechs Rubriken, gekennzeichnet mit römischen Ziffern.

Unter »1. *Personalangaben*« müssen unter anderem Geburtsdatum sowie Todestag und Todesminute eingetragen werden.

»II. *Todesart*« sieht die Ankreuzung von drei *Todesarten* vor: »*Natürlicher Tod*«, »*nicht natürlicher Tod* (Unfall, Selbstmord, Tod durch strafbare Handlung oder sonstige Gewalteinwirkung)« und »*nicht aufgeklärt, ob natürlicher oder nicht natürlicher Tod*«.

Wenn etwas anderes als »*natürlicher Tod*« angekreuzt wird, bedeutet das meistens Anordnung einer gerichtsärztlichen Leichenschau, medizinisch *Autopsie* (= Selbstbesichtigung) oder *Sektion* (= Aufschneidung) genannt.

Auf der Vorderseite der Todesbescheinigung muß der Leichenbeschauer bescheinigen: »Die Leiche wurde von mir heute zur Feststellung der Todesursache sorgfältig untersucht. Sichere Zeichen des Todes wurden von mir wahrgenommen. Diese und die umseitigen anderen Angaben aufgrund des von mir gewonnenen Urteils nach bestem

Wissen gemacht zu haben, bezeuge ich mit eigenhändiger Unterschrift.«

Auf der Rückseite soll die Todesursache angegeben werden. Hier gibt es zwei Rubriken, eine für den behandelnden Patientenarzt, und die andere für den gerichtsmedizinischen Leichenbeschauer, falls eine Sektion gemacht wird.

Als *Fußnote* zur »*Todesursache*« steht: »Hierunter fällt nicht die Art des Todeseintritts, z. B. Versagen des Herzens oder Kreislaufs, Atemlähmung, Verblutung, allgemeine Schwäche, sondern die Krankheit, Schädigung oder Komplikation, welche den Tod herbeigeführt hat.«

Zur *Todesursache* lautet die erste Frage: »Welche Krankheit oder Verletzung hat den Tod *unmittelbar* herbeigeführt?« Dies muß unter a) angegeben werden. Unter b) ist anzugeben: »Welche Krankheiten oder Verletzungen lagen der Angabe *unter a) ursächlich zugrunde?*«, und schließlich unter c) »Welche Krankheiten oder Verletzungen lagen der Angabe unter *b) ursächlich zugrunde?*«

Unten soll zur Todesursache noch eingetragen werden: »Welche *anderen* wesentlichen Krankheiten bestanden zur Zeit des Todes?« Für alle Krankheiten oder Verletzungen ist auch die »Zeitdauer zwischen Krankheit und Tod« zu vermerken.

Die letzte Rubrik der Todesbescheinigung hat die Überschrift »VI. *Zusatzangaben*«. Sie sollen zur Klärung einer nicht natürlichen Todesursache allgemein und zur Klärung bei Totgeburten und Kindestod unter einem Jahr sowie bei Tod schwangerer Frauen beitragen.

Bei Unfall, Vergiftung und Gewalteinwirkung einschließlich »*Selbstmord*« will man die »Äußere Ursache der Schädigung« wissen und eventuell die Unfallkategorie – von »Arbeits- oder Dienstunfall« bis zu »Sonstiger Unfall«.

Grundlage für die Eintragung der Krankheiten ist die von der Weltgesundheitsorganisation = WHO, beschlossene Internationale Klassifikation der Krankheiten (ICD). Man findet sie als »*Dreistellige allgemeine Systematik*« und als »*Vierstellige Ausführliche Systematik*« in einem Buch von 605 Seiten mit 17 großen Krankheitsgruppen von »I. Infektiöse und parasitäre Krankheiten« über »VIII. Krankheiten der Atmungsorgane« bis »XVII. Verletzungen, Vergiftungen«.

Anhand der »*Dreistelligen allgemeinen Systematik*« möchte ich die Möglichkeiten erläutern, welche die korrekte Ausfüllung der Todesbescheinigung unter Benutzung der ICD zur Klärung der *wahren* Todesursachen *beitragen könnte*.

Unter »*Verletzungen, Vergiftungen*« stehen Frakturen (= Knochenbrüche), Luxationen (= Gelenkverrenkungen), Verstauchungen, Gelenk- und Muskelzerrungen sowie innere Verletzungen von Kopf, Brust, Bauch und Becken, offene Wunden des Kopfes, Halses und Rumpfes, der oberen und unteren Extremitäten (= Gliedmaßen), Verletzungen der Blutgefäße, Spätfolgen von Verletzungen, Vergiftungen und sonstigen äußeren Einwirkungen, oberflächliche Verletzungen (von Kopf bis Fuß), Prellungen ohne Hautverletzung (von Kopf bis Fuß), Quetschungen, Folgen des Eindringens von Fremdkörpern in Körperöffnungen, Verbrennungen, Nerven- und Rückenmarksverletzungen, bestimmte Komplikationen nach Verletzung und nicht näher bezeichnete Verletzungen, alles von Kopf bis Fuß geordnet.

Extrakrankheitsziffern sind vorgesehen für »Schädliche Wirkungen durch Drogen, Arzneimittel und biologische Substanzen bei therapeutischer Anwendung« – beginnend mit E 930 »Antibiotika«, über E 939 »psychotrope Präparate« (= Psychopharmaka = Seelentöter) bis zu E 949 »Sonstige Impfstoffe und biologische Substanzen«).

Strahlenschäden wären unter E 929 »Behandlung« einzuordnen. In der »Vierstelligen ausführlichen Systematik«

wird alles noch genauer erfaßt. Dort gibt es – zu meiner Überraschung – die Ziffern 996 bis 999 für »*Komplikationen nach chirurgischen Eingriffen und ärztlicher Behandlung, anderweitig nicht klassifiziert*«. Ziffer 996 = »Komplikationen, die bestimmten näher bezeichneten Maßnahmen eigentümlich sind«, 997 = »Komplikationen bestimmter Körpersysteme, anderweitig nicht klassifiziert«, 998 = »Sonstige Komplikationen durch ärztliche Maßnahmen, anderweitig nicht klassifiziert«, 999 = »Komplikationen durch ärztliche Behandlung, anderweitig nicht klassifiziert«.

Außerdem ist in der ICD eine *Zusatzklassifikation* der äußeren Ursachen bei Verletzungen, Vergiftungen abgedruckt. Unter dem Buchstaben E soll näher bezeichnet werden, ob es sich um Eisenbahnunfälle, Kraftfahrzeugunfälle im Verkehr usw., um Vergiftungen (Unfälle) durch Drogen, Arzneimittel und biologische Präparate usw. handelt.

Für die Ziffern 870 bis 876 gibt es als Untergruppe: »*Zwischenfälle bei Patienten während chirurgischer und medizinischer Behandlung*« und »*chirurgische und medizinische Maßnahmen als Ursache abnormer Reaktion oder späterer Komplikation, ohne Angabe eines Zwischenfalls zur Zeit der Behandlung*«.

Hier wären zum Beispiel einzutragen: E 870 = »Unbeabsichtigte(r) Einstich, Perforation, Schnitt oder Blutung während der medizinischen Versorgung«, E 871 = »Im Körper während der Behandlung zugelassener Fremdkörper«, E 872 = »fehlerhafte Sterilisierungsmaßnahmen während der Behandlung«, E 873 = »Fehler bei der Dosierung«, E 874 = »mechanische Fehler bei Instrumenten oder Apparaten während der Behandlung«, E 875 = »Verunreinigte(s) oder infizierte(s) Blut, sonstige Flüssigkeiten, Drogen oder biologische Substanzen«, E 876 = »Sonstiger und nicht näher bezeichneter Unglücksfall während medizinischer

Behandlung«, E 878 = »Operation oder sonstige chirurgische Maßnahme als Ursache abnormer Reaktion oder späterer Komplikation ohne Angabe eines Zwischenfalls zur Zeit der Operation« und schließlich E 879 = »Sonstige Maßnahmen, ohne Angabe eines Zwischenfalls zur Zeit der Durchführung der Maßnahme, als Ursache abnormer Reaktion oder späterer Komplikation beim Patienten«.

Ich habe das alles deshalb angeführt, um klarzustellen: *Alle möglichen Todesursachen,* eingeordnet als Krankheit oder Verletzung, *haben einen Namen.* Wenn die Leichenbeschauer den 605 Seiten starken Buchband ICD zur Hand nehmen würden, könnten sie unter der Rubrik »V. Todesursache« sehr präzise Angaben machen.

Und die Folge? Es müßten nicht nur ein *Amtsfacharzt für Todesursachen-Vorklärung* bei jedem Gesundheitsamt, sondern mehrere angestellt, dazu jedem Gesundheitsamt ein gerichtsmedizinisches Institut mit voller Besetzung angeschlossen werden.

Warum?

1. Weil es nötig ist, wegen *jeder* Todesbescheinigung bei dem Leichenschauer *im einzelnen rückzufragen.* Dies müßte zu einer erheblichen Verfeinerung bezüglich der Todesursachen führen: *Auf kaum einer Todesbescheinigung würde ein Eintrag nach E 930 bis E 949 und nach 870 bis E 879 fehlen!*

2. *Fast regelmäßig* müßte zumindest unter der Rubrik »II. Todesart« die dritte Möglichkeit »*nicht aufgeklärt, ob natürlicher oder nicht natürlicher Tod« oder* die zweite Todesart »*nicht natürlicher Tod«* angekreuzt werden. Das wiederum löste automatisch die Tätigkeit des gerichtsmedizinischen Instituts aus.

Nach meinen Erfahrungen im Bereich der sieben Hauptstationen meiner ärztlichen Tätigkeit – vom Kreiskrankenhaus Eschwege bis zum EUBIOS-ZENTRUM AM CHIEMSEE mit vielen gastärztlichen Zwischenstationen in Praxen und Krankenhäusern der Bundesrepublik – ist das Ausfüllen der Todesbescheinigungen eine *ungeliebte Nebenarbeit für unerfahrene Assistenz- bzw Sekundärärzte.* Erstens muß es ruckzuck gehen. Zweitens darf *natürlich* nur *»Natürlicher Tod«* angekreuzt werden, damit es keinen Ärger gibt. Man hat dabei als Assistenzarzt ein gutes Gewissen, weil es der Chef so angeordnet hat. Aus Chefarztsicht ist es *natürlich,* das die Patienten *trotz* der »Arzthilfe« gestorben sind, aber nicht *wegen* der *tödlichen* Spritze, Operation und und und.

Das geschieht sogar meistens mit gutem Gewissen. Die Frage ist nur, wo beim *Denken und Nichtdenken* die Fahrlässigkeit, die grobe Fahrlässigkeit, der bedingte Vorsatz und der Vorsatz beginnen und aufhören. *Es gibt auch ein gutes Gewissen aus Denkfaulheit.*

Fest steht jedenfalls, daß man aufgrund der Todesbescheinigungen die *entscheidende Todesursache* in der Regel *nicht* feststellen kann.

Welches ist die entscheidende Todesursache? Jedes Glied in der Kette der Todesursachen, das heißt in der Kette jener Ursachen, die für die Lebensverkürzung mitverantwortlich ist.

Kein Tod hat nur eine Ursache. Zur Lebensverkürzung wirken immer mehrere, meistens viele Ursachen zusammen. Und zu jeder Ursache gehören zwei: der Verursacher und der Ursachenempfänger.

Wenn ich ein brennendes Streichholz in einen Eimer mit Benzin werfe, gibt es eine Explosion mit lautem Knall. Das gleiche entflammte Streichholz in einen Wassereimer geworfen, löst nur ein Zischen aus, sonst gar nichts.

Eine Morphiumspritze mit 20 mg Morphium führt bei dem einen Patienten zu Schmerzlinderung mit erholsamem Schlaf. Den anderen Patienten bringt sie innerhalb von 30 Minuten – etwas schneller oder langsamer – um.

Der übliche Eintrag unter »Todesursache« lautet zum

Beispiel: a) Herzversagen (als Folge von), b) Krebsmetastasen (als Folge von), c) Brustkrebs (= Grundleiden).

Dabei wird verschwiegen, daß:

1. Die Patientin zum Beispiel zwei Wochen vorher *trotz Metastasen* radikaloperiert wurde = Haupttodesursache Nr. 1, 2. seit einer Woche massiv bestrahlt worden ist = Haupttodesursache Nr. 2, 3. keinerlei abwehrsteigernde Behandlung bekam = Haupttodesursache Nr. 3, 4. ein sehr aggressives Antibiotikum bekam = Haupttodesursache Nr. 4, 5. in den letzten Tagen massiv unter das heilentzündungshemmende Cortison gesetzt wurde = Haupttodesursache Nr. 5, 6. 20 Minuten vor dem Tod eine Morphiumspritze bekommen hat = Haupttodesursache Nr. 6 oder Nr. 1? Sicher war auch Brustkrebs eine der vielleicht 20 Todesursachen als eines der *Grundleiden*.

Je älter der Mensch zum Zeitpunkt der Brustkrebsentdeckung ist, um so mehr *andere Grundleiden* hat er meistens: Bluthochdruck, Herzrhythmusstörungen, Krankheiten der Kapillargefäße (= Blutungsübel), Asthma und anderes.

Für die »*anderen wesentlichen Krankheiten*« – die zur Zeit des Todes bestanden – ist nur *eine einzige Zeile* vorgesehen. Außer den Grundleiden (= Grundursachen) gibt es noch *Nebenleiden* (Nebenursachen) wie Fett- und Mager-»Sucht«, Krampfadern, Schwachsinn (bei Jungen und Alten) und vieles andere. Öfters ist die Einordnung schwierig, ob die Gesundheitsstörung oder -schwäche ein Grund- oder ein Nebenleiden ist. Auch Nebenleiden können eine Mittodesursache sein.

Um ein bißchen mehr Transparenz in die Todesursachen zu bringen, wird in unserer Klinik schon seit mehreren Jahren zu jeder Todesbescheinigung ein *Beiblatt* hinzugefügt, in dem zu b) ausführliche Angaben über nebeneinander bestehende Schwerpunkt- und Hauptkrankheiten stehen. Ich zweifle, daß diese Mehrarbeit, die wir uns machen, für die Todesursachenstatistik oder was auch immer, verwertet wird. Trotzdem werden wir es weiter so machen!

Fast bei jedem Patienten müßte als Todesursache eine der 20 »Schädlichen Wirkungen durch Drogen, Arzneimittel ...« von E 930 bis E 949 eingetragen werden und fast bei jedem Operierten die Ziffern E 870 bis E 879, insbesondere E 878: »Operation oder sonstige chirurgische Maßnahmen als Ursache abnormer Reaktion oder späterer Komplikation, ohne Angabe eines Zwischenfalls zur Zeit der Operation«.

Wenn ein Patient während der stationären Behandlung stirbt, bei der auch eine Operation durchgeführt wurde, so war die Operation immer eine *Mitursache* des Todes und zwar selbst dann, wenn sie zu einer vorübergehenden Besserung geführt hat.

Falls der Tod im zeitlichen Zusammenhang mit einer Morphiumspritze eintritt, müßte immer die Ziffer E 935, E 936 oder E 938 eingetragen werden. Als Todesart wäre dann vorn die Zeile »nicht natürlicher Tod« oder »nicht aufgeklärt« anzukreuzen.

Es gibt in der Arzthilfe heute eine *ungeheuer große Todesursachengrauzone* durch das behördlich und richterlich geduldete Arztrecht, *Todesbescheinigungen als Geheimwaffe* zu benutzen, durch Geheimhaltung der wahren, fast immer auch arztfabrizierten Todesursachen, die Gesundheitshilfehoheit der Ärzte bis in den (Patienten-)Tod hinein *als Eigentum zu sichern. Streng genommen ist kein Tod unter Mitwirkung eines Arztes ein natürlicher Tod.* Aber jeder Arzt darf sich auf ein *Gewohnheitsrecht* sogar dann beziehen, wenn er behauptet, daß der »Tod auf dem Tisch«, also sogar der eines Patienten auf dem Operationstisch ein *natürlicher Tod* ist. Und erst recht natürlich der Tod nach einer tödlichen Morphiumspritze. Quo usque tandem? Wie lange noch?

7.10 DAS GEDULDETE ARZTRECHT AUF EINE FOLTERUNGS-/TÖTUNGSGRAUZONE

Das Wort *Grauzone,* englisch »grey area«, gibt es noch nicht lange. Es ist so jung wie seine Mutter, die *Statistikwissenschaft,* und bedeutet: *undurchschaubarer, unberechenbarer, unkontrollierbarer Bereich.*

Folterung ist – medizinisch gesehen – *Krankheitsleid größeren Grades.* Jede Krankheit kann zur Folter werden.

Der Patient will vom Arzt vor allem *Verhütung und Bekämpfung von Krankheitsfolter.* Vor dem kleinen Krankheitsleid fürchten sich die wenigsten, vor der Krankheitsfolter alle.

Die *Krankheitsfolter* beginnt meist mit den ersten Kranksignalen wie Schmerz, Übelkeit, Schwindel, Steifigkeit, Muskelschwäche und vielen anderen, mit dem also, was zum *Krankheitsleid* führt.

Arztgemachte Krankheitsfolter sind unnötige und unnötig große Operationen und alles *unnötige Überaggressive* sonst, ein *Großteil der Schulmedizin von GESTERN und HEUTE also.*

Arztfabrizierte Folterung ist auch das *Zuviel* an Diagnostik und Behandlung allgemein, ebenso wie Schlamperei und Pfusch.

Als *arztverschuldete Folter* muß man selbstverständlich auch ein *Zuwenig* an *Bekämpfung von Schmerz und anderem Krankheitsleid* werten, und zwar bis hin zum *Weiterfolternlassen* bei end- und hoffnungsloser Krankheitsfolter, also bis zur verweigerten Mitleidstötung.

Die Schulmedizin von GESTERN und HEUTE hat *aus Ärzten* in vieler Beziehung *Folterknechte* gemacht. Ich sehe keinen wesentlichen Unterschied in der staatlichen

»*Unrechtshilfe*« des Mittelalters: Daumenschraube und der *Pseudoarzthilfe* von HEUTE: unnötige Verstümmelungsoperation, Mitleidstötungsverweigerung und so weiter.

In diesem Buch kann ich nicht auf Ursachen und nur wenig auf Größenordnungen der Arzthilfemängel eingehen. Das hole ich in Kürze in Heilgötterdämmerung nach. Hinweisen möchte ich nur darauf, daß *Wissenschaftsbetrug* und *Wissenschaftsschlamperei Hauptursachen* sind.

Als *Tötung* muß alles gewertet werden, was das Leben eines Patienten verkürzt. Das habe ich vorn begründet, auch daß Ärzte *berufsmäßige Töter* sind. Öfters wäre sogar der Begriff *Henker* die bessere Bezeichnung, und zwar wenn Patienten ohne rechtskräftige Einwilligung durch eine (tödliche) Operation, Spritze usw. grob fahrlässig bis bedingtvorsätzlich umgebracht werden. Vorsatz dürfte selten sein, aber es gibt ihn sicher auch, weil der heutige Grad von Unkontrolle zu solcher Untat geradezu verführt. Die Todesspritze für Patienten, die zu schwerer *Pflege- und Arztlast* wurden und werden, ist nur ein Beispiel.

Es gibt zwei Gründe für *Arzthilfegrauzonen* aus der Sicht des Patienten: die durch *Nichtwissen* und die durch *Dysinformation*. Die *Grauzone durch Nichtwissen* muß – bezogen auf den großen Wissenumfang heute – zu einem kleinen Teil auf wenig bleiben. Deshalb bleibt für Ärzte auch für ewig ein Freiraum, ein *Therapiefreiheitsbereich* – betreffend das *Angebot* von Heilhilfen – übrig, weil immer Erkenntnislücken bleiben werden. Die Therapiefreiheit des Arztes beginnt dort, wo die gesicherte Erkenntnis aufhört, und sie endet an der untersten Grenze dessen, was nach den Maßstäben der *Ganzheitsmedizinwissenschaft* – *nicht* aber der Schulmedizinwissenschaft von GESTERN und HEUTE – an Wissen *gesichert* ist.

Die *Grauzone durch Arzthilfedysinformation* – (griech.) »dys« = fehlerhaft bis falsch – also infolge unwahrer, halbwahrer, irreführender und/oder teilweiser Information und totaler Nicht-Information – beruht allein auf der gesetzlich und durch die Rechtsprechung geduldeten Verschweige*hoheit der ärztlichen Hippokratie*. Dafür bleibt in einer humanen Welt keinerlei Raum. *Folterungs-/Tötungsgrauzone* (= *FT*-Grauzone) *ist alles, was auf Nichtwissen und Dysinformation beruht und deshalb unkontrollierbar ist und was zu Folterung und Tötung führen kann*. Das gilt fast für die gesamte schulmedizinische Arzthilfe von HEUTE. Sie wird auf den Intensivstationen und in den Operationsabteilungen zur *Schwarzzone* für Patienten, insbesondere weil hier der Grad an Dysinformation maximal ist. Setzen wir die humane *Informationspflicht* des Arztes über das, was er über Arzthilfe weiß oder doch wissen müßte auf *tausend Promille* – bezogen auf sein erforderliches Wissen –, so liegt der *Informationsgrad* für Intensiv- und Großoperationspatienten *nahe null Promille*.

Die Ausrede der Ärzte: Intensivmedizin und Großoperationen sind so kompliziert, daß man sie einem Patienten nicht verständlich erklären kann. Deshalb ist unsere Allmacht hier gottgewollt. Hinter den Außentüren von Intensivstationen und Operationsabteilungen wird der Patient zum *Spielzeug von Mediziningenieuren* aller Fachbereiche. Da gibt es *Folterknechte und Henker* in einer Größenordnung, daß *Staatsanwälte zum Regiestab* gehören müßten; zumindest aber ganzheitsmedizinwissenschaftlich geschulte Ombudsmänner (oder -frauen).

Intensivfolterknechte sind die, welche hoffnungslos Kranke »retten«, wenn ein gnädiger Herzstillstand das Leben beenden will. Es gibt Folterknechte, die es darin zu wahrer *Foltermeisterschaft* gebracht haben: Der Rekord steht meines Wissens bei fünf Herzmobilmachungen innerhalb 24 Stunden. Ich schreibe hier wohlbemerkt nur von den Herzstillständen bei hoffnungsloser Krankheitsfolter.

Im *Krankenhausbereich sonst* – also außerhalb von Intensivstation und OP-Abteilung – ist die Folterungs-/Tötungsgrauzone kleiner als für Intensiv- und Großoperationspatienten, aber immer noch *sehr groß. Gefoltert und getötet wird am laufenden Band,* fahrlässig, grobfahrlässig, bedingt-vorsätzlich und auch vorsätzlich. Die Geheimwaffe Todesbescheinigung von HEUTE schützt die Tötungsgrauzone. Eine offizielle Folterkontrolle gibt es überhaupt nicht.

Ohne durch Gesetz und Rechtsprechung erzwungene Verkleinerung der Folterungs-/Tötungsgrauzone wird es keine humane Arzthilfe als Standard der Gesundheitshilfe geben.

7.11 AUSREDE: MISSBRAUCHGEFAHR DER MITLEIDSTÖTUNG

Fast alle schlagen die Augen ehrfurchtslos nieder, wenn Ärzteführer, Kirchenfürsten, Hochrichter und Staatsführer von der *Mißbrauchgefahr* einer »*Freigabe der Tötung*« für Ärzte sprechen. Das leuchtet vielen ein, daß darin eine Gefahr liegen könnte. Also wollen sie es lieber beim alten lassen.

Tatsächlich kann man *nicht mißtrauisch genug* sein gegenüber dem, *zu was Ärzte fähig sind*, was ärztliche Menschenteufel in der Vergangenheit fertiggebracht haben: sowohl als Vollstrecker der Naziideologie wie der des Stalinismus, insbesondere als Psychiater, aber auch in anderen Fachbereichen.

Aus dieser Sicht ist vor allem beängstigend, daß Ärzte zu höchsten *Ärzteführern von heute* werden konnten, deren Vorgeschichte insoweit belastet ist. Der *kleinste Inhumanitätsfleck* auf dem weißen Arztkittel müßte ein Führungsamt *auf ewig* ausschließen! Ist es so? NEIN! Soll ich Namen nennen?

»*Vorsicht Arzt*« und »*Hilfe, ein Ärzteführer*« kann man nicht laut genug rufen. Leider beachten diese Warnung genau die *im allgemeinen* nicht, die als *Nichtärzte Führer* sind. Aber weil es aus weltanschaulichen Gründen so paßt, wird es *für die Mitleidstötungsverhinderung* als *Ausrede* benutzt. Man *malt den Arztteufel an die Wand*, der mit der Todesspritze in der Hand tötet, wen er will.

Wahnsinn! Ein besseres Wort fällt mir für die *Ausrede Mißbrauchgefahr* nicht ein, weil diese Ausrede die Folterungs-/Tötungsgrauzone mit ihren riesigen Mißbrauchmöglichkeiten *außer acht läßt*. Selbst wenn man keine

Sonderregelungen gegen Mibrauch der Mitleidstötung treffen könnte, wäre diese Ausrede unglaubwürdig und unhaltbar. Doch es gäbe ja Verhütungsmöglichkeiten durch Extras, die jedem Ärzteführer sofort einfallen müßten, wenn er darüber nachdenken wollte. Man will nicht!

Deshalb habe *ich* mir darüber Gedanken gemacht. Das Ergebnis sind die 7 *EUBIOS-Mitleidstötungsgebote* (s. S. 469).

Bei Beachtung der EUBIOS-Mitleidstötungsgebote ist die Mißbrauchmöglichkeit der (kontrollierten) Mitleidstötung *nahe Null*, sogar für ärztliche Menschenteufel. *Damit* würden sie im Fall des Falles des Patienten*mordes* überführbar.

Der Bezug auf die Nazi-Euthanasie als Gegengrund zur kontrollierten Mitleidstötung ist Bösartigkeit und deshalb *indiskutabel*.

7.12 VORSICHT: STERBEHILFEGESCHÄFT UND ENGELMACHER!

Das *Loblied* der Gesellschaften für humanes Sterben habe ich im Kapitel 6.2 gesungen. Um Mißverständnisse auszuschließen, gebe ich vor Darstellung der *negativen Aspekte* folgende *Ehrenerklärungen* ab:

Ich war auf einem Kongreß der HEMLOCK-SOCIETY in Kalifornien und konnte *nicht den Schimmer eines Mißbrauchs* dieser ehrenwerten Gesellschaft zu dubiosen Geschäften und Praktiken sonst feststellen. *Derek Humphrey* hat auf mich den Eindruck eines *total integren Idealisten* der Humanen Sterbehilfebewegung gemacht.

Ein Zweites: Ich bin seit März 1985 *Mitglied* der Schweizerischen Gesellschaft für Humanes Sterben EXIT und habe *keine Zweifel* an der *Ehrenhaftigkeit der Vereinsführung* und *aller ihrer Aktivitäten*. Der Präsident Dr. jur. *Walter Baechi* führt die Gesellschaft *ehrenamtlich und sichert die Gesetzestreue*; der Vizepräsident und Geschäftsführer Pfarrer Dr. phil. *Rolf Sigg* ist ein *Garant für solide und ehrenwerte Geschäftsführung*. Auch der übrige Vorstand läßt nicht den geringsten Zweifel an der *Ehrenhaftigkeit* von EXIT bis ins kleinste.

Andere Gesellschaften für humanes Sterben im Ausland kenne ich nicht, habe aber keinen Grund an deren Ehrenhaftigkeit zu zweifeln.

Böse Erfahrungen habe ich mit der Deutschen Gesellschaft für Humanes Sterben gemacht. Ich verweise hier auf die Kapitel 1.5 – 1.8.

In dieser DGHS wird die *indirekte aktive Tötungshilfe* in Form der Beschaffung und Übergabe tödlicher Gifte bis hin zur unmittelbaren Hilfestellung beim Einbringen in den

Körper praktiziert. Dies ist ja als *Beihilfe zur Sichtötung* in verschiedenen Ländern – zum Beispiel bei uns – *nicht* unter Strafe gestellt.

Eine solche indirekte aktive Tötung ist *unter kontrollierten Bedingungen* in Ordnung, aber *ohne* Kontrolle eine *Riesengefahr* aus folgenden Gründen:

1. Eine Sichtötung aus *falschem Grund* – wie als Kurzschlußhandlung aus Liebeskummer usw. – wird zu leicht gemacht. Es muß allein dadurch viele vermeidbare Sichtötungen geben.

2. Das empfohlene, beschaffte und/oder übergebene Tötungsmittel kann *ungeeignet* sein, zu einem qualvollen Tod führen. Dies gilt zum Beispiel für Zyankali.

3. Es gibt das *Engelmacherrisiko*, d. h. die Hilfestellung zur Sichtötung ist – bei Komplikationen durch das Tötungsmittel – mangels (ärztlicher) Erfahrung zur Nothilfe fehlerhaft. Engelmacher nennt man die nichtärztlichen Abtreiber – meist Hebammen –, in deren Händen die illegale Schwangerschaftsunterbrechung oft liegt. Auch der nichtärztliche (Mitleids-)Töter ist ein ungeschulter Engelmacher. Der Patient kann zum Beispiel nach dem Einnehmen des Giftes erbrechen und daran ersticken.

4. Das beschaffte Gift gerät irrtümlich in die falschen Hände, weil notwendige Schutzmaßnahmen nicht beachtet werden.

5. Die Tötungsbeihilfe kann zum Mord oder zur Tötung *ohne* Verlangen (= Totschlag) mißbraucht werden. Von der schlecht kontrollierbaren, weil ohne feste Regeln erlaubten *Beihilfe zur Sichtötung* bis zum Mord eines körperlich und/oder geistig Behinderten ist nicht sehr weit.

6. Die erlaubte Sichtötungsbeihilfe wird zum *Tötungsgifthandel* mißbraucht. Das verbotene Rauschgift kann nur auf dem Schwarzmarkt verkauft werden, Zyankali aber im Rahmen eines erlaubten, gesetzlich geschützten Handels unter vier Augen.

Die Gefahren des erlaubten *Tötungsgifthandels* möchte ich noch etwas näher erläutern. Mir wurden in den letzten Jahren vielfach horrende Geldsummen für die Beschaffung eines Tötungsgiftes, insbesondere von Zyankali, angeboten. Kürzlich schrieb mir eine schwerst krankheitsgefolterte Patientin, sie werde mich zum Erben ihres Vermögens – unter anderem eines Hauses – einsetzen, wenn ich ihr ein Tötungsmittel bringe.

Die Gefahr, daß unter dem Schutz- und Ehrenschild »Humane Sterbegesellschaft« mit Zyankali üble Geschäfte gemacht werden können, ist riesig groß! Das meiste davon bleibt immer im dunkeln.

Wohlbemerkt: Ich will nicht eine *unnötige Beengung* des jetzigen *Freiraums* für die indirekte aktive Mitleidstötung. Beihilfe zur Sichtötung muß sogar für »Engelmacher« *so lange* erlaubt bleiben, wie die Mitleidstötung nicht zu Arztrecht und Arztpflicht geworden ist, weil die Zunahme des grauenhaften Sterbens vieler Patienten *das größere Übel* wäre. Aber Gesetzgeber und Rechtsprechung haben *für Kontrollierbarkeit und Kontrolle zu sorgen*. So wie die Tötungsbeihilfe heute geschieht und geschehen darf, ist sie ein großes Übel!

Es kann nicht in Ordnung sein, daß in einer humanen Welt nur der *Rauschgifthandel strafbar*, der *Tötungsgifthandel* aber *erlaubt* ist!

8 EUBIOS-RICHTLINIEN ZUR MITLEIDS-TÖTUNG

8.1 VORBEMERKUNG

Dies ist vielleicht das wichtigste Kapitel dieses Buches: *Richtlinien* für eine *Mitleidstötung* zu geben, die diesen *Ehrennamen* verdient. Aus meiner Erfahrung sind die folgenden EUBIOS-Richtlinien gewachsen, die ich hiermit für die Sterbehilfe anbiete und zur Diskussion stelle.

Grundlage ist für alles Tun und Nichttun die *EUBIOS-Arzthilfeordnung*: Sie regelt die Arzthilfe im Sinne des EUBIOS-Programms, der EUBIOS-Strategie im einzelnen. Im Zusammenhang mit der Mitleidstötung sind wichtiger: Patientenarztgelöbnis, die (EUBIOS-)Berufsregeln, der Patient-Arzt-Vertrag, die Patientenanwaltverfügung und die 7 EUBIOS-Mitleidstötungsgebote.

Vorangestellt ist im folgenden das EUBIOS-Patientenarztgelöbnis, in dem das Wichtigste der EUBIOS-Strategie zusammengefaßt ist. Ausgespart wurden die EUBIOS-Berufsregeln, weil hier nur der Punkt 15 von Interesse ist, der sich auf die Mitleidstötung bezieht (s. Punkt 3 des EUBIOS-Patientenarztgelöbnisses).

8.2 EUBIOS-PATIENTENARZTGELÖBNIS

»*Ich gelobe:*
jeden Patienten wie meinen besten Freund zu behandeln oder gar nicht.
Als ›Patientenarzt aus Liebe‹ verspreche ich:
1. Alle Patienten nur nach den Geboten fürsorglicher Nächstenliebe und tätiger Barmherzigkeit sowie auf dem Boden einer Wahrheits- und Erkenntnissuche nach den Regeln kritischer Ganzheitsmedizinwissenschaft mit dem Ziel zu beraten und zu versorgen: nicht zu schaden und bestmöglich zu helfen.
2. Ihre Gesundheit nach besten Kräften zu schützen oder wiederherstellen zu helfen.
3. Ihre Leiden, Qualen und Ängste zu mildern, notfalls, das aber nur auf ausdrücklichen Wunsch des Patienten, ›Kontrollierte Erlösungstodhilfe aus Barmherzigkeit‹ zu leisten.
4. Alles zu tun, um körperliche und seelische Schmerzen zu vermeiden.
5. Ihnen ein ehrlicher, redlicher und zuverlässiger Partner zu sein. Das heißt vor allem, sie über ihre Krankheit und die beabsichtigte Versorgung richtig und ausreichend gründlich aufzuklären, nie gegen ihren Willen zu handeln, auf ihren Wunsch hin zu schweigen oder aber nur wahrheitsgetreu Auskunft zu geben sowie für schuldhafte Fehler zu haften und bei ihrer Aufklärung mitzuwirken.
6. *Niemals* bei Patienten Versuchsreihen mit doppeltem Blindversuch oder dergleichen – sogenannte prospektive randomisierte klinische Studien usw. – und auch keine quälerischen Tierversuche durchzuführen.
7. Meine Patienten darüber aufzuklären, daß ich ihnen um so mehr helfen kann, je aufrichtiger sie zu mir sind und je zuverlässiger sie meine Verordnungen befolgen.
8. Meinen Versorgungsauftrag sofort zurückzugeben, falls ich eines dieser Versprechen nicht mehr erfüllen kann.«

8.3 EUBIOS-PATIENT-ARZT-VERTRAG

»............................. als *Patient*

und

.... als (Regie-)*Arzt*

vereinbaren folgenden Patient-Arzt-Vertrag:

1. Der Patient beauftragt den Arzt bis auf weiteres mit der Gesundheitshilfe gegen seine derzeitigen Gesundheitsstörungen.
2. Grundlage der Gesundheits- bzw. Arzthilfe ist einerseits das EUBIOS-Patientenarztgelöbnis (s. Anlage), andererseits das Gegenversprechen des Patienten, auch den Arzt wie einen Freund zu behandeln, ihm insbesondere ein redlicher und zuverlässiger Partner zu sein.
3. Der Arzt informiert den Patienten über das geplante Gesundheitshilfeprogramm und macht nach Bedarf Änderungsvorschläge.
4. Der Patient gibt dem Arzt seine Änderungswünsche bekannt, der Arzt ändert das Programm, soweit es aus seiner Sicht möglich ist oder lehnt die Weiterversorgung ab.
5. Der Patient bemüht sich bei der Erfüllung der einzelnen Punkte des vereinbarten Programms nach besten Kräften mitzuwirken und zwar sowohl, was die geplante Selbstversorgung betrifft, als auch soweit seine Mitwirkung sonst erforderlich ist.
6. Der Patient überwacht die Durchführung der einzelnen Programmteile auch selbst mit und meldet eventuelle Mängel möglichst bald.
7. Hauptadressat für alle Arztberichte ist der Patient. Andere Ärzte und sonstige Personen dürfen nur mit Einverständnis des Patienten informiert werden.
8. Der Arzt hat das Recht, andere Ärzte und nichtärztliche Mitarbeiter zur Mitversorgung heranzuziehen, soweit der Patient nicht widerspricht.

9. Der Patient wird die übergebenen Informationspapiere studieren und den Arzt sowohl über die Unterlassung von vereinbarten Gesund- und Heilhilfen wie auch über die Durchführung nicht vorgeschlagener Zusatzbehandlungen informieren.

10. Der Patient wird Beschwerden über Mängel aus diesem Patient-Arzt-Verhältnis an andere nicht ohne eine Stellungnahme des Arztes weitergeben.

11. Dieser Vertrag gilt, solange weder der Patient noch der Arzt das Patient-Arzt-Verhältnis widerruft.

..................................., den ....

....
       als Patient   als Arzt«

8.4 EUBIOS-PATIENTENANWALTVERFÜGUNG

1. Was ist das?

Nach bundesdeutschem Recht bedarf jede ärztliche Versorgung der *rechtswirksamen* Einwilligung des Patienten oder bei Minderjährigen seines Erziehungsberechtigten. *Rechtswirksam ist die Einwilligung nur,* wenn der Patient oder sein Erziehungsberechtigter *ausreichend* über das geplante Versorgungsprogramm sowie seine Erfolgsaussichten und sein Risiko *aufgeklärt wurden.* Ohne Einverständnis des Patienten darf ein Arzt keine Versorgung beginnen. Ausgenommen ist der Fall, daß der Patient bewußtlos oder aus anderem Grund nicht geschäftsfähig ist. Dann darf der Arzt das Versorgungsprogramm – bezüglich Diagnostik, Therapie usw. – nach eigenem Ermessen durchführen, ist lediglich gehalten, die »Regeln der ärztlichen Kunst« zu beachten.

Leider weiß man nie, ob Ärzte bei der Versorgung immer nur das tun und unterlassen, was der Patient für sich in der gegebenen Situation wirklich will. Zu oft kommt es vor, daß das Wohl und der Wille des Patienten (= sein Wunschwohl) nicht genügend respektiert weden. Zu viele Ärzte nehmen für sich noch heute eine »Therapiehoheit« in Anspruch, obwohl sie (laut Gesetz) nur der Patient hat.

Nicht selten sind Menschen überfordert, wenn sie nach entsprechender Aufklärung über ihre ärztliche Versorgung entscheiden sollen. Dies gilt nach meinen Erfahrungen öfters für ältere und stark geschwächte Menschen, aber auch für Patienten, die sich bislang für Gesundheitsfragen nicht interessiert haben. Solche Patienten überlassen dann gern die Entscheidung über die ärztliche Versorgung einer *Vertrauensperson* wie dem Ehepartner, dem »Lebensgefährten«, einem erwachsenen Kind, einem Freund oder auch einem bestimmten Arzt. Derartiges ist grundsätzlich zu begrüßen.

Für alle Fälle, bei denen ein Patient seine ärztliche Versorgung nicht selbst bestimmen kann oder will, besteht die Möglichkeit, eine *Vertrauensperson* als PATIENTENANWALT zu bevollmächtigen. *Dies muß kein Rechtsanwalt, sondern kann jede geschäftsfähige Person sein.* Dabei ist aber dringend zu raten, daß die Vertrauenswürdigkeit und auch die Entscheidungsfähigkeit dieses Bevollmächtigten in Fragen der ärztlichen Versorgung möglichst gut geklärt werden, bevor eine so schwerwiegende Entscheidung wie die PATIENTENANWALTVERFÜGUNG getroffen wird.

Der PATIENTENANWALT kann im Gegensatz zu den durch eine PATIENTENVERFÜGUNG Bevollmächtigten – wie sie von Gesellschaften für humanes Sterben erarbeitet wurden – *nicht nur im Falle einer Geschäftsunfähigkeit* des Patienten (durch Bewußlosigkeit usw.) entscheiden, sondern *auch in Vertretung eines geschäftsfähigen Patienten*, wenn dies in der PATIENTENANWALTVERFÜGUNG so bestimmt wird.

Die PATIENTENANWALTVERFÜGUNG hat den Sinn, über »Patientenverfügungen« bzw. »Patiententestamente« hinaus im Interesse der Patienten *Vorsorge zu treffen*, daß die ärztliche Versorgung bestmöglich auf das *Wohl* des Patienten ausgerichtet ist und den Patientenwillen respektiert. Sie schließt den eventuellen Wunsch auf »Kontrollierte Ärztliche Erlösungshilfe aus Barmherzigkeit« ein und ersetzt insoweit ein »Patiententestament«. *Es dürfte im Interesse eines jeden sein, schon in gesunden Tagen seinen PATIENTENANWALT zu bestimmen und die Verfügung bei seinen Personalpapieren aufzubewahren und stets bei sich zu haben.* Spätestens im Falle einer Krankenhausversorgung sollte die PATIENTENANWALTVERFÜGUNG ausgefüllt und dem für die Versorgung verantwortlichen Arzt übergeben werden.

Wir Ärzte im EUBIOS–ZENTRUM AM CHIEMSEE betrachten es keineswegs als einen Mangel an Vertrauen in unser Können und Wollen, wenn ein Patient diese PATIENTENANWALTVERFÜGUNG ausfüllt, sondern im Gegenteil als eine *wichtige Entscheidungshilfe*. Natürlich bleibt es jedem überlassen, die Verfügung zu erlassen oder nicht. Wenn er es nicht tut, gibt er uns einen größeren Entscheidungsspielraum, den wir natürlich nie vorsätzlich gegen sein Interesse benutzen würden, aber den wir uns gar nicht unbedingt wünschen.

Vielleicht möchten Sie eine *vertrauliche Behandlung* dieser PATIENTENANWALTVERFÜGUNG – aus welchen Gründen auch immer. Dies respektieren wir natürlich voll, auch gegenüber Ihren nächsten Angehörigen usw. Es kommt öfters vor, daß Patienten jemand anders als den Ehegatten oder Kinder in dieser für Sie wichtigen Sache entscheiden lassen wollen. Das sollten Sie dann auch unbedingt tun. Wir werden auf jeden Fall den Willen des Patienten auch in dieser Beziehung voll respektieren.

Die PATIENTENANWALTVERFÜGUNG wird in der Krankenakte abgeheftet.

2. *PATIENTENANWALTVERFÜGUNG*

»*Hiermit bestimme ich* .... geb. am ....
    Frau/Herrn ....
    wohnhaft ....
    Telefon..
    bis auf schriftlichen Widerruf zu meinem PATIENTENANWALT.

Im einzelnen gilt Folgendes:

Mein Patientenanwalt hat das Recht und die Pflicht, als mein bevollmächtigter Vertreter für mich im Krankheitsfalle alle Entscheidungen über meine ärztliche Versorgung – das heißt über Diagnostik und Heilhilfe nach Art, Umfang, Zeitpunkt usw. – zu treffen.

Dies gilt grundsätzlich, solange ich seinen Entscheidungen nicht ausdrücklich unter Zeugen oder schriftlich widerspreche.*

Dies gilt nur für den Fall meiner Nichtgeschäftsfähigkeit – aus welchem Grund auch immer.*

Ich verfüge hiermit, daß keine ärztliche Versorgung ohne Zustimmung meines Patienenanwalts durchgeführt werden darf und bitte nachdrücklich um rechtzeitige und ausreichende Information meines Patientenanwalts über meine Krankheit, die gegebenen Versorgungsmöglichkeiten, das geplante Versorgungsprogramm und eventuelle Änderungen.

Ich entbinde die mich versorgenden Ärzte insoweit gegenüber meinem Patientenanwalt von der Schweigepflicht.

Im Falle einer lebensbedrohenden Erkrankung oder Verletzung oder einer Entwicklung in diese Richtung bitte ich meine Ärzte nachdrücklich, unverzüglich telefonisch oder telegrafisch mit meinem Patientenanwalt Verbindung aufzunehmen.

Alle Unkosten durch Telefongespräche usw. sowie durch stellvertretende ›Beratung‹ meines Patientenarztes gehen zu meinen Lasten, soweit sie nicht von meiner Versicherung gedeckt sind.

Ich unterstelle, daß mein Patientenanwalt seine Entscheidungen über meine ärztliche Versorgung nach bestem Wissen und Gewissen und sorgfältig in meinem Interesse trifft. Sollte sich eine Entscheidung zu meinem Nachteil als falsch herausstellen, stelle ich ihn, auch in Bezug auf meine Erben, von jeglicher Haftung frei, sofern die falsche Entscheidung nicht *vorsätzlich* getroffen wurde.

Meine Ärzte haben nicht das Recht, einen von meinem Patientenanwalt erteilten Versorgungsauftrag mit der Begründung zu ändern, daß die Entscheidung des Patientenanwalts falsch sei. Sie können jedoch jederzeit den übernommenen Versorgungsauftrag zurückgeben.

Ich bitte die mich versorgenden Ärzte, diese PATIENTENANWALTVERFÜGUNG nicht als Mangel an Vertrauen in ihr persönliches ärztliches Können und Wollen zu werten, sondern als Entlastung in ihrer Verantwortlichkeit, bestmöglich in meinem Interesse zu handeln.

.............., den ....

Vor- und Zuname

Diese PATIENTENANWALTVERFÜGUNG wurde in meiner Gegenwart unterschrieben:

.... (als Zeugin/Zeuge)
Vor- und Zuname

Anmerkung: Der Patientenanwalt kann nicht als Zeugin/Zeuge unterschreiben.* Nicht Zutreffendes ist gestrichen.«

8.5 DIE 7 EUBIOS-MITLEIDTÖTUNGSGEBOTE

Vorbemerkung:
Diese Gebote gelten nur für eine Mitleidstötung aus einem *Patienten-Arzt-Verhältnis* heraus. Ihr Ziel ist, das Menschenrecht auf humanes Sterben durch ein *Mitleidstötungsrecht für Ärzte* zu fördern, Sichselbsttötungen, die *aus falschen Gründen* beabsichtigt sind, zu verhindern und *Mißbrauchsmöglichkeiten* durch Kontrollierbarkeit weitgehend auszuschalten. Der Begriff Mitleidstötung bezieht sich nur auf Tötungen im Zusammenhang mit dem *Sterbewunschgrund Krankheitsleid*, nicht aber aus anderen Gründen. Im folgenden gilt die Bezeichnung *Patient* für den Kranken, der die Mitleidstötung will, und die Bezeichnung *Arzt* für den Patientenarzt, von dem der Mitleidstötungsakt gewünscht wird.

»1. Gebot: Erklärter fester Wille
Der Patient muß die Mitleidstötung *unbeirrbar* wollen und diesen Willen schriftlich erklären. Dieses Wollen darf *nicht* auf einer *zu kurzen Vorgeschichte* beruhen und muß *beweisbar* sein. Eine Tötung gegen den Willen eines Patienten ist keine Mitleidstötung und muß *immer strafwürdig* bleiben.

Die Bevollmächtigung eines anderen Menschen, stellvertretend für einen Patienten Willenserklärungen abzugeben – in Form einer Patientenanwaltverfügung oder eines Patiententestamentes – ist für den Arzt eine rechtlich gültig Entscheidungshilfe.

2. Gebot: End- und hoffnungsloses, quälerisches Krankheitsleid
Der Patient muß nach dem Urteil seines behandelnden Arztes an einer Krankheit leiden, die ihn *stark belästigt*, das heißt seelisch, geistig und/oder körperlich quält und für die keine Hoffnung auf wesentliche Besserung besteht.

3. Gebot: Bestehendes Patient-Arzt-Verhältnis

Mitleidstötung darf nur aus einem bestehenden Gesundheitshilfeverhältnis heraus geleistet werden, nachdem vorher nach bestem Wissen und Gewissen versucht wurde, das *Krankheitsleid zu bessern* und *Lebenshilfen zum Weiterlebenwollen* zu geben. Sie darf nur *der letzte ›Liebesdienst‹* im Rahmen einer freundschaftlichen Patient-Arzt-Beziehung sein.

4. Gebot: Ausreichende Zeugenschaft

Sowohl für die Erfüllung der Gebote 1 bis 3 wie für den Tötungsakt muß es *geeignete Zeugen* geben. In der Regel sollen es mindestens ein Arzt, ein Arzthelfer (Schwester, Pfleger usw.) und ein Nahestehender (Ehepartner, Kind, enger Freund usw.) sein. Eine schriftliche Erklärung der Zeugen ist anzustreben.

5. Gebot: Humaner Mitleidstötungsakt

Human heißt: *menschlich im guten Sinne*. Dies ist eine Mitleidstötung nur, wenn sie in einem *würdigen Rahmen* und *ohne jede Patientenqual* stattfindet. *Würdig* ist ein Sterben des Patienten im Bett seines Krankenzimmers – in der Klinik oder zu Haus – sowie in Anwesenheit von nahestehenden Personen und mit der vom Patienten gewünschten Feierlichkeit. *Ohne jede Qual* ist ein Sterben, das mit dem Einschlafen beginnt und in der Bewußtlosigkeit eines sich vertiefenden Schlafes zum Tod führt.

6. Gebot: Keine Vergütung

Die Mitleidstötung ist ein Geschenk des behandelnden Arztes für einen Patientenfreund aus Mitleid, für das eine Vergütung, das heißt eine materielle Gegenleistung weder gefordert noch angenommen werden darf.

7. Gebot: Meldung an die Behörde

Jede Mitleidstötung muß von dem Arzt auf der ›Todesbescheinigung‹ in geeigneter Form – zur Zeit durch Ankreuzen der Rubrik ›Unnatürlicher Tod‹ – gekennzeichnet werden. Außerdem ist ein geeignetes Formular auszufüllen, das der Behörde eine Kontrolle ermöglicht.«

Schlußbemerkung: Jede Beihilfe zur Sichttötung sollte ebenso wie die Hilfe zur Tötung auf Verlangen unter Strafe gestellt werden, wenn sie sich nicht an die hier aufgeführten 7 Gebote hält.

8.6 SCHRIFTLICHE ABSICHERUNGEN GEGEN MITLEIDSTÖTUNGSMISSBRAUCH

1. Briefwechsel bei Sterbehilfewunsch eines Patienten
(Nur persönlich zu übergeben!) (Muster)

»Liebe/r ....!

Sie haben mich um Sterbehilfe gebeten. Ihr Wunsch hat für uns beide schwerwiegende Konsequenzen, für Sie natürlich noch mehr als für mich. Deshalb schreibe ich Ihnen diesen Brief.

Wie Sie wissen, halte ich die Sterbehilfe des behandelnden Arztes unter bestimmten Voraussetzungen für eine moralische Arztpflicht, aber nur im Rahmen der gesetzlichen Bestimmungen. Deshalb versage ich mich diesem letzten Liebesdienst für meine Patienten dann nicht, wenn auch nach meiner Überzeugung das Leben nicht mehr lebenswert ist, weil das Krankheitsleid zu groß und die Hoffnung zu klein geworden sind.

Ich habe sehr gründlich über Ihre derzeitige Krankheitssituation nachgedacht. Leider sind meine Möglichkeiten erschöpft, Ihren Zustand so wesentlich zu verbessern, daß aus meiner Sicht für Sie ein lebenswertes Leben erreicht werden kann. Auch weiß ich keinen anderen Arzt, der das für Sie erreichen könnte. Aber niemand kann einen Irrtum sicher ausschließen.

Bitte prüfen Sie zunächst noch einmal sehr gründlich, ob es nicht doch wichtige Gründe zum Weiterlebenwollen gibt. Das sollten Sie nicht allein überlegen, sondern auch mit Ihnen nahestehenden Menschen besprechen. Denken Sie dabei bitte nicht nur an sich, sondern auch an mögliche Anstandsverpflichtungen anderen gegenüber. Wir leben ja nicht nur für uns allein, sondern immer auch für unsere engeren Freunde, wobei Ehepartner und Verwandte meistens an erster Stelle stehen.

Über die Voraussetzungen für meine Mitwirkung als Sterbehelfer informieren Sie die beigefügten 7 EUBIOS-Mitleidstötungsgebote. Falls die gesetzlich erlaubte Beihilfe nur in der Abgabe eines Medikaments in tödlicher Dosis besteht, gelten nur die Gebote 1, 2, 3 und 6.

Ich werde nur ein Sterbehilfemittel auswählen, von dem ich mir ein sicheres Sterben in kurzer Zeit und ohne jede Qual verspreche. Über die Zusammensetzung kann ich Ihnen keine Auskunft geben, weil sonst die Gefahr bestünde, daß das Mittel auch anderen bekannt und dann aus falschem Grund eingesetzt wird. Zyankali ist es aber *nicht!*

Zum Schluß möchte ich betonen: Ich würde mir wünschen, daß es für Sie doch wichtige Gründe gibt, weiterleben zu wollen. Für diesen Fall verspreche ich Ihnen, mich ganz besonders anzustrengen, um Ihr Krankheitsleid zu lindern, wenn Sie das Patient-Arzt-Verhältnis mit mir fortsetzen wollen. Aber ich nehme mir nicht das Recht, mich in Ihre Gewissensentscheidung einzumischen.

In herzlicher Verbundenheit bin ich...«

2. Patientenerklärung vor Durchführung einer Mitleidstötung (Muster)

»*Eidesstattliche Versicherung*

Ich weiß, daß ich mich durch Abgabe einer falschen eidesstattlichen Versicherung strafbar mache und versichere mit diesem Wissen an Eides Statt:

1. Ich habe meinem behandelnden Arzt .... um humane Sterbehilfe gebeten.
2. Nach Erhalt seines Schreibens vom .... habe ich alles noch einmal gründlich überdacht. Mein Wunsch, schnell zu sterben, ist unerschütterlich.
3. Die 7 EUBIOS-Mitleidstötungsgebote habe ich zur Kenntnis genommen. Ich bin mit allem voll einverstanden.
4. Als Zeitpunkt für den Sterbehilfeakt wünsche ich mir ..., den ...
5. Ausdrücklich bestätige ich, daß für die Erlösungstodhilfe weder eine Vergütung gefordert wurde, noch daß ich eine solche geleistet habe oder leisten werde.
6. Aus meinem Selbstbestimmungsrecht für meine Gesundheit und mein Leben heraus ersuche ich sowohl meine Angehörigen wie auch die staatlichen Behörden, keine Strafverfolgung gegen den ärztlichen Sterbehelfer zu betreiben.

7. Ich habe meinen Erlösungstodhelfer gebeten, alles streng vertraulich zu behandeln, was mit dieser Mitleidstötung in Zusammenhang steht, und ich werde selbst auch keinem davon Mitteilung machen, der nicht an der Mitleidstötung unmittelbar beteiligt ist.

8. Falls meinem Erlösungstodhelfer durch seine Mitleidstat Unannehmlichkeiten entstehen, entbinde ich ihn von der hier vereinbarten Schweigepflicht, soweit diese die Verteidigung seines Rechtes und seiner Ehre behindert.

....

(Ort)   (Datum)   (Vorname)   (Zuname)«

8.7 »OPERATION«: EUBIOS-MITLEIDSTÖTUNG

Ein *humaner Erlösungstod* ist nur das *ärztlich überwachte* Hineinschlafen in den Tod *unter würdevollen Umständen*, sowohl für den endgültig Lebensmüden wie für die ihm Nahestehenden. Ohne *direkte ärztliche Hilfestellung* wird die »Operation Mitleidstötung« zu einer *unsicheren Prozedur*. Bei jeder Operation kann es *Komplikationen* geben, die nur durch Arzthilfebereitschaft auf das wünschenswerte Mindestmaß zu mindern sind. Humane Sterbehilfe heißt *ärztliche* Erlösungstodhilfe.

In der Regel wird der vom Hausarzt geleitete und überwachte Erlösungstod zu *Hause*, in der vertrauten Umgebung und in Anwesenheit von Angehörigen und Freunden, die humanste Lösung sein. Wünschenswert wäre die Anwesenheit eines Seelsorgers, falls der Patient das will. Jedenfalls spricht nichts dagegen, diesem Geschehen einen feierlichen Rahmen zu geben, wo immer es geht. Allerdings bedarf es eines Umdenkens, eines *Inordnungbringens unseres gestörten Verhältnisses zum Sterben*.

Da das Sterbenwollen aus Krankheitsleid meistens am Ende eines letzten Heilhilfeversuchs in einem Krankenhaus steht, muß sich *jedes Krankenhaus* auf eine *Erlösungstodhilfe* einstellen.

Hier ein wichtiger Hinweis: Dringlicher als die Errichtung von Sterbehospizen wäre die *Humanisierung des Sterbens in den Krankenhäusern*, sowohl für das Sterben in Würde *ohne*, wie das *mit* aktiver Erlösungstodhilfe. Nicht Abstellräume oder Badezimmer sind ein würdiger Sterbeort, sondern nur das *Krankenzimmer* ist es.

Bei uns ist es seit vielen Jahren üblich, nicht den Sterbenden, sondern die *anderen* Patienten eines Mehrbettzimmers zu verlegen und für eine *Sterbebegleitung durch Nahestehende* zu sorgen, wo immer es möglich ist. Darüber hinaus bleibt der Verstorbene so lange in seinem Sterbezimmer, bis sich alle Nahestehenden von ihm verabschiedet haben.

Von den Krankenhauschefs ist zu fordern, daß in ähnlicher Weise *Vorsorge für ein würdiges Sterben* in *allen* Krankenhäusern getroffen wird.

Als Möglichkeiten zu einem sicher qualfreien raschen Sterben bieten sich an: der *tödliche Narkosetrunk* und die *tödliche Infusionsnarkose*. Beides ist meistens problemlos von eigener Hand möglich: durch Austrinken der Narkosemischung, notfalls mit einem Strohhalm oder durch Umstellen eines Hebels von einer Nährflüssigkeit auf eine Narkoselösung.

Zur Zeit ist nur diese *indirekte* Form ärztlicher Erlösungstodhilfe gesetzlich erlaubt. Das ist aus der Sicht gelähmter und nach dem mutmaßlichen Willen hoffnungslos Bewußtloser *ungerecht*. Eine direkte Mitleidstötung ist bei Beachtung der 7 EUBIOS-Sterbehilfegebote so wenig mißbrauchgefahrbelastet, daß eine baldige Strafgesetzänderung gefordert werden muß.

Zur zweckmäßigsten Zusammensetzung der tödlichen Narkoselösung möchte ich mich hier nicht äußern, um Sichtötungen aus falschem Grund keinen Vorschub zu leisten.

8.8 EUBIOS-KONTROLLHILFE ZUR MITLEIDSTÖTUNG

Die Mißbrauchgefahr einer »Mitleidstötung« vermindert sich mit dem *Kontrollierbarkeitsgrad*: Je besser die Kontrollhilfe des Arztes gegenüber der Aufsichtsbehörde, um so kleiner die Mißbrauchmöglichkeit.

Zur *EUBIOS-Berufsordnung* gehört auch die *Arztpflicht, sich kontrollieren zu lassen*, d. h. vernünftige zumutbare Kontrollhilfe zu geben. Nur kontrollierbares und kontrolliertes Vertrauen ist vertrauenswürdig!

Wünschenswert wäre, daß sich die ärztliche Kontrollhilfe *auf jeden Todesfall* erstreckt, weil nur dadurch die jetzige Folterungs-/Tötungsgrauzone auf das *wünschenswerte Minimum* reduziert werden kann. *Unabdingbar* ist die Kontrollhilfe *bei jeder Mitleidstötung*.

Kontrollziel ist die vollständige Erfassung *sämtlicher äußeren Ursachen*, aller Einwirkungen von außen, die zur Lebensverkürzung beigetragen *haben können* – nach Zeit, Art, Grad, Person usw.

Grundlage der Kontrollhilfe muß ein *Fragebogen* sein, mit dem alles erfaßt wird, was als *Todesursache* mitgewirkt hat oder haben könnte. Der Fragenkatalog muß die möglichen *Einzelursachen* vom Zeitpunkt des Todeseintritts an rückwärts nach Zeit, Art, Person usw. erfassen. Es interessiert das Wann?, Womit?, Wie?, Wohin?, Wo?, Wer?, Wer noch?, und anderes.

Bezogen auf die »Operation Mitleidstötung« sind der zuständigen Kontrollbehörde einerseits die *Erfüllungsbeweise* für die 7 Mitleidstötungsgebote und andererseits ein ausführlicher *Operationsbericht* zu übergeben.

Der Operationsbericht muß auch die Namen aller im Sterbezimmer Anwesenden enthalten.

Bei einer solchen EUBIOS-Kontrollhilfe zur Mitleidstötung sind die *Mißbrauchsmöglichkeiten nahe null*. Es ist nicht rechtens, bei solchen Kontrollhilfen das Patient-Arzt-Recht Mitleidstötung weiterhin staatlich zu verweigern.

Sollte es Vorschrift werden, daß jeder Todesbescheinigung ein ausgefüllter »Arzthilfefragebogen« beizufügen ist, wird es *ein böses Erwachen* geben. Dem Volk wird wie Schuppen von den Augen fallen, in welcher Riesengefahr es durch die Folterungs-/Tötungsgrauzone von gestern und heute war und ist. Den Rechtshütern wird endlich die Möglichkeit gegeben, Ordnung in das Patient-Arzt-Verhältnis zu bringen, insbesondere die *Spreu der mitleidlosen Ärzteführer und Ärzte* vom Weizen der Patientenärzte aus Liebe zu trennen. Und das zusammen bringt endlich: *Das Ende der Heilgötterallmacht!*

Eine automatische Folge wäre auch das *Ende der Kostenexplosion:* Der vollinformierte Patient mit gesetzlich geschützter Therapiehoheit wird von den angebotenen »Arzthilfen« *weniger als ein Drittel* in Anspruch nehmen, *nicht mehr* also, als Ärzte sich selbst und ihren Angehörigen an Arzthilfe geben.

Ich habe für die EUBIOS-Kontrollhilfe bereits einen »Arzthilfefragebogen« als Beiblatt zur Todesbescheinigung entworfen. Zum Einsatz ist er noch nicht gekommen, weil für eine »Operation Mitleidstötung« in der EUBIOS-Klinik die rechtliche Absicherung Voraussetzung ist. Darf ich nun darauf hoffen??

8.9 NACHBEMERKUNG

Es gibt Ärzte, die behaupten, ein *Sterbehilfewunsch von Patienten* sei *extrem selten* und deshalb *kein echtes Problem*. Der Chirurg und Urologe Dr. *F. Sch.* schreibt im »Deutschen Ärzteblatt« vom 28.4.1988: »Was nun die Bitte des Kranken anbetrifft, der Arzt solle seinem Leben ein Ende bereiten, so steht fest: Diese Bitte wird sehr selten geäußert. Man muß schon wie *Hackethal* im Lande herumreisen, um ein paar Fälle zusammenzubringen... Ich selbst war 50 Jahre ärztlich tätig, erst als Chirurg, dann 32 Jahre als Urologe mit einer 45-Betten-Krankenhausabteilung. *Ein einziger Patient* äußerte *vor* Behandlungsbeginn im Gespräch den Wunsch, daß ich ihm im Falle eines Krebsleidens die tödliche Spritze geben solle. Drei Tage später widerrief er feierlich in Gegenwart von mehreren hinzugerufenen Zeugen diese Bitte!«

Der Arztkollege sollte darüber nachdenken, warum es *nur ein* Patient gewagt hat, um aktive Sterbehilfe zu bitten. Von *Mediziningenieuren* erwartet *kein* Patient eine *Mitleidstat*. Einem Arzt, der nie »Händchen hält«, traut man so etwas nicht zu!

Im übrigen wissen doch alle Patienten, daß Ärzten solche Barmherzigkeit *offiziell verboten* ist. Und deshalb haben sie sogar Hemmungen, die Ärzte um eine Mitleidstat zu bitten, die *liebevoll* mit ihnen umgehen.

Prof. Dr. theol. *Wilhelm Knevels* hat davon berichtet, daß er bei der Betreuung von Schwerkranken in den Krankenhäusern von Heidelberg, Mannheim und Berlin sehr oft von den Patienten *gebeten wurde,* »*die Ärzte zu bitten, ihr Leiden aus Erbarmen abzukürzen*«. Seine Erklärung dafür: »Man hatte *Angst vor dem Arzt, Angst vor dem Team*, das ihn bei den Visiten begleitete und Angst, daß der Arzt sich nie die Zeit nehmen würde, sie zu verstehen.« *Dreifache Patientenangst!* Und außerdem wußte *Knevels* von einer *vierten Angst*: der der (seltenen) mitleidsvollen Ärzte, »von einer aufmerksamen Stations- oder Nachtschwester *angezeigt zu werden*«.

Wenn es nur einer von hundert Lebensüberdrüssigen aus Krankheitsleid wäre, der sich weiter quälen muß, weil ihm erbetene Sterbehilfe verweigert wird, *wäre es einer zuviel.*

Aber es geht doch nicht in erster Linie um den Vollzug der *Mitleidstat*, sondern um den *Abbau von Angst* vor unwürdigem, qualvollem Sterben. Ohne Zweifel *fürchten* sich *sehr viel mehr* Menschen über Jahre und Jahrzehnte hin, um dann durch ein gnädiges Schicksal vor einem inhumanen Sterben bewahrt zu bleiben. Und diese Angst würde *schlagartig aufhören*, wenn die Mitleidstötung zur selbstverständlichen *Arztpflicht* würde.

9 ANHANG

9.1 VOLKSENTSCHEID ARZTPFLICHT MITLEIDSTÖTUNG: JA ODER NEIN?

Seit 1976 sind in Europa wiederholt *Meinungsumfragen* in Auftrag gegeben worden, um die Einstellung der Bevölkerung und auch von Ärzten zur *aktiven Erlösungstodhilfe*, also zur *Mitleidstötung durch Ärzte* zu erfassen.

1976 ergab eine Umfrage in England: »Fast 70 Prozent aller Engländer sind dafür, daß unheilbar Kranke auf eigenen Wunsch getötet werden dürfen« (BILD).

1977 stimmten im Kanton Zürich 203 148 Stimmbürger (= 58 Prozent) *für* und 144 822 (= 42 Prozent) *gegen* eine »Sterbehilfe auf Wunsch für unheilbare Kranke«. Dies geschah, obwohl die Regierung und sämtliche großen Parteien dringend *empfohlen hatten,* mit NEIN zu stimmen (TAGESSPIEGEL)!

1977 erklärte sich nach einer Umfrage des DEMOSKOPISCHEN INSTITUTS ALLENSBACH eine »Mehrheit der Befragten« – bei Todkranken, die dies wollen – »für die erlösende Spritze«.

1984 ergab eine Umfrage unter Altersheimbewohnern in EVANSTON / USA, daß »fast jeder zweite« eine Wiederbelebung nach einem Herzstillstand ablehnt. »Noch nicht einmal sieben Prozent sprechen sich eindeutig für diese Maßnahme aus« (MEDICAL TRIBUNE).

1984 machte das Hamburger Marktforschungsinstitut *Kehrmann* eine repräsentative Blitzumfrage bei Chefärzten, Oberärzten und Allgemeinmedizinern. *40,7 Prozent der Ärzte* bekannten sich dazu, in ihrer Berufspraxis schon einmal *aktive Sterbehilfe* geleistet zu haben (NEUE REVUE).

1984 ergab eine Repräsentativumfrage des Instituts für Demoskopie Allensbach, daß sich von 4 064 Personen über 16 Jahren in der Bundesrepublik und Westberlin 66 Prozent *gegen eine Bestrafung des Arztes* erklärten, der *aktive Sterbehilfe* leistet, in dem er einem Patienten ein tödliches Medikament verabfolgt (ALLENSBACHER BERICHTE).

1988 sprachen sich in Holland bei einer repräsentativen Umfrage im Auftrag der katholischen Radiostation KRO »67 Prozent der Befragten für Euthanasie aus. Gegen eine aktive Sterbehilfe mit Pillen oder Spritzen auf Wunsch todkranker Patienten wandten sich 22 Prozent. Eine Mehrheit von 69 Prozent ist dafür, die Euthanasie nicht länger unter Strafe zu stellen. Verglichen mit früheren Umfragen zu diesem Thema ist die Zahl der Sterbehilfebefürworter in Holland damit stetig gestiegen. 1979 plädierten 56 Prozent dafür, 1972 waren es 48 Prozent.« (MEDICAL TRIBUNE).

Dieser Hinweis auf Umfrageergebnisse mag genügen.

Darüber hinaus kann es keinen vernünftigen Zweifel dafür geben, daß mindestens 75 Prozent – vielleicht sogar 90 Prozent – einer ausreichend aufgeklärten Bevölkerung *für* eine *Kontrollierte Mitleidstötung* nach den 7 EUBIOS-Mitleidstötungsgeboten stimmen würden.

Nach § 20 GG soll der Volkswille durch Wahlen *und* Abstimmungen festgestellt werden, also auch durch *Volksentscheid* zusätzlich zu Wahlen. Falls der Gesetzgeber nun nichts tut, muß die Frage »Arztpflicht Mitleidstötung JA oder NEIN?« durch Volksentscheid geklärt werden.

9.2 UTOPIA: WUNSCHTÖTUNGSHOSPIZE

Das Hauptanliegen dieses Buches ist die Arzthilfe zum Sterben aus end- und hoffnungslosem Krankheitsleid heraus. Andere »gute« Sterbewunschgründe können eine »*Arztpflicht* Mitleidstötung« nicht begründen, jedenfalls nach unseren heutigen Moralvorstellungen nicht. Hier wären in der Regel nicht Ärzte, sondern andere, insbesondere Verwandte, Freunde, Seelsorger usw. aufgerufen zu helfen. Aber eine geplante *humane Sterbehilfe* ist ohne Mitwirkung eines Arztes zumindest ein Vabanquespiel, das durch Komplikationen leich *inhuman* enden kann!

Andererseits verbirgt sich hinter einem Sterbewunsch aus anderem guten Grund nicht selten eine versteckte Krankheit als Hauptursache. Dafür ein Beispiel:

Am 17.7.1987 bekam ich einen Brief von Dr. *Willi X*. Er ist kein Arzt. Ich zitiere das Wichtigste: »Dieses schreibe ich aufgrund eines Gesprächs mit einem 86jährigen Freund. Das ist ein wacher, intelligenter und überlegter Mensch. Wegen körperlicher Beeinträchtigungen – wie er glaubt – zunehmender geistiger Handicaps, die ihm zu schaffen machen, sucht er einen Weg aus seinem Leben. Es fiel das Wort ›Sterbeklinik‹. Er meinte, von einem Platz in Skandinavien gehört zu haben. Er sucht jedenfalls eine Adresse, wo er mit seinem Anliegen ernst genommen würde, wo man seine Entscheidung respektieren könnte. Ich persönlich würde seinen Schritt unendlich bedauern. Nur gehöre ich nicht zu den Menschen, deren Moral sich in der Bevormundung erschöpft. Unsicher bin ich auch, ob ich mit einem Brief an Sie den richtigen Weg für eine Antwort gewählt habe. Dabei denke ich an die Anfeindungen, denen Sie oft ausgesetzt sind. Wie können Sie einem Ihnen unbekannten Briefschreiber so einfach trauen? Wenn Sie hilfreiche Informationen haben oder einen besseren Weg, als den brieflich vorgeschlagenen, mit Ihnen in Kontakt zu kommen, wären wir Ihnen sehr dankbar. Mit freundlichen Grüßen...«

Hier reicht das vermutlich mitwirkende Krankheitsleid als Mitleidstötungsgrund durch einen Arzt nicht aus. Aber muß man sich nicht als Arzt auch Gedanken darüber machen, wie solchen Lebensüberdrüssigen auf humane Arzt und Weise geholfen werden kann?

Was würde ich mir *für mich* im Falle des Falles wünschen?

Ich fürchte mich weder vorm Sterben noch vorm Todsein. Ich weiß, wie ich mein Leben überall ohne Qual rasch beenden könnte. Auf einfachste Weise im stillen Kämmerlein, *ohne* Strick und *ohne* Zyankali.

Das Problem: Es geht nur allein. Und die mich finden, werden erschrecken bei dem Anblick.

Da wüßte ich eine bessere Lösung:

Ein großes gepflegtes weißes Haus, abseits gelegen, mit dem Namen »Himmelspforte«. Darin – je nach Größe zwei oder mehr – liebevolle Patientenärzte, Schwestern und andere Helfer. In der Nachbarschaft ein gutes Hotel für Freunde – und für den späteren Totenschmaus.

An der Rezeption der »Himmelspforte« meldet man sich an und füllt ein Formular aus. Überschrift: »Wunsch nach Erlösungstod«.

Dann gibt man sein Testament ab und bezahlt die Rechnung.

Anschließend wird man von einer Schwester in ein schönes, gepflegtes Hotelappartement geführt, man legt sich in ein freistehendes Bett und bekommt eine Infusion angehängt, mit zwei Flaschen. Die eine enthält eine Nährlösung, die andere ein intravenöses Narkosemittel – zum Beispiel mit Zusätzen – in tödlicher Menge. An der Infusion ist ein Hebel, mit dem ich selbst von der Nährlösung auf das erlösende Narkosemittel umschalten kann. Das Narkosemittel wirkt so, daß man ruhig einschläft und in zirka 15 Minuten tot ist.

In erreichbarer Nähe sind auf Abruf ein Arzt und eine Schwester, um sofort zu helfen, wenn es eine Komplikation gibt.

Dann werden Kerzen angezündet und die Freunde hereingerufen. Ich halte eine kurze launische Abschiedsrede, sonst redet niemand. Danach verabschiedet sich jeder einzeln. Nur meine Frau bleibt am Bettrand sitzen.

Nach dem letzten Abschiedskuß drehe ich den Hebel herum, nehme die Hand meiner Frau und sage: *Auf Wiedersehen!*

Ich suche seit dem Sommer 1987 nach einem Staat, in dem die Errichtung eines solchen »Wunschtötungshospizes« gesetzlich erlaubt wäre, und in diesem Land ein komfortables Hotel, das sich dafür eignet. Ich selbst kann und möchte *nicht* Regiearzt eines solchen Sterbehospizes werden, aber jede Hilfestellung für die Verwirklichung geben.

Ich appelliere an alle, mitzuhelfen, daß es möglichst bald ein solches beispielhaftes »*Wunschtötungshospiz*« für humanes Sterben irgendwo in der Welt gibt. Es sollte sich an einem schönen Ort befinden, an einem Platz in schöner Umgebung.

Dort müßten Möglichkeiten für eine gute ärztliche Betreuung allgemein bestehen, nicht mit Hilfe von komplizierten Apparaten, sondern mit bewährten einfachen Hilfsmöglichkeiten. Vor allem sollte psychotherapeutisch geschultes Personal zur Verfügung stehen. Denn das *erste* Ziel muß immer sein, die Hintergründe für Lebensmüdigkeit aufzuklären und nach *Möglichkeiten einer Abhilfe* zu suchen.

Mein Wunsch wäre es, daß von den Ankommenden die meisten erst einmal wieder abreisen, weil man ihnen eine hoffnungsvolle Lebenshilfe gegeben hat.

Der Humanist *Thomas Morus* (1478–1535), ein Heiliger der Katholischen Kirche, hat – wie vorn erwähnt – schon vor knapp 500 Jahren in seinem Buch UTOPIA eine humane Sterbehilfe für Lebensmüde, insbesondere für lebensmüde alte Leute, als ausdrückliches Wunschziel genannt. Er ist also ein Vorkämpfer für die humane Sterbehilfe auf Wunsch. Deshalb sollte man vielleicht Wunschtötungshospize *Thomas-Morus*-Hospize nennen. Es könnte dem humanen Anliegen nur nützen, wenn dafür *Thomas Morus* der Namenspatron wäre.

9.3 WORTERKLÄRUNG

»*Griffige*« *Begriffe* scheinen mir eine nützliche Hilfe zur Gesundheitsinformation der Bevölkerung. Im Laufe meiner aufklärerischen Arbeit und auch bei der Niederschrift des Textes für dieses Buch sind jene Begriffe entstanden, die ich im folgenden erklären möchte. Dies umfaßt die Erklärung eigener Wortschöpfungen und auch eigenwilliger Begriffsdeutungen.

Babylonisch	für »Laien« nicht (ausreichend) verständliche Sprache (Medizin-, Jurababylonisch usw.)
Labyrinthisch	für »Laien« nicht (ausreichend) verständliche Begriffsdeutungen (Medizin-, Juralabyrinthisch usw.)
PAUL	*P*atienten*a*rzt a*u*s *L*iebe
AFMA-ÜJS-Partei	*A*lle *f*ünf *M*inuten *a*bstimmen – *ü*ber *j*eden *S*cheiß
FT-Grauzone	Folterungs-/Tötungsgrauzone
Folterung	Unnötige Verursachung oder Duldung stärkerer Qual (durch Krankheitsleid usw.)
Tötung	Jedes Tun und Nichttun mit der Folge einer Lebensverkürzung
Krankheitsleid	Alles von Krankheiten bewirkte Leid seelischer, geistiger und/oder leiblicher Art
Laie	Ungelehrter oder Dummkopf – bezogen auf Spezialwissen Gegensatz: Kleros
Kleros	Stand der Spezialisten, insbesondere der mit akademischer Bildung Gegensatz: Laie
Krankheitsfolter	Starkes Krankheitsleid
Wunschwohl	Das, was ein Patient auf Grund seiner

	Lebenswertschätzung als Wohl(tat) für sich will. Gegensatz: Wohl aus schulmedizinischer Sicht
EUBIOS	Kennwort für eine Lebenshilfe, insbesondere Gesundheitshilfe, die ein (möglichst) glückliches (= eu) Leben (= bios) zum Ziel hat, nicht aber ein Leben um jeden Preis
Therapie	Gesundheitshilfe allgemein (von (griech.) »therapia« = Hilfe für, nicht aber: nur Behandlung = Heilhilfe
Medizin	Gesundheitshilfe (von (lat.) »medicina« Medizin und Therapie bedeuten das gleiche
Therapiehoheit	Befehlsgewalt über die Therapie
Medi	Berufspublizist in einem Medium (Presse, Rundfunk und/oder Fernsehen)
Mitleidstötung	Direkte oder indirekte Erlösungstodhilfe auf Wunsch
Engelmacher	Töter, ohne Arzt zu sein
Tötungsgifthandel	Weitergeben eines Giftes zur Tötung gegen Entgelt (auch in Form eines Mitgliedsbeitrags)
Totaler Krebskrieg	Kombination verstümmelnder »Heilhilfen«
RAC-Waffen	Radikaloperation, Atomsprühfeuerkanonade, Chemischer Giftkrieg
Krebsid	Gewebswucherung, die mikroskopisch oder makroskopisch wie Krebs aussieht und gutartig oder bösartig sein kann
Haustierkrebs	Gutartiges Krebsid = ohne zerstörerisches Wachstum
Krebs	Raubtierkrebs = Bösartiges Krebsid = zerstörerisch wachsender Krebsidherd in Ein- oder Vielzahl
BAKSALI	Behutsame Antikrankheitsstrategie mit Augenmaß und Liebe
Gesundhilfe	Hilfe zum Gesundbleiben
Heilhilfe	Hilfe zum Gesundwerden, zur Krankheitsheilung
Nothilfe	Hilfe zur Beendigung eines (akuten) Notzustandes

Sterbehilfe	Hilfe *zum* Sterben
Sterbebegleitung	Hilfe beim Sterben
Hippokratie	Gesundheitshilfeherrschaftssystem der Ärzte auf der Grundlage des *Hippokrates*-Eides
Grauzone	Undurchschaubarer, deshalb unkontrollierbarer und unkontrollierter Bereich

9.4 SCHRIFTTUMSVERZEICHNIS

BÜCHER:

Baechler, Jean (Les Suicides 1975): TOD DURCH EIGENE HAND. *Ullstein-Verlag*, Frankfurt-Berlin-Wien 1981.

Barnard, Christian (Good Life, Good Death 1981): GLÜCKLICHES LEBEN, WÜRDIGER TOD. *Heyne-Verlag*, München 1983.

Brandt, Georg/Kunz, Hubert/Nissen, Rudolf: INTRA- UND POSTOPERATIVE ZWISCHENFÄLLE. Band I. *Thieme-Verlag*, Stuttgart 1967.

Brandt, Georg/Kunz, Hubert/Nissen, Rudolf: INTRA- UND POSTOPERATIVE ZWISCHENFÄLLE. Band IV. *Thieme-Verlag*, Stuttgart 1974.

Broad William/Wade, Nicholas (Betrayers of the Truth – Fraud and Deceit in the Halls of Science, 1982): BETRUG UND TÄUSCHUNG IN DER WISSENSCHAFT. *Birkenhäuser-Verlag*, Basel 1984.

Büchner, Georg: ÜBER DEN SELBSTMORD. (AUS: GESAMMELTE WERKE) *Goldmann-Verlag*, München 1982.

Deichgräber, Karl: DER HIPPOKRATISCHE EID. *Hippokrates-Verlag*, Stuttgart 1983.

Einstein, Albert: BRIEFE. *Diogenes-Verlag*, Zürich 1981.

Elsner, Constanze: DIE TRILOGIE VOM TOD. No. I Selbstmord. *Eichborn-Verlag*, Frankfurt 1985.

Eser, Albin: SUIZID UND EUTHANASIE ALS HUMAN- UND SOZIALWISSENSCHAFTLICHES PROBLEM. 1976.

EXIT-Publikation: FÜNF JAHRE EXIT (Deutsche Schweiz). *Exit*, Grenchen 1987.

Hackethal, Julius: AUF MESSERS SCHNEIDE (1976). *Gustav Lübbe Verlag*, Bergisch Gladbach 1995

– NACHOPERATION (1977). *Gustav Lübbe Verlag*, Bergisch Gladbach 1995.

– SPRECHSTUNDE (1978). *Gustav Lübbe Verlag*, Bergisch Gladbach 1994.

– KEINE ANGST VOR KREBS (1978).*Gustav Lübbe Verlag*, Bergisch Gladbach 1994.

– KRANKENHAUS (1979). *Gustav Lübbe Verlag*, Bergisch Gladbach 1994.

– OPERATION JA ODER NEIN? (1980). *Gustav Lübbe Verlag*, Bergisch Gladbach 1994.
– DER MEINEID DES HIPPOKRATES (1992). *Gustav Lübbe Verlag*, Bergisch Gladbach 1993.
Heinrich, Hans-Peter: THOMAS MORUS. *Rowohlt-Verlag*, Reinbek bei Hamburg 1984.
Höfer, Werner: LEBEN MÜSSEN – STERBEN DÜRFEN. *Lübbe-Verlag*, Bergisch Gladbach 1977.
Kienle, Gerhard/Burghardt, Rainer: DER WIRKSAMKEITSNACHWEIS FÜR ARZNEIMITTEL. *Verlag Urachhaus*, Stuttgart 1983.
Knevels, Wilhelm/Böckle, Franz/Schmalensber, Erich: EVANGELISCHE ZEITSTIMMEN 75 (EUTHANASIE – HILFE BEIM STERBEN, HILFE ZUM STERBEN). EVANGELISCHER VERLAG HERBERT REICH, Hamburg 1975.
Koslowski, Peter/Kreuzer, Philipp/Löw, Reinhard: DIE VERFÜHRUNG DURCH DAS MACHBARE. (Civitas Resultate, Band 3) *Hirzel-Verlag*, Stuttgart 1983.
Kuitert, Harry M. (Suicide: wat is er tegen? 1983): DAS FALSCHE URTEIL ÜBER DEN SUIZID. *Kreuz-Verlag*, Stuttgart 1986.
Kuschinsky, G./Lüllmann, H.: KURZES LEHRBUCH DER PHARMAKOLOGIE UND TOXIKOLOGIE. *Thieme-Verlag*, Stuttgart 1987.
Leibholz, G./Rinck, Hans-Justus: GRUNDGESETZ. *Verlag Dr. Otto Schmidt*, Köln 1979.
Lichtenthaeler, Charles: DER EID DES HIPPOKRATES. *Deutscher Ärzte-Verlag*, Köln 1984.
Möllering, Jürgen: SCHUTZ DES LEBENS, Recht auf Sterben. *Enke-Verlag*, Stuttgart 1977.
Mohr, Hans: NATUR UND MORAL. *Wissenschaftliche Buchgesellschaft*, Darmstadt 1987.
Moody, Raymond A. (Life After Life 1975): LEBEN NACH DEM TOD. *Rowohlt-Verlag*, Reinbek 1977.
– Reflections On Life After Life 1977): NACHGEDANKEN ÜBER DAS LEBEN NACH DEM TOD. *Rowohlt-Verlag*, Reinbek 1978.
Moor, Paul (Death ist not the worst 1973): DIE FREIHEIT ZUM TODE. *Rowohlt-Verlag*, Reinbek bei Hamburg 1973.
Morus, Thomas: UTOPIA. *Reclam*, Ditzingen 1983.
Nestle, Wilhelm: ARISTOTELES' HAUPTWERKE. *Kröner-Verlag*, Stuttgart 1977.
Noll, Peter: DIKTATE ÜBER STERBEN UND TOD. *Piper*, München 1987 (Originalausgabe *Pendo-Verlag*, Zürich 1984.
Peale, Norman Vincent (The Power of Positive Thinking,

1952): DIE KRAFT DES POSITIVEN DENKENS. *Oesch-Verlag*, Glattbrugg-Zürich 1986.

Pichlmayr, Rudolf: POSTOPERATIVE KOMPLIKATIONEN. *Springer-Verlag*, Berlin–Heidelberg–New York 1976.

Roman, Jo (Exit House 1980): FREIWILLIG AUS DEM LEBEN. *Kindler-Verlag*, München 1981.

Schmidt-Bleibtreu, Bruno/Klein, Franz: GG – KOMMENTAR ZUM GRUNDGESETZ. *Luchterhand-Verlag*, Neuwied 1983 (6. Auflage).

Schmitt, Rudolf: ÄRZTLICHE ENTSCHEIDUNGEN ZWISCHEN LEBEN UND TOD IN STRAFRECHTLICHER SICHT. 1985.

Singer, Fritz: UNSER LEBEN NACH DEM TOD. *Heimholungswerk Jesu Christi*, Würzburg o. J.

Toman, Josef: SOKRATES. *Langen Müller Verlag*, München 1979 (Originalausgabe: *Thoman, Josef/Tomanova, Miroslawa*: SOKRATES. *Ceskoslovensky Spisovatel*, Prag 1975.)

Tschirren, Bruno: DER NARKOSEZWISCHENFALL. Band 4, *Verlag Hans Huber*, Bern–Stuttgart–Wien 1976.

Uexküll, Thure von: PSYCHOSOMATISCHE MEDIZIN. *Urban und Schwarzenberg*, München 1986.

Uexküll, Thure von/Wesiack, Wolfgang: THEORIE DER HUMANMEDIZIN. *Urban und Schwarzenberg*, München 1988.

Uhlenbruck, Wilhelm/Rollin, Marion: STERBEHILFE UND PATIENTENTESTAMENT. *Verlag Klaus Wahle*, Berlin 1983.

Wagner, Joachim: STRAFPROZESSFÜHRUNG ÜBER MEDIEN. *Nomos-Verlags-Gesellschaft*, Baden-Baden 1987.

Weigl, Gisela/Wenzel, Franz: DER ENTSCHLEIERTE TOD. *Aquamarin-Verlag* 1984.

Wenzel, Egbert: DAS RECHT DER WORT- UND BILDBERICHTERSTATTUNG, *Verlag Dr. Otto Schmidt*, Köln 1983 (3. Auflage).

Westermarck: URSPRUNG UND ENTWICKLUNG DER MORALBEGRIFFE. Leipzig 1907.

Willemsen, Roger: DER SELBSTMORD. *Verlag Kiepenheuer & Witsch*, Köln 1986.

Witte, Adolf: FÜR UND WIDER STERBEHILFE IM KRANKENHAUS. *Lempp-Verlag*, Schwäbisch-Gmünd 1976.

Deutscher Juristentag: SITZUNGSBERICHT M ZUM 56. DEUTSCHEN JURISTENTAG. *Beck-Verlag*, München 1986.

STGB (*Beck*-Texte). *Deutscher Taschenbuch-Verlag*, München 1981 (20. Auflage).

ZEITSCHRIFTEN

Brändel, Oliver C.: Über das Recht, den Zeitpunkt des eigenen Todes selbst zu bestimmen. ZRP 1985, 85.
»Freitod als Mittel zur Wiederherstellung der Ehre.« *Zeitschrift für Rechtspolitik*, März 1985.
Bullinger, Monika/Pöppel, Ernst: Lebensqualität in der Medizin: Schlagwort oder Forschungssatz. Dt. Ärztebl. 85 (1988), 679.
Carstensen, G./Schreiber H.-L.: Weitgehende sachliche Übereinstimmung bei der Sterbehilfe zwischen Ärzten und Juristen. Der Chirurg 1987, 303.
5. Europäischer Kongress für Humanes Sterben, Kongressbericht. DGHS, Augsburg.
Frey, Rudolf: Brauchen wir eine Sterbehilfe. Der informierte Arzt 4 (1976), I.
Götz, Luise/Huber, Michaela: Das technisch Machbare und die Menschenwürde. Psychologie Heute, Juni 1982.
Haemmerli, Urs Peter: Medizin- und Menschenrecht: TAM (Zürich) 1975, 17 und 26.
Härle, Wilfried: Unverfügbarkeit des Lebens oder Freiheit zum Tode. Zs. v. Ethik 1975, 143.
Herzberg, Rolf D.: Der Fall Hackethal: Strafbare Tötung auf Verlangen. Neue juristische Wochenschrift, Juli 1986, 1635.
– Straffreie Beteiligung am Suizid und gerechtfertigte Tötung auf Verlangen. NJW 1986, 182.
Hoerster, Norbert: Zur Bedeutung des Prinzips der Menschenwürde. Jus 1983, 93–96.
– Jeder hat ein Interesse am Überleben. Der Spiegel 1984, 208
– Rechtsethische Überlegungen zur Freigabe der Sterbehilfe. NJW 1986, 1786.
– Rechtsideologie und das Interesse am eigenen Tod – Entgegnung zu Wilms und *Jäger*. ZPR 21 (1988), Heft 5.
Hossli, G.: zit. nach *Tschirren*.
Schikora, L.: Macht sich ein Arzt, der nichts zur Rettung eines Suizidpatienten unternimmt, strafbar? Strafrecht 1984, 294.
Wilms, Heiner/Jäger, York: Menschenwürde und Tötung auf Verlangen, ZRP 21 (1988), 41.
Wüsthoff, Carl: Gnadentod – ja oder nein? – Wird die medizinische Technik zur Sterbeverhinderungsmaschinerie? *Akademische Blätter* 1976, I.

Wunder, Michael: Sterbehilfe – Tötung auf wessen Verlangen? *Mabuse* 198, 46.

Vorgänge – Zeitschrift für Gesellschaftspolitik, 36: Menschenwürdiges Sterben. Heft 6/1976.

Zenker, Rudolf: zit. nach *Knevels*.

NACHWORT

Dieses Buch wurde sehr viel dicker, als es werden sollte.

Der Grund: Möglichst wenig wichtige Gegenargumente zur Mitleidstötung sollen undiskutiert übrigbleiben und möglichst viele kräftige PRO-Stimmen das humane Anliegen stärken. Darüber hinaus schien mir eine ausführliche Darstellung und Erörterung des neuesten Standes der Mitleidstötungsrechtsprechung zwingend. Ohne eingehenden Bezug auf das, was unsere Rechtshüter dazu gedacht und geschrieben haben, bliebe eine unerträgliche Diskussionslücke.

Ich hoffe sehr, daß das Buch klarstellt: Die schulmedizinische Gesundheits- und Arzthilfe von gestern und heute ist weithin *inhuman*. Sie dient *zu sehr* dem Wohlergehen der Heilberufler, insbesondere der Ärzte, und *zu wenig* dem der Patienten. Schuld hat der patientenfeindliche *Hippokrates*-Eid, der noch immer als wichtigstes ungeschriebenes Berufsgesetz von Arztgeneration zu Arztgeneration weitergegeben wird. Er macht *nicht* den Patienten und sein persönliches Krankheitsleid, sondern die »ärztliche Kunst« – die (griech.) »techne« – zur *übergeordneten Berufsideologie*. So deuten es auch die geschichtsforschenden *Hippokrates*-Eid-Fans.

Arzt = Roboteringenieur, Praxis = Reparaturwerkstatt und Krankenhaus = Maschinenfabrik heißt die *wegweisende Begriffswertung. Mitleid und Barmherzigkeit* sind *Hindernisse* auf dem Weg zu höchsten hippokratischen Berufsehren.

In der Medizin-Hippokratie von gestern und heute war und ist *kein Platz* für *Therapie- und Sterbehoheit des Pa-*

tienten und erst recht nicht für *Mitleidstötung*: Ein informierter Patient als Therapieführer ist ein schlechter Patient, und ein toter taugt noch weniger.

Keiner der vier Arzthilfebereiche – Gesund- und Heilhilfe, Not- und Sterbehilfe – eignet sich besser zur Diskussion des *Humanitätsgrades der Schulmedizin heute* als die *Sterbehilfe*. Der Humanitätsgrad eines Berufes mißt sich an der *Beachtung von Anstandspflichten* im Umgang mit anderen, insbesondere mit den Kunden. Praktizierte Anstandspflichten nennt man *Tugenden*.

Als »*Kardinaltugenden*« der klassischen Ethik (= Anstandslehre) gelten: Klugheit, Gerechtigkeit, Tapferkeit und Maß. Diese vier übergeordneten Tugenden hat der Biologe Prof. Dr. *Hans Mohr* in seinem Buch NATUR UND MORAL (*Wissenschaftliche Buchgesellschaft*, Darmstadt 1987) wie folgt definiert:

»*Klug* ist derjenige, der fragt: ›Ist es richtig, was ich tue, oder ist es falsch?‹

Gerecht ist derjenige, der nicht auf Kosten anderer zu leben versucht, sondern auch auf das Wohl des anderen und des Ganzen bedacht ist.

Tapfer ist derjenige, der sich auch dann noch für das Gute und Wahre einsetzt, wenn dies für ihn nachteilige Folgen hat.

Maßvoll ist derjenige, der sich in Selbstbestimmung Grenzen setzt und seinen Mitmenschen und der Natur nicht mehr abverlangt, als er selbst zum Erhalt des Ganzen beitragen kann.«

Mir scheint, daß hier die *wichtigste menschliche Tugend* fehlt, nämlich jene, die nicht wie die vier aus der *praktischen Vernunft*, sondern *aus dem Herzen* entspringt: *die Liebe*, die praktizierte Liebe, die *Liebestat*.

Klugheit, Gerechtigkeitssinn, Tapferkeit und Augenmaß können die Liebe fördern, *aber nicht ersetzen*. Ohne ständige Bereitschaft zu Liebestaten *gegen* das Leid und das

Unglück, *für* die Freude und das Glück *anderer*, machen die vier »Kardinaltugenden« kein wertvolles, *kein gutes Menschenleben*.

Ohne ein *überdurchschnittliches Maß* an Nächstenliebe, an Mitleid und Barmherzigkeit sind wir Ärzte bestenfalls gute Mediziningenieure, aber *niemals gute Ärzte*. Ohne die Bereitschaft zur Mitleidstötung fehlt dem Arztberuf jenes Stück Menschlichkeit, das die Bezeichnung *humane Arzthilfe* rechtfertigt.

Hoffentlich konnte ich Sie, lieber Leser, davon überzeugen, daß die *hippokratische Schulmedizin* in einer humanen Welt keine Daseinsberechtigung hat. Die *Arztpflichten* müssen nach Humanitätsgrundsätzen *neu gesetzlich geregelt* werden. Und als *Arztpflicht* unverzichtbar ist die schwerste von allen: die Tötung eines Patientenfreundes *aus Liebe*, die *Mitleidstötung!*

»Der Arzt darf nicht darüber entscheiden, ob der Patient nur mehr ein Bündel Zellen oder ein lebenswürdiges Individuum ist, denn er muß als Lebewesen am Leben erhalten werden. *Ob er auch noch ein Mensch ist, das ist mir gleichgültig*« (*Rudolf Zenker*).

Prof. Dr. Dr. h. c. mult. *Rudolf Zenker* war einer der renommiertesten Chirurgen der Bundesrepublik, der eine eigene Chirurgenschule begründete, aus der viele der heute führenden bundesdeutschen Chirurgen hervorgegangen sind. Sein Wort galt und gilt sehr viel bei den Ärzteführern der Bundesrepublik.

Gibt es einen stärkeren Beweis für die Inhumanität der Schulmedizin GESTERN und HEUTE?

Die provokanten Thesen eines erfahrenen Schulmediziners

Prof. Dr. med. Walter Hartenbach

Gesundheitsfahrplan §

Kein Krebs durch Rauchen

Keine Arterienverkalkung durch Cholesterin

Hormone steuern alle Lebensfunktionen

Depressionen beherrschbar

Osteoporose heilbar

Herbig

Krebs entsteht nicht durch Schadstoffe aus der Umwelt, sondern ist genetisch bedingt. Arteriosklerose wird nicht durch Cholesterin verursacht, das vielmehr ein wertvoller Baustein des Organismus ist. Diese und viele weitere sensationelle Erkenntnisse stellt Prof. Dr. med. Hartenbach eindringlich und allgemeinverständlich dar.

Herbig